企业会计准则和案例分析
（第四版）

徐丰利　冯保国　编著

石油工业出版社

图书在版编目（CIP）数据

企业会计准则和案例分析 / 徐丰利，冯保国编著
. —4版. —北京：石油工业出版社，2024.3
　ISBN 978-7-5183-6458-9

Ⅰ.①企… Ⅱ.①徐… ②冯… Ⅲ.①企业—会计制度—案例—中国 Ⅳ.①F279.23

中国国家版本馆 CIP 数据核字（2023）第 232587 号

企业会计准则和案例分析（第四版）
徐丰利　冯保国　编著

出版发行：石油工业出版社
　　　　　（北京市朝阳区安华里二区 1 号楼 100011）
网　　　址：www.petropub.com
编 辑 部：(010) 64250039　　图书营销中心：(010) 64523633
经　　　销：全国新华书店
印　　　刷：北京中石油彩色印刷有限责任公司

2024 年 3 月第 1 版　　2024 年 3 月第 1 次印刷
787 毫米 × 1092 毫米　开本：1/16　印张：27.25
字数：530 千字

定　价：68.00 元
（如发现印装质量问题，我社图书营销中心负责调换）
版权所有，翻印必究

第二版序

财务管理是现代企业管理的核心。充分运用财务分析手段，对加强财务管理，规范运作，实现企业经营业绩目标，具有十分重要的意义。上市公司着眼于形成有利于提高国际竞争力和实现跨国经营的管理体系、经营机制和指标考核系统，逐步建立起与国际接轨、适应跨国石油集团建设需要的目标责任体系，这就要求公司的会计报表编制，既符合中国企业会计制度，又符合国际会计准则，使公司经营状况和业绩指标的披露满足上市地证券监管部门和投资者的要求。对于公司各级经营管理者来说，就要学会使用这套新的会计报表，及时获得财务管理和企业经营运作方面的信息，对经营状况进行分析、准确判断和科学预测，不断提高经营管理水平和决策水平。

《企业会计原则和案例分析》一书，阐述了会计主要报表财务信息的分析应用方法。该书越过了财务报表复杂、深奥、呆板的步骤和表述方式，通俗易懂，简明扼要，实用性强，适用性广。非财务专业的人士，只要能够运算加、减、乘、除，就可以根据该书提供的方法，学会分析会计报表，掌握财务信息。该书能使初学者找到一个学习财务会计知识的突破口，打下一定的基础，还能够为其指明如何从自己的特殊需要出发，应用财务分析手段，获取需要的信息。业内同仁，亦能开卷有益，温故知新。

实践证明，一个合格的企业经营管理者，特别是高级经营管理者，应当努力学习财会知识，熟悉财会政策、法规和实务，读懂资产负债表、损益表、现金流量表，提高自身业务素质，以适应新形势、新任务、新挑战的要求，努力实现公司持续、有效、快速发展，追求公司价值最大化，把中国石油天然气股份有限公司建设成具有国际竞争力的大型石油公司，在立足国内发展的同时，大步向海外挺进，努力做到"两个转变"，即由国内石油公司向跨国石油公司的转变，由单纯的"油气生产商"向具有复合功能的"油气供应商"转变，并为实现这一战略发展目标而努力奋斗。

中国石油天然气股份有限公司总裁 陈东耕

2003 年 11 月

第四版前言

随着我国会计准则与国际财务报告准则趋同接轨的深入和市场经济的发展，财务会计核算与管理已经成为现代企业管理的核心业务。掌握会计学基本原则、基础知识、看懂财务报表，并能够对主要财务指标进行分析，不仅有利于工作开展，更有利于支持公司决策，以及提升公司高质量发展的管理水平。基于经济社会发展趋势，作者不断适应新的变化趋势和参考广大读者的反馈意见，对本书再次做出修订完善。本书具有深入浅出和浅显易懂的特点，深受广大读者的欢迎。特别是第三版出版后，已经成为国家会计学院培训教材之一，这也是本书再版的动力。

我们知道，在会计法规体系方面，以《企业会计准则——基本准则》为引领的企业会计准则体系持续完善，紧紧围绕会计要素确认与计量、会计信息列报与披露、特殊会计业务处理等方面促进财务会计工作规范化、标准化和提升会计信息质量，对增强会计信息的可比性和有用性具有重要意义。不断推动企业大力开展管理会计实践，就是深入落实会计强国战略，有机融合财务与业务活动，促进企业创新管理和高质量发展。

在税收法律法规方面，税收征管体系持续完善。营业税改征增值税，增值税立法正在推进；消费税改革不断深化，特别是围绕成品油相关产品，以堵塞税收漏洞为主线扩大征收范围、明确征收标准，从增强税收对环境污染治理的调节作用入手，相应提高了税额；《中华人民共和国环境保护税法》发布实施，新开征了环境保护税，资源税完成由条例向税法的转变，个人所得税、企业所得税、房产税、印花税等都有不同程度的修订和变化。

在企业管理方面，现代化公司治理体系建设持续推进。企业管理以财务管理为核心的理念逐渐融入企业生产经营管理和战略管理，普遍建立实施了全面预算管理体系和考核机制。在项目投资决策中，越来越倚重经济评价结果；在股权投资决策中，越来越注重财务指标分析和投资回报率水平。以财务报告为基础对主要财务经济指标开展对标分析，对企业做出决策的支撑作用愈显突出。

作者本着与时俱进的原则，坚持工具书和操作手册的特点，从实务操作运用的角度，对构成企业会计准则体系的42个具体准则进行了全面分析阐述，补充了最新的内容；以石油行业为基础，对涉及的 15 种有关税费进行系统性分析阐述；结合新出台的 22 个管理会计应用指引，对建立和实施全面预算管理体系进行了概括性分析阐述；补充完善了国务院国资委最新发布的实施"一利五率"考核的内容。

因此，将书名修改为《企业会计准则和案例分析》。修订后，第一章主要阐述企业的内涵和企业经营资本运动的特点；第二章主要阐述会计的基本概念、核算的基本前提与一般原则，以及会计要素、会计等式等基本会计知识；第三章主要阐述会计准则体系，重点分析了具体会计准则的实务操作要点；第四章主要阐述税收基本理论，特别是与石油行业高度相关的税法规定和政策；第五章主要阐述管理会计主要方法和企业全面预算管理体系的建立与实施；第六章主要阐述常用的主要财务指标定义与解释、作用，特别新增了"一利五率"的内容；第七章紧紧围绕做好财务分析，在对资产负债表、利润表和现金流量表进行专项案例分析的基础上，提供了从企业整体角度进行全面分析的具体案例。

本书在修订完善过程中，王伟、庞俊民、徐真、胡建忠等同志为本书提供了很有价值的分析资料和修订建议，包括资料收集、核算方法、案例分析等，在此深表谢意！同时，对石油工业出版社郎东晓、陈朋、杜禾等同志为本书所做的高质量编辑和支持工作表示衷心感谢！

因水平有限，本书在阐述时难免有不妥之处，恳请读者指正。

徐丰利

2023 年 9 月于北京

第三版前言

本书第二版面世以来，我国企业会计准则和国际财务报告准则都发生了重大变化。

2006年2月，财政部发布了与国际财务报告准则实质性趋同的新的企业会计准则体系，并于2007年起实施。新准则体系树立了全新的会计理念，会计确认、计量和报告都发生了全新变化。这是我国会计发展历程中一个极其重要的里程碑。此后，我国会计准则通过解释的形式，做出了一些重要补充完善。新准则体系完善了我国原有会计规范中的许多空白，包括公允价值计量、合并会计、衍生工具会计、外币报表折算等。此外，我国税收制度也发生了一些重要变化。

国际上，2008年以来，金融危机的发生对建立全球高质量的会计准则提出了迫切要求，会计准则也成为各国领导人讨论的议题。为适应形势变化，国际财务报告准则做出了重要改进。

所有这些变化都对企业财务会计工作产生了重要影响。对这些变化的理解、掌握和运用，成为我国广大会计工作者，尤其是石油业内同行面临的一个较为紧迫的问题。很多读者要求对本书进行修订完善，以便于学习实践。

鉴于此，为保证本书的先进性和可操作性，符合不断变化的国内外准则和企业的生产经营业务，我对本书进行了修订完善，这就是呈现在读者面前的第三版。

本次修订主要针对变化的内容，结合石油行业特点，从理论和操作上进行了较为系统的阐述。第三版除了保持原有的特点外，力求内容新颖、重点突出、详略得当，注重理论联系实际，注重基本理论、基本技能和基本方法的阐释，结构更趋合理，内容更趋完善实用。

在本版修订完善过程中，黄思良、胡建忠、杨会杰、庞俊民等同志提供了不少宝贵意见和资料，对再版做了一些修改和补充，并参加了部分章节的编写。本书吸收了他们多年实务的精华，在此深表谢意。

限于时间和水平，本书在阐述时难免有不当之处，恳请读者指正。

徐丰利

2013年6月于北京

第二版前言

会计学的发展日新月异，要学习的知识太多，基于企业广大干部的时间和精力有限，如何在较短的时间里较快地掌握企业会计基本知识，是我们财会工作人员的一个有益的课题。因此，2000年我编写了《股份有限公司会计报表和案例分析》一书，此书出版后承蒙广大读者厚爱，经数次加印，仍有许多读者索求。

2001年1月1日起，《企业会计制度》、3个新准则和5个修订的准则（简称"新制度、新准则"）开始实施，这是我国会计发展史上的一件大事。新制度、新准则与《股份有限公司会计制度》（简称"原制度"）相比，在形式上和实质内容上都发生了较大变化，实现了与国际会计惯例的充分协调，在会计政策、会计方法、会计要素的确认计量等深层问题上尽可能采用了国际通行做法。鉴于《股份有限公司会计报表和案例分析》一书立足于原制度基础，在新制度、新准则出台后，部分内容不免陈旧，一些提法也需更新，很有必要加以充实、修改和完善，因此，我于2001年3月份起结合新制度、新准则，对该书进行修改。为了更好地满足读者需要，体现书中内容，书名改为《企业会计原则和案例分析》。

本书出版以后，中华人民共和国财政部陆续出台和修订了4个准则，很多读者要求进一步完善，所以，我于2003年6月份起开始对本书进行修订和完善，这就是呈现在读者面前的第二版。

本书再版过程中，胡建忠同志提供了不少宝贵意见和资料，对再版做了一些修改，并参加了部分章节的编写。本书也吸收了他硕士论文的部分内容，在此深表谢意。

限于水平，时间仓促，本书在阐述时难免有不当之处，恳请读者指正。

徐丰利
2003年11月28日于北京

目 录

第一章　企业的内涵与资本的概念 ··· 1
　　一、企业的内涵 ·· 1
　　二、企业经营资本的循环与周转 ··· 1
　　三、资本的概念 ·· 3

第二章　会计基本理论 ·· 5
　　一、会计的基本概念 ··· 5
　　二、会计核算的基本前提 ·· 6
　　三、会计核算的一般原则 ·· 7
　　四、会计要素 ·· 12
　　五、会计等式 ·· 13
　　六、会计凭证 ·· 14

第三章　企业会计准则 ·· 17
　　一、企业会计准则的内涵 ·· 17
　　二、基本准则 ·· 19
　　三、具体准则 ·· 23

第四章　税收政策 ··· 250
　　一、国家税收 ·· 250
　　二、税法 ··· 254
　　三、税收制度 ·· 255
　　四、油气企业的税费 ·· 256

第五章　管理会计与企业预算 ··· 277
　一、管理会计（Management Accounting）··· 277
　二、企业预算 ··· 289
　三、企业预算管理 ··· 298

第六章　主要财务指标 ··· 308
　一、关键业绩指标 ··· 308
　二、对外披露的主要财务指标 ··· 319
　三、经济增加值 ··· 324
　四、从两利四率到一利五率 ··· 330

第七章　案例分析 ··· 334
　一、财务报表分析与应用的要点 ··· 334
　二、财务报表分析 ··· 335
　三、以 A 公司为例分析和评价 ··· 354
　四、以 B 公司为例分析和评价 ··· 369
　五、以 C 公司为例分析和评价 ··· 382
　六、以 D 公司为例分析和评价 ··· 393

附　录 ··· 404
　财务会计知识测试题一 ··· 404
　　参考答案 ··· 415
　财务会计知识测试题二 ··· 419
　　参考答案 ··· 423

第一章 企业的内涵与资本的概念

一、企业的内涵

国家财政收入的来源主要在企业。企业兴旺发达,国家才能富强。要增强企业的活力,道理盖出于此。企业是国家经济的细胞,是经济的基础。发展经济,保证供给,搞活企业是关键。企业好比一棵树,收益好比树上的果子,收益分配好比收成(摘树上的果子)。

任何好的园丁,要想在以后继续摘果子或比前次多摘些果子,他总是精心地去摘,生怕损坏一枝一叶。至于树根、树本就更加爱护备至,经常培土、施肥和浇水,以求培根固本,取得好收成。任何一个想使企业长久兴旺发达,财源茂盛的人,都要千方百计地保护企业。

想使企业不断发展,步入良性循环,就必然要求生产关系适应生产力。正如鞋和脚的关系,孩子的脚长大就要及时调整鞋号,否则有两种可能,不是鞋把脚挤破,就是脚把鞋顶穿。如何解决这些问题就要认真研究企业的生产经营活动、市场的需求乃至经营和投资决策,追求公司价值长期最大化。

二、企业经营资本的循环与周转

为了更好地消化理解企业会计核算与分析的有关内容,首先对企业的资本循环进行介绍,见图1-1。

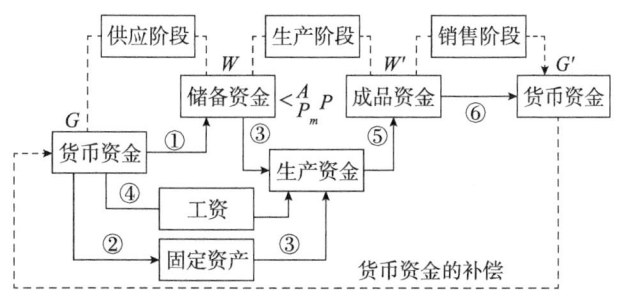

图1-1 工业企业资本循环图

①采购原材料等;②购置厂房、机器设备等;③以固定资产、原材料等进行生产加工;
④支付工资;⑤产品完工入库;⑥通过销售收回货币资金

— 1 —

资本循环原理：货币资金→作为支付劳动者工资、劳动工具和劳动对象的价值→生产过程→增值的商品→收回增值的货币。

资本循环公式为：

$$G-W\genfrac{}{}{0pt}{}{A}{P_m}\cdots P\cdots W'-G'$$

式中：

G 代表货币，W 代表商品，$G-W$ 表示货币交换成商品；

A 表示劳动力，P_m 表示生产资料；

P 表示流通环节结束、生产过程开始；

W' 表示增值的商品；

G' 表示增值的货币；

$W-W'$ 表示一个生产过程结束；

$G'-G=g$ 表示形成剩余价值的货币 g，即"金鸡生金蛋"。

企业资本循环图中，货币资金→储备资金（$G-W$）是企业进行生产经营活动的前提条件。

储备资金（W）→成品资金（W'）表明一个生产过程结束（$W-W'$），生产出增值的产品，这是企业的载体。

成品资金→货币资金（$W'-G'$）是销售过程（图 1-2）。这个过程是生产经营者把生产出的产品转化为货币资金，实现资本循环的一个重要环节。正如马克思所说的，"企业在生产经营过程中，销售是一次飞跃，飞跃失败，摔坏的不是产品本身，而是商品的经营者"。

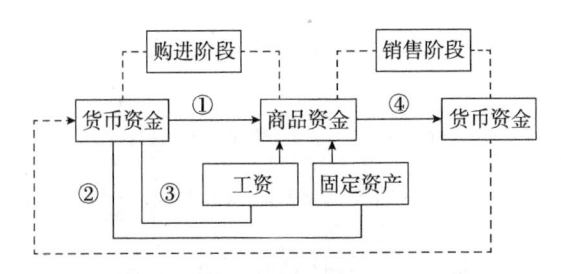

图 1-2 商品流通企业资本循环图

①购进各种商品；②购置商业场所、柜台；③支付营业员工资；④销售商品收回货币

图 1-3、图 1-4、图 1-5 分别表示盈利、保本、亏损企业的资本循环。

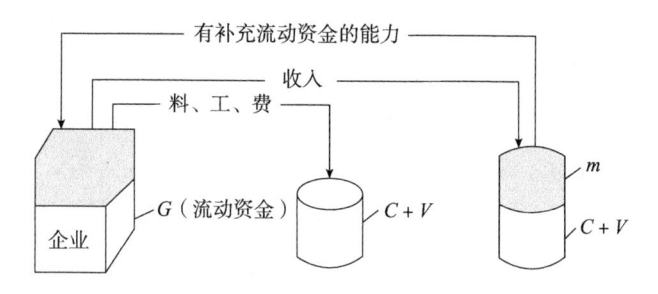

图 1-3　盈利企业资本循环图

G—货币；W—商品；C—不变资本；V—可变资本；m—剩余价值；
$m=$ 收入 $-$ 费用（料、工、费）> 0，即 $m=W-(C+V)>0$

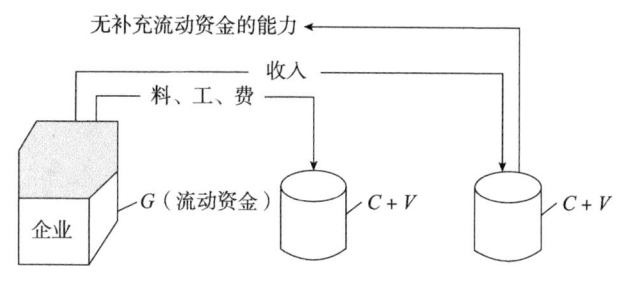

图 1-4　保本企业资本循环图

$m=$ 收入 $-$ 费用（料、工、费）$=0$

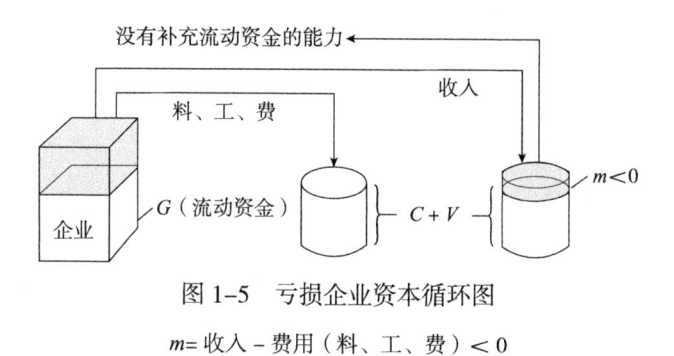

图 1-5　亏损企业资本循环图

$m=$ 收入 $-$ 费用（料、工、费）< 0

三、资本的概念

（一）什么是资本

资本是能带来剩余价值的价值。

随着市场经济的不断发展，人们对资本的认识越来越具体、深刻。通俗地讲，资本是能通过有效的经营运作实现增值的财富，给企业带来经济利益或现金净流入。

（二）资本的主要特点

资本的价值必须由社会公认、为市场所接受。

资本的本质在于运动，即流动（交易）与重组。就像人一样，旺盛的生命力在于运动。

（三）资本营运的含义

资本营运是指企业通过具体的产业（如石化、机械、钢铁、服装、医药、房地产、金融、商贸等），将各类资本不断地通过自身转换或与其他企业、部门的资本流动和重组，以达到本企业自有资本不断增加这一最终目的的运作行为。

$$资本 \xrightarrow{物化} 载体 \xrightarrow{运作} 增值的资本$$

载体是资本的物化形式，企业产品和产业都可成为资本的载体。资本运作不是空洞的，只有与具体载体相结合，才能实现保值增值。当某一载体不能带来所希望的增值时，资本就会与这一载体分离，转到能使资本不断增值的另外载体上。

这就是对资源的优化配置，对生产力要素的重组再造。

（四）资本营运的特性

所有企业营运资本的本质特性都具有盈利性、流动性和安全性，这是企业能够生存和发展的保证，也是企业出资者和经营者的共同追求。

第二章 会计基本理论

一、会计的基本概念

（一）会计的含义（Concept of Accounting）

会计是一个提供商业、财务、经济等信息的系统（也有人认为会计是一项管理活动），该系统把企业各种经济业务统一以货币为计量单位，核算、分析并反映企业的各项经济活动或财务收支，确认其财务活动和经济活动的成果。

会计的主要职能是对已发生的交易或事项进行确认、计量、记录和报告，亦充分反映监督的职能（图 2-1）。《企业会计准则》一个主要目的是解决会计要素确认、计量的主要政策和原则，使其能真正反映会计信息质量特征的基本要求，确保会计信息的可靠性。企业可以按照会计准则的规定，结合自身业务性质和特点，制定会计手册、会计核算管理办法等企业内部执行的具体会计制度，规范会计核算。

确认 → 计量 → 记录 → 报告

图 2-1 会计基本职能

监督职能是对企业生产经营活动或财务收支合法性与合理性的监督。

会计的职能还包括财务预测、财务决策、财务控制和财务分析评价等。

（二）会计目标（Accounting Objectives）

会计理论体系以会计目标为起点。会计目标是会计理论体系的基础，整个会计理论体系都是建立在会计目标的基础之上。会计目标主要是明确为什么要提供会计信息、向谁提供会计信息、提供哪些会计信息等问题。再深入研究，要确认计量一个企业是否赚钱？赚了多少钱？以及企业未来是否还能继续再赚钱？

历史地看，随着社会经济关系的日趋复杂，会计信息使用者的范围不断扩大，对会计信息的数量和质量提出了更高的要求。在会计发展初期，会计报表主要是反映、记录和说明资产的保管和使用情况，主要向企业的业主提供。股份制出现以后，会计报表不仅要向股东提供，而且也要向债权人提供。随着股份公司规模的扩大、股东人数的剧增，会计报表则需要向社会提供，向社会公开。报表使用者扩大到了政府监管部门和各内外部利益相关者，包括潜在的利益相关者。企业会计报表如何满足不同的使用者和不同利益主体的需要，以及会计人员如何收集、加工、处理披露会计信息，就成为一个基础的会计理论问题。

二、会计核算的基本前提

会计核算的基本前提是会计人员对会计核算所处的环境作出的合理判断，是会计核算的假设条件，包括会计主体、持续经营、会计分期和货币计量。

（一）会计主体（Accounting Entity）

会计主体是指会计工作为其服务的特定单位或组织。会计主体的作用在于界定不同会计主体会计核算的范围。它要求会计核算区分企业自身的经济活动与其他单位的经济活动；区分企业的经济活动与企业投资者的经济活动。企业的会计记录和会计报表涉及的只是企业主体范围内的经济活动，而不核算反映其他企业或其他经济主体的经济活动。这样通过界定会计核算的范围，才能正确反映会计主体的资产、负债和股东权益及其变动过程和结果，准确提供反映企业财务状况、经营成果和现金流量的会计报表，提供会计报表使用者所需要的信息资料。也正是因为确定了会计核算的范围，企业的投资者、债权人才能从企业的会计记录和会计报表中得到有用的会计信息。

（二）持续经营（Going Concern）

持续经营是假设会计主体的生产经营活动将无限期地持续下去，在可以预见的未来，会计主体不会因进行清算、解散、倒闭而不复存在。

会计核算使用的一系列会计原则和会计处理方法都建立在会计主体持续经营的前提基础上，例如，历史成本原则等。只有在持续经营的前提下，企业在会计核算中所使用的会计处理方法才能保持稳定，企业的会计记录和会计报表才能真实可靠。

（三）会计分期（Accounting Period）

会计分期是指将会计主体持续不断的经营活动分割为一定的期间。会计分期的目的在于通过会计期间的划分，据以结算账目，编制会计报表，从而及时地向有关方面提供反映经营成果、财务状况和现金流量及其变动的会计信息，满足企业内部加强经营管理及其他有关方面进行决策的需要。会计期间分为年度、半年度、季度和月度。在我国，会计期间的起讫日期采用公历日期，一般自公历1月1日起至12月31日止为一个会计年度。年度结账日一般指公历年度每年的12月31日。半年度、季度、月度结账日一般指半年度、季度、月度终了的最后一日。

（四）货币计量（Monetary Unit）

货币计量是指会计主体在会计核算过程中采用货币作为计量单位，记录、反映会计主体的经营状况。

在我国境内的会计主体，会计核算一般要求以人民币为记账本位币。若收支以外币为主的单位，可以选定某种外国货币作为记账本位币，但是编报的财务会计报告应当折算为人民币。境外单位向国内有关部门报送的会计报表应当折算为人民币反映。另外，货币计量假设是以货币价值不变、币值稳定为前提条件的。

三、会计核算的一般原则

会计核算的一般原则是进行会计核算的指导思想和衡量会计工作成败的标准。根据其在会计核算中的作用，大体可以分为四类：一是体现总体性要求的一般原则；二是体现会计信息质量要求的一般原则；三是体现会计要素确认、计量方面要求的一般原则；四是体现会计修订性惯例要求的一般原则。

（一）体现总体性要求的一般原则

1. 客观性原则（Objectivity）

客观性原则是指会计核算必须以实际发生的经济业务及证明经济业务发生的合法凭证为依据，如实反映财务状况、经营成果和现金流量，做到内容真实、数字准确、资料可靠。

客观性是对会计核算工作的基本要求。会计首先作为一个信息系统，其提供的信息是企业主管部门、本企业及有关方面进行决策的依据。如果会计数据不能真实客观地反映企业经济活动的实际情况，势必无法满足各有关方面使用者了解企业进行决策的需要，甚至可能导致错误的决策。客观性原则要求在会计核算的各个环节必须符合真实、客观。会计确认必须以实际经济活动为依据；会计计量、记录的对象必须是真实的经济业务；财务会计报告必须如实反映。

客观性原则包括下面三层含义：一是会计核算应当真实反映企业的财务状况、经营成果和现金流量，确保会计信息的真实性；二是会计核算应当准确反映企业的会计数据，确保会计信息的准确性；三是会计核算应当具有可检验性，使会计信息具有可验证性的特征。

2. 可比性原则（Comparison）

可比性原则是指会计核算必须符合会计准则规定，提供相互可比的会计核算信息。可比性包括本企业与其他企业的横向可比，以及本企业历史各会计期间的纵向可比两个方面。

可比性原则要求会计核算按照国家统一规定的会计处理方法进行核算，使企业的会计核算建立在相互可比的基础上，从而使投资者和有关管理部门能够将不同企业的资料和数据进行比较、分析。但是可比性原则应当服从客观性原则，真实地反映企业经营状况。

3. 一贯性原则（Consistency）

一贯性原则是指企业采用的会计程序和会计处理方法前后各期必须一致，不得随意变更会计程序和会计处理方法。

在会计核算中坚持一贯性原则，有利于提高会计信息质量和使用价值。同时，一贯性原则要求前后各期保持可比关系，不得随意变更已采用的会计程序和会计处理方法，这可以有效制约和防止会计主体通过会计程序和会计处理方法的变更，随意调整企业财务状况和经营成果。

一贯性原则与可比性原则不同。一贯性原则要求同一会计主体在不同时期尽可能采用相同的会计核算程序和会计处理方法，便于不同会计期间会计信息的纵向比较。可比性原则强调的是横向比较，要求不同的会计主体尽可能采用相同的会计核算程序和会计处理方法。但从总体上说，两者都属于可比性的要求。

一贯性原则并不否认企业在必要时，对所采用的会计核算程序和会计处理方法做适当的变更。当企业的经营环境、经营范围、经营方式或国家有关政策规定发生重大变化时，企业可以根据实际情况，选择使用更能客观真实反映企业经营的会计核算程序和会计处理方法，但必须在当期会计报表附注或财务情况说明书中予以说明和披露，使会计核算程序和会计处理方法的变动前后具有可比性。

（二）体现会计信息质量要求的一般原则

1. 相关性原则（Correlation）

相关性原则要求会计信息能够满足各方面信息使用者的需要，包括满足符合国家宏观经济管理的需要，满足各有关方面使用者了解企业财务状况、经营成果和现金流量的需要，满足企业加强内部经营管理的需要。这就要求会计工作在收集、加工、处理和提供会计信息过程中，应当考虑各方面信息使用者的要求。

2. 及时性原则（Timely）

及时性原则是指会计信息应当及时处理、及时提供。会计核算工作要讲求时效，会计信息的收集、处理、传递要及时，以充分发挥信息资源使用的时间价值。

3. 明晰性原则（Clarity）

明晰性原则是指会计记录和会计信息必须清晰、简明，便于理解和使用。

体现会计信息质量要求的一般原则如图2-2所示。

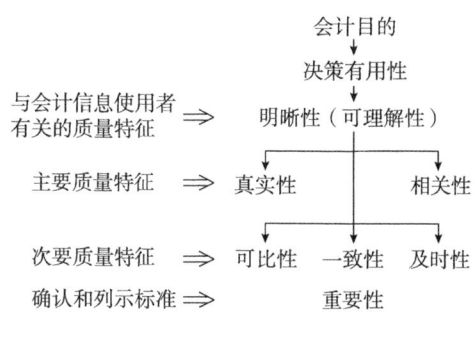

```
                           会计目的
                              ↓
                           决策有用性
                              ↓
与会计信息使用者
有关的质量特征   ⇒   明晰性（可理解性）
                              ↓
主要质量特征     ⇒   真实性        相关性
                        ↓     ↓     ↓
次要质量特征     ⇒   可比性  一致性  及时性

确认和列示标准   ⇒       重要性
```

图2-2 会计信息质量特征

（三）体现会计要素确认、计量方面要求的一般原则

1. 权责发生制原则（Accrual Basis）

权责发生制原则是指收入、费用的确认应当以收入和费用的实际发生作为计量的标准，凡是当期已经实现的收入或应当承担的费用，不论款项是否收付，都应当作为当期的收入和费用处理；凡是不属于当期的收入和费用，即使款项已在当期收付，都不应作为当期的收入和费用处理。权责发生制能够更加准确地反映特定会计期间真实的财务状况及经营成果。

2. 配比原则（Matching）

配比原则是指营业收入和与其对应的成本、费用相匹配。它要求一个会计期间内的各项收入和与其相关联的成本、费用，应当在同一会计期间内予以确认、计量。坚持配比原则，使各个会计期间内的各项收入与相关的费用在同一会计期间内相互配比地进行记录和反映，有利于正确计算和考核企业经营成果。

3. 历史成本原则（Historical Cost）

历史成本原则是指企业的各类资产应当按其取得或购建时发生的实际成本进行核算。

4. 划分收益性支出与资本性支出的原则（Earning &. Capitalization)

划分收益性支出与资本性支出原则是指会计核算应当严格区分收益性支出与资本性

支出的界限，以正确地计算企业当期损益。所谓收益性支出是指该项支出的发生是为了取得本期收益，即与本期收益的取得有关的各项支出；所谓资本性支出是指该项支出的发生不仅与本期收益的取得有关，而且与以后会计期间的收益相关，或者主要是为以后会计期间的收益所发生的支出。

划分收益性支出与资本性支出原则，要求企业在会计核算中确认支出时，要区分两类不同性质的支出，将收益性支出列于利润表，计入当期损益，以正确计算企业当期的经营成果；将资本性支出列于资产负债表，作为资产反映，以真实地反映企业的财务状况，在其使用期间按相关准则规定计提折旧或摊销，并计入使用期间的损益。

（四）体现会计修订性惯例要求的一般原则

1. 谨慎性原则（也称稳健性原则）（Prudence）

谨慎性原则要求会计人员对某些经济业务或会计事项存在不同的会计处理方法和程序可供选择时，在不影响合理选择的前提下，以尽可能不虚增利润，亦不夸大股东权益的会计处理方法和程序进行会计处理，合理核算可能发生的损失和费用。

2. 重要性原则（Materiality）

重要性原则是指在会计核算过程中对经济业务或会计事项应区别其重要程度，采用不同的会计处理方法和程序。对重要的事项，应分别核算、分项反映，并在财务会计报告中做重点说明。对于次要的信息，在不影响会计信息真实性的情况下，则可适当简化会计核算程序，采用简便的会计处理方法进行处理，在财务会计报告中合并反映。

对于重要性的判断可以从质和量两个方面考虑。从性质方面讲，只要该会计事项发生就可能对决策有重大影响时，则属于重要性的事项；从数量方面讲，当某一会计事项的发生达到一定数量时可能对决策产生影响，则属于重要性事项。

3. 实质重于形式原则（Substance over Form）

实质重于形式原则指企业应当按照交易或事项的经济实质进行会计核算，而不应当仅仅把它们的法律形式作为会计核算的依据。强调以经济事项的实质及本来面目确认会计要素和会计核算，而不是以交易或事项的形式表象确认。

（五）国际财务报告（IFRS）的会计核算原则

1. 历史成本原则（Historial Cost）

历史成本原则就是企业的会计记录的计价基础应该是历史成本，即原始成本。

2. 营业收入确认原则（Revenue Recognition）

营业收入确认原则又称营业收入实现原则。它是确认企业的营业收入在什么时候才算实现而可以入账的原则。一般采用权责发生制原则。

3. 配比原则（Matching）

配比原则即收入和费用配比原则。就是在确定企业当期营业收入时要同时确定为取得该项营业收入所发生的费用。

4. 重要性原则（Materiality）

重要性原则意味着，会计处理和财务会计报告表述的精确程度，应根据会计信息的重要程度而有所不同。凡是细小和不重要的会计业务，对会计主体的生产经营活动和决策的判断选择无关紧要，可以按最方便、花费最小的方式来记录。

5. 一贯性原则（Consistency）

一贯性原则也称一致性原则。会计实务记载一项经济业务，常有若干种符合公认会计处理方法可供选择。一贯性原则要求本会计期的财务会计报告，是在上一会计期财务会计报告前后一贯的基础上编制的。在不同的会计期间，采用的会计处理程序和方法一致。

6. 客观性原则（Objectivity）

客观性原则要求会计人员对经济业务的计量和对会计信息的处理要持中立态度，不能有任何偏见，不受企业管理部门或编制财务会计报告的会计人员的主观意念所左右，使会计信息具有真实性和可核实性。

7. 稳健性原则（Prudence）

稳健性原则就是在实务上所持的谨慎反应的稳健态度。在选择会计核算方法时，应在会计准则规定的可供挑选的若干方法中，应倾向于选用对所有者权益产生有利影响最少的一种方法。应充分估计到各种风险和损失，尽量采用能使本期净资产和净收益获得最小金额的数字。其和谨慎性原则含义相同。

8. 充分揭示原则（Full Disclosure）

充分揭示原则要求企业为了使财务会计报告使用者能全面理解企业财务状况和经营成果，能充分利用财务信息制定决策，不致使信息使用者发生误解甚至作出错误的决策，必须提供会计主体所有重要的和有使用价值财务信息的财务会计报告，全面提供相关性和可比性信息资料。

按照我国《企业会计准则——基本准则》，对会计信息质量规定了可靠性、相关性、可理解性、可比性、实质重于形式、重要性、谨慎性和及时性等要求，实现了与国际财务报告准则的趋同。

四、会计要素

会计要素是为实现会计目标,以会计核算的基本前提为基础对会计核算对象的基本分类,是会计核算对象的具体化,是会计用于反映会计主体财务状况、确定经营成果的基本分类。我国《企业会计准则》确定了资产、负债、所有者权益、收入、费用、利润六个会计要素。这六大会计要素可以分为两大类,即反映财务状况的会计要素和反映经营成果的会计要素。反映财务状况的会计要素包括资产、负债和所有者权益;反映经营成果的会计要素包括收入、费用和利润。

(一)反映财务状况的会计要素

1. 资产(Asset)

资产是指由过去的交易或事项形成并由企业拥有或控制的资源,该资源预期会给企业带来经济利益(现金流流入)。该资源的成本能够可靠地计量。

2. 负债(Liability)

负债是指由于过去的交易或事项形成的现有义务,履行该义务预期会导致经济利益流出企业(现金流流出)。未来该负债的经济利益的金额能够可靠计量。

3. 所有者权益(Owner's Equity)

所有者权益是所有者在企业资产中享有的经济利益,其金额为全部资产减去全部负债后的余额。所有者权益在性质上体现为所有者对企业资产的剩余要求权。在股份制企业,所有者权益也称股东权益。

所有者权益和负债有着本质的不同。负债是企业对内和对外所承担的经济责任,企业负有偿还的义务,而所有者权益一般不需要归还投资者;使用负债所形成的资产通常需要企业支付报酬,如借款利息等,而使用所有者权益所形成的资产则不需要支付利息,但要向股东分派股利;在企业清算时,债权人拥有优先清偿权,而所有者(股东)只有在清偿所有的负债后,才按有关法规从所有者权益(净资产)中获得返还;债权人不能参与利润分配,只能按照预先约定的条件取得利息收入。

当一个企业需要资金时,是通过增加负债还是通过增加所有者权益取得需要谨慎考虑。一般来说,当市场借款利率低于企业的投资报酬率或通货膨胀比较严重时,可以采用借债的方法来获得资金,因为借来的资金获得的回报会大于付给债权人的利息,而且由于通货膨胀的原因,债务的实际价值会降低。同时,由于利息支出可以在企业所得税前扣除,从而具有抵税效应。正确使用负债和保持合适的杠杆率,可以提升股东权益投资的回报率水平。反之,则应通过增发股票或其他途径来获得资金。

(二)反映经营成果的会计要素

1. 收入(Revenue)

收入是指企业在日常活动中形成的、会导致所有者权益增加的、与所有者投入无关的经济利益总流入,通常包括企业销售商品、提供劳务及让渡资产使用权等日常活动中形成的经济利益的总流入。这种总流入表现为资产的增加或债务的减少。

2. 费用(Expenses)

费用是企业在生产和销售商品、提供劳务等日常活动中所发生的经济利益的流出,会导致所有者权益减少,且与所有者分配利润无关。

3. 利润(Profit)

利润是企业在一定期间内生产经营活动的最终成果,包括收入减去费用的净额、直接计入当期利润的利得和损失等。它是反映经营成果的最终要素。

五、会计等式

会计等式是指表明各会计要素之间基本关系的恒等式,会计等式也称会计恒等式。

$$资产 = 负债 + 所有者权益$$

这一会计等式,表明某一会计主体在某一特定日期所拥有的各种资产及债权人和投资者(所有者)对企业资产要求权的基本状况,表明资产和负债与所有者权益之间的基本关系,又称静态平衡等式。

企业发生的各项经济业务不会破坏其平衡关系。

$$资产 = 负债 + 所有者权益 + (收入 - 费用)$$

这一等式表明会计主体的财务状况与经营成果之间的相互联系。财务状况表明企业一定日期资产的来源与占用,反映一定日期的资产存量。经营成果则表现企业一定期间净资产增加(或减少),反映一定期间的资产流量(增量或减量)。企业的经营成果这一流量最终要影响到企业的财务状况这一存量,企业实现利润,将使企业资产存量增加或负债减少;企业亏损,将使企业资产存量减少或负债增加。该等式又称动态平衡等式。

$$资产 = 权益$$

这里的权益指债权人权益和所有者权益。因为企业的所有资产都属于债权人或所有者(图2-3)。

图 2-3　会计核算恒等式

收入 − 费用 = 利润

企业的目标就是从生产经营活动中获取收入，实现盈利。企业在取得收入的同时，也必然要发生相应的费用。企业通过收入和费用的比较，才能计算确定一定会计期间的盈利水平，确认当期实现的利润总额：

利润总额（或亏损总额）= 营业利润 + 投资收益（减投资损失）+ 补贴收入 + 营业外收入 − 营业外支出

其中，营业利润 = 主营业务收入 − 主营业务成本 − 主营业务税费及附加 − 营业费用 − 管理费用 − 财务费用。

恒等式的恒等原理是会计核算采用借贷记账法，记账规则为"有借必有贷，有贷必有借，借贷必相等"。

目前，我国采用的是多步式利润表，从利润表结构中可清晰看出净利润的计算过程。

六、会计凭证

会计凭证是记录经济业务的具体内容、明确经济责任的书面文件。它分为：

会计凭证 ｛ 原始凭证 ｛ 外来原始凭证 / 自制原始凭证 ｝ ; 记账凭证 ｛ 收款凭证 / 付款凭证 / 转账凭证 ｝ ｝

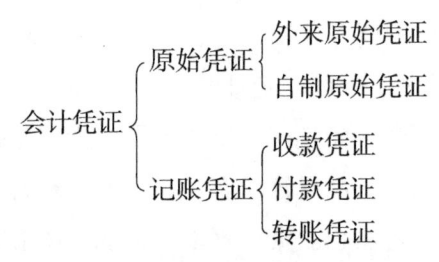

原始凭证又称单据（图 2-4），是在企业经济业务发生或完成时取得或填制的，用以记录或证明经济业务的发生或完成情况的原始凭据。其基本内容包括：原始凭证名称；填制原始凭证的日期；接受原始凭证单位名称；经济业务内容（含数量、单价、金额等）；填制单位签章；有关人员签章；凭证附件。

图 2-4 原始凭证

外来原始凭证，即从外面取得的原始凭证。它是指在经济业务发生或完成时，从其他单位或个人直接取得的原始凭证，如购买货物时取得的增值税专用发票及铁路运单、对外单位支付款项时取得的收据、职工出差取得的飞机票等。

记账凭证是会计人员根据审查后合理合规的原始凭证，按照会计科目加以归类，并据以确定会计分录后所填制的会计凭证。按其所反映的经济内容的不同，一般分为收款凭证、付款凭证和转账凭证，并分别以不同的颜色表示，收款凭证为红色，付款凭证为蓝色，转账凭证为黑色。凭证的基本内容包括：凭证的名称、编号、填制日期；填制单位的名称；经济业务内容摘要；会计科目的借贷方及金额；附件张数；制证、审核、记账等有关人员签名或签章。

收款凭证是指用于记录现金和银行存款收款业务的会计凭证（图2-5）。

图 2-5 收款凭证

付款凭证是指用于记录现金和银行存款付款业务的会计凭证（图2-6）。

付 款 凭 证

贷方科目			年　　月　　日	付字第　　号	
摘要	借方科目		记账	金额	附件张
	一级科目	二级或明细科目			
合计（大写）					

会计主管　　　记账　　　出纳　　　审核　　　制单（签章）

图 2-6　付款凭证

转账凭证是指用于记录不涉及现金和银行存款的其他业务的会计凭证（图 2-7）。

转 账 凭 证

		年　　月　　日	转字第　　号		
摘要	会计科目		记账	借方金额	贷方金额
	一级科目	二级或明细科目			
合计（大写）					

会计主管　　　记账　　　出纳　　　审核　　　制单（签章）

图 2-7　转账凭证

实行电算化后，因凭证由计算机统一出具，记账凭证格式也进行了统一，统称为记账凭证（图 2-8）。

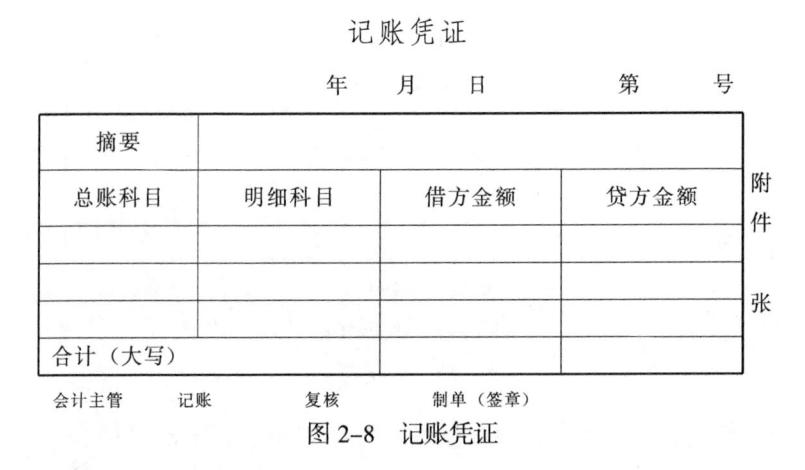

记 账 凭 证

		年　　月　　日		第　　号	
摘要					附件张
总账科目	明细科目	借方金额	贷方金额		
合计（大写）					

会计主管　　　记账　　　复核　　　制单（签章）

图 2-8　记账凭证

第三章　企业会计准则

一、企业会计准则的内涵

（一）会计准则的含义

关于会计准则（Accounting Standard）的概念，会计学者们从不同的角度有多种看法。总体而言，至少应从以下三个方面把握会计准则的内涵。第一，会计准则是反映经济活动、确认产权关系、规范收益分配的会计技术标准，是生产和提供会计信息的主要依据；第二，会计准则是资本市场的一种重要游戏规则，是实现社会资源优化配置的重要依据；第三，会计准则是国家社会规范，乃至强制性规范的重要组成部分，是政府管理经济活动、规范经济秩序和从事国际经济交往等的重要手段。

从会计工作实践的角度考察，首先，会计准则为会计工作提供了一套对资产、负债、所有者权益、收入、费用、利润等会计要素进行确认、计量、报告等进行规范的规则体系和处理程序、方法标准，使会计核算工作有章可循；其次，会计准则为不同企业的会计信息提供了一套统一的计量标准，在提高会计信息质量的同时，增强了会计报告和会计信息之间的可比性，更有利于会计信息使用者进行对比分析；再次，会计准则为会计专业人员留出了职业判断的空间，使会计从业人员可以遵循会计准则的核心要义对复杂的经济活动或业务进行妥善处理，选取合适的会计核算方法和政策以充分反映业务的实质；最后，会计准则为证券、税务等经济监管机构对企业的经济活动进行监管划定了基本框架，既便于其开展监管工作迅速掌握企业的主要经济信息，又便于与企业在同一规则下开展沟通交流消除偏差。

（二）国际会计准则趋同

纵观当今世界，全球经济一体化已经成为世界经济发展的现实。影响国际贸易的关税壁垒和非关税壁垒正在大幅度削减，贸易自由化程度越来越高；国际资本市场、跨国并购和战略联盟发展，使资本、劳务等生产要素在全球范围内的自由流通更加迅速便捷，推动着经济领域中包括会计标准在内的各种标准、制度的国际趋同；信息资源正在被更广泛的区域、更多的群体所分享，日益成为一种世界性的公共产品。特别是最近十年以来，中国企业到美国、英国等国际资本市场发行股票、债券的需求越来越多，沪港通、深港通、债券通等跨境投资品种的增多，使国际投资者能够更深入地参与以中国企业发行的股票、债券等为标的的交易提供了新的便利，中国资本市场向国际投资者敞开了大门。所有这些，都需要企业提供的会计信息与国际接轨，使国际投资者能够正确理解和捕捉企业经营活动的准确信息，减少企业需要按照国际会计准则提供会计信息时的转换成本，为中国经济发展注入新的活力。

应从以下四个方面正确理解和处理好中国企业会计准则与国际会计准则的趋同关系：

第一，趋同是同步，是方向。趋同是协调的进一步深化，体现了世界经济一体化发展趋势的客观要求。任何一个参与国际经济运行的经济体或组织，都面临着向利益攸关者或合作方提供客观、准确的会计信息的现实需求，一方面为了读懂他人提供的会计信息，另一方面让他人正确掌握自己提供的会计信息，从而都不能无视会计准则国际趋同的这一发展趋势。需要共同努力，尽量寻求一致。

第二，趋同不是简单的等同。各国在经济环境、法律制度、文化理念以及监管水平、会计信息使用者和会计从业人员素质等方面存在着不同程度的差异，不顾各国国情，不顾会计审计发展状况和环境特点，一味追求会计准则的简单趋同，难以实现真正的趋同。这也决定了趋同是在基本原则、规则、方法上的趋同，在总体趋同的基础上，还将从本国的实际情况出发保留一定程度的差异。

第三，趋同需要一个过程。各国国情的差异决定了合作的自愿性，需要积极且不断地研究新情况、解决新问题、创建新机制，努力追求符合国际效率、公平、主权和全球多样性发展要求的建设机制。同时，趋同需要符合经济发展特点、监管特点等基本国情，这也决定了不能照搬照抄国际会计准则，需要具备一定的条件，且在执行上也将存在一个过渡期。

第四，趋同是一种互动。趋同并不意味着单向运动。它是世界各个国家之间，以及各国与国际会计准则理事会（IASB）之间，以及国际会计准则理事会与各区域会计组织之间，相互沟通，相互借鉴，相互认可。世界多样性特点下的国际化趋同互动是一种客观规律。遵循它，就能更好地前进。否则，就会影响效率或效果。目前，我国的财务报告已经基本上实现了与国际会计准则接轨，对外披露的财务信息不需要再进行大规模的调整转换。在不久的将来，随着中国经济的快速发展，将会有越来越多的新业务模式在中国出现，中国也将通过持续不断的会计创新满足这些新业务模式进行规范会计处理的要求，并向国际输送中国会计准则的经验，被国际会计准则吸纳而成为国际标准。

(三)中国企业会计准则体系

中国现行的企业会计准则体系由基本准则、具体准则、应用指南和解释四部分组成。

基本准则,在整个准则体系中起着统驭作用,对财务报告目标、会计基本假设、会计基础、会计信息质量、会计要素分类及其确认和计量,以及财务报告等进行规范,指导具体准则的制定和为会计实务中出现的、具体准则尚未规范的会计实务新问题提供会计处理原则和依据。

具体准则,是在基本准则的指导下,对企业各项资产、负债、所有者权益、收入、费用、利润及相关交易事项的确认、计量和报告进行规范的会计准则。

应用指南,是对具体准则相关条款的细化和有关重点难点问题提供的操作性指南,以利于会计准则的贯彻落实和指导实务操作。

解释,是对具体准则实施过程中出现的问题、具体准则条款规定不清楚或者尚未规定的问题做出的补充说明。

二、基本准则

基本准则是企业进行会计核算工作必须遵守的基本要求,是企业会计准则体系的概念基础,是制定具体准则、会计准则应用指南、会计准则解释的依据,也是解决新的会计问题的指南,在企业会计准则体系中具有重要的地位。基本准则包括以下六个方面的内容:

(一)财务会计报告目标

财务会计报告的目标是向财务会计报告使用者提供与企业财务状况、经营成果和现金流量等有关的会计信息,反映企业管理层受托责任履行情况,有助于财务会计报告使用者做出经济决策。财务会计报告使用者包括投资者、债权人、政府及其有关部门和社会公众等。

(二)会计基本假设

基本准则强调了企业会计确认、计量和报告应当以会计主体、持续经营、会计分期和货币计量为会计基本假设。没有会计基本假设作为核算的基本前提条件,就无从开展会计工作和会计核算,也必然导致不同企业之间的会计信息不可比,增加会计信息使用者阅读、理解和掌握会计信息的难度。也就是说,会计基本假设回答了会计核算对象是谁、会计核算的经济事项归属期间、以什么样的货币量度会计信息这些基本问题。同时，如果会计核算对象不能持续经营，那么就不能对某些成本、费用等进行分摊，必须按照清算的要求核算所有的资产负债状况和经营成果，以最后向税务部门、债权人进行清偿，向股东分配剩余财产。正是有了持续经营的假设，才使会计分期和财务报告具有了意义，得以遵循权责发生制原则进行会计核算。

（三）会计基础

基本准则要求企业会计确认、计量和报告应当以权责发生制为基础。企业发生的经济事项，首先要根据其业务实质进行分析辨认，之后确认其属于六个会计要素中的哪类事项，并归入相应的会计科目。在此基础上，以货币为单位，采取适当的会计计量方法对该经济事项进行准确度量，计入所属会计科目的账目。然后，需要按照权责发生制的原则判断该经济事项在会计期间的归属，属于本期的，计入本期的经营成果；与以后会计期间相关的，需要按照一定的分摊方法分别计入本期和以后各期；与本期无关的，不得计入本期的经营成果，使财务报告充分反映的财务状况和经营成果。这也是会计工作的基本业务流程和业务规范，所有的会计工作都是围绕确认、计量和报告来展开的。

（四）会计信息质量要求

基本准则建立了企业会计信息质量要求体系，规定企业财务报告中提供的会计信息应当满足会计信息质量要求。

第一，企业提供的会计信息应以实际发生的业务为基础，反映业务的经济实质。企业应当以实际发生的交易或者事项为依据，按照交易或者事项的经济实质，保持应有的谨慎进行会计确认、计量和报告，如实反映符合确认和计量要求的各项会计要素及其他相关信息，保证会计信息真实可靠、内容完整，不应仅以交易或者事项的法律形式为依据，不应高估资产或者收益、低估负债或者费用。

第二，企业提供的会计信息应当具有可比性。同一企业不同时期发生的相同或者相似的交易或者事项，应当采用一致的会计政策，不得随意变更。确需变更的，应当在附注中说明。不同企业发生的相同或者相似的交易或者事项，应当采用规定的会计政策，确保会计信息口径一致、相互可比。

第三，企业提供的会计信息应当清晰明了。企业提供的会计信息应当便于财务会计报告使用者理解和使用，反映与企业财务状况、经营成果和现金流量等有关的所有重要交易或者事项，有助于财务会计报告使用者对企业过去、现在或者未来的情况做出评价或者预测。

（五）会计要素分类及其确认、计量原则

基本准则将会计要素分为资产、负债、所有者权益、收入、费用和利润六个要素，同时对各要素进行了严格定义。会计要素在计量时以历史成本为基础，可供选择的计量属性包括历史成本、重置成本、可变现净值、现值和公允价值等。

1. 历史成本

在历史成本计量下，资产按照购置时支付的现金或者现金等价物的金额，或者按照购置资产时所付出的对价的公允价值计量。负债按照因承担现时义务而实际收到的款项或者资产的金额，或者承担现时义务的合同金额，或者按照日常活动中为偿还负债预期需要支付的现金或者现金等价物的金额计量。实际上就是按照交易发生时的价值进行计量。

2. 重置成本

在重置成本计量下，资产按照现在购买相同或者相似资产所需支付的现金或者现金等价物的金额计量。负债按照现在偿付该项债务所需支付的现金或者现金等价物的金额计量。也就是按同样性质的交易在当前条件下发生时的价值进行计量。

3. 可变现净值

在可变现净值计量下，资产按照其正常对外销售所能收到现金或者现金等价物的金额扣减该资产至完工时估计将要发生的成本、估计的销售费用以及相关税费后的金额计量。可变现净值实质上就是假设现在把该资产变卖出售所能得到的净收益。

4. 现值

在现值计量下，资产按照预计从其持续使用和最终处置中所产生的未来净现金流入量的折现金额计量。负债按照预计期限内需要偿还的未来净现金流出量的折现金额计量。这是一种按照剩余期限的预期现金流情况，以一定的资金成本（利率）将各期现金流折算到本期，计算现金净现值，并以此作为会计计量金额核算资产或负债的方法。

5. 公允价值

在公允价值计量下，资产和负债按照市场参与者在计量日发生的有序交易中，出售资产所能收到或者转移负债所需支付的价格计量。这是一种市场化计价的方法，其实质就是以在公开市场上同类资产或负债实际发生的交易中他人的交易价格（或价值、对价）作为计量的基础。例如，A企业在6月30日进行盘库时发现，库存中现有一台账面价值为1万元的未曾使用过的SY机器设备，按会计准则规定，需要按公允价值进行计量。此时，正好获悉当日C企业以8000元的价格新购入了一台SY机器设备。那么A企业就应以8000元作为该资产的账面价值，并同时计提2000元的资产减值准备。

（六）财务报告

基本准则明确了财务报告的基本概念、应当包括的主要内容和应反映信息的基本要求等。

财务会计报告是企业对外提供的反映企业某一特定日期的财务状况和某一会计期间的经营成果、现金流量等会计信息的文件，包括会计报表及其附注和其他应当在财务会计报告中披露的相关信息和资料。会计报表至少应当包括资产负债表、利润表、现金流量表等报表。小企业编制的会计报表可以不包括现金流量表。其中：

资产负债表是反映企业在某一特定日期的财务状况的会计报表。资产负债表如实反映了企业的资产、负债和所有者权益金额及其结构情况，有助于使用者评价企业资产的质量、长期及短期偿债能力，以及利润分配能力等。

利润表是反映企业在一定会计期间的经营成果的会计报表。利润表反映了企业实现的收入、发生的费用、应当计入当期利润的利得和损失，以及其他综合收益等金额和结构情况，有助于使用者分析评价企业的盈利能力，以及盈利的构成情况和盈利的质量状况。

现金流量表是反映企业在一定会计期间的现金和现金等价物流入和流出的会计报表。现金流量表反映了企业各项经营活动的现金流入、流出的情况，有助于报表使用者评价企业的现金流和资金周转情况，以及评估企业财务状况和实现利润的真实性、未来的可持续经营能力等。

会计报表附注是对在会计报表中列示项目所作的进一步说明，以及对未能在这些报表中列示项目的说明等。通过这些必要的补充说明，可以更全面、系统地反映企业财务状况、经营成果和现金流量的整体面貌，有助于使用者更加全面深入地理解、掌握企业的信息，对企业的实际情况做出更加客观、准确的评估，为更加科学合理的决策提供支持。

需要指出的是，财务报告披露的是企业的财务信息，仅仅是企业生产经营活动所产生的众多信息中的一部分。随着现代经济社会的发展，企业的经营环境变得越来越复杂多变，企业所承担的责任也不仅仅是经济责任，所承担的社会责任、对社区的贡献、可持续发展能力等对评估企业的持续经营变得越来越重要。对于企业的外部利益相关者或者公众而言，只是了解企业的财务信息并不能对企业的持续经营能力和真实的财务状况、经营成果做出全面的评估，需要在财务信息之外获取更多的非财务信息。因此，近年来企业发布社会责任报告变得越来越普遍，企业在财务报告之外自愿披露的非财务信息将会越来越多而重要。但这些非财务信息并不在基本准则的规范范畴之内，需引起信息使用者的重视，增强分析判断能力。

三、具体准则

目前，在我国的企业会计准则体系中，共有42个具体准则，涵盖了会计六要素和当前企业经营中具有普遍性和重要性的交易事项。这些具体准则包括：存货，长期股权投资，投资性房地产，固定资产，生物资产，无形资产，非货币性资产交换，资产减值，职工薪酬，企业年金基金，股份支付，债务重组，或有事项，收入，建造合同，政府补助，借款费用，所得税，外币折算，企业合并，租赁，金融工具确认和计量，金融资产转移，套期会计，原保险合同，再保险合同，石油天然气开采，会计政策、会计估计变更和差错更正，资产负债表日后事项，财务报表列报，现金流量表，中期财务报告，合并财务报表，每股收益，分部报告，关联方披露，金融工具列报，首次执行企业会计准则，公允价值计量，合营安排，在其他主体中权益的披露，持有待售的非流动资产、处置组和终止经营。

（一）存货准则（Inventories）

存货，是指企业在日常活动中持有以备出售的产成品或商品、处在生产过程中的在产品、在生产过程或提供劳务过程中耗用的材料和物料等。必须同时满足与该存货有关的经济利益很可能流入企业、该存货的成本能够可靠地计量这两个条件，才能确认为存货。消耗性生物资产和通过建造合同归集的存货成本不适用存货准则，而分别适用《企业会计准则第5号——生物资产》《企业会计准则第15号——建造合同》。

在会计实务中，企业的存货通常包括原材料及辅助材料、在产品、半成品、产成品、流通企业外购或委托加工完成验收入库用于销售的各种商品，以及能够多次使用但不符合固定资产定义的周转材料。这些周转材料包括包装物，以及各种工具、管理用具、玻璃器皿、劳动保护用品、低值易耗品和建筑承包商的钢模板、木模板、脚手架等。

存货的核算包括入库时的初始计量、出库时的发出计量和会计期末时的期末存货计量。

1. 存货的初始计量

企业取得的存货应当按照成本进行计量。存货成本包括采购成本、加工成本和使存货达到储存场所和状态所发生的其他成本。企业在日常核算中采用计划成本法核算的存货成本，应通过"材料成本差异"或"产品成本差异"科目将材料或产成品的计划成本调整为实际成本。采用售价金额法核算的，应通过"商品进销差价"科目将商品的售价调整为实际成本（进价）。

（1）外购存货

主要包括原材料及辅助材料和商品。外购存货的成本包括从采购到入库前所发生的全部支出。这些支出包括购买价款、相关税费、运输费、装卸费、保险费,以及其他可归属于存货采购成本的费用。

(2)加工取得的存货

企业通过自身生产、加工取得的存货,主要包括在产品、半成品、产成品、委托加工物资等,其成本由原材料及辅助材料成本和加工成本构成,即通常所说的企业生产成本。其中,原材料及辅助材料直接构成生产成本的一部分,其价值按从库房发出时的库存成本计算,直接转移至加工取得的存货成本中;加工成本由直接人工、直接水电气等能源消耗和制造费用构成,按会计核算结果记入加工取得的存货成本中。

(3)提供劳务取得的存货

通过提供劳务取得的存货的成本,按从事劳务人员的直接人工和其他直接费用,以及可归属于该存货的间接费用确定。

(4)其他方式取得的存货

通过接受投资者投资、非货币性资产交换、债务重组、企业合并,以及存货盘盈等方式取得存货的成本按相关规定分别确定存货成本。其中:

投资者投入存货的成本,按照投资合同或协议约定的价值确定,但约定价值不公允的,应按其公允价值确定。

以非货币性交换取得存货的,按照《企业会计准则第7号——非货币性资产交换》确定存货成本。当该项交易具有商业性质,且换入资产和换出资产的公允价值均能够可靠计量的,以换出资产的公允价值为基础和应支付的相关税费确定,有证据表明换入资产公允价值更可靠的,以换入资产公允价值为基础和应支付的相关税费确定。当该交易不具有商业实质,或交换涉及资产的公允价值均不能可靠计量的,应按照换出资产的账面价值和应支付的相关税费确定,收到或支付补价的,应作为调整因素进行调整后确定。

以债务重组取得存货的,按照《企业会计准则第12号——债务重组》确定存货成本。包括放弃债权的公允价值,以及使该资产达到存货状态所发生的税费、运输费、装卸费、保险费等其他成本。

以企业合并方式取得存货的,按照《企业会计准则第20号——企业合并》的规定符合企业合并的,按公允价值入账。不符合企业合并的,以收购对价为基础,按照分配价值确定。

盘盈存货的成本,按重置成本作为入账价值。

(5)下列费用不应计入存货成本,而应在其发生时计入当期损益

一是非正常消耗的直接材料、直接人工和制造费用。因其无助于使该存货达到存货场所和状态,不能计入存货成本。

二是企业在采购入库后发生的存储费用（仓储费用）。但是，在生产过程中为达到下一个生产阶段所必需的仓储费用应计入存货成本。

三是不能归属于使存货达到目前场所和状态的其他支出，以及不符合存货的定义或确认条件的支出。

四是企业采购用于广告营销活动的特定商品。

2. 发出存货的计量

企业应该根据存货的实物流转方式、企业管理要求、经营特点、存货性质等实际情况，选取合理的发出存货成本计算方法，合理确定当期发出存货的实际成本。性质和用途相似的存货，应采取相同的成本计算方法确定发出存货的成本。

按照现行存货准则的规定，企业可以采用先进先出法、移动加权平均法、月末一次加权平均法和个别计价法确定发出存货的成本，不允许采用后进先出法。但是，不允许采用后进先出法有值得商榷之处。例如，水产、水果等经营企业，以及商品价格快速大幅度持续上涨的特殊环境下，后进先出法更有利于企业开展正常经营、降低损失和更加客观地反映当期生产经营成果，而煤炭、矿山等采掘业的储存特点也使得后进先出法更能反映企业生产的实际情况。

（1）先进先出法

就是按存货购入或入库的先后顺序，先入库先发出，先购入的存货成本在后购入存货成本之前转出。采取该方法时，可以随时结转存货发出成本，发出存货的成本总是最先购入时的存货成本，而期末存货的成本则是最后购入存货的成本。但是，该方法的工作量较大，在物价持续上升时，发出存货成本偏低，期末存货成本接近市价，会高估当期利润和库存存货价值；在物价持续下降时，则会低估企业当期利润和库存存货价值。

（2）移动加权平均法

就是每次进货之后都对所有存货计算一次平均价值，发出存货和期末存货的成本都是最新的平均库存成本。但该方法在收发货比较频繁时，导致需要频繁计算存货成本，工作量巨大。计算公式为：

$$存货单位成本 = \frac{原有库存存货的实际成本 + 本次进货的实际成本}{原有库存存货数量 + 本次进货数量}$$

本次发出存货的成本 = 本次发出存货数量 × 本次发货前的存货单位成本

本月月末库存存货成本 = 月末库存存货数量 × 本月月末存货单位成本

（3）月末一次加权平均法

就是在每月月末计算一次存货的加权平均成本，本月发出存货和月末存货的成本都以该加权平均成本进行计算。这大大减少了计算的工作量,但不利于存货成本的日常管控和控制。

存货单位成本＝

$$\frac{月初库存存货的实际成本+\Sigma（本月某批进货的实际单位成本\times本月该批进货的数量）}{月初库存存货数量+\Sigma本月各批进货数量}$$

本月发出存货的成本 = 本月发出存货数量 × 存货单位成本

本月月末库存存货成本 = 月末库存存货数量 × 存货单位成本

（4）个别计价法

也称个别认定法、具体辨认法、分批实际法。该方法注重所发出存货具体项目的实物流转与成本流转之间的紧密联系,逐一辨认各批发出存货和期末存货所属购进批次或生产批次,分别按期购入或生产时所确定的单位成本计算各批发出存货和期末存货的成本。个别计价法的成本计算准确、与实际情况符合度高,但分辨工作量大,一般适用于不能替代使用、单位价值比较高的珠宝、名画等贵重物品。

目前,随着信息化水平的提升,采取以上任何一种发出存货成本的计算方法都不再需要大量的人工烦琐的工作,增强了可使用性。

企业从库存中发出的存货应及时结转存货成本,属于商品销售的计入当期营业成本;不构成主营业务销售的,计入其他业务成本;因非货币性交换、债务重组等转出的,按业务实质和相应的会计准则规定进行核算,计入相应的会计科目,一般不计入当期损益。

3. 期末存货的计量

期末存货的计量,应按照成本与可变现净值孰低原则计量存货价值。当存货成本低于可变现净值时,按成本计量。当存货成本高于可变现净值时,按可变现净值计量存货成本,并同时按照二者之间的差额计提存货跌价准备,计入当期损益。这符合谨慎性原则的要求,避免出现资产价值虚增不实的现象。

确定存货的可变现净值以企业日常经营活动为前提,以预计未来净现金流入为基础,并等同于存货的售价或合同价,需要扣除可能发生的销售费用、相关税费,以及为达到可销售状态可能发生的加工成本等其他支出后确定。一般应考虑存货实际成本和与可变现净值相关的确凿证据,以及持有存货的目的（如是否有合同约定、是否为生产耗用）和资产负债表日后事项的影响（如资产负债表日至财务报告批准报出日之间存货售价的剧烈波动等）。

在确定可变现净值时,最关键的是确定存货的估计售价。其中,持有待出售的商品,有合同约定而持有的,以合同价格为估价基础;超出合同约定数量或者没有合同约定的,以市场销售价格为基础。为生产而持有的材料，采用以其生产的产成品的可变现净值与该材料成本孰低的方法确定，当可变现净值低于成本时，还应按差额计提存货跌价准备。

在会计实务中，当出现以下情况之一时，通常表明存货的可变现净值低于成本。一是市场价格持续下跌，且在可预见的未来无回升的希望；二是以其生产的产品的成本明显高于产品的销售价格；三是因产品更新换代，现有存货已不再适用，市场价格明显低于账面成本；四是市场需求发生变化，市场价格明显呈下降趋势。但是，当以上计提减值的条件消失时，可以转回计提的存货跌价准备，转回金额以计提的减值准备为限，不能超出已计提的金额转回。当存货已经霉烂变质、已过期且无转让价值、生产中已不再需要且无使用价值和转让价值时，其可变现净值应为零。

企业在计提存货跌价准备时通常以单个存货项目为基础，将其成本与可变现净值逐一对比分析，按较低者计量，并按成本高于可变现净值的差额计提存货跌价准备。对于数量繁多、单价较低的存货，可以按照存货类别逐一比较计提。对于具有相同或类似最终用途或目的，并在同一地区生产和销售的，意味着具有基本相同的风险和报酬，可以合并计提存货跌价准备。企业计提的存货跌价准备，应在业务发生时与存货成本一同结转。

4. 存货盘点

企业应采取定期或不定期的方式根据存货的种类特点，对存货进行实地盘点，确定存货实有数量，与账面结存数核对。

企业发生的存货毁损，应当将处置收入扣除账面价值和相关税费后的金额计入当期损益。存货的账面价值是存货成本扣减累计跌价准备后的金额。存货盘亏造成的损失，应当计入当期损益，属于自然灾害等非正常原因造成的，计入营业外支出；属于计量收发差错和管理不善等原因造成的，计入管理费用。

企业发生的存货盘盈，应计入相应存货类别和待处理财产损益，经批准后冲减管理费用，不调整以前年度报表。

（二）长期股权投资准则（Long-term Equity Investments）

1. 准则的适用范围

投资是企业为了获得收益或实现资本增值向被投资单位投放资金的经济行为。从性质上划分，企业的对外投资可以分为权益性投资和债权性投资。债权性投资实质上是资金的出借行为，以获取利息收益为目的，到期后收回本金。权益性投资是以享有被投资单位一定比例的权益份额为目的，并在其经营过程中按股权比例享有其经营成果。

按照《企业会计准则第2号——长期股权投资》的规定，长期股权投资是指投资方对被投资单位实施控制、重大影响的权益性投资，以及对其合营企业的权益性投资。

其中：

投资方能够对被投资单位实施控制的，被投资单位为其子公司。控制是指投资方拥有对被投资单位的权力，通过参与被投资单位的相关活动而享有回报，且有能力运用对被投资单位的权力影响其回报金额。实际上也就是能够决定被投资的经营活动和利润分配等重大事项。

投资方与其他投资方共同设立被投资单位，并通过投资协议等方式对被投资单位实施共同控制，且对被投资单位的净资产享有权利、按约定比例享有其净收益，而不是对被投资单位的资产享有权利的，被投资单位为其合营企业。实质上就是所有投资方对被投资单位实施集体控制，并通过"一致同意"的方式决定其相关的经营活动决策，任何一方都不能单独主导对被投资单位决策。

投资方能够对被投资单位施加重大影响，即能够对被投资单位的财务和经营政策有参与决策的权利，但并不能够控制或者与其他方一起共同控制这些政策的制定，被投资单位为其联营企业。在对重大影响进行判断时，一般需考虑以下一种或者几种情况做出综合判断：一是在被投资单位的董事会或类似权力机构中派有代表；二是参与被投资单位的财务和经营政策的制定过程；三是与被投资单位之间发生重要交易；四是向被投资单位派出管理人员；五是向被投资单位提供关键技术资料。

风险投资机构、共同基金，以及类似主体从事投资业务而对被投资单位进行投资的，不适用本准则，应按照《企业会计准则第22号——金融工具确认和计量》的规定进行确认和计量。即以初始投资成本按公允价值计量且其变动计入当期损益。

2. 长期股权投资的核算方法

长期股权投资的核算应根据对被投资单位能够施加的影响程度，在个别财务报表（投资单位自己的财务报表，而非其合并财务报表）中分别采用成本法和权益法核算。

成本法，就是按照初始投资成本计价，只有当被投资单位宣布发放现金股利或者进行利润分配的时候才确认投资收益。在持有期间追加或者收回投资应相应调整投资成本。对子公司的长期股权投资只能采用成本法。

权益法，是在投资时以初始投资成本计量后，在持有期间内，按照所持被投资单位的股权比例享有其所有者权益变动的份额，并调整确认长期股权投资的账面价值。该方法实质上是将投资方与被投资单位作为一个独立的经济体看待，被投资单位实现利润或者亏损等原因引起的净资产价值的变化，都同步反映到投资方的长期股权投资价值中，而无论投资方是否收到股利或分红，这更符合权责发生制的原则。因此，在权益法核算下，被投资单位因实现利润或亏损导致的净损益变化、其他综合收益的变动、利润分配，以及其他原因引起的所有者权益的变动，都应当调整长期股权投资的账面价值，分别相应确认计入投资收益、其他综合收益等会计科目。同时，投资企业与被投资的联营企业、合营企业之间发生内部交易在未全部实现对外部销售之前存在未实现内部交易损益，在权益法核算时需对此按照持股比例进行抵销。此外，被投资企业存在亏损的，投资企业应按照持股比例确认应分担的亏损金额，并按照减记长期股权投资账面价值（长期股权投资）、实质上构成对被投资单位将净投资的长期股权项目（长期应收款）、确认预计负债（预计负债）的顺序进行会计处理，并在以后期间实现利润时按照逆序进行会计处理。被投资企业发放的股票股利不作账务处理。按会计准则规定，对联营企业和合营企业的投资，应采用权益法核算。

在长期股权投资持有期间，因追加投资或者收回投资，以及企业合并、分立等多方面原因，将导致投资性质发生变化时，应对变化后的控制、共同控制、重大影响等重新做出判断，并相应改变核算方法，从而可能需要在成本法、权益法，以及按公允价值计量的金融资产之间发生转换。

3. 长期股权投资的主要核算事项

长期股权投资需要就其整个生命周期内出现的各种情况进行确认、计量和核算，主要包括初始投资、追加或减少投资、被投资企业实现利润或亏损等各种原因引起的净资产变化、利润分配、投资性质变化、资产减值、投资收回等。

4. 长期股权投资的初始计量

企业的长期股权投资可以采取支付现金、发行权益性证券、债务重组、非货币性资产交换、公司制改建，以及企业合并等方式取得。企业合并又分为同一控制下的企业合并和非同一控制下的企业合并两种方式。

（1）支付现金方式

以支付现金方式取得的长期股权投资，按照实际支付的购买价款作为初始投资成本，包括购买过程中支付的手续费等必要支出。

支付价款中包含的被投资单位已经宣告但实际尚未发放的现金股利或利润不构成长期股权投资的成本，作为应收股利核算。

（2）发行权益性证券方式

以发行权益性证券取得的长期股权投资，按照《企业会计准则第39号——公允价值计量》规定确认的所发行证券的公允价值作为初始投资成本。

为发行该证券支付给证券承销机构的手续费、佣金等直接相关费用构成长期股权投资的成本，应在发行溢价中扣除，溢价不足的，依次冲减盈余公积和未分配利润。

支付对价中包含的被投资单位已经宣告但实际尚未发放的现金股利或利润不构成长期股权投资的成本，作为应收股利核算。

(3) 债务重组方式

以债务重组方式获得的长期股权投资，其初始成本按照《企业会计准则第 12 号——债务重组》的原则确定。对联营企业或合营企业投资的成本，包括放弃债权的公允价值，以及可直接归属于该资产的税费等其他成本。

(4) 非货币性资产交换方式

以非货币性资产交换方式获得的长期股权投资，其初始成本按照《企业会计准则第 7 号——非货币性资产交换》的原则确定。首先应对交换是否具有商业实质进行判断，不具有商业实质的，以换出资产的账面价值和应支付的相关税费作为长期股权投资的初始成本，不确认交换损益。具有商业实质的，应首先对换入资产或换出资产的公允价值是否能够可靠计量进行判断，能够可靠计量的，以换出资产的公允价值确定换入的长期股权投资的初始成本；不能够可靠计量的，以换出资产的账面价值和应支付的相关税费作为换入长期股权投资的初始成本。

(5) 企业进行公司制改建

在进行公司制改建时，一般须对资产、负债的账面价值进行评估，并按照评估值进行调整。此时，应以评估值作为长期股权投资的成本，与原账面价值的差异计入资本公积（资本溢价或股本溢价）。

(6) 同一控制下的企业合并

1) 以支付现金、转让非现金资产或承担债务方式作为合并对价的，以被合并方在最终控制方合并财务报表中的账面价值的份额作为合并方长期股权投资的初始成本，该账面价值为负数的，以零确定初始成本，同时在备查簿中登记。

最终控制方在实施该合并前，从非同一控制下的企业合并取得被合并方控制的，则应在本次合并中，将相关的原有商誉金额计入长期股权投资的初始成本。

合并方所确认的初始成本与支付对价存在差额的，相应调整资本公积（资本溢价或股本溢价），不足以冲减的，依次冲减盈余公积和未分配利润。

2) 以发行权益性工具作为合并对价的，以发行证券的公允价值作为长期股权投资的初始成本。同时，以股份的面值总额作为股本，二者之间的差额，以及发生的相关交易费用，相应调整资本公积（资本溢价或股本溢价），不足以冲减的，依次冲减盈余公积和未分配利润。

3) 多次交易，分步取得股权。

企业通过多次交易分步取得同一控制下被投资单位的股权，最终形成企业合并的，需要对多次交易判断是否属于"一揽子交易"。所谓一揽子交易，实际上就是在开展合并的当初，就确定了分步实施的基本原则和方法，以最终完成同一控制下的合并。

属于一揽子交易的，合并方应将各项交易作为一个控制权交易的整体进行会计处理，在合并时按上述初始投资成本确定的方法确认整个交易的长期股权投资初始成本，将后期应支付的对价在应付款科目核算，以后支付各期对价时，冲减应付款，不再调整长期股权投资的初始投资成本。

不属于一揽子交易的，应在每次支付对价时，按照累积取得的被合并企业的股权比例及其在最终控制方合并财务报表中净资产的账面价值调整确定新的长期股权投资初始投资成本，原长期股权投资账面价值加上新取得股权所支付的对价之和与新确认初始投资成本之间的差额调整资本公积（资本溢价或股本溢价），不足以冲减的，依次冲减盈余公积和未分配利润。

4）合并方与被合并方的会计政策应一致。

如果合并前不一致的，应按照重要性原则，统一双方的会计政策，按合并方的会计政策对被合并方净资产账面价值进行调整，并以此为基础确定长期股权投资的初始成本。

被合并方编制合并财务报表的，应以合并日被合并方的合并会计报表为基础确认长期股权投资的初始投资成本。

5）中介费用。

在企业合并过程中，合并方发生的审计、法律服务、资产评估、财务顾问，以及各种形式的咨询费等中介费用以及相关的管理费用，不计入长期股权投资成本，在发生时计入当期管理费用。

（7）非同一控制下的企业合并

与同一控制下的企业合并不同，非同一控制下的企业合并本质上是市场化购买，需要对购买日的公允价值进行计量和确认长期股权投资的成本，公允价值与账面价值之间的差额大于零的，差额部分确认为商誉；小于零的，差额部分被看作通过自身议价能力得到的折让。而同一控制下的企业合并不确认商誉或折让。

购买方应以《企业会计准则第20号——企业合并》确定的企业合并成本作为长期股权投资的初始投资成本。这些合并成本包括购买方支付的资产、发生或承担的负债、发行权益性工具或债务性工具的公允价值之和。购买方作为合并对价发行的权益性工具或债务性工具的交易费用计入其初始确认金额。购买方在合并过程中发生的审计、法律服务、资产评估、财务顾问，以及各种形式的咨询费等中介费用以及相关的管理费用，不计入长期股权投资成本，在发生时计入当期管理费用。

购买方通过多次交易分步实现的非同一控制下的企业合并，在编制个别财务报表时，应在每次交易后调整长期股权投资的初始成本，即按照原持有的股权投资的账面价值加上新增投资成本之和，作为该项投资的初始投资成本。新增投资后，导致对被投资单位施加影响程度发生变化的,应相应调整长期股权投资的核算方法,并进行相应的会计处理。

(8) 初始投资成本中包含的已宣告但尚未发放的现金股利或利润

企业无论以何种方式取得长期股权投资,在取得投资时,对于支付的对价中包含的被投资单位已经宣告但尚未发放的现金股利或利润,应作为应收项目单独核算,不构成取得长期股权投资的初始投资成本。

5. 长期股权投资的后续计量

企业在持有长期股权投资期间,由于增加投资或者减少投资等原因,将引起对被投资单位影响程度发生变化,从而导致核算方法在成本法、权益法,以及以公允价值计量的金融资产之间的转换。核算方法转换时,需要重新确认长期股权投资的初始投资成本,并对被投资单位编制的合并财务报表中的净利润、其他综合收益和其他所有者权益变动等对净资产的影响进行处理。其中因增加投资导致投资性质发生变化,可能涉及以公允价值计量转换为成本法核算或权益法核算,以及由权益法核算转换为成本法核算。因减少投资导致投资性质发生变化,可能涉及以成本法核算转换为权益法核算或公允价值计量、以权益法核算转换为公允价值计量等以下几种情况。

(1) 增加投资涉及的核算方法转换

1) 公允价值计量或权益法核算转换为成本法核算。

因追加投资导致原持有的对被投资单位不具有控制、共同控制或重大影响的按照金融工具确认和计量准则以公允价值进行会计处理的权益性投资(金融资产),或者原持有的对联营企业、合营企业的长期股权投资,转变为能够对被投资单位实施控制的,则使上述投资的性质转变为了对子公司的投资,需在投资时转换为成本法进行长期股权投资的核算。其中:

以公允价值计量且其变动计入当期损益的金融资产,按照转换时的公允价值加上新增投资支付的对价确认长期股权投资;

以公允价值计量且其变动计入其他综合收益的金融资产,按照转换时的公允价值加上新增投资支付的对价确认长期股权投资,原确认计入其他综合收益的累计公允价值变动结转计入留存收益,不得计入当期损益,借记"资本公积——其他资本公积"科目,贷记"投资收益"科目。

原按权益法核算的长期股权投资,按照对子公司投资初始计量的规定进行处理。

2) 公允价值计量转换为权益法核算。

投资企业对原持有的被投资单位的股权不具有控制、共同控制或重大影响,按照金融工具确认和计量准则进行会计处理的,因追加投资等原因导致持股比例增加,使其能够对被投资单位实施共同控制或重大影响的，应转换为权益法核算。在转换日，按照原股权的公允价值加上为取得新增投资而应支付对价的公允价值，作为新的初始投资成本。其中，原以公允价值计量且其变动计入其他综合收益的金融资产，原确认计入其他综合收益的累计公允价值变动在转换时结转计入留存收益，不得计入当期损益。

然后，需要比较上述得到的新的初始投资成本，与按照新的持股比例和被投资单位的净资产公允价值计算应享有的份额，按照孰高的原则确认长期股权投资的账面价值。其中，初始投资成本大于该应享有的净资产份额的，以初始投资成本作为长期股权投资的账面价值，差额不作处理；反之，按二者的差额调增长期股权投资的账面价值，并计入当期营业外收入。

（2）减少投资涉及的核算方法转换

1）权益法核算转换为以公允价值计量的金融资产。

投资企业因部分处置等原因导致对被投资单位的持股比例下降，使其对被投资单位所具有的共同控制或重大影响不再存在时，应由权益法核算转换为按金融工具确认和计量准则的规定对剩余股权进行核算，需要将剩余的长期股权投资进行重分类，由长期股权投资科目调整到金融资产分类的科目，并以剩余股权的公允价值确认为金融资产的成本，将公允价值与原长期股权投资剩余股权的账面价值之间的差额计入当期损益。

同时，在持有长期股权投资期间，原采用权益法核算确认的相关其他综合收益在终止采用权益法核算时，由"其他综合收益"科目结转至"留存收益"科目。除净损益、其他综合收益和利润分配以外原因导致被投资单位的其他所有者权益变动而确认的所有者权益份额，在终止采用权益法时全部转入当期损益，借记"资本公积——其他资本公积"，贷记"投资收益"。

2）成本法核算转换为以公允价值计量的金融资产。

投资企业因部分股权处置等原因导致对被投资单位的持股比例下降，使其对被投资单位所实施的控制不再存在，且不存在共同控制或不具有重大影响时，应由成本法核算转换为按金融工具确认和计量准则的规定对剩余股权进行核算，同时将剩余的长期股权投资进行重分类，由长期股权投资科目调整到金融资产分类的科目，并以剩余股权的公允价值重新计量确认金融资产的成本，将公允价值与原长期股权投资剩余股权的账面价值之间的差额计入当期损益。

3）成本法核算转换为权益法核算。

因股权处置等原因导致对被投资单位由能够实施控制转变为具有重大影响或共同控制的，应由成本法核算转换为权益法核算。在失去控制日：

首先，应对处置的投资进行会计处理。按处置的股权比例结转长期股权投资成本，按投资处置收到对价与结转的投资成本之间的差额确认投资收益。

其次，按剩余股权比例计算该长期股权投资最初取得投资时应在被投资单位可辨认净资产公允价值中享有的份额。该份额大于剩余长期股权投资成本的，增加长期股权投资的账面价值，并调整留存收益。反之，属于投资作价中体现的商誉，不做账务处理，保持原账面价值不变。这实际上是对剩余股权视同在初始投资时采用权益法核算。

最后，对初始投资日至投资处置日之间被投资单位的所有者权益变动按权益法进行分类处置，相应调整长期股权投资的账面价值。这也是源自在视同初始投资时采用权益法核算的原因。主要有三类引起被投资单位所有者权益变动的事项。一是实现净损益。需要分为处置投资当年和以前年度两个区间分别处理。其中，在处置投资当年所属会计期间，自期初至处置日之间实现的净损益，按剩余股权比例计算应享有份额，作为投资收益调整当期损益。自投资初始日至处置投资前的以前年度会计期间实现的净损益，按剩余股权比例计算应享有份额，通过未分配利润（扣除应计提的盈余公积后的余额）和盈余公积（此期间实现净利润应提取的盈余公积金）科目调整留存收益。二是其他综合收益变动。按剩余股权比例计算应享有份额，计入其他综合收益。三是净损益、其他综合收益和利润分配以外其他原因导致的所有者权益变动。按剩余股权比例计算应享有份额，计入资本公积（其他资本公积）科目。

6. 长期股权投资的减值

在长期股权投资持有期间，应根据被投资单位的实际经营情况和市场状况对长期股权投资的账面价值判断是否存在减值迹象。如果存在减值迹象的，应按照会计准则的规定计提减值准备。其中，对子公司、联营企业及合营企业的投资，应按照《企业会计准则第8号——资产减值》的规定确定其可收回金额及应予计提的减值准备，长期股权投资的减值准备在提取后，不允许转回。

7. 长期股权投资的处置

企业持有长期股权投资期间，由于各方面原因，决定将所持有的被投资单位的股权部分或全部对外出售的，应按所出售股权比例相应结转长期股权投资的账面价值，并按出售所得价款与处置长期股权投资账面价值之间的差额，确认处置损益，计入当期损益。

出售部分股权后，仍然采用权益法核算的，应按所出售的股权比例结转其他综合收益，同时将被投资方除净损益、其他综合收益和利润分配以外的其他所有者权益变动的份额结转计入当期投资收益。

出售部分股权后终止采用权益法核算的，应将原计入其他综合收益（不能结转损益的除外）或资本公积（其他资本公积）中的相应金额结转计入当期投资收益。

（三）投资性房地产准则（Investment Real Estates）

房地产从持有的目的来说可以分为自用、出租和出售三种基本方式，在企业资产负债表上表现为不同资产分类。其中，自用的厂房、办公楼等生产经营场所分类为固定资产或无形资产；准备将来转让出售的商品房、土地及建筑物分类为存货；已经签订出租协议正在出租的或者企业决策机构已经完成决策程序将要出租的（既使还没有签订出租协议）属于经营性租赁资产，分类为投资性房地产。

按照《企业会计准则第3号——投资性房地产》的规定，投资性房地产是指为赚取租金或资本增值，或者两者兼有而持有的房地产。如果一项房地产部分自用或者作为存货、部分用于赚钱租金或资本增值的，能够单独区分的，按其实际用途分别独立分类、确认和计量。不能单独区分的，不确认投资性房地产。

按照准则的规定，投资性房地产在实质上是企业取得土地使用权且已经处于出租协议有效期，或者准备增值后转让，以及企业取得建筑物产权且已经处于经营租赁协议有效期或者已经由企业最高决策机构完成决策意图用于经营租赁。

1. 投资性房地产的计量模式

投资性房地产可以采用成本模式或公允价值模式进行计量，但是，企业只能选取其中的一种模式。如果企业首先选用了成本模式，可以在后续计量中改变为选取公允价值模式，但是，不允许再改回成本模式。企业在开始时选用公允价值模式的，在后续计量时也不允许改变为成本模式。

成本模式，就是按照取得投资性房地产时的实际成本（包括外购时的购买成本、自建时的建造成本）或者因用途改变由非投资性房地产转换为投资性房地产时的账面价值确认其初始成本，在后续持有期间按照固定资产、无形资产计提折旧或摊销，并进行减值测试，存在减值迹象应计提减值准备。计提的减值准备以后期间恢复的，不得转回。

公允价值模式，就是按照取得投资性房地产时的公允价值确认其初始成本。由非投资性房地产转换为投资性房地产的，还应对转换日公允价值与账面价值之间的差额进行处理。公允价值小于账面价值的，按其差额借记"公允价值变动损益"；大于账面价值的，按其差额贷记"其他综合收益"。在持有期间，在会计期末按照其公允价值对其账面价值进行调整，二者之间的差额计入当期损益，不计提折旧或进行摊销。在该投资性房地产处置时，因转换计入其他综合收益的部分转入当期损益。公允价值模式，在房地产市场活跃，价格呈上涨趋势时，将有利于增加企业的利润。因此，准则规定采用公允价值模式必须同时满足投资性房地产所在地有活跃的房地产交易市场，以及企业能够从该市场上取得同类或类似房地产交易的市场价格或其他信息从而对公允价值做出合理估计这两个条件。

在由成本模式转换为公允价值模式时，也必须同时满足以上采用公允价值模式的两个条件，在会计上作为会计政策变更处理，按变更时的公允价值确认投资性房地产的成本，公允价值与账面价值之间的差额调整期初留存收益，同时结转已计提的折旧或摊销和减值准备。

2. 投资性房地产的初始计量

（1）外购投资性房地产

外购的土地使用权和建筑物，按照取得时的实际成本进行初始计量，包括购买价款、相关税费和可直接归属于该资产的其他支出。企业购入的房地产，部分出租、部分自用的，用于出租的部分应单独确认，按照不同部分的公允价值占公允价值总额的比例将成本在不同部分之间进行分配。

如采用公允价值模式计量，需要在"投资性房地产"科目下设置"成本"和"公允价值变动"两个明细科目。其中，"投资性房地产——成本"科目反映外购的土地使用权和建筑物发生的实际成本。

（2）自行建造投资性房地产

自行建造投资性房地产的成本由建造该项资产达到预定可使用状态前发生的必要支出构成，包括土地开发费、建筑成本、安装成本、应予资本化的借款费用、支付的其他费用和分摊的间接费用等。建造过程中的非正常损失，不计入建造成本，直接计入当期损益。

（3）非投资性房地产转换为投资性房地产

这实质上是因房地产用途改变而对房地产进行的重新分类。同一项资产，因采取的计量模式不同，转换时的计量存在差异。

1）作为存货的房地产转换为投资性房地产。

作为存货的房地产转换为投资性房地产，通常是指房地产开发企业将其持有的开发产品以经营租赁方式出租，房地产的性质由出售改变为出租。这需要以租赁期开始日作为转换日开始确认和计量。

采用成本模式进行后续计量的，按该存货在转换日的账面价值作为投资性房地产的初始成本，借记"投资性房地产"科目，按已计提的跌价准备，借记"存货跌价准备"科目，按其账面余额，贷记"开发产品"等科目。

采用公允价值模式进行后续计量的，按该存货在转换日的公允价值入账，借记"投资性房地产——成本"科目，按已计提的跌价准备，借记"存货跌价准备"科目，按其账面余额，贷记"开发产品"等科目。同时，需要对公允价值与账面价值之间的差额进行处理，其中公允价值大于账面价值的，按其差额贷记"其他综合收益"，在该投资性房地产处置时转入处置当期的损益；公允价值小于账面价值的，按其差额借记"公允价值变动损益"。

2）自用房地产转换为投资性房地产。

企业将原本用于日常生产商品、提供劳务或经营管理的房地产转变为用于出租的，通常以租赁期开始日作为转换日进行确认和计量。

采用成本模式进行后续计量的，按照该建筑物或土地使用权在转换日的原价、累计折旧（摊销）、减值准备等全部从固定资产或无形资产相关科目转入对应的投资性房地产相关科目。按其账面价值，借记"投资性房地产"科目，贷记"固定资产"或"无形资产"科目；按已计提的折旧或摊销，借记"累计折旧"或"累计摊销"科目，贷记"投资性房地产累计折旧（摊销）"科目；按已经计提的减值准备，借记"固定资产减值准备"或"无形资产减值准备"科目，贷记"投资性房地产减值准备"科目。

采用公允价值模式进行后续计量的，按其在转换日的公允价值确定为初始成本，借记"投资性房地产——成本"科目；按已计提的折旧或摊销，借记"累计折旧"或"累计摊销"科目；按已经计提的减值准备，借记"固定资产减值准备"或"无形资产减值准备"科目；按其账面价值，贷记"固定资产"或"无形资产"科目。同时，需要对公允价值与账面价值之间的差额进行处理，其中公允价值大于账面价值的，按其差额贷记"其他综合收益"，在该投资性房地产处置时转入处置当期的损益；公允价值小于账面价值的，按其差额借记"公允价值变动损益"。

3. 与投资性房地产相关的后续支出

与固定资产后续支出的确认相似，需要对与房地产相关的后续支出区分资本化和费用化。其中，满足投资性房地产确认条件的，应计入投资性房地产成本，在成本费用发生时通过"投资性房地产——在建"科目进行归集，达到预定可使用状态后将其转入"投资性房地产——成本"科目，在投资性房地产的再开发期间不计提折旧或摊销。不能满足投资性房地产确认条件的，应在发生时计入当期损益，借记"其他业务成本"等科目，贷记"银行存款"等科目。

4. 投资性房地产转换为非投资性房地产

（1）投资性房地产转换为自用房地产

企业将原本用于赚取租金或资本增值的房地产，应以达到自用状态，开始用于生产商品、提供劳务或者经营管理的日期作为转换日。

采用成本模式进行后续计量的，按投资性房地产的账面余额，借记"固定资产"或"无形资产"，贷记"投资性房地产"；按已计提的折旧或摊销，借记"投资性房地产累计折旧（摊销）"，贷记"累计折旧（摊销）"；按已计提减值准备，借记"投资性房地产减值准备"，贷记"固定资产（无形资产）减值准备"。

采用公允价值模式进行后续计量的，以转换日的公允价值作为自用房地产的账面价值，借记"固定资产"或"无形资产"，按其成本，贷记"投资性房地产——成本"；公允价值与原账面价值之间的差额计入当期损益，借记或贷记"公允价值变动损益"；结转投资性房地产的累计公允价值变动，借记或贷记"投资性房地产——公允价值变动"。

（2）投资性房地产转换为存货

房地产开发企业将用于经营出租的房地产重新开发用于对外销售的，应于租赁期届满、企业董事会或类似机构做出书面决议明确表明将其重新开发用于对外销售的日期作为转换日。

采用成本模式进行后续计量的，在转换日，按账面价值，借记"开发产品"，按已计提折旧或摊销，借记"投资性房地产累计折旧（摊销）"，按已计提减值准备，借记"投资性房地产减值准备"，按其账面余额，贷记"投资性房地产"。

采用公允价值进行后续计量的，在转换日，按其公允价值，借记"开发产品"；按其成本，贷记"投资性房地产——成本"；公允价值与原账面价值之间的差额计入当期损益，借记或贷记"公允价值变动损益"；结转投资性房地产的累计公允价值变动，借记或贷记"投资性房地产——公允价值变动"。

5. 投资性房地产的处置

当投资性房地产被处置，或者永久退出使用且预计不能从其处置中取得经济利益时，即不再符合"有关经济利益很可能流入企业，且其成本能够可靠计量"这两个投资性房地产的确认条件时，应终止确认该项投资性房地产。

企业出售、转让、投资、非货币性交易、报废投资性房地产或者发生投资性房地产毁损，应将处置收入扣除其账面价值和相关税费后的金额计入处置当期损益。

采用成本模式计量的，应在处置时按照实际收到的金额（或对价），借记"银行存款""长期股权投资""其他应收款"等科目，贷记"其他业务收入""应交税费——应交增值税（销项税额）"科目；按其账面价值，借记"其他业务成本"科目，按其账面余额，贷记"投资性房地产"科目，按已计提折旧或摊销，借记"投资性房地产累计折旧（摊销）"科目，按已计提的减值准备，借记"投资性房地产减值准备"科目。

采用公允价值模式计量的，应在处置时按照实际收到的金额（或对价），借记"银行存款""长期股权投资""其他应收款"等科目，贷记"其他业务收入""应交税费——应交增值税（销项税额）"科目；按其账面余额，借记"其他业务成本"科目，按其成本，贷记"投资性房地产——成本"科目，按累计公允价值变动，借记或贷记"投资性房地产公允价值变动"科目。存在原转换日计入其他综合损益的，应一并结转，借记"其他综合收益"科目。

（四）固定资产准则（Fixed Assets）

固定资产是指为生产商品、提供劳务、出租或经济管理而持有的，使用寿命超过一个会计年度的有形资产。需要注意的是，现行会计准则取消了对固定资产认定价值的限制，只要企业认为符合固定资产特征和确认条件的就可以认定为固定资产，按照一定折旧方法计提折旧。但是，在进行会计核算时，应充分考虑有关税收政策的变化，以更好地利用税收优惠政策服务于企业的发展。例如，《国家税务总局关于固定资产加速折旧税收政策有关问题的公告》（国家税务总局公告〔2014〕64号）规定，2014年1月1日起，对所有行业企业持有的单位价值不超过5000元的固定资产，允许一次性计入当期成本费用在计算应纳税所得额时扣除，不再分年度计算折旧；财政部和国家税务总局《关于设备、器具扣除有关企业所得税政策的公告》（财政部税务总局公告2023年第37号）规定，企业在2024年1月1日至2027年12月31日期间新购进的设备、器具，单位价值不超过500万元的，允许一次性计入当期成本费用，在计算应纳税所得额时扣除，不再分年度计算折旧。需要注意的是，企业客观上需要运用好国家的税收优惠政策，但在会计核算上仍然应遵循会计准则的规定进行规范核算，对会计政策与税收政策产生的差异在计算应纳税所得额时进行相应的调整。

一般而言，固定资产的价值比较大，使用时间比较长，能长期地、重复地服务于企业的生产过程。在生产过程中虽然发生磨损，但是并不改变其本身的实物形态，而是根据其磨损程度，逐步地通过计提折旧的方式将其价值转移到产品中去，其价值转移部分回收后形成折旧基金。目前，科技发展日新月异，由于技术发展和技术进步使固定资产面临越来越大的无形损耗，使很多机器设备磨损程度可能不高，但已经被具有新技术特征的同类固定资产所淘汰，有可能由于产品工艺技术的升级或者产品质量提升，原有的固定资产不再适应新的生产需求，需要进行固定资产更新。

固定资产可以分类为生产用固定资产、非生产用固定资产、租出固定资产、未使用固定资产、不需用固定资产、融资租入固定资产六大类。企业日常经营活动中，可能需要采取经营租赁的方式通过支付租金租入某种类的固定资产，但由于企业并不拥有其控制权，而只有使用权，所以并不满足确认固定资产的条件，不确认为固定资产。

1. 固定资产的初始计量

固定资产的初始计量就是要确定固定资产的取得成本。这包括为购建某固定资产达到预定可使用状态而所发生的一切合理、必要的支出。但是，由于企业可以通过外购、自行建造、投资者投入、非货币性资产交换、债务重组、企业合并、融资租赁等多种方式取得固定资产，其确定成本的方法不同，具体的成本构成存在差异。

（1）外购固定资产

企业外购固定资产的成本包括购买价款、相关税费、使用固定资产达到预定可使用状态前所发生的可归属于该资产的运输费、装卸费、安装费、调试费、检测费、专业人员服务费等。

企业购入的固定资产可以分为不需要安装的固定资产和需要安装的固定资产。二者的区别在于，需要安装的固定资产在安装过程中将发生安装费、调试费等安装调试成本，这些成本应先通过在建工程科目进行归集，待安装完毕交付使用达到预定可使用状态时，转入固定资产科目。

在企业购买固定资产时，经常附有正常信用条件条款，企业通常会在信用条件期限内完成付款，但也有可能超过规定的信用条件付款的情况，还有可能采取分期付款的方式购买固定资产，这都将导致企业超过正常信用条件。此时，该固定资产价款的支付方式具有融资性质，应以各期付款额的现值之和确定其取得成本，不能以各期实际支付价款的总额作为取得成本。实际支付总价款与其现值之间的差额，在达到该资产预定可使用状态前符合《企业会计准则第17号——借款费用》中规定的资本化条件的，应先计入在建工程，达到可使用状态时转入固定资产；不符合资本化条件的，在信用期间内确认为财务费用，计入当期损益。在账务处理上与融资租入固定资产相同。

（2）自行建造固定资产

自行建造固定资产的成本由建造该项固定资产达到预定可使用状态前所发生的必要支出构成，包括工程物资成本、人工成本、交纳的相关税费、应予资本化的借款费用，以及应分摊的间接费用。依据建造的方式不同可以分为自营建造和出包建造，其所建工程都应按照实际发生的支出确定工程成本并单独核算。

自营建造，意味着企业自行组织工程物资采购和施工人员从事工程施工，其成本包括直接材料、直接人工、直接机械施工费等，在实际发生时通过在建工程科目按工程项目分别归集，达到预定可使用状态后转入固定资产科目。其中，为工程建造购买的物资应通过工程物资科目核算，工程领用时计入在建工程；工程完工后剩余物资转入存货科目核算；建设期间发生的工程物资盘亏、报废及毁损，减去残料价值以及各种赔款后的净损失计入工程成本，盘盈或处置净收益冲减工程成本，完工后发生的计入当期损益。工程应负担的职工薪酬、辅助生产部门提供的水电气运输等劳务，以及其他必要支出等计入工程成本。符合资本化条件的借款费用计入工程成本，不符合资本化条件的，计入当期损益。达到预定可使用状态，但尚未办理竣工决算的，应从达到预定可使用状态之日起，按照工程预算、造价或工程实际成本等暂估工程价值，转入固定资产，并按规定计提折旧，待办理竣工决算手续后，按确定的工程价值调整原暂估价值，不调整已经计提的折旧。

出包构建，是企业通过招标方式将工程项目发包给建造承包商，由承包商组织工程项目施工，在项目完工后企业组织进行验收。其成本包括所建造的固定资产在达到预定可使用状态前所发生建筑工程支出、安装工程支出，以及需分摊计入各固定资产价值的待摊支出等所有必要的支出。其中，为工程建造所购买的物资应通过工程物资科目归集核算，工程领用时计入在建工程；按照所签订的出包合同支付给承包商的预付款、进度款、补差款等工程价款，作为工程成本通过在建工程科目归集核算；企业为建造固定资产所发生的待摊支出，应按照所涉及有关工程的成本进行分摊，并按照分摊额计入在建工程；符合资本化条件的借款费用计入工程成本，不符合资本化条件的，计入当期损益。达到预定可使用状态，但尚未办理竣工决算的，应从达到预定可使用状态之日起，按照工程预算、造价或工程实际成本等暂估工程价值，转入固定资产，并按规定计提折旧，待办理竣工决算手续后，按确定的工程价值调整原暂估价值，不调整已经计提的折旧；未支付的工程款余款、质量保证金等应计入应付工程款；存在工程争议的，应按照有关准则的规定进行相应会计处理。

（3）投资者投入固定资产

投资者投入固定资产，应按照投资合同或协议约定的价值确定，但有确凿证据显示合同或协议约定价值不公允的，应按照其公允价值入账。

（4）非货币性交易换入固定资产

其成本构成按照《企业会计准则第7号——非货币性交换》的规定确定。首先要判断该交易是否具有商业性质，以及换入资产或换出资产的公允价值是否能够可靠计量。其中：

具有商业性质，或者虽具有商业价值但换入资产和换出资产的公允价值不能可靠计量的，不涉及补价的情况下，以换出资产的账面价值，加上应支付的相关税费，作为换入固定资产的入账价值，不确认非货币性交易损益。在涉及补价的情况下，属于支付补价方的，以换出资产的账面价值，加上应支付的补价和相关税费，作为换入资产的入账价值，不确认交易损益。属于收取补价方的，以换出资产的账面价值，减去收到的补价的公允价值，加上应支付的相关税费和应确认的收益，作为换入资产入账价值，确认交易损益。

具有商业性质，且换出资产的公允价值能够可靠计量的，不涉及补价的情况下，应以换出资产的公允价值，加上应支付的相关税费作为换入资产的入账成本。在涉及补价的情况下，属于支付补价方的，以换出资产的公允价值，加上支付补价的公允价值和应支付的相关税费，作为取得固定资产的入账成本，换出资产公允价值与账面价值之间的差额计入当期损益；属于收取补价方的，以换出资产的公允价值，减去收到补价的公允价值，加上应支付的相关税费，作为取得固定资产的入账成本，换出资产公允价值与账面价值之间的差额计入当期损益；如果有确凿证据表明换入资产的公允价值更为可靠的，则应以换入资产的公允价值为基础，加上应支付补价或者减去收到补价的公允价值，再加上应支付相关税费，作为取得固定资产的入账成本，其与换出资产账面价值之间的差额计入当期损益。

无论是按准则规定采用换出资产的账面价值计量，还是采用公允价值计量，所换入的固定资产在达到预定可使用状态前所发生的可直接归属于该资产的税费、运输费、装卸费、安装费、专业人员服务费等其他成本，应同步计入固定资产的初始成本。

（5）债务重组换入固定资产

其成本按照《企业会计准则第12号——债务重组》的规定确定。企业作为债权人取得债务人抵偿债务的固定资产，或以应收债权换入的固定资产，应以放弃债权的公允价值，以及使该资产达到预定可使用状态前所发生的可直接归属于该资产的税费、运输费、装卸费、安装费、专业人员服务费等其他成本。其中，应当考虑预计弃置费用的，应予以考虑。

（6）盘盈固定资产

企业盘盈的固定资产，作为前期差错处理，在按管理权限报经批准处理前，应先通过"以前年度损益调整"科目核算，经批准后转入固定资产。

（7）存在弃置费用的固定资产

弃置费用通常是根据国家法律和行政法规、国际公约等规定，企业承担的环境保护和生态恢复等义务所确定的支出。弃置费用的金额与其现值比较通常较大，需要考虑货币时间价值。因此，对存在弃置费用的固定资产，应按照《企业会计准则第13号——或有事项》的规定，以现值计算应计入固定资产成本的金额和相应预计负债。在固定资产使用寿命内按照预计负债的摊余成本和实际利率计算确定利息费用在发生时计入财务费用。

2. 固定资产的后续计量

固定资产的后续计量主要包括固定资产折旧计提、减值损失确定和后续支出计量。

（1）固定资产折旧

在固定资产的使用寿命期内，应按照确定的方法对应计折旧额进行系统分摊。应计折旧额是指应计提折旧的固定资产的原值扣除其预计净残值后的金额，如已经计提减值准备，应扣除已经计提的减值准备的累计金额。

影响固定资产折旧的因素主要有固定资产原价、使用寿命、预计净残值，以及已计提的减值准备等因素。其中固定资产的使用寿命受预计生产能力或实物产量、预计有形损耗、预计无形损耗，以及法律或类似规定对该资产的使用限制等因素的影响。融资租入的固定资产还应该考虑租赁期届满时是否取得其所有权，能够取得所有权的，应在使用寿命内计提折旧，不能确定取得所有权的，应按照租赁期与使用寿命两者汇总较短的期间计提折旧。同时，企业应结合实际情况，至少于每年度终了，对固定资产使用寿命、预计净残值和折旧方法进行复核，有确凿证据的，应进行相应调整，企业所做出的改变作为会计估计变更，按照《企业会计准则第28号——会计政策、会计估计变更和差错更正》处理。

需要计提折旧的固定资产包括：房屋建筑物；在用的机器设备、仪器仪表、运输车辆、工具器具；季节性停用及修理停用的设备；以经营租赁方式租出的固定资产和以融资租赁式租入的固定资产。不计提折旧的固定资产包括：已提足折旧仍继续使用的固定资产；以前年度已经估价单独入账的土地；提前报废的固定资产；以经营租赁方式租入的固定资产和以融资租赁方式租出的固定资产。未使用的固定资产，应计提折旧。

固定资产按月计提折旧，当月新增固定资产，当月不计提折旧，下月起开始计提折旧；当月减少的固定资产，当月仍然计提折旧，下月起不再计提折旧。固定资产提足折旧后，不论是否继续使用，均不再计提折旧，提前报废的固定资产也不再补提折旧。已达到预定可使用状态但尚未办理竣工决算的固定资产，按暂估价值确定其成本并计提折旧，待办理竣工决算后再按照实际成本调整原暂估价值，不需调整原已计提的折旧额。

企业应当根据与固定资产有关的经济利益的预期情况，合理选择年限平均法、工作量法、双倍余额递减法和年数总和法等折旧方法计提折旧。选取不同的折旧方法，所计提的折旧额存在差异，将影响会计期间的净损益。因此，折旧方法一经确定，不得随意变更。

1）年限平均法。

又称直线法。即按照固定资产使用年限将固定资产原价扣除净残值后余值进行均衡分摊，每月计提的折旧额相等。其计算公式为：

$$年折旧率 = \frac{1-预计残值率}{预计使用寿命（年）} \times 100\%$$

月折旧率 = 年折旧率 ÷ 12

月折旧额 = 固定资产原价 × 月折旧率

年限平均法比较简便，但在实际使用中，固定资产在各期的负荷程度一般存在差异，所带来的经济利益也将不同，且不同使用年限发生的维修费用也不一样，随着使用年限的增加维修费不断增加，从而不能反映固定资产的实际使用情况，计提的折旧额与固定资产的损耗不相符。

2）工作量法。

工作量法是按照固定资产寿命期内每期实际工作量计提折旧的方法。其计算公式为：

$$单位工作量折旧额 = \frac{固定资产原价 \times (1-预计残值率)}{预计总工作量}$$

$$月折旧额 = 当月实际工作量 \times 单位工作量折旧额$$

该方法较好反映了固定资产的实际使用情况和有形损耗的变化情况，与其在使用过程中所带来的经济利益较为吻合，但没有考虑无形损耗的客观存在及其影响。

3）双倍余额递减法。

双倍余额递减法是在不考虑固定资产净残值的情况下，根据每期期初固定资产原价减去累计折旧后的金额（固定资产净值）和双倍的直线法折旧率计算固定资产折旧的方法。其计算公式为：

$$年折旧率 = 2 \div 预计使用寿命（年）\times 100\%$$

$$月折旧率 = 年折旧率 \div 12$$

$$月折旧额 = 期初固定资产净值 \times 月折旧率$$

$$期初固定资产净值 = 固定资产原价 - 已计提的累计折旧$$

使用该方法，由于每年年初固定资产净值没有扣除预计净残值，必须注意不能使固定资产净值降低到预计净残值以下，通常在其折旧年限到期前两年内，将固定资产净值扣除预计净残值后的余额平均摊销。

例1：甲公司某固定资产原价100万元，预计可使用年限为5年，预计净残值率4%，该固定资产不存在减值迹象。甲公司采用双倍余额递减法计提折旧。

$$年折旧率 = 2 \div 5 \times 100\% = 40\%$$

第一年应提折旧额 =100×40%=40（万元），月折旧额 =40÷12=3.33（万元）

第二年应提折旧额 =（100−40）×40%=24（万元），月折旧额 =24÷12=2（万元）

第三年应提折旧额 =（100−40−24）×40%=14.4（万元），月折旧额 =14.4÷12=1.2（万元）

从第四年起改按直线法计提折旧：

第四、第五年应提折旧额 =（100-40-24-14.4-100×4%）÷2=8.8（万元），月折旧额 =8.8÷12=0.73（万元）

4）年数总和法。

又称年限合计法，将固定资产原价减去预计净残值后的余额乘以剩余可使用年限与预计可使用寿命逐年数字之和的商计算每年折旧额的方法（见表3-1）。其计算公式为：

$$年折旧率 = \frac{尚可使用年限}{预计使用寿命的年数总和} \times 100\%$$

其中：尚可使用年限 = 预计使用年限 − 已使用年限

预计使用寿命的年数总和 = $\sum_{i=1}^{n} i$

月折旧率 = 年折旧率 ÷ 12

月折旧额 =（固定资产原价 − 预计净残值）× 月折旧率

例2，沿用例1的资料，采用年数总和法计提折旧。

表3-1 折旧计算表　　　　　　　　　　　　单位：元

尚可使用年限	原价−预计净残值	年折旧率	年折旧额	累计折旧额	月折旧额
5	960000	33.33%	320000	320000	26666.67
4	960000	26.67%	256000	576000	21333.33
3	960000	20.00%	192000	768000	16000.00
2	960000	13.33%	128000	896000	10666.67
1	960000	6.67%	6400	960000	5333.33

双倍余额递减法和年数总和法属于加速折旧法，具有在固定资产使用的早期多提折旧、后期少提折旧的特点，其递减速度逐渐加快，从而相对加快了计提折旧的速度，使固定资产成本在估计使用寿命内加快得到补偿，更加体现了固定资产的无形损耗。但是，使用加速折旧法，可能与税法规定的计提折旧方法存在差异，需要在计算企业应纳税所得额时依据税法规定进行相应调整。

固定资产计提的折旧，应根据固定资产的实际用途分别计入相关业务成本或当期损益。其中，基本生产车间使用的固定资产，计入制造费用；管理部门使用的固定资产，计入管理费用；销售部门使用的固定资产，计入销售费用；自行建造固定资产过程中使用的固定资产，计入相关项目的在建工程成本；经营租出的固定资产，计入其他业务成本；未使用的固定资产，计入管理费用。

（2）固定资产后续支出

固定资产的后续支出是指固定资产使用过程中发生的更新改造支出、修理费用等。其中：

符合资本化条件的，应计入固定资产成本或其他相关资产的成本，同时将被替代部分的账面价值扣除。在发生时，企业应将该固定资产的原价、已计提的累计折旧和减值准备核销，将固定资产的账面价值转入在建工程，根据新发生的成本和被替代部分处置净收益等计入在建工程成本的情况，在其完工达到预定可使用状态时从在建工程转入固定资产，视同新增固定资产确定其原价、使用寿命、预计净残值和折旧方法计提折旧。在更新改造期间，停止计提折旧。

不符合资本化条件的，应按照固定资产的用途在费用发生时分别计入制造费用、管理费用、销售费用、其他业务成本等科目。

3. 固定资产处置

固定资产处于出售、转让、报废或毁损、对外投资、非货币性资产交换、债务重组等处置状态，不再用于生产商品、提供劳务、出租或经营管理，从而不再为企业产生经济利益时，不再符合固定资产的定义和确认条件，应予以终止确认。

企业出售、转让划归为持有待售的，按照持有待售非流动资产、处置组的规定进行会计处理；没有划归为持有待售类别而出售、转让的，通过"固定资产清理"科目归集所发生的损益，其产生的利益或损失转入"资产处置损益"科目，计入当期损益；固定资产因报废毁损等原因而终止确认的，通过"固定资产清理"科目归集所发生的损益，其产生的利得计入营业外收入、产生的损失计入营业外支出。

4. 固定资产清查

企业应建立固定资产台账、固定资产管理卡片，定期或者至少与每年年末对固定资产进行清查盘点，保持账、卡、物三者相符。如果发现盘盈、盘亏的固定资产，应填制固定资产盘盈盘亏报告表，查明原因，按规定程序报批后处理。其中：

盘盈的固定资产，作为前期差错处理。在报经批准之前，通过"以前年度损益调整"科目核算，按盘盈固定资产的重置成本确定其入账价值。

盘亏的固定资产，按照其账面价值借记"待处理财产损溢——待处理固定资产损溢"科目，按已计提累计折旧借记"累计折旧"，按已计提减值准备借记"固定资产减值准备"，按固定资产原价贷记"固定资产"。按管理权限报经批准后，按可收回的保险赔款或者过失人赔偿借记"其他应收款"，按应计入营业外支出的金额借记"营业外支出——盘亏损失"，贷记"待处理财产损溢"。

（五）生物资产准则（Biological Assets）

生物资产是指有生命的动物和植物，其具有生物转化的能力，从而导致生物资产质量或数量发生变化，通常表现为生长、蜕化、生产和繁殖等。生物资产的形态、价值以及产生经济利益的方式，随其出生、成长、衰老、死亡等自然规律和生产经营活动的变化而变化。企业从事农业生产的目的，主要是增强生物资产的生物转化能力，最终获得更多的符合市场需要的农产品。生物资产准则对种植业、畜牧养殖业、林业和水产业等从事农业业务的核算进行规范。

生物资产分为消耗性、生产性和公益性三类。消耗性生物资产是指为出售而持有的，或者在将来收获为农产品的生物资产，包括生长中的大田作物、蔬菜、用材林，以及存栏待售的牲畜等，这些生物资产相当于制造企业所生产的有待出售的产品，并不以用于企业的扩大再生产为目的；生产性生物资产是指为产出农产品、提供劳务或出租等目的而持有的生物资产，包括经济林、薪炭林、产畜和役畜等，企业持有这些生物资产的目的不是为了出售，而是为了扩大再生产，相当于制造企业用于扩大生产规模的固定资产；公益性生物资产是指以防护、环境保护为主要目的的生物资产，包括防风固沙林、水土保持林和水源涵养林等，持有这些生物资产的目的与企业的正常生产经营没有直接关系，而是用于社会公益。

1. 生物资产的初始计量

生物资产的取得分为外购、自行营造或繁殖、投资者投入，以及天然起源等方式。初始计量的基本原则为，在郁闭或达到预定生产经营目的前发生的成本费用计入生物资产的初始成本，之后发生的管护、饲养费用等后续支出，计入当期损益。其中：

外购生物资产的初始成本包括购买价款、支付的相关税费、运输费、保险费，以及可直接归属于购买资产的其他支出。

自行营造或繁殖生物资产的初始成本计量需要区分消耗性生物资产和生产性生物资产，其主要区别在于生产性生物资产需要确定达到预定生产经营目的的时点，在此之前发生的各种直接费用和应分摊的间接费用等必要支出应计入取得的初始成本，之后发生的费用等后续支出不再计入初始成本，而应计入当期损益。消耗性生物资产的初始成本计量以收获时点或郁闭时点作为确认的标准，之前发生的所有费用均应计入初始成本，非林木类在收获之后，应相应的转入存货，并按照存货准则计量核算，不需要转入存货直接销售的，在出售后直接结转为销售成本。林木类在郁闭后发生的费用计入当期损益，停止借款费用资本化。

投资者投入生物资产的成本，应按照投资合同或协议约定的价值确定，但约定不公允的，应按照公允价值或合理营建与繁殖成本确定。

天然起源生物资产，企业通常并未进行相关的农业生产，如企业从土地、河流湖泊中取得的天然生长的天然林、水生动植物等，应当按照名义金额（1元）确定成本，同时计入当期损益。

因择伐、间伐或抚育更新性采伐而补植林木类生物资产发生的后续支出，计入林木类生物资产的成本。

2. 生物资产的后续计量

生物资产的后续计量包括资产减值和计提折旧两种情况。其中，只有生产性生物资产需要进行计提折旧的后续计量。这正如企业需要对用于再生产的固定资产计提折旧一样，需要对达到预定生产经营目的的生产性生物资产合理确定使用寿命、预计净残值和折旧方法，可以选取包括年限平均法、工作量法、产量法等在内的方法按会计期间计提折旧，并将计提的折旧计入当期损益。

在资产减值方面，企业应至少在每年年末对消耗性和生产性生物资产进行检查，有确凿证明表明由于遭受自然灾害、病虫害、动物疫病侵袭或市场需求变化等原因，使可收回金额低于其账面价值的，应当按照可变现净值或可收回金额低于账面价值的差额，对消耗性生物资产计提跌价准备、对生产性生物资产计提资产减值准备，计入当期损益。消耗性生物资产减值的影响因素已经消失的，减记金额应对予以恢复，并在原已计提的跌价准备金额内转回（转回金额不能大于原计提的跌价准备金额），转回的金额计入当期损益；生产性生物资产计提的减值准备不得转回；公益性生物资产不计提减值准备。

生物资产通常按照成本计量，但有确凿证据表明其公允价值能够持续可靠取得的除外。采用公允价值计量的生物资产，应当同时满足下列两个条件：

1）生物资产有活跃的交易市场。活跃的交易市场，是指同时具有下列特征的市场：一是市场内交易的对象具有同质性；二是可以随时找到自愿交易的买方和卖方；三是市场价格的信息公开、透明。

2）能够从交易市场上取得同类或类似生物资产的市场价格及其他相关信息，从而对生物资产的公允价值作出合理估计。同类或类似，是指生物资产的品种相同或类似、质量等级相同或类似、生长时间相同或类似、所处气候和地理环境相同或类似。

3. 生物资产的收获与处置

消耗性生物资产应在收获或出售时，可以按照加权平均法、个别计价法、蓄积量比例法、轮伐期年限法等方法，按其账面价值结转成本。

生产性生物资产收获的农产品成本，按照产出或采收过程中发生的材料费、人工费、应分摊的间接费用等必要支出计算确定，采用加权平均法、个别计价法、蓄积量比例法、轮伐期年限法等方法，将其账面价值结转农产品成本。收获之后的农产品，按照存货准则进行会计核算和处理。

生物资产改变用途的，按照改变用途时的账面价值确定新用途资产的初始成本。

生物资产出售、盘亏或死亡、毁损时，将处置收入扣除账面价值和相关税费后的余额计入当期损益。

4. 关于生物资产有关的几个关键概念

（1）农产品

农产品与生物资产密不可分，当其附在生物资产上时，构成生物资产的一部分。收获的农产品从生物资产这一母体分离开始，不再具有生命和生物转化能力，或者其生命和生物转化能力受到限制，应当作为存货处理。例如，从用材林中采伐的木材、奶牛产出的牛奶、绵羊产出的羊毛、肉猪宰杀后的猪肉、收获后的蔬菜、从果树上采摘的水果等。

（2）郁闭

郁闭通常指林木类消耗性生物资产的郁闭度达 0.20 及以上。郁闭度是指森林中乔木树冠遮蔽地面的程度，是反映林木密度的指标，以林地树冠垂直投影面积与林地面积之比表示，完全覆盖地面为 1。不同林种、不同林木等对郁闭度指标的要求有所不同。例如，生产纤维原料的工业原材料林，一般要求郁闭度相对较高。以培育珍贵大径材为主要目标的林木一般要求郁闭度相对较低。企业应当结合历史经验数据和自身实际情况，确定林木类消耗性生物资产的郁闭度，以及是否达到郁闭。各类林木类消耗性生物资产的郁闭度一经确定，不得随意变更。

以达到确定的郁闭度为时点，郁闭之前的林木类消耗性生物资产处在培植阶段，需要发生较多的造林费、抚育费、营林设施费、良种试验费、调查设计费等相关支出，这些支出应当予以资本化计入林木成本。郁闭之后的林木类消耗性生物资产基本上可以比较稳定地成活，一般只需要发生较少的管护费用，应当计入当期费用。因择伐、间伐或抚育更新等生产性采伐而进行补植，可以理解为企业固定资产的更新改造，其所发生的支出，应当予以资本化。

（六）无形资产准则（Intangible Assets）

无形资产是企业拥有或控制的没有实物形态的可辨认非货币性资产。主要包括专利权、非专利技术、商标权、著作权、土地使用权等。因商誉的存在无法与企业自身分离，不具有可辨认性，不在无形资产准则进行规范。

在对无形资产概念的理解上，需要把握以下四点：一是无形资产作为企业资产的一个类别，需符合资产的定义和本质特征，即预期能够为企业带来未来经济利益；二是无形资产不具有实物形态,即看不见、摸不着,通常表现为某种权利、某项技术或某种获取超额利润的综合能力,与竞争对手相比,可以为企业带来成本、市场竞争、利润等方面的优势,但其价值实现过程中需依赖于实物载体,如计算机软件需依托硬件才能运行、商标需使用在商品上才能与其他同类商品区分开来等;三是无形资产能够可辨认,即与其他资产相比可以进行明确清晰的区分,是一项单独的权利性资产而独立存在,可以进行独立的计量、使用、出售、转让等处置,而不依附于其他资产才能进行处置;四是无形资产属于非货币性资产,即其一般不容易转化为现金,在持有过程中不能为企业带来固定或可确定金额的未来利益,存在不确定性。

1. 无形资产的初始计量

无形资产通常按实际成本计量,即以取得并使之达到预定用途而发生的全部支出作为无形资产的初始成本。但取得的来源不同,初始成本构成存在差异。其来源一般包括外购、自主研发、投资者投入、企业合并,以及企业通过非货币性资产、债务重组等方式和政府补助取得等。

外购无形资产的成本包括购买价款、支付的相关税费,以及为使其达到预定用途所发生的专业服务费用、测试费用等其他直接支出,不包括为引入新产品进行宣传而发生的广告费、管理费用及其他间接费用,以及已经达到预定用途以后发生的各种费用。如果支付购买价款包含超过正常信用条件延期支付的(如分期付款),实质上具有融资性质,应按各期应支付购买价款的现值总额计量确定初始成本,现值与应付总价款的差额作为未确认的融资费用,在付款期间内按照实际利率法确认为利息费用,计入当期损益。

投资者投入的无形资产的成本,应按照投资合同或协议约定的价值确定初始成本。约定价值不公允的,应按其公允价值作为初始入账成本。

通过政府补助取得的无形资产成本,应按照公允价值计量。公允价值不可靠的,按照名义金额计量。

企业合并中取得的无形资产成本的初始计量,区分是否同一控制分别进行确定。同一控制下吸收合并,按被合并企业无形资产的账面价值确认。同一控制下控股合并,合并方在合并日编制合并报表时,按照被合并方无形资产账面价值作为合并基础。非同一控制下的企业合并,以购买日的公允价值计量。

土地使用权的初始成本通常按照取得时支付的价款及相关税费确认。企业取得的土地出让权用于自行建造厂房等地上建筑物时,仍作为独立的无形资产核算,与地上建筑物分别进行摊销和提取折旧。但是,房地产开发企业取得土地出让权用于建造对外出售的房屋建筑物的,相关的土地出让权应计入所建造的房屋建筑物成本。企业外购的房屋建筑物,实际支付价款中包括土地及建筑物的价值,应按合理方法(如公允价值比例)

在土地和建筑物之间进行分配，并分别核算，确实无法进行合理分配的，全部作为固定资产进行会计处理。企业改变土地使用权用途，将其用于出租或者增值目的时，应将其转为投资性房地产。

企业自行研发无形资产初始成本的确认较为复杂。主要一是要将整个研究开发项目划分为研究阶段和开发阶段两个部分。一般情况下，以企业董事会等类似权力机构批准日为结点进行划分，即经董事会正式批准研发立项前属于研究阶段，其全部工作是围绕研发项目立项所进行的可行性研究，其成果通常体现为研究报告，而不是最终的研发成果，具有更强的探索性和是否进入实质性研发阶段的不确定性。批准立项后进入开发阶段，其将围绕取得可为企业带来的未来利益最终开发成果开展全部研发工作，工作的目标更加具体和有针对性，可实现的结果也更加具有确定性。二是开发阶段发生的支出是计入当期损益，还是资本化计入无形资产的初始成本，需要按一定的条件进行区分。判断是否资本化的条件包括：完成开发具有技术上的可行性、具有明确的完成开发并使用或出售的意图、企业有确定的明确的研发资源支持、研发成果具有明确的有用性且预期能够带来未来利益，以及开发支出能够可靠计量。三是满足资本化条件的，还要进一步以是否达到预定用途进行区分。在满足资本化条件的时点至达到预定用途前发生的所有支出可以确认为取得该无形资产的初始成本，在达到资本化条件之前已经发生的费用和达到预定用途之后发生的费用应计入当期损益。

因此，企业内部研究和开发无形资产，在研究阶段的所有支出应费用化，计入当期管理费用；开发阶段发生的不符合资本化条件的计入当期管理费用，借记"研发支出——费用化支出"，符合资本化条件的支出计入初始成本，借记"研发支出——资本化支出"，达到预定用途后，按"研发支出——资本化支出"科目余额，借记"无形资产"科目，贷记"研发支出——资本化支出"；无法区分研究阶段支出和开发阶段支出的，全部费用化，计入当期损益。

2. 无形资产的后续计量

无形资产的后续计量主要涉及是否进行摊销，以及如何进行摊销，其核心在于是否能够充分合理估计无形资产的使用寿命。

对于无法预见为企业带来未来利益期限而无法合理估计使用寿命的无形资产，应作为使用寿命不确定的无形资产进行核算，在持有期间不需要进行摊销，但应在每个会计期间按照资产减值的原则进行减值测试，测试表明已经发生减值的，应按照测试结果计提减值准备，借记"资产减值损失"科目，贷记"无形资产减值准备"科目。

对于能够合理估计使用寿命的无形资产，应在其预计的使用寿命期限内采取系统合理的方法对无形资产成本扣除残值后的应摊销金额进行摊销。已经计提减值准备的，还应扣除已计提的无形资产减值准备累计金额。使用寿命有限的无形资产，其残值一般应当视为零，但有第三方承诺在无形资产使用寿命结束时购买该无形资产和可以从更具活跃市场得到预计残值信息且该活跃市场在该无形资产使用寿命结束时仍然可能存在的情况下需分别按承诺购买价格和预计残值信息确定其残值。

无形资产的摊销的方法包括直线法、产量法等。企业选择的摊销方法，应能够反映与其有关的经济利益的预期消耗方式，并在不同会计期间保持一致。当月增加的无形资产，当月开始摊销。当月减少的无形资产，当月不再摊销。持有待售的无形资产不进行摊销，按照账面价值与公允价值减去处置费用后的净额孰低进行计量，调整无形资产账面价值。无形资产的摊销，应考虑该无形资产所服务的对象，将摊销价值分别计入制造费用、管理费用等当期损益科目。

估计无形资产使用寿命应考虑其通常的产品寿命周期、对未来技术发展的估计、应用前景的稳定性与市场需求变化情况、维护支出、法律限制的权利期限等情况。通常情况下，无形资产的使用寿命不应超过授权合同或专利技术证书等法定权利证书所标明的期限，没有明确合同或法律规定的，应参照历史经验综合评定。

企业应至少于每年度末（会计年报期末）对无形资产的使用寿命及摊销方法进行复核，需要做出变更的，应改变摊销年限和摊销方法，按照会计估计变更进行处理。对于使用寿命不确定的无形资产，如有新证据表明可以确定其使用寿命的，应作为会计估计变更，确定使用寿命和摊销方法进行摊销。

3. 无形资产的处置

无形资产的处置主要包括出售、对外出租、对外捐赠，以及在无法为企业带来未来经济利益时予以终止确认并转销。

无形资产出售的，应按照取得价款借记"银行存款"等科目，按照已计提的累计摊销金额借记"累计摊销"，按照计提的减值准备借记"无形资产减值准备"，按照无形资产账面余额贷记"无形资产"科目，按照取得价款与账面余额之间的差额借记"营业外支出"或贷记"营业外收入"，按照应支付的税费借记"应交税费"。

对外出租的，按照取得租金借记"银行存款"等科目，贷记"其他业务收入"等科目。摊销出租无形资产的摊销价值，借记"其他业务成本"科目，贷记"累计摊销"。

对外捐赠的，通过营业外支出科目进行核算。

无形资产报废的，应予以转销，按已计提的累计摊销借记"累计摊销"科目，按账面余额贷记"无形资产"科目，按其差额借记"营业外支出"科目。已计提的减值准备，进行同步结转，借记"无形资产减值准备"科目。与固定资产报废不同的是，无形资产报废不会发生处置收入或支出，而是直接进行转销。

（七）非货币性资产交换准则（Exchange of Non-monetary Assets）

1. 货币性资产与非货币性资产

按照以货币金额形式表现的未来经济利益流入是否固定或可确定，可以将企业资产划分为货币性资产和非货币性资产。

未来经济利益流入固定或可确定的，分类为货币性资产，包括现金、银行存款、应收账款、应收票据等。

未来经济利益流入不固定或不可确定的，分类为非货币性资产，包括存货、固定资产、在建工程、生产性生物资产、无形资产、投资性房地产、长期股权投资等。这些资产易于受到外部市场、技术发展等经营环境的影响，使其自身价值或使用价值面临不确定性，从而在企业出售或使用过程中可以收回的货币金额存在变化的风险。比如，企业库存的汽油，今天完成销售，将可收回资金5000元/吨，如果等到10天以后销售，由于进入新的价格调价周期，汽油价格上涨180元/吨，那么在完成销售时，可收回资金5180元/吨，但是在今天，我们并没有能力预知确定10天后的价格是上涨还是下跌，从而库存汽油在未来出售时可收回的资金面临不确定性。A企业对B企业的长期股权投资价值，受到B企业经营情况的直接影响，但B企业在不同经营年度实现的利润存在差异，甚至是当年盈利，下一个年度出现亏损，这使得A企业可以从B企业获取的投资收益存在不确定性，影响到其持有的股权价值在变化之中。

2. 非货币性资产交换

非货币性资产交换就是在交换中不涉及或只涉及少量货币性资产（补价），以本企业的非货币性资产换取交易对方企业的非货币性资产所完成的经济交易。其基本特征为：

一是交易对象主要是非货币性资产；

二是以非货币性资产换取对方非货币性资产；

三是一般不涉及货币性资产，必须以货币性资产进行补价，收到补价的公允价值占换出资产公允价值的比例（或占换入资产公允价值和收到的货币性资产之和的比例）低于25%为限，如果等于或高于25%则不再视为非货币性资产交换，而被视为货币性资产交换，适用收入等准则的规定。

不能归类为非货币性资产交换的交易和事项，应适用于其他准则的规定。包括：一是以存货换入非货币性资产的，换出的存货按收入准则进行会计处理；二是在企业合并中取得的非货币性资产，适用企业合并、长期股权投资、合并财务报表等准则；三是交换资产中包含属于非货币性资产的金融资产的，该金融资产会计处理适用金融工具确认和计量、金融资产转移等准则；四是涉及使用权资产或应收融资租赁款的，适用租赁准则；五是对以股东身份或者属于同一股东最终控制的两个子公司之间的权益性交易，应遵循实质大于形式的原则判断是否构成权益性交易；六是从政府无偿取得的非货币性资产、将非流动资产或处置组分配给所有者、以向员工发放的非货币性福利、以发行股票形式取得的非货币性资产等，不适用非货币性交易准则。

3. 非货币性资产交换的会计处理

非货币性资产交换主要涉及何时将换入资产纳入、何时将换出资产不再纳入企业的资产负债表，以及如何确定换入资产的入账价值与交换损益这两个基本问题。

就前者而言，实质上是企业资产确认的问题，即只有符合资产确认条件的资产才能在企业资产负债表列示。通常情况下，换入资产的确认时点与换出资产的终止确认时点应当相同或相近，但在存在不一致的情况时，应分别确认为资产或负债。也就是说，在确认时点不一致时，换入资产满足确认条件，而换出资产不满足终止确认条件的，应在确认换入资产的同时将交付换出资产的义务确认为负债，相当于企业购入资产后没有及时支付的"应付账款"。反之，应在终止确认换出资产不再列示在资产负债表的同时，将取得换入资产的权利确认为资产，相当于企业为购买资产提前支付的"预付账款"。

在换入资产的入账价值确认方面，总体上是以换出资产的价值确认换入资产的价值，有以公允价值为基础计量和以账面价值为基础计量两种情形。其中，具有商业实质的交换或者换入资产或换出资产的公允价值能够可靠计量的，以公允价值为基础计量，否则，以账面价值为基础计量。

所谓商业实质，就是换入资产对企业在未来的经济利益贡献明显与继续使用换出资产存在重大差异，包括换入资产所产生的未来现金流量在风险、时间分布或金额大小方面与换出资产存在显著不同，以及企业在使用换入资产和继续使用换出资产所预计未来现金流量的现值存在重大差额。一般情况下，不同类别非货币性资产（如以固定资产换取无形资产）产生经济利益的方式具有较为明显的不同，其之间的交换应确认为商业实质，而同类非货币性资产（如以固定资产A设备换取固定资产B设备），则应按以上两种情形进行综合判断。

4. 非货币性资产交换的计量方法

非货币性资产交换的计量方法有以公允价值为基础计量和以账面价值为基础计量两种方法，其适用的条件主要从两个方面进行判断，一是该交换是否具有商业实质，二是换入资产或者换出资产的公允价值是否能够可靠计量。

（1）以公允价值为基础计量

就是以公允价值和应支付的相关税费作为换入资产的成本，公允价值与换出资产账面价值之间的差额计入当期损益。其中，换出资产为固定资产、在建工程、生产性生物资产、无形资产的，计入资产处置损益；换出资产为长期股权投资的，计入投资收益；换出资产为投资性房地产的，按公允价值确认其他业务收入、按换出资产账面价值结转其他业务成本。在公允价值的使用上，应优先使用换出资产的公允价值作为基础，除非没有换出资产的公允价值，或者换入资产的公允价值有确凿证据表明更为可靠，才使用换入资产的公允价值作为计量基础。

（2）以账面价值为基础计量

就是按照换出资产的账面价值和应支付的相关税费作为换入资产的成本，无论是否支付补价，均不确认损益，收到或者支付的补价作为确定换入资产成本的调整因素。即支付补价的，以换出资产的账面价值，加上支付补价的账面价值和应支付的税费，作为换入资产的初始计量金额；收到补价的，以换出资产账面价值，减去收到补价的账面价值，加上应支付的税费，作为换入资产的初始计量金额。

需要注意的是，以账面价值为基础计量的适用条件是非货币性资产交换的事项不具有商业实质，或者交换涉及资产的公允价值不能可靠计量。

（3）多项非货币性资产交换

在非货币性资产交换事项中，如果仅涉及本方一项非货币性资产与对方一项非货币性资产的交换，其形成了交换资产的一一对应关系，即可对交易事项进行判断后选取以上两种计量方法中的一种进行初始计量即可。

但在通常情况下，在非货币性资产交换中，经常涉及同时换入或者换出多项资产的事项，这将使得无法在换入资产与换出资产之间形成一一对应关系，增加了确认换入资产入账价值和换出资产终止确认时计入当期损益的难度。因此，需要采取价值分摊的方法进行相应处理。

在以换出资产的公允价值为基础计量时，由于每项换出资产均有公允价值，其与账面价值之间的差额是可以单独区分的，从而可以按照其自身公允价值与账面价值之间的差额确认计入当期损益金额，但需要将换出资产的公允价值总和分摊至各项换入资产的入账价值。其分摊公式为：

某项换入资产分摊比例 = 该项换入资产公允（账面）价值 ÷ [全部换入资产公允（账面）价值总和 – 换入的金融资产公允价值]

某项换入资产分摊额 = （全部换出资产公允价值总和 + 支付补价 – 收到补价 – 换入的金融资产公允价值）× 该项换入资产分摊比例

某项换入资产入账价值 = 该项换入资产分摊额 + 应支付的税费

在以换入资产的公允价值为基础计量时，由于每项换入资产均有其公允价值，其入账价值是可以单独区分的，只需按各自的公允价值和应支付的相关税费确认入账价值即可。但是，由于为了确认每项换出资产在终止资产确认时的损益，需要将换入资产的公允价值总和分摊至各项换出资产后，再按其分摊的公允价值与账面价值的差额确定计入当期损益的金额（需要注意的是，由于此时的计量基础是换入资产的公允价值，即使换出资产有公允价值，也说明该公允价值没有换入资产的公允价值更为可靠，从而不能使用其自身的公允价值确认因交换产生的损益）。其分摊公式为：

某项换出资产分摊比例 = 该项换出资产公允（账面）价值 ÷ 全部换出资产公允（账面）价值总和

某项换出资产分摊额 =（全部换入资产公允价值总和 – 支付补价 + 收到补价）× 该项换出资产分摊比例

某项换出资产终确认时的应计损益 = 该项换出资产分摊额 – 该项资产账面价值

在以账面价值为基础计量时，由于不需要确认交换损益，因此主要在于确认换入资产的入账价值。也就是如何将换出资产的账面价值总和分摊至换入资产。需要注意的是，此时并非换入资产没有公允价值，只是按照准则的规定，不适合采用公允价值进行计量。其分摊公式为：

某项换入资产分摊比例 = 该项换入资产公允（账面）价值 ÷ 全部换入资产公允（账面）价值总和

某项换入资产分摊额 =（全部换出资产账面价值总和 + 支付补价 – 收到补价）× 该项换入资产分摊比例

某项换入资产入账价值 = 该项换入资产分摊额 + 应支付的税费

在非货币性资产交换中，所交换的资产，无论是换入资产，还是换出资产，都可能存在以《企业会计准则第22号——金融工具确认和计量》规范的金融资产进行交换的情况，应当按照《企业会计准则第22号——金融工具确认和计量》和《企业会计准则第23号——金融资产转移》的规定进行会计处理，该金融资产的价值应单独按照公允价值确定和计量，在确定换入其他多项资产的初始计量金额或者换出资产终止确认的相关损益时，应将该金融资产的公允价值进行扣除。

5. 非货币性资产交换会计处理的一般程序

第一步，判断是否为非货币性资产交换。首先要对交换的资产进行区分，如果不涉及货币性资产的，即可判断为非货币性资产交换。如果在所交换的资产中涉及货币性资产的，即涉及补价，需要计算货币性资产公允价值占全部交易公允价值总额的比例。该比例未达到25%，即可判断为非货币性资产交换，否则不可作为非货币性资产交换处理。

第二步，判断是否具有商业性质。符合商业性质判断条件的，采用公允价值为基础计量的方法确认换入资产的入账价值，进入第四步。否则，进入第三步。

第三步，判断换入资产或换出资产的公允价值是否能够可靠计量。能够可靠计量的，采用公允价值为基础计量的方法确认换入资产的入账价值，并进入第四步。否则，采用账面价值为基础计量的方法确认换入资产的入账价值，不确认损益，进入第六步。

第四步，判断是否只有换出资产的公允价值能够可能计量。判断为是的，直接采用换出资产的公允价值作为换入资产的入账价值，并按照其公允价值与账面价值确认交换损益，进入第六步。判断为否的，进入第五步。

第五步，判断换入资产的公允价值是否更为可靠。在没有换出资产公允价值的情况下，只能采用换入资产的公允价值入账。在有换出资产公允价值的情况下，如果有更多有力的确凿证据，证明换入资产公允价值较换出资产公允价值更为可靠，则应采用换入资产的公允价值进行入账，否则，应采用换出资产的公允价值入账。

第六步，判断是否涉及补价。不涉及补价的，直接按以上确定的价值入账。涉及补价的，进入第七步。

第七步，判断是收到补价还是支付补价。收到补价的，应扣除收到的补价入账。支付补价的，应加上支付的补价入账。

第八步，判断是否涉及多项非货币性资产。交换中涉及多项非货币性资产的，应采取分摊的办法确认换入资产的分摊额后作为入账价值或者计算换出资产终止确认时的损益。

（八）资产减值准则（Impairment of Assets）

1. 资产减值

对企业拥有的资产进行减值遵循了谨慎性原则的基本要求。按照资产的定义，其必须能够为企业带来经济利益的流入，而一旦不能够为企业带来经济利益或所带来的经济利益减少以至于低于其账面价值，就不再符合资产的确认条件，不应再按其账面价值确认。否则，企业资产负债表上对该资产的列示将不能反映其实际价值，导致企业资产虚增和利润虚增。

通常情况下，以资产的可收回金额，即该资产的公允价值减去处置费用后的净额或其可以带来的预计未来现金流量的现值，代表其可以为企业带来的经济利益流入。这样，当可收回金额低于其账面价值时，就表明该资产发生了减值，企业应当确认资产减值损失，计入当期损益，并将该可收回金额作为其新的账面价值，以此新的账面价值作为计提折旧折耗或摊销的基础在以后会计期间计算应提取的折旧折耗或摊销额。一旦进行了减值处理，在以后会计期间禁止转回。

尽管企业资产负债表上的所有资产都存在减值的可能，但流动资产和非流动资产在资产减值的会计处理上需要遵循不同的会计准则进行处理。总体上说，需要根据资产的不同性质，有单独的会计准则规定进行确认和计量的，应遵循该准则的规定。《企业会计准则第 8 号——资产减值》适用于以下七类非流动资产的减值处理，其他资产不适用该准则的规定，需要依照相应准则的规定进行处理。这七类非流动资产是：

1）固定资产；

2）无形资产；

3）生产性生物资产；

4）商誉；

5）对子公司、联营企业和合营企业的长期股权投资；

6）采用成本模式进行后续计量的投资性房地产；

7）探明石油天然气矿区权益和井及相关设施。其中，矿区权益是指企业取得的在矿区（指企业进行油气开采活动所划分的区域或独立的开发单元）内勘探、开发和生产油气的权利。井及相关设施主要包括油气井、套管、油管、抽油设备和井口装置。提高采收率设施、矿区内集输设施、分离处理设施、计量设备、储存设施、各种海上平台、海底及陆上电缆等设施。

2. 资产减值测试

在确认资产是否减值的过程中，首先要判断资产是否有减值迹象。只有有确凿证据表明资产存在减值迹象时，才应当进行减值测试，估计确定资产的可收回金额。反之，如果不存在减值迹象，则不需要进行减值测试，也不需要估计可收回金额。这也就是说，并不一定要在每个会计年度对资产进行减值测试，只有当确实存在减值迹象时，才进减值测试。但是，按照准则规定，因企业合并形成的商誉和使用寿命不确定的无形资产，不需要进行减值迹象判断，应至少于每年年度终了进行减值测试。

对资产减值迹象进行判断，需要从企业的内部信息和外部信息两个来源方面寻找相应的证据。来源于企业内部信息包括资产已经陈旧或者实体损坏，已经或者决定不再使用，资产创造价值的能力低于预期等。来源于企业外部信息包括同类资产的市场价格出现大幅度下跌。企业所面临的经济环境、技术进步、法律环境、市场环境、金融环境等发生重大变化，导致使用某资产所带来的经济效益出现严重下滑，对企业产生不利影响等。

3. 资产可回收金额的计量

如果判断企业的资产存在减值迹象，就应当对该资产的可回收金额进行估计。即根据其公允价值减去处置费用后的净额（简称"净额法"）与资产预计未来现金流量的现值（简称"现值法"）两者之间的较高者确定。这同样是基于谨慎性原则的基本要求，即不能对资产进行过度减值。

净额法反映的是资产如果被出售或者处置时可以收回的净现金收入。其公允价值可以按照销售协议价、市场价格和自愿公平交易价格的顺序确定，而处置费用包括与资产处置有关的法律费用、税法、搬运费，以及为使资产达到预定销售状态发生的直接费用等。

现值法反映的是资产继续持续使用和最终处置时所能带来的所有预计未来现金流量的现值。在预计资产未来现金流量的现值时，应综合考虑资产的预计未来现金流量、使用寿命和折现率等三方面的重要因素。其中预计未来现金流量包括资产持续使用所产生的现金流入与流出的净额（现金净流入）和资产达到使用寿命最终处置时所取得处置收入和支付处置费用后的净现金流量，不包括筹资活动和所得税收付产生的现金流量，在估计现金流量时使用内部转移价格的应按照市场价格进行调整。折现率首选市场利率，无法获得市场利率的，可以选择企业加权平均资金成本、增量借款利率或者其他相关市场借款利率适当调整等替代利率作为折现率。如果未来现金流量是外币的，应以结算货币及该货币的利率为基础计算现值，之后再将该现值按照计算当日的即期汇率折算为记账本位币。计算现值的一般公式为：

资产未来现金流量的现值 = $\sum [第 t 年预计资产未来现金净流量 \div (1+折现率)^t]$

当资产的处置净额大于预计未来现金流量现值时，应以净额与资产的账面价值比较，高于账面价值时，表明没有发生减值；低于账面价值时，表明发生了减值，应按二者的差额确认减值损失。反之，则应以现值与资产的账面价值进行比较，高于账面价值时，表明没有发生减值。低于账面价值时，应按二者的差额确认减值损失。因此，无论是处置净额，还是预计现值，只要有一个高于账面价值，就表明没有发生减值。

4. 资产减值损失的账务处理

当企业确认发生资产减值时，应根据所确认的资产减值金额，借记"资产减值损失"科目，贷记"固定资产减值准备""在建工程减值准备""投资性房地产减值准备""无形资产减值准备""商誉减值准备""长期股权投资减值准备""生产性生物资产减值准备"等科目。在期末，将"资产减值损失"科目余额转入"本年利润"科目，结转后该科目无余额。各项资产累计计提的资产减值准备，在该资产处置时才予以转出。

5. 资产组和商誉的减值处理

资产组和商誉是有别于单项资产的概念。一般情况下，企业的资产可以单独使用并为企业带来未来经济利益。但是，有些资产需要依赖于其他资产共同使用才能为企业带来未来经济利益，如生产线上的设备。因此，资产组是企业可以认定的最小生产组合，其产生的现金流入应能够基本上独立于其他资产或者资产组。资产组是否能够独立产生现金流入是认定资产组的最关键因素。这样，在资产减值的处理上，需要以资产组为单位判断是否存在减值迹象，并对其可回收金额进行估计，与资产组的合并账面减值进行比较，确定资产减值损失。但是，需要将资产组所计提的减值损失金额分摊至构成资产组的各项资产，并相应抵减其账面价值。

企业总部资产的显著特征是难以脱离其他资产或者资产组产生独立的现金流入，且其账面价值难以完全归属于某一资产组。因此，总部资产通常难以单独进行减值测试，需要结合其他相关资产组或者资产组组合进行测试。这样，企业对某一资产组进行减值测试时，应先认定所有与该组合相关的总部资产，之后再按照资产组进行减值测试。

由企业合并所形成的商誉，由于难以独立产生现金流量，应结合与其相关的资产组或者资产组组合进行减值测试，将商誉的账面价值自购买日起按照合理的方法分摊至相关资产组。当资产组或者资产组组合存在减值迹象时，应当按以下步骤开展减值测试：

1）对不包含商誉的资产组或组合进行减值测试，计算可回收金额，并与相关账面价值比较，确认资产组或组合的减值损失。

2）对包含商誉的资产组或组合进行测试，确认减值损失，减值损失金额首先抵减分摊至该资产组或组合中商誉的账面价值。

3）按不包含商誉的资产组或组合的各项资产的账面价值所占比重抵减其账面价值。

（九）职工薪酬准则（Employee Compensation）

1. 职工与职工薪酬

按照准则的规定，职工是指与企业签订劳动合同的人员，包括全职、兼职和临时职工，也包括虽未与企业订立劳动合同但由企业正式任命的人员。这实际上包括了三种人员：一是签订劳动合同的人员，而无论所签订劳动合同的期限长短；二是没有签订劳动合同，但是由企业正式任命的董事会和监事会成员等，企业需对其支付津贴、补贴等报酬；三是没有签订劳动合同，也不由企业正式任命，但实质上向企业提供的服务与企业职工所提供服务类似的人员，如劳务派遣工等。

职工薪酬是企业为获得职工提供的服务或终止劳动合同关系而给予的各种形式的报酬，以及企业提供给职工配偶、子女、受赡养人、已故员工遗属及其他受益人等的福利，主要包括短期薪酬、离职后福利、辞退福利和其他长期职工福利。

从资产负债观的角度看，职工薪酬虽然有不同的类型，但其本质上都是为了换取职工提供或终止服务而付出的代价，将导致企业未来经济利益流出，从而应在相应的会计期间确认为企业的一项负债。但职工薪酬的类型不同，所采取会计处理方法存在差异。

2. 短期薪酬

短期薪酬是企业预期在职工提供服务的年度报告期间结束后12个月内将全部予以支付的职工薪酬，不包括解除劳动关系的补偿（属于辞退福利），主要包括：职工工资、奖金、津贴、补贴；职工福利；医疗保险费、工伤保险费、生育保险费等社会保险费；住房公积金；工会经费、职工教育经费；年休假、病假、婚假、产假、探亲假等短期带薪缺勤；短期利润分享计划；非货币性福利等。

短期薪酬应在实际发生时确认为负债，并计入当期损益或资产成本，按照受益对象借记"生产成本""制造费用""管理费用""销售费用""在建工程"等科目，贷记"应付职工薪酬"。在实际发放时，借记"应付职工薪酬"，贷记"银行存款"等科目。

带薪缺勤分为累积带薪缺勤和非累积带薪缺勤。累积带薪缺勤是指带薪权利可以结转下期的带薪缺勤，如某些企业允许本年度未休的年休假天数结转到下一个年度使用。因此，企业应当根据带薪缺勤的政策规定，在每个会计年度对累积未使用权利情况进行确认，并计入当期费用和应付工资薪酬——累积带薪缺勤，在实际使用时应扣除上年度已经确认的累积带薪费用，如果以后未使用，应按原渠道冲回。非累积带薪缺勤是指带薪权利不能结转下期，尚未使用的权利在本期末结束时自动取消，职工离开企业时也无权获得现金支付。我国企业职工休婚假、产假、丧假、探亲假、病假期间的工资通常属于非累积带薪缺勤，企业应当在职工发生缺勤的会计期间确认相关的职工薪酬。

短期利润分享计划是指因职工提供服务而与职工达成的基于利润或其他经营成果提供薪酬的协议。企业应在满足具有因过去事项导致现在具有支付职工薪酬的法定义务，且利润分享计划所产生的应付职工薪酬义务能够可靠计量时，才应确定应付职工薪酬，并计入当期损益或者相关资产的成本。该计划应当反映职工因离职而没有得到利润分享计划的可能性。如果企业在职工提供服务的年度报告期间结束后12个月内，不需要全部支付利润分享计划产生的应付职工薪酬，则需按长期职工福利进行会计处理。换句话说，短期利润分享计划确认的应付职工薪酬应当在下一个会计年度内全部支付完毕，分次发放的，应在每次发放的时点分别确认应付职工薪酬。

非货币性福利，是指企业以自产产品或者外购商品发放、以拥有的房屋等资产无偿提供职工使用或租赁居住，以及向职工提供企业支付了补贴的商品或服务等方式向职工发放福利的，应按照公允价值计量，公允价值不可靠的，可以采用成本计量。属于自产产品的，视同销售进行会计处理；属于外购商品的，通过存货领用进行处理；属于无偿提供房屋的，按每期公允价值或应付租金计入当期损益或资产成本；属于提供了补贴的，与职工服务年限无关的，直接计入当期损益，与职工服务年限有关的，应作为长期待摊费用在服务年限内平均分摊，将分摊额计入当期损益。

3. 离职后福利

离职后福利包括两种情况，一种是向退休职工提供的福利，即退休福利，如养老金、一次性退休支付等，另一种是向与企业解除劳动关系的职工提供的福利。其本质是在职工离职后，企业继续为已经离职的职工提供某些类型的福利。离职后福利计划分类为设定提存计划和设定受益计划。

设定提存计划，是企业向独立的基金缴存固定费用后，不再承担进一步支付义务。企业应在资产负债表日确认应付给设定提存计划的提存金，并按照受益对象分别计入当期损益或资产成本。

设定受益计划，是企业需要以后会计期间根据提存基金的运行情况，进一步承担基金支付不足的责任，履行不足金额的义务。在该计划下，企业需要承担精算风险和投资风险，而在设定提存计划下，企业则不需承担这些风险。因此，设定受益计划所确认的费用并不一定是本期应付的提存金金额。其核算涉及四个步骤：首先确定受益义务现值和当期服务成本；其次确定设定受益计划净负债或净资产；再次确定应当计入当期损益的金额；最后确定应当计入其他综合收益的金额。

4. 辞退福利

辞退福利是企业辞退职工时所付出的代价，包括企业主动与职工解除劳动合同（即买断工龄）和企业鼓励职工自愿接受裁减两种情况。其前提都是劳动合同没有到期而在合同有效期之内，前者属于企业决定解除与职工签订的劳动合同，职工别无选择，后者则属于企业鼓励职工解除，但职工有选择留下或者接受补偿离职的权利。同时，当企业控制权发生变更时，新的控制方辞退管理层人员进行的补偿也属于辞退福利。被辞退的职工将不再为企业带来未来经济利益，辞退福利应在辞退计划满足负债确认条件时进行确认，计入费用，不计入资产成本。

辞退福利计划因辞退计划中的职工有无选择权而有所不同：

1）职工没有选择的，根据计划条款规定拟解除劳动关系的职工数量、补偿标准等计提应付职工薪酬。

2）职工自愿接受裁减建议的，由于裁减职工数量存在不确定性，应按照或有事项准则的规定根据预计情况计提应付职工薪酬。

3）实质性辞退工作在一年内实施完毕并全部支付补偿款项的，适用短期薪酬的规定。超过一年支付的，使用其他长期职工福利的规定，应选择恰当折现率，以折现后的金额计量应计入当期损益的辞退福利金额。

5. 其他长期职工福利

除短期薪酬、离职后福利、辞退福利以外的其他所有职工福利，即预计在职工提供相关服务的年度报告期末以后12个月内不能全部结算的长期带薪缺勤、长期利润分享计划、长期奖金计划、递延酬劳等。

在报告期末，企业应当将其他长期职工福利产生的职工薪酬成本按以下组成部分进行确认：一是服务成本；二是其他长期职工福利净负债或净资产的利息净额；三是重新计量其他长期职工福利净负债或净资产所产生的变动。

（十）企业年金基金准则（Enterprise Annuity Fund）

1. 企业年金基金是独立的会计主体

企业年金基金是指根据依法制定的企业年金计划筹集的资金及其投资运营收益形成的企业补充养老保险基金。企业年金基金作为一种信托财产，独立于委托人、受托人、账户管理人、托管人、投资管理人等的固有资产及其他资产，存入企业年金基金专户，作为独立的会计主体进行确认、计量和列报。

企业年金是指企业及其职工在依法参加基本养老保险的基础上，自愿建立的补充养老保险制度。企业年金基金由企业缴费、职工个人缴费和企业年金基金投资运营收益组成，实行完全积累，采用个人账户方式进行管理。企业缴费属于职工薪酬的范围，适用《企业会计准则第9号——职工薪酬》。

2. 企业年金基金管理的当事人

企业年金基金管理各方当事人包括：委托人、受托人、账户管理人、托管人、投资管理人和中介服务机构等。

委托人，是指设立企业年金基金的企业及其职工。委托人应当与受托人签订书面合同。

受托人，是指受托管理企业年金基金的企业年金理事会或符合国家规定的养老金管理公司等法人受托机构。受托人根据信托合同，负责编报企业年金基金财务报表等。受托人是编报企业年金基金财务报表的法定责任人。

账户管理人，是指受托管理企业年金基金账户的专业机构。账户管理人根据账户管理合同负责建立企业年金基金的企业账户和个人账户，记录企业缴费、职工个人缴费以及企业年金基金投资运营收益情况，计算企业年金待遇，提供账户查询和报告活动等。

托管人，是指受托保管企业年金基金财产的商业银行或专业机构。托管人根据托管合同负责企业年金基金会计处理和估值，复核、审查投资管理人计算的基金财产净值，定期向受托人提交企业年金基金财务报表等。

投资管理人，是指受托管理企业年金基金投资的专业机构。投资管理人根据投资管理合同负责对企业年金基金财产进行投资，及时与托管人核对企业年金基金会计处理和估值结果等。

中介服务机构，是指为企业年金基金管理提供服务的投资顾问公司、信用评估公司、精算咨询公司、会计师事务所、律师事务所等。

3. 企业年金基金的确认与计量

企业年金基金应当分别资产、负债、收入、费用和净资产进行确认和计量。其中：

企业年金基金缴费及其运营形成的各项资产包括：货币资金、应收证券清算款、应收利息、买入返售证券、其他应收款、债券投资、基金投资、股票投资、其他投资等。初始取得投资时，应当以交易日支付的成交价款作为其公允价值，发生的交易费用直接计入当期损益；估值日对投资进行估值时，应当按照《企业会计准则第22号——金融工具确认和计量》确定其公允价值，以公允价值调整原账面价值，公允价值与原账面价值的差额计入当期损益。

企业年金基金运营形成的各项负债包括：应付证券清算款、应付受益人待遇、应付受托人管理费、应付托管人管理费、应付投资管理人管理费、应交税费、卖出回购证券款、应付利息、应付佣金和其他应付款等。

企业年金基金运营形成的各项收入包括：存款利息收入、买入返售证券收入、公允价值变动收益、投资处置收益和其他收入。其中：存款利息收入，按照本金和适用的利率确定；买入返售证券收入，在融券期限内按照买入返售证券价款和协议约定的利率确定；公允价值变动收益，在估值日按照当日投资公允价值与原账面价值（上一估值日投资公允价值）的差额确定；投资处置收益，在交易日按照卖出投资所取得的价款与其账面价值的差额确定；风险准备金补亏等其他收入，按照实际发生的金额确定。

企业年金基金运营发生的各项费用包括：交易费用、受托人管理费、托管人管理费、投资管理人管理费、卖出回购证券支出和其他费用。其中：交易费用，包括支付给代理机构、咨询机构、券商的手续费和佣金及其他必要支出，按照实际发生的金额确定；受托人管理费、托管人管理费和投资管理人管理费，根据相关规定按实际计提的金额确定；卖出回购证券支出，在融资期限内按照卖出回购证券价款和协议约定的利率确定；其他费用，按照实际发生的金额确定。

企业年金基金的净资产，是指企业年金基金的资产减去负债后的余额。资产负债表日，应当将当期各项收入和费用结转至净资产。净资产应当分别企业和职工个人设置账户，根据企业年金计划按期将运营收益分配计入各账户。

4. 财务报表列报

企业年金基金的财务报表包括资产负债表、净资产变动表和附注。

资产负债表反映企业年金基金在某一特定日期的财务状况，应当按照资产、负债和净资产分类列示。

净资产变动表反映企业年金基金在一定会计期间的净资产增减变动情况，应当列示的信息包括：期初净资产；本期净资产增加数，包括本期收入、收取企业缴费、收取职工个人缴费、个人账户转入；本期净资产减少数，包括本期费用、支付受益人待遇、个人账户转出；期末净资产。

附注应当披露企业年金计划的主要内容及重大变化，投资种类、金额及公允价值的确定方法，各类投资占投资总额的比例，以及可能使投资价值受到重大影响的其他事项。

受托人应当定期向委托人、受益人等提交企业年金基金财务报表；托管人应当定期向受托人提交企业年金基金财务报表。

（十一）股份支付准则（Share-based Payments）

1. 股份支付

股份支付是指企业为获取职工和其他方提供服务而授予权益工具或者承担以权益工具为基础确定的负债的交易。实质上，股份支付是为获取职工或其他方提供的服务所支付对价的一种方式，只不过这种对价的特殊性有别于以货币或非货币性支付的方式。例如，企业授予职工期权、认股权证等衍生工具或其他权益工具，对职工进行激励或补偿，以换取职工提供的服务，本质上属于职工薪酬的组成部分，但由于股份支付是以权益工具的公允价值为计量基础，所以需要单独进行规范。

股份支付工具包括两大类、四小类，即以权益结算的股份支付（包括限制性股票和股票期权）和以现金结算的股份支付（包括股票增值权和模拟股票）。

2. 股份支付的处理

股份支付的确认和计量，应当以真实、完整、有效的股份支付协议为基础，以所授予的权益工具的公允价值进行计量。

（1）授予日

在授予日，除了立即可行权的股份支付外，无论权益结算的股份支付或者现金结算的股份支付，企业在授予日都不进行会计处理。

授予日是指股份支付协议获得批准的日期。其中"获得批准"，是指企业与职工或其他方就股份支付的协议条款和条件已达成一致，该协议获得股东大会或类似机构的批准。

（2）等待期内的每个资产负债表日

股份支付在授予后通常不可立即行权，一般需要在职工或其他方履行一定期限的服务或在企业达到一定业绩条件之后才可行权。

业绩条件分为市场条件和非市场条件。市场条件是指行权价格、可行权条件，以及行权可能性与权益工具的市场价格相关的业绩条件，如股份支付协议中关于股价至少上升至何种水平才可行权的规定。非市场条件是指除市场条件之外的其他业绩条件，如股份支付协议中关于达到最低盈利目标或销售目标才可行权的规定。

等待期长度确定后，业绩条件为非市场条件的，如果后续信息表明需要调整等待期长度，应对前期确定的等待期长度进行修改；业绩条件为市场条件的，不应因此改变等待期长度。对于可行权条件为业绩条件的股份支付，在确定权益工具的公允价值时，应考虑市场条件的影响，只要职工满足了其他所有非市场条件，企业就应当确认已取得的服务。

在等待期内每个资产负债表日应从以下三个方面考虑做好会计处理：

1）确认权益工具的公允价值。

企业应将取得的职工提供的服务计入成本费用，计入成本费用的金额应当按照权益工具的公允价值计量。

对于权益结算的涉及职工的股份支付，应当按照授予日权益工具的公允价值计入成本费用和资本公积（其他资本公积），不确认其后续公允价值变动。对于现金结算的涉及职工的股份支付，应当按照每个资产负债表日权益工具的公允价值重新计量，确定成本费用和应付职工薪酬。

对于授予的存在活跃市场的期权等权益工具，应当按照活跃市场中的报价确定其公允价值。对于授予的不存在活跃市场的期权等权益工具，应当采用期权定价模型等确定其公允价值，选用的期权定价模型至少应当考虑以下因素：期权的行权价格；期权的有效期；标的股份的现行价格；股价预计波动率；股份的预计股利；期权有效期内的无风险利率。

2）确认权益工具变动。

企业应当根据最新取得的可行权职工人数变动等后续信息作出最佳估计，修正预计可行权的权益工具数量。在可行权日，最终预计可行权权益工具的数量应当与实际可行权数量一致。

3）确认当期成本费用。

根据上述权益工具的公允价值和预计可行权的权益工具数量，计算截至当期累计应确认的成本费用金额，再减去前期累计已确认金额，作为当期应确认的成本费用金额。

（3）可行权日之后

1）对于权益结算的股份支付，在可行权日之后不再对已确认的成本费用和所有者权益总额进行调整。企业应在行权日根据行权情况，确认股本和股本溢价，同时结转等待期内确认的资本公积（其他资本公积）。

2）对于现金结算的股份支付，企业在可行权日之后不再确认成本费用，负债（应付职工薪酬）公允价值的变动应当计入当期损益（公允价值变动损益）。

3. 回购股份进行职工期权激励

企业以回购股份形式奖励本企业职工的，属于权益结算的股份支付，应当进行以下处理：

（1）回购股份

企业回购股份时，应当按照回购股份的全部支出作为库存股处理，同时进行备查登记。

（2）确认成本费用

企业应当在等待期内每个资产负债表日按照权益工具在授予日的公允价值，将取得的职工服务计入成本费用，同时增加资本公积（其他资本公积）。

（3）职工行权

企业应于职工行权购买本企业股份收到价款时，转销交付职工的库存股成本和等待期内资本公积（其他资本公积）累计金额。同时，按照其差额调整资本公积（股本溢价）。

4. 股份支付的会计处理

在等待期内的每个资产负债表日，借记"管理费用"，贷记"资本公积—其他资本公积（权益结算股份支付）"和"应付职工薪酬—股份支付（现金结算的股份支付）"。

可行权日之后的会计处理分为两种情况。一是如果是附服务年限条件或附非市场业绩条件的权益结算股份支付，按职工承诺价位交付的款项借记"银行存款"，按累积确认的资本公积借记"资本公积—其他资本公积"，按股票面值贷记"股本"，按所授股权公允价值与面值的差额贷记"资本公积—股本溢价"。二是如果是现金结算的股份支付，按照股份增值借记"公允价值变动损益"，贷记"应付职工薪酬—股份支付"，如为股份减值则借记"应付职工薪酬—股份支付"，贷记"公允价值变动损益"。实际股份兑付时，按照兑付的金额借记"应付职工薪酬—股份支付"，贷记"银行存款"。

回购股份进行职工期权激励的，在回购股份时，按照实际支付的回购款，借记"库存股"，贷记"银行存款"；在等待期内每个资产负债表日，按照权益工具在授予日的公允价值，将取得的职工服务计入成本费用，借记"管理费用"，同时增加资本公积，贷记"资本公积—其他资本公积"；职工行权时，按照职工交付的款项借记"银行存款"，按照累积的资本公积借记"资本公积—其他资本公积"，同时，按交付的股票面值贷记"库存股"，按照差额贷记"资本公积—股本溢价"。

（十二）债务重组准则（Debt Restructuring）

1. 债务重组

债务重组，是指在不改变交易对手方的情况下，经债权人和债务人协定或法院裁定，就清偿债务的时间、金额或方式等重新达成协议的交易。债务重组涉及债权人和债务人，对债权人而言是债权重组，对债务人而言是债务重组，在准则中统称为债务重组。

债务重组涉及的债权和债务，是指《企业会计准则第22号——金融工具确认和计量》规范的债权和债务,即属于金融工具,不包括合同资产、合同负债、预计负债,但包括租赁应收款和租赁应付款。

债务重组不强调债务人是否发生财务困难,也不强调债权人是否做出让步,即无论债务重组出于何种原因和债务金额是否发生变化,只要债权人和债务人就债务条款重新达成了协议,就符合债务重组的定义,按本准则进行会计处理。

此外,如果涉及权益性交易,应遵循实质重于形式的原则进行判断,属于权益性交易的,应适用权益性交易的有关会计处理规定,债权人和债务人不确认相关损益。不属于权益性交易的,应当确认债务重组损益。

债务重组的方式主要包括债务人以资产清偿债务、将债务转为权益工具、修改其他条款,以及一种以上方式的组合。其本质是必须与原来约定的偿还方式不同。

2. 债务重组的会计处理

在会计处理上,最重要的是要对债务重组中涉及的债权和债务进行终止确认,并按照新签订的重组协议对债权和债务进行新的确认和初始计量。总体上,应遵循《企业会计准则第22号——金融工具确认和计量》和《企业会计准则第23号——金融资产转移》的规定,债权人在收取债权现金流量和合同权利终止时终止确认债权,债务人在债权的现时义务解除时终止确认债务。同时,债权人应当根据受让具体资产的情况在符合其定义和确认条件时予以确认。债务人应按照清偿债务的不同方式,将清偿债务账面价值与转让资产账面价值之间的差额确认当期损益或投资收益。

(1)债权人的会计处理

根据受让资产的不同,分别以相应的公允价值进行初始确认,放弃债权的公允价值与账面价值之间的差额计入投资收益科目。其中:

一是受让金融资产。以受让金融资产的公允价值计量进行初始确认。

二是受让非金融资产。应区分受让资产的不同进行会计处理。总体上,其初始成本应包括放弃债权的公允价值,以及为达到资产确认条件所发生的税费、运输费、装卸费、保险费、安装费、专业人员服务费等其他成本。

三是受让多项资产。应首先以金融资产的公允价值进行成本确认,然后按非金融资产公允价值的比例对放弃债权公允价值扣除金融资产公允价值后的剩余部分进行分摊后分别确认其成本。

四是受让处置组。即受让的是包含资产和负债的一种组合。应首先区分金融资产和金融负债,并按其公允价值进行初始计量。然后,按非金融资产公允价值的比例对放弃债权公允价值与受让处置组中负债确认金额之和扣除受让金融资产公允价值后的金额进行分摊,分别确认其成本。

五是修改其他条款。修改后导致全部债权终止确认的,按照新条款以公允价值初始计量确认新的金融资产。未导致债权终止确认的,应根据其分类,继续以摊余成本、以公允价值计量且其变动计入其他综合收益,或者以公允价值计量且其变动计入当期损益进行后续计量。

六是组合方式。应按修改后的条款,以公允价值初始计量新的金融资产和受让的新金融资产,并按非金融资产公允价值的比例对放弃债权公允价值扣除金融资产后的剩余部分进行分摊,以分摊额为基础确认各项资产成本。

(2)债务人的会计处理

一是以金融资产清偿债务。债务的账面价值与偿债金融资产账面价值的差额,计入投资收益科目,已计提减值准备的,进行结转。同时,要根据偿债金融资产原会计处理的不同,对于已分类为公允价值计量且其变动计入其他综合收益的债务工具投资清偿债务的,之前计入其他综合收益的累计利得或损失应转出计入投资收益科目。对于已分类为公允价值计量且其变动计入其他综合收益的非交易性权益工具投资清偿债务的,应转出至盈余公积、利润分配——未分配利润等科目。

二是以非金融资产清偿债务。将所清偿债务账面价值与转让资产账面价值之间的差额,计入其他收益——债务重组收益,计提减值准备的,应同时进行结转。

三是将债务转为权益工具。应按照权益工具的公允价值进行初始计量和确认,其公允价值不能可靠计量的,按所清偿债务的公允价值计量,与所清偿债务账面价值之间的差额,计入其他收益——债务重组收益。债务人因发行权益工具而支出的税费等,依次冲减资本溢价、盈余公积、未分配利润等。

四是修改其他条款。分两种情况,一种是导致债务终止确认,应按公允价值计量重组债务,其与终止债务的账面价值之间的差额计入投资收益科目。另一种是没有导致债务终止确认,或者仅导致部分债务终止确认,对于没有终止确认的债务,应根据其分类,继续以摊余成本、以公允价值计量且其变动计入当期损益或其他适当方法进行后续计量。

五是组合方式。应区分清偿组合中所包含的具体方式,并按照以上不同方式的处理方法分别进行处理,所清偿债务的账面价值与转让资产的账面价值以及权益工具和重组债务的确认金额之和的差额,相应计入其他收益——债务重组收益(非金融资产)或投资收益(金融资产)科目。

(十三)或有事项准则(Contingencies)

或有事项,是指过去的交易或者事项形成的,其结果须由某些未来事项的发生或不发生才能决定的不确定事项。如企业对销售商品提供的售后1年内免费更换、5年内免费维修等售后保障。根据或有事项的可能结果,可能形成或有负债或者或有资产。常见的或有事项包括:未决诉讼或未决仲裁、债务担保、产品质量保证、亏损合同、重组义务、承诺、环境污染整治等。

1. 或有负债

或有负债涉及潜在义务和现时义务两类义务。潜在义务是指结果取决于不确定未来事项的可能义务。现时义务是指企业在现行条件下已经承担的义务,其履行不是很可能导致经济利益流出企业,或者其金额不能可靠计量。例如,A企业对B企业的银行贷款提供担保,根据担保合同承担连带还款责任,在B企业生产经营正常的情况下,A企业对该担保负有潜在义务,而一旦B企业的生产经营情况恶化,A企业的潜在义务将转变为现时义务。履行或有事项相关义务导致经济利益流出的可能性,一般按照发生的概率期间进行判断,发生概率大于95%但小于100%时为基本确定;大于50%但小于或等于95%时为很可能;大于5%但小于等于50%时为可能;大于0但小于等于5%时为极小可能。

或有负债的确认应同时符合以下三个条件时,才能作为预计负债进行确认和计量:该义务是企业承担的现时义务;履行该义务很可能导致经济利益流出企业;该义务的金额能够可靠计量。预计负债应按照履行相关现时义务所需支付的最佳估计数进行初始计量。有可能从第三方或其他方获得的补偿,在基本确定收到时,才能作为资产单独确认,且不能作为预计负债金额的扣减,确认的补偿金额不能超过所确认的预计负债的账面价值。企业应当在资产负债表日对预计负债账面价值进行复核。

在确定最佳估计数时应综合考虑相关的风险、不确定性、货币时间价值和未来事项等因素,并区分两种情况。一是所需支出存在一个连续区间,且该区间内各种结果发生的可能性相同的,按区间上下限的平均数确定。二是所需支出不存在一个连续区间,或者虽然存在一个连续区间,但各种结果发生的可能性不相同,也要分两种情况处理。如果或有事项涉及单个项目,按照最可能发生金额确定。如果涉及多个项目,按照各种可能结果与相关概率计算确定。

(1) 亏损合同

企业经常存在未履行任何合同义务,或者部分履行了同等义务的合同,即待执行合同。企业签订的产品销售合同、劳务提供合同、租赁合同等均属于待执行合同。待执行合同本质上说不属于或有事项,但是,当履行合同义务不可避免发生的成本超过预期经济利益时,待执行合同就转化为了亏损合同。此时,应将其作为或有事项,按照预计负债的确认条件,以反映退出合同的最低净成本进行计量。该最低净成本按照履行合同成本与未能履行该合同而发生的补偿或处罚两者之中的较低者确定。

如果不需要支付任何补偿即可撤销亏损合同，则不存在现时义务，无须确认预计负债。在不可撤销时，企业则存在现时义务，在同时满足或有负债确认的其他两个条件时予以确认。

在待执行合同转变为亏损合同时，存在合同标的资产的，应对其进行减值测试并按规定确认资产损失，通常不确认预计负债，如果预计亏损超过减值损失时，应将超过部分确认为预计负债。不存在合同标的资产的，亏损合同在满足预计负债确认条件时予以确认。

（2）重组义务

重组实质上是企业内部业务重组，与企业合并、债务重组具有明显的不同，主要包括出售或终止企业的部分业务、对企业的组织结构进行较大调整，以及关闭企业的部分营业场所，或者将营业活动由一个国家或地区迁移至其他国家或者地区。当企业有详细、正式的重组方案，并已经对外公告时，表明企业承担了重组义务，当该重组义务满足预计负债确认的三个条件时，予以确认预计负债。

企业应按照与重组有关的直接支出确定预计负债金额，计入当期损益。但是，留用职工岗前培训、市场推广、新系统和营销网络投入、新人员招聘、重组损失，以及重组中的资产处置等不属于重组义务的预计负债，应单独确认成本费用、利得或损失。

2. 或有资产

或有资产是一种潜在资产，其结果具有较大的不确定性，只有随着经济情况的变化，通过某些不确定事项的发生或不发生才能证实是否形成企业真正的资产。如未决诉讼，只有审判结果判定胜诉时，才能转变为一项资产。或有事项对应的潜在资产的经济利益在最终是否能够流入企业变得明确且可靠计量时，即确定能够收到的情况下，才能将潜在资产转变为真正的资产，确认为企业的资产。

（十四）收入准则（Revenues）

收入是指企业在日常活动中形成的、会导致所有者权益增加的、与所有者投入资本无关的经济利益总流入。工业企业制造并销售产品、商品流通企业销售商品、咨询公司提供咨询服务、软件公司为客户开发软件、安装公司提供安装服务、建筑企业提供建造服务等，均属于企业的日常活动。企业对外出租资产收取租金、进行债券投资收取利息、进行股权投资取得的现金股利、保险合同取得的保费收入等不属于收入准则规范的范围。

企业以存货换取客户存货、固定资产、无形资产、长期股权投资等，以及企业处置固定资产、无形资产，在确定处置时点以及计量损益时，按收入准则进行会计处理，其他非货币性资产交换，按照非货币资产交换的规定进行会计处理。

1. 收入的确认和计量

收入确认和计量按照五个步骤进行处理，被称为五步法模型（如图3-1所示）。第一步，识别与客户订立的合同；第二步，识别合同中的单项履约义务；第三步，确定交易价格；第四步，将交易价格分摊至各单项履约义务；第五步，履行各单项履约义务时确认收入。其中第一步、第二步、第五步主要与收入的确认有关，第三步和第四步主要与收入的计量有关。按照收入准则的规定，企业应当在履行了合同中的履约义务，即在客户取得相关商品控制权时确认收入。

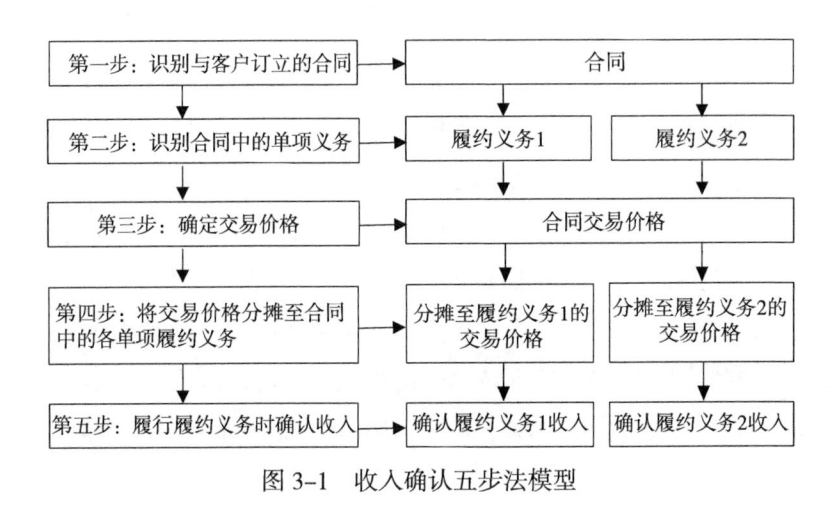

图 3-1　收入确认五步法模型

（1）识别与客户订立的合同

企业与客户之间订立的合同同时满足以下五个条件时，应在客户取得相关商品控制权时确认收入，缺一不可。

1）合同各方已批准该合同并承诺履行各自的义务。合同是双方真实意思的表述，如果一方可以单方面解除合同且不需对其他方做出补偿，则不符合合同的定义。

2）合同明确了合同各方与所转让的商品（或提供的服务）相关的权利和义务。合同应清晰载明合同各方的信息、所转让商品或提供服务的具体情况，以及各方的权利和义务。

3）合同有明确的与所转让商品或服务相关的支付条款。合同需要对合同价款的支付币种、价款总额、支付方式、支付进度等做出明确规定，否则就不符合合同的定义。

4）合同具有商业实质，即履行该合同将改变企业未来现金流量的风险、时间分布或金额。这涉及对合同事项做出重大判断。例如，为满足各自不同地域客户的需求和减少企业对商品的调运成本，两个企业之间经常签订商品串换合同，这显然没有带来未来经济利益的实质性改变，不具有商业实质。

5）企业因向客户转让商品而有权取得的对价很可能收回。在进行判断时，仅应考虑客户的信用风险，即客户按合同条款支付对价的能力和意图。对客户提供的价格折让，应在估计交易价格时考虑。

对于签订的合同，企业需要判断是否符合以上五个条件。对于合同开始日即满足这五个条件的，后续期间不需进行重新评估，立即确认收入；不满足的，应在后续期间进行持续评估，直至满足以上五个条件时才能确认收入（包括对满足条件之前已经转移的商品确认收入）。没有商业实质的非货币性资产交换，无论何时，均不应确认收入。

对于不符合以上收入确认的五个条件的合同，企业只有在不再负有向客户转让商品的剩余义务（如合同已完成或取消），且已向客户收取的对价（全部或部分）无须退回时，才能将已经收取的对价确认为收入。否则，应作为负债进行会计处理。

在合同签订之后，后续可能存在合同合并和合同变更的情况（如图3-2所示）。合同合并是企业与同一客户（或其关联方）同时订立或者在相近时间内先后订立的两份或多份合同，在满足下列条件之一时，合并为一份合同进行会计处理：

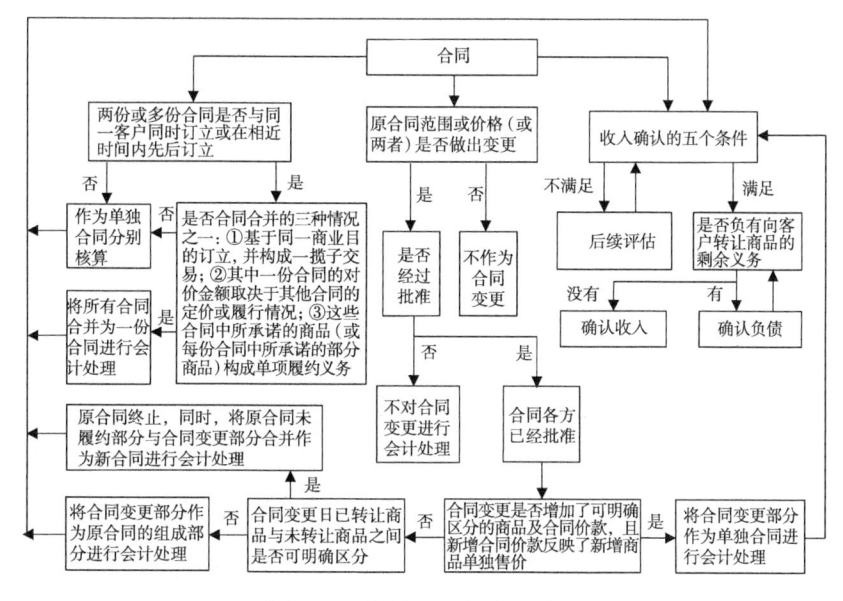

图 3-2 合同订立与收入确认

①基于同一商业目的订立，并构成一揽子交易。如在签订合同后，因存在质量问题或产品降价造成购买方出现合同亏损，双方商定再签订一份新的合同，增加新的销售数量并降低合同价格对合同亏损进行弥补。

②其中一份合同的对价金额取决于其他合同的定价或履行情况。即多份合同之间存在强关联，其中一份合同是其他合同定价或履行的基础，如一份合同违约，将影响另一份合同的对价金额。

— 73 —

③这些合同中所承诺的商品（或每份合同中所承诺的部分商品）构成单项履约义务。即这些承诺的商品是一系列实质相同、转让模式相同、可明确区分的商品。如甲乙双方签订了一份为期三个月的保洁服务合同，在执行两个月后，因所提供的保洁服务质量好，双方另行签订了一份为期一年的保洁服务合同，这实质上构成了单项履约义务，应进行合并。

合同变更也是常见的一种形式，是指合同各方同意对原合同范围或价格（或两者）做出变更。应区分以下三种情况分别进行会计处理：

①合同变更部分作为单独合同，不影响原合同履行。这是指合同变更后增加明确可区分的新增合同价款反映新增商品单独售价。如甲乙双方签订以90元/件的价格销售A商品100件的合同，在乙方销售30件后，根据销售情况，双方进行了合同变更，以80元/件的价格增加销售50件A商品。

②合同变更后原合同终止，按新订立的合同执行。这是指合同变更不属于情形①，且在变更日已转让商品与未转让商品之间可明确区分，原合同终止，将原合同未履约部分与变更部分合并作为新合同进行会计处理，新合同的交易价格按原合同交易价格尚未确认为收入的部分和合同变更中客户已承诺的对价金额之和确认。如甲乙双方签订以90元/件的价格销售A商品100件的合同，在乙方销售30件后，根据销售情况，发现A商品定价偏高影响市场竞争力，双方进行了合同变更，以合同价格80元/件增加销售数量50件，对于原已销售30件A商品的新老价格差从总价中进行抵扣。即新合同价款为：（100-30）×90+50×80=10300元，销售单价为：10300÷（100-30+50）=85.83元/件。

③合同变更部分作为原合同的组成部分。这是指合同变更不属于情形①，且在变更日已转让商品与未转让商品之间不可明确区分，将变更部分作为原合同的组成部分，在变更日重新计算履约进度，并调整当期收入和相应成本等。如甲乙双方签订以90元/件的价格销售A商品100件的合同，在乙方销售30件后，根据销售情况，发现A商品定价偏高影响市场竞争力，双方进行了合同变更，将价格调整为80元/件，并增加销售数量50件。这实际上是将全部150件（100+50）A商品的合同价格均定为80元/件，是对原合同价格进行的调整。

（2）识别合同中的单项履约义务

识别单项履约义务是正确、合理确认收入的重要基础。合同开始日，应对合同进行评估，准确识别所包含的各单项履约义务，并确定其是在某一时段内履行，还是在某一时点履行，然后按照第五步在履行每一单项履约义务时确认收入。履约义务，是合同中企业向客户转让可明确区分商品的承诺。也就是说，要将合同中每一个可明确区分的商品的承诺作为一个单项履约义务，包括可明确区分的商品（或者商品或服务的组合）的承诺和向客户转让一系列实质相同且转让模式相同的、可明确区分商品的承诺。这就是要根据合同区分提供的商品或服务,还是商品+服务?如果提供的是商品+服务,要进一步区分是两项单独的义务,还是合并为一项义务。

在对合同包含的多项义务进行区分判断时,最重要的就是看这些义务之间是否存在高度的关联性,以及单独履行某项义务是否影响整个合同义务的履行和合同目标的实现。如果没有关联性,可以单独履行且不影响合同整体,就可区分为一项单独义务。否则,应将合同全部义务作为一项整体履约义务。

企业为履行合同而应开展的初始活动,通常不构成履约义务。但是,如果该活动向客户转让了承诺的商品,则应构成履约义务。

(3)确定交易价格

交易价格是合同的最基本条款,是企业因向客户转让商品而预期有权收取的对价金额,不包括增值税等代第三方收取的款项和押金等预期将退还给客户的款项,这些款项应作为负债进行会计处理。同时,合同标价并不一定代表交易价格,应按照合同条款和习惯做法等,以合同标价为基础确定交易价格。在确定交易价格时,应假定按合同约定转让商品,且该合同不会被取消、续约或变更,即以保持合同稳定为前提。

交易价格的具体形式主要包括可变对价、非现金对价、应付客户对价和合同中存在的重大融资成分(见表3-2)。

表3-2 交易价格的具体表现形势及区分

项目	可变对价	非现金对价	应付客户对价	合同中存在的重大融资成分
基本特点	合同约定中存在折扣、价格折让、返利、退款、奖励积分、激励措施、业绩奖金、索赔等变化因素	包括实物资产、无形资产、股权、客户提供的广告服务等	在转让商品的同时,需要向客户或第三方支付对价	商品控制权转移与实际价款支付的时间不一致
举例	企业签订200万元的固定资产建造合同,合同规定,如果未按期完工,应支付赔款20万元。则:固定对价:180万元 可变对价:20万元	企业签订合同向甲企业出售A商品100件,甲企业以其开发的ZWD工业软件作为对价进行支付	企业在销售商品时,向客户提供折扣券或优惠券等	以赊销方式销售商品
确定方法	最佳估计数,包括期望值和最可能发生的金额	合同开始日非现金对价的公允价值	将应付对价冲减交易价格,按净额确认	实际支付价款的现值
注意事项	包含可变对价的交易价格,应不超过不确定条件消除时,累计已确认收入极可能不会发生重大转回的金额	1.要与非货币性资产交换进行区分。以存货换取固定资产、无形资产按收入准则处理;其他的,按非货币性资产交换准则处理 2.合同开始日后公允价值发生变化的,属于对价形式引起的,变动金额不计入交易价格;否则,作为可变对价	1.应付客户或第三方的对价,是为了取得其提供的可明确区分的商品时,按企业采购处理 2.冲减交易价格时,按确认收入与支付客户对价孰晚原则处理	1.时间间隔不超过1年的,不考虑存在的重大融资成分;超过1年的,则需考虑 2.应在单个合同层面考虑是否存在重大融资成分,不应在合同组合层面考虑 3.存在重大融资成分的,应将未确认融资费用在合理期限内分摊

（4）将交易价格分摊至各单项履约义务

企业应在合同开始日，按照各单项履约义务所承诺商品的单独售价的相对比例，将交易价格分摊至各单项履约义务。单项售价无法直接观察的，可采用市场调整法、成本加成法、余值法等合理估计单独售价。例如，甲企业向客户乙销售 A 商品和 B 商品，合同总价 2000 元，但在单独销售时，A 和 B 的售价分别为 1200 元和 1300 元，则其因分摊的合同价款为：A 商品 1200÷（1200+1300）×2000=960 元，B 商品 1300÷（1200+1300）×2000=1040 元。

交易价格的分摊涉及分摊合同折扣、分摊可变对价，以及对交易价格后续变动的处理，应遵循"相关性"的基本原则。一是将与折扣或可变对价无关的部分首先单独区分出来，按其单项售价处理。二是对于折扣或可变对价相关的部分，进一步将经常性组合出售的部分区分出来，将其作为一个组合体与剩余部分进行分摊。其中构成组合体的部分，按照其惯常组合（经常采用的商品出售组合）出售的价格作为一个整体参与分摊。三是对组合体分摊的价值按照其正常价格进行分摊，分别确定交易中组合体各部分的交易价格。四是同时存在折扣和可变对价的，应首先对折扣进行分摊，然后对可变对价进行分摊。五是交易价格后续变动，实质上属于可变对价范畴，企业不得因合同开始日之后单独售价的变动而重新分摊交易价格，而可变对价的后续变动，应以原合同开始日确定的单独售价为基础按照相关性进行二次分摊。

（5）履行每一单项履约业务时确认收入

企业应在履行了合同中的履约义务时确认收入，即客户取得相关商品的控制权时。在实务中，需要区分是属于某一时段内的履约义务，还是某一时点的履约义务，且首先对是否属于某一时段的履约义务进行判断，不能满足某一段内履约义务确认条件的，则属于某一时点的履约义务。其区别在于，属于某一时段内履约义务的，按履约进度确认收入；属于某一时点履约义务的，在控制权转移时点确认收入。

满足下列条件之一的，确认为某一时段内的履约义务。一是客户在企业履约的同时，即取得并消耗企业履约所带来的经济利益。如健身房一年期的会员。二是客户能够控制企业履约过程中在建的商品。如客户的在建工程。三是企业履约过程中所产出的商品具有不可替代用途，且企业在整个合同期间内有权就累计至今已完成的履约部分收取款项。

在判断商品是否具有不可替代用途时，应考虑合同限制或实际可行性限制，无须考虑合同被终止的可能性，需要注意四个方面：一是应在合同开始日进行判断，在此之后，除非发生合同变更，且改变了原合同约定的履约义务，否则，无须在合同开始日之后重新进行评估。二是是否存在导致企业不能将合同约定的商品用于其他用途的实质性限制条款。三是是否存在实际可行性限制。如用于其他用途时，将遭受重大经济损失。四是应当根据最终转移给客户的商品的特征进行判断。即在控制权移交的最终时点是否具有不可替代用途。

关于企业在整个合同期间内有权就累计至今已完成的履约部分收取款项,是指在由于客户或其他方原因终止合同的情况下,企业有权对已完成履约部分收取能够补偿其已经发生成本和合理利润的款项,且该权利具有法律约束力。在进行判断时,需注意五个方面:一是有权收取的款项,其金额大致能够补偿已经发生的成本和合理利润。二是有权收取的款项,并不意味着企业拥有随时可行使的无条件收款权,而是一旦因非自身原因导致合同提前终止时,企业在法律上是否有权主张该收款权利。三是因客户单方面原因终止合同时,企业可以按照合同条款或法律法规赋予的权利继续执行合同。四是在考虑合同条款约定的同时,还应充分考虑所处法律环境的影响。五是需要评估是否在任何时间点(除企业自身原因导致合同终止除外)都有权获得成本和合理利润相对的款项补偿。

对于在某一时段内履行的履约义务,应按照履约进度确认收入。履约进度应反映企业向客户转让商品的履约情况,采用产出法或投入法确定恰当的履约进度,并相应扣除那些控制权尚未转移给客户的商品和服务。

产出法,是从客户的角度进行评估,主要根据已转移给客户的商品对于客户的价值确定履约进度,包括按照实际测量的完工进度、评估已实现的结果、已达到的里程碑、时间进度、已完工或交付的产品等具体方法。

投入法,是从企业的角度进行评估,主要根据企业履行履约义务的投入确定履约进度,包括已投入的材料数量、人工工时或机器工时,以及发生的成本和时间进度等指标确定。实务中,企业通常按照累计实际发生的成本占预计总成本的比例(成本法)确定履约进度。

对于在某一时点履行的履约义务,应在客户取得相关商品控制权时点确认收入。在判断客户是否已经取得商品控制权时,应综合考虑以下六个方面的迹象:一是企业享有现实收款权利,客户负有现时付款义务;二是客户拥有该商品的法定所有权;三是客户已实际占有该商品;四是客户已经取得该商品所有权上的主要风险和报酬;五是客户已接受该商品;六是其他表明客户已取得商品控制权的迹象。

2. 合同成本

包括合同取得成本、合同履约成本,以及有关资产的摊销和减值。

(1)合同取得成本

顾名思义,合同取得成本是企业取得合同所发生的成本,是一种增量成本,且该增量成本预期能够通过履行合同而收回。因此,合同取得成本确认为一项资产。反过来说,如果企业不取得合同,该成本就不会发生。如销售佣金。但是,在合同取得过程中发生的差旅费、投标费用等相关费用,因在发生时不能预知是否能够取得合同,应在发生时计入当期损益，不计入合同取得成本。

在实务中，合同取得成本作为一项资产，由于摊销年限不超过一年，可以在发生时计入当期损益。企业因现有合同续约或发生合同变更需要支付的额外佣金，属于为取得合同发生的增量成本。

（2）合同履约成本

企业为履行合同所发生的各种成本，应在确认收入的同时对发生的成本进行分析，属于存货、固定资产、无形资产等规范范围以外的部分，在同时满足以下三个条件时，应作为合同履约成本确认为一项资产：一是该成本与合同直接相关；二是该成本增加了企业未来用于履行履约义务的资源；三是该成本预期能够收回。

（3）摊销和减值

对于确认为资产的合同取得成本和合同履约成本，应采用与该资产相关的商品收入确认相同的基础（在履约义务履行的时点或按照履约义务的履约进度）进行摊销，计入当期损益。

合同取得成本和合同履约成本的账面价值高于下列两项的差额的，超出部分应计提减值准备，并确认为资产减值损失：①因转让与该资产相关的商品预期能够取得剩余对价（将来还能收多少钱）；②为转让该相关商品估计将要发生的成本（将来还要发生多少成本）。以前期间减值因素发生变化，使二者差额高于该资产账面价值的，应当转回已计提的资产减值准备，计入当期损益，但应以原已计提的减值准备金额为限，转回后的账面价值不高于未计提减值准备时的账面价值。

3. 合同资产和合同负债

按照收入准则的规定，企业应当根据合同履行履约义务与客户付款之间的关系在资产负债表中列示合同资产或合同负债。

（1）合同资产

是指企业已向客户转让商品而有权收取对价的权利，且该权利取决于时间流逝之外的其他因素。也就是说，企业通过履行合同虽然转移了商品并取得了收取对价的权利，但是由于合同条款中其他的限制条件，客户还没有支付对价款的现时义务，此时，应将该权利确认为企业的一项资产，即合同资产。例如，企业向客户销售两项可明确区分的商品，企业因已交付其中一项商品而有权收取款项，但收取该款项还取决于企业交付另一项商品的，企业应当将该收款权利作为合同资产。

合同资产与应收账款的区别在于，应收账款是企业已经完成了商品控制权向客户的转移，对客户而言已经负有支付对价款的现时义务，随着时间的流逝，客户必须要支付该款项，但是企业要承担客户不能实际支付价款的信用风险。合同资产则与时间流逝无关，企业除需要承担信用风险外，还要承担客户履行合同的履约风险，如客户实际已经收到商品，但以各种理由拖延验收或者拒绝验收等。

例如，甲公司向乙公司购买一台挖掘机，合同规定甲公司应在乙公司发货后30日内支付全部价款，即乙公司完成发货后就相应完成了向甲公司转移商品控制权的义务，此时乙公司应确认收入和应收账款。如果合同规定，甲公司应在试用30天后出具验收合格证明的10日内支付全部价款，则乙公司完成发货后还需要等待甲公司试用期满并出具验收合格证明，在此之前，乙公司虽然已经完成商品控制权转移，但并没有取得收取价款的权利，应作为合同资产进行会计处理，待甲公司出具验收合格证明后从合同资产科目转入应收账款科目。此时，如果甲公司以各种理由推延出具验收证明，且要求给予10%折扣，则乙公司除了承担甲公司不付款的信用风险外，还要承担甲公司不诚实履约的风险和降低价格的风险。

（2）合同负债

是指企业已收或应收客户对价而应向客户转让商品的义务，是企业在转让承诺的商品之前收取的款项。实际上，合同负债的形成，是因为企业按照合同约定负有向客户转让承诺商品的义务，一旦按照合同规定，企业因负有了转让商品控制权的现时义务，而享受了无条件收取对价款的权利，无论客户是否已经实际支付价款，企业都应当确认为合同负债。如奖励积分销售，在积分没有兑换之前，应将积分对应的交易价格作为合同负债。合同负债主要用于销售激励、客户奖励积分、未来购买商品的折扣券，以及合同续约选择权等附有客户额外购买选择权的销售。合同负债按照客户实际支付款项与到期应支付款项孰早时点确认。

合同负债与预收账款的区别在于，预收账款是指企业向购货方预收的购货订金或部分货款，且企业已经实际收款形成现金流入，但并不构成企业必须交付商品的义务。换句话说，企业收到预收款项后可以退还给客户，终止与客户之间的交易。合同负债则是企业按照合同承担的履约义务，构成了向客户必须交付商品的义务，而不论是否实际收到款项增加现金流入。

例如，酒店收到客户的客房预定金应作为预收账款进行会计处理，而客户入住酒店时预交的房费则应作为合同负债进行会计处理。再如，客户在电影院办理会员卡后可以在两年内享受五折购票观影，电影院收取的会员卡费应作为预收账款进行会计处理，而电影院收到的客户存入会员卡的资金则应作为合同负债进行会计处理。

（3）资产负债表列示

按照收入准则的规定，同一合同项下的合同资产和合同负债在资产负债日应以净额列示，借方余额的在合同资产列示，贷方余额的在合同负债列示。不同合同下的合同资产和合同负债应分别列示,不能相互抵销。

4. 特定交易的会计处理

特定交易会计处理的核心在于遵循收入确认和计量的五个步骤,根据交易的性质和具体形式,准确区分单项履约义务和控制权转移的时点,从而及时完成收入确认和计量。只不过由于特定交易包含的隐含履约义务比较多且复杂,需要从客户的角度进行明确区分。

(1) 附有销售退回条款的销售

在客户取得商品控制权时,按照商品总价款减去预期销售退回后的金额确认收入,将预期销售退回的金额确认为预计负债。相应地,按照预期退回商品转让时的账面价值扣除退回时预计发生成本(包括价值减损)后的余额确认为一项资产,计入应收退货成本科目。按照全部商品转让时的账面价值扣除应收退货成本后的余额结转主营业务成本。预期销售退回可以根据该商品或企业,以及市场上同类商品的历史退回情况进行预计。

在约定的可退回期限内的每一个资产负债表日,应重新估计未来销售退回情况,与商品转让时预计情况发生变化的,应作为会计估计变更进行会计处理。

(2) 附有质量保证条款的销售

该特殊交易的关键在于区分所附有的质量保证是否构成单项履约义务,构成单项履约义务的,应单独确认收入,其中,属于包括在售价内不单独收取价款的,应按照商品总售价内所包含的单项履约义务的各自单独售价的相对比例进行分摊。不构成单项履约义务的,按照或有事项的要求根据企业历史发生情况按照预计负债进行会计处理。

一般情况下,客户能够选择单独购买的,构成单项履约义务;附带的质量保证期限越长的,越可能构成单项履约义务;法定要求质量保证事项,不构成单项履约义务;企业必须履行某些特定任务才能符合既定质量标准的,不构成单项履约义务。

企业提供的质量保证中,同时包含单项履约义务和非单项履约义务的,应分别进行会计处理,无法合理区分的,应合并作为单项履约义务进行会计处理。

(3) 主要责任人和代理人

企业应根据其向客户转让商品前是否拥有对该商品的控制权,判断其在交易中的身份。实务中,不应仅局限于合同的法律形式,应考虑以下事实进行判断:一是从客户角度评估,企业是否承担了向客户转让商品的主要责任,如负责提供售后服务、解决客户投诉等。二是在转让商品之前或之后是否承担存货风险,如商品价格变动、毁损、灭失等风险。三是企业是否有权自主决定商品价格,如超过委托方授予的价格出售等。

总体上,企业在转让前能够控制该商品的,应确定为主要责任人,按照已收或应收对价确认收入。否则,应确定为代理人,按照预期有权收取的佣金、手续费或其他约定款项的金额确认收入,该金额不包含应该支付给委托方等相关方的价款。

（4）附有客户额外购买选择权的销售

附有客户额外购买选择权的情况包括销售激励、客户奖励积分、未来购买商品的折扣券，以及合同续约选择权等。在进行会计处理时，需首先评估该选择权是否向客户提供了一项重大权利。这需要从客户的角度进行评估。如果客户需要先订立合同才能获取额外选择权，且行使该选择权购买额外水平时能够享受更多折扣优惠，则属于向客户提供了一项重大权利，应作为单独履约义务。

判断为提供重大权利而作为单独履约义务的，应将交易价格在正常交易部分和该单独履约义务部分进行分摊，在客户未行使购买选择权的有效期内，确认为合同负债；在客户未来行使购买选择权取得相关商品控制权时，或者该选择权失效时，确认相应的收入，从合同负债科目转入主要业务收入科目。

（5）售后回购

是指企业销售商品的同时，承诺或有权选择日后再将该商品购回的销售方式。分两种情形分别进行会计处理：

1）企业存在与客户的远期安排，从而负有回购义务或享有回购权利的，表明客户在销售时点并未取得商品控制权。其中：

回购价格低于原售价的，作为租赁交易处理。

回购价格不低于原售价的，作为融资交易处理，在收到客户款项时确认金融负债，并将该款项与回购价格之间的差额在回购期间内确认为利息费用等。企业到期没有行使回购权利的，应在该回购权利到期时终止确认金融负债，同时确认收入。

2）企业负有应客户要求回购商品义务的，应在合同开始日评估客户是否具有行使该要求权的重大经济动因。客户具有该动因的，应按照上述第1）种情形的方法作为租赁交易或融资交易处理。不具有该动因的，作为附有销售退回条款的销售交易处理。

（6）客户未行使的权利

企业向客户预收销售商品款项的，应首先确认为负债，待履行相关履约义务时再转入收入。当预收款项无须退回，且客户可能会放弃其全部或部分合同权利时，应按照客户行使合同权利的模式预估客户放弃权利的金额，并将该金额作为企业预期有权获得的金额确认为收入。当评估认为客户要求企业履行剩余履约义务的可能性极低时，才能全部转入收入。

（7）无须退回的初始费

企业自合同开始（或接近合同开始）日向客户收取的无须退回的初始费，应计入交易价格。在进行会计处理，需评估该初始费是否与向客户转让已承诺的商品相关。其中：

判断为相关的，还需进一步判断该承诺转让的商品是否构成单项履约义务。其中，构成单项履约义务的,在转让时,按照分摊至该商品的交易价格确认收入;不构成单项履约义务的,应观察其与何种商品共同构成了单项履约义务,并在履行该单项履约义务时,将初始费分摊至该单项履约义务的交易价格,相应确认收入。

判断为不相关的,应作为未来将转让商品的预收款,在商品转让时,确认为收入。

需要注意的是,初始费虽然从形式上表现为一种独立的收费行为,但因未必与整个交易具有高度相关性,而并不是一种独立的交易行为。因此,无论是否与实际转让的具体商品相关,以及无论是否构成单项履约义务,其最终要随着这个交易的完成确认为企业的收入,只不过在确认收入的时点存在差异,以体现会计信息质量要求的"及时性"原则。

(十五)建造合同准则(Construction Contracts)

建筑安装企业和生产飞机、轮船、大型机械设备等产品的工业制造企业,其生产活动和经营方式具有一定的特殊性,其建造生产的产品经常表现为体积巨大、生产周期长、价值高等特点,需要对建造的施工期间按企业核算的会计期间进行相应划分,以权责发生制为基础,对每一个会计期间的收入、费用进行确认和计量,以及信息披露。

1. 建造合同

通常情况下,在现实经济生活中,上述企业在开始建造或生产产品之前,应与产品需求方(客户)签订相应的合同,即建造合同。这是为建造一项或数项在设计、技术、功能、最终用途等方面密切相关的资产而订立的合同。在会计核算上,应以单项建造合同为核算对象。这要求应按照实质重于形式的原则对签订的建造合同进行区分,判断是否为单项建造合同,以确定合适的核算对象。因此,存在合同分立和合同合并两种情况。

(1)合同分立

一项包括建造数项资产的建造合同,在同时满足以下三个条件时,每项资产应分立为单项合同。1)每项资产均有独立的建造计划(如独立的施工图、独立的工程预算等);2)与客户就每项资产单独进行谈判,双方能够接受或拒绝与每项资产有关的合同条款(即双方都有就每一项资产进行单独选择的权利);3)每项资产的收入和成本可以单独辨认(即可以进行明显明确的区分)。否则,应作为一个合同进行会计处理。

(2)合同合并

有的资产建造虽然在形式上签订了多项合同,但各项资产在设计、技术、功能、最终用途上密不可分,实质上是一项合同,应作为一个合同进行会计处理。这样的一组合同,无论对应单个客户,还是多个客户,在同时满足以下三个条件时,应合并为单项合同。1)该组合同按一揽子交易签订(所签订的多项合同构成了一个整体,缺少任何一个都将导致合同不能正常履行）；2）该组合同密切相关，每项合同实际上已构成一项综合利润工程的组成部分（每项合同的单独完工进度都将直接影响到整个建设项目的完工进度和价款结算）；3）该组合同同时或依次履行。

（3）追加资产的建造

满足下列条件之一的，应当作为单独合同：1）该追加资产在设计、技术或功能上与原合同包括的一项或数项资产存在重大差异。2）议定该追加资产的造价时，不需要考虑原合同价款。否则，表明与原合同属于一揽子合同，构成一项综合利润构成的组成部分，并须同时或依次履行，应与原合同合并。

2. 合同成本

合同成本是指为建造某项合同而发生的相关费用，包括从合同签订开始到合同完成止所发生的、与执行合同有关的直接费用和间接费用。

（1）直接费用

直接费用是指为完成合同所发生的、可以直接计入合同成本核算对象的各项费用支出，包括耗用的材料费用、人工费用、机械使用费和其他直接费用。其中：

耗用的材料费用主要包括施工生产过程中耗用的构成工程实体或有助于形成工程实体的原材料、辅助材料、构配件、零件、半成品的成本和周转材料的摊销及租赁费用。

耗用的人工费用主要包括从事工程建造的人员的工资、奖金、津补贴、职工福利费等职工薪酬。

耗用的机械使用费主要包括施工生产过程中使用自有施工机械所发生的机械使用费、租用外单位施工机械支付的租赁费和施工机械的安装、拆卸和进出场费。

其他直接费用主要包括有关的设计和技术援助费用、施工现场材料的二次搬运费、生产工具和用具使用费、检验试验费、工程定位复测费、过程点交费用、场地清理费用等。

直接费用在发生时按照受益对象直接计入合同成本。

（2）间接费用

间接费用主要包括临时设施摊销费用和企业下属的施工、生产单位组织和管理施工生产活动所发生的费用，如管理人员薪酬、劳动保护费、固定资产折旧费及修理费、物料消耗、取暖费、水电费、办公费、差旅费、财产保险费、工程保修费、排污费等。

间接费用在发生时一般不宜直接归属于受益对象，应在资产负债表日按照系统、合同的方法分摊计入合同成本。在实务中，主要采用人工费用比例法、直接费用比例法等方法分配计入受益对象。

人工费用比例法，就是以各合同实际发生的人工费用为基数对间接费用进行分配。其计算公式为：

间接费用分配率＝当期实际发生的全部间接费用÷当期各合同实际发生的人工费之和

某合同当期应分担的间接费用＝该合同当期实际发生的人工费×间接费用分配率

直接费用比例法，就是以各合同实际发生的直接费用为基数对间接费用进行分配。其计算公式为：

间接费用分配率＝当期实际发生的全部间接费用÷当期各合同实际发生直接费用之和

某合同当期应分担的间接费用＝该合同当期实际发生的直接费用×间接费用分配率

（3）与建造合同相关的借款费用

建造承包商在合同建造期间发生的借款费用，符合《企业会计准则第17号——借款费用》规定的资本化条件的，应计入合同成本。合同完成后发生的借款费用，应计入当期损益。

（4）因订立合同而发生的费用

建造承包商为订立合同而发生的差旅费、投标费等，能够单独区分并可靠计量，且合同很可能订立的，应予以归集，待取得合同时计入合同成本。未满足上述条件的，计入当期损益。通常情况下，在实务中，由于因订立合同而发生的费用金额相对较小，且能否中标及完成合同订立存在诸多不确定性，在这些费用发生时计入当期损益。

（5）零星收益

在执行合同过程中取得的，但不计入合同收入的非经营性收益，应冲减合同成本。

（6）不计入合同成本的费用

主要包括企业行政管理部门为组织和管理生产经营活动而发生的管理费用、船舶等制造企业的销售费用，以及按准则规定不符合资本化条件的借款费用。

3. 合同收入与合同费用的确认

合同收入包括合同规定的初始收入和合同变更、索赔、奖励等形成的收入。其中，合同规定的初始收入是建造承包商与客户签订的合同中最初商定的合同总额，构成了合同收入的基本内容。由于执行合同中存在的不确定性，可能存在合同内容变更、就某些事项造成的损失进行索赔，以及工期提前、质量超出预期等原因客户给予建筑承包商一定的奖励，这构成了合同收入的补充内容，但具体确认需要同时满足两个条件：①预计客户能够同意确认；②相应的收益金额能够可靠计量。

（1）结果能够可靠估计的建造合同

建造合同的结果能够可靠估计的，企业应根据完工百分比法在资产负债表日确认合同收入和合同费用。完工百分比法是根据合同完工进度确认合同收入和费用的方法，体现了权责发生制的要求。建造合同分为固定造价合同和成本加成合同两种类型，分别适用于不同的评估"结果是否能够可靠估计的标准"。

1）固定造价合同。同时具备以下四个条件的，则其结果能够可靠计量：①合同总收入能够可靠计量，即订立的合法有效的合同中明确固定了合同总金额；②与合同相关的经济利益很可能流入企业，即企业能够收到合同价款，这取决于企业与客户双方是否都能正常履行合同，有一方不能正常履行合同的，则表明企业可能无法收回工程价款，不满足本条件；③实际发生的合同成本能够清楚地区分和可靠计量，其关键在于建筑承包商能否做好建造合同成本核算的各项基础工作和准确计算合同成本，划清当期成本与下期成本、不同成本核算对象之间的成本界限、未完合同成本与已完合同成本的界限；④合同完工进度和未完成合同尚需发生的成本能够可靠地确定，这包括企业已经实际实施并完成了一定能够做出科学、可靠测定的工作量从而达到了一定的完工进度，以及对后续应实施完成的工作量所尚需发生的合同成本能够做出科学、可靠的估计。

2）成本加成合同。同时具备以下两个条件的，则其结果能够可靠计量：①与合同相关的经济利益很可能流入企业；②实际发生的合同成本能够清楚地区分和可靠计量。

3）完工进度的确定。

确定完工进度有以下三种方法：

①根据累计实际发生的合同成本占合同预计总成本的比例确定。

该方法是比较常用的方法。其计算公式为：

合同完工进度 = 累计实际发生的合同成本 ÷ 合同预计总成本 ×100%

累计实际发生的合同成本是指形成完工进度的工程实体和工作量所耗用的直接成本和间接成本，不包括与合同未来活动相关的合同成本（如已领用但未使用或耗用的材料、已运抵现场但尚未安装的机器设备等）和在分包工程的工作量完成之前预付给分包单位的款项（总承包商在确定总体工程的完工进度时，应考虑分包工程的完工进度，支付给分包商为了完成完工进度确认时点之后工作量所对应的款项不计入累计实际发生的合同成本）。

②根据已完成的合同工作量占合同预计总工作量的比例确定。

该方法适用于合同工作量容易确定的建造合同，如道路工程、土石方挖掘、砌筑工程等。其计算公式为：

合同完工进度 = 已经完成的合同工作量 ÷ 合同预计总工作量 ×100%

③根据实际测定的完工进度确定。

该方法是无法采用以上两种方法时，采用的一种特殊的由专业人员现场实施科学测定的技术测量方法，适用于一些特殊的建造合同买入水下施工工程等。

4）完工百分比法的运用。

按照完工百分比法确认当期合同收入和合同费用的基本计算公式如下：

当期确认的收入 = 合同总收入 × 累计完工进度 – 以前会计期间累计已确认的收入

当期确认的费用 = 合同预计总成本 × 累计完工进度 – 以前会计期间累计已确认的费用

当期确认的合同毛利 = 当期确认的收入 – 当期确认的费用

对于当期完成的建造合同，应当按照实际合同总收入扣除以前会计期间累计已经确认的收入后的余额，确认为当期合同收入；同时，按照累计实际发生的合同成本扣除以前会计期间累计已经确认的费用后的余额，确认为当期合同费用；按二者之间的差额确认当期合同毛利。在账务处理上，按照实际发生的合同成本，借记"工程施工——合同成本"科目，贷记"原材料、应付职工薪酬"等科目；按照已结算的合同价款，借记"应收账款"等科目，贷记"工程结算"科目；按照实际收到的合同价款，借记"银行存款"等科目，贷记"应收账款"等科目；按照确认的当期收入和费用，借记"工程施工——合同毛利""主营业务成本"等科目，贷记"主营业务收入"科目。

需要指出的是，在合同签订之后，企业应对执行合同所发生的总成本进行预计，并以此为基础，按照完工进度确认当期合同费用。在合同执行过程中，需要对预计总成本进行持续评估，并根据新的预计总成本和累计完工进度，以及以前会计期间已经确认的成本情况，确认当期的合同费用，以及确认合同预计损失，借记"资产减值损失"科目，贷记"合同损失准备"科目。在工程全部完工后，将"合同损失准备"相关科目余额冲减"主营业务成本"；同时，还需要对整个工程进行结转，将"工程施工"科目的余额与"工程结算"科目的余额相对冲，借记"工程结算"，贷记"工程施工——合同成本""工程施工——合同毛利"。

（2）结果不能可靠计量的建造合同

如果建造合同的结果不能可靠计量，就不能采用完工百分比法对合同收入和费用进行确认和计量，应根据合同成本是否能够回收进行相应的会计处理。

一是合同成本能够回收的，合同收入根据能够回收的实际合同成本进行确认，合同成本在其发生的当期确认为合同费用，不确认利润，借记"主营业务成本"，贷记"主营业务收入"。

二是合同成本不能回收的，应在发生时立即确认为合同费用，不确认合同收入，借记"主营业务成本"，贷记"工程施工——合同毛利"。

当建造合同的结果不能可靠估计的不确定因素不再存在时，不应再按照上述规定确认合同收入和费用，而应转为按照完工百分比法确认合同收入和费用。此时，计算完工进度的基础为原发生的工程成本与当期发生的工程成本之和，分母仍然为预计完成合同应发生的总成本（包括截至本期已经发生的全部工程成本和预计尚需发生的工程成本），并按照计算确定的完工进度比例和合同金额确认当期合同收入。需要指出的是，由于在前期只确认了合同成本,并没有确认合同收入,因此,此时确认的合同收入应全部计入当期主营业务收入。对于本期应确认的合同成本,需要按照完工进度比例和预计工程成本总额确认截至本期的合同成本,并以其减去前期已经实际发生计入主营业务成本之后的余额作为当期应确认的合同成本。即

完工进度 =(结果不能可靠估计时确认的合同成本 + 转为完工百分比法当期发生的合同成本)÷(结果不能可靠估计时确认的合同成本 + 转为完工百分比法当期发生的合同成本 + 预计完成合同尚需发生的成本)× 100%

当期确认的合同收入 = 合同总收入 × 完工进度

当期确认的合同费用 =(结果不能可靠估计时确认的合同成本 + 转为完工百分比法当期发生的合同成本 + 预计完成合同尚需发生的成本)× 完工进度 – 结果不能可靠估计时确认的合同成本

当期确认的毛利 = 当期确认的合同收入 – 当期确认的合同费用

4. 合同预计损失的处理

建造合同下建造的资产,在性质上与工业企业的产品相同,属于建造承包商的存货,期末应进行减值测试。其测试的关键在于需要对尚需完成工程所需发生的工程成本进行预计,并调整整个工程预计总成本。如果建造合同的预计总成本超过合同收入,则形成合同预计损失,应提取减值损失准备,并确认为当期费用,合同完工时,将已提取的损失准备冲减合同费用。

(十六)政府补助准则(Government Subsidies)

政府补贴是国际上的通用做法。其目的在于政府以此作为进行宏观经济调控的重要手段,向企业提供经济支持,以鼓励或扶持特定行业、地区或领域的发展。

1. 政府补助及分类

按照政府补助准则的规定,政府补助是指企业从政府无偿取得货币资产或非货币性资产,主要包括无偿贷款、税收返还、财政贴息,以及无偿给予非货币性资产等。无偿性是政府补助的基本特征。政府补助来源于政府的经济资源,在实施补贴时,伴随着经济资源从政府向企业的直接转移。通常情况下,直接减征、免征、增加计税抵扣额、抵免部分税额等不涉及直接转移经济资源,不适用政府补贴准则。增值税出口退税实际上是退还出口货物前道环节发生的进项税额,即退回企业事先垫付的进项税,故不属于政府补助。

按照政府补助给企业带来经济利益或者弥补相关成本或费用的形式不同,划分为与资产相关的政府补助和与收益相关的政府补助。

2. 政府补助的会计处理方法

需同时满足企业能够满足政府补助所附条件和企业能够收到政府补助这两个条件时，企业才能确认政府补助。在计量上，政府补助为货币性资产的，应按收到或应收的金额计量。其中，实际已经收到的，按实际收到的金额计量。资产负债表日尚未收到的，满足确认条件的，按应收的金额计量。政府补助为非货币性资产的，按公允价值计量。公允价值不可靠的，按名义金额计量。名义金额通常是1元。

在会计处理方法上，企业可以选择总额法或净额法。但是，同一企业不同时期发生的相同或类似的交易或事项，应采用一致的会计方法，不得随意变更。确需变更的，应在附注中说明。

总额法，就是在确认政府补助时，将政府补助全额确认为收益，不影响相关资产账面价值或费用事项的初始及后续会计处理，但确认的收益应在受益期间进行分摊。

净额法，就是将政府补助作为扣减，从相关资产账面价值或所补偿费用中进行扣除，并以扣除后的净额作为后续会计处理的基础，如计提折旧或摊销等。

在会计科目上，需要按照区分政府补助是否与企业的日常活动相关。与企业日常经营活动相关的，按照经济业务性质，计入其他收益或冲减相关费用；无关的，计入营业外收支。

采用总额法对与日常经营活动相关的政府补助进行会计处理时，应在实际收到或应收时，确认为递延收益或其他收益，借记"银行存款""其他应收款"等科目，贷记"递延收益"或"其他收益"科目，已经确认的递延收益，在以后受益期间进行分摊时，借记"递延收益"科目，贷记"其他收益""营业外收入"等科目。

3. 与资产相关的政府补助

这是指企业取得的、用于构建或以其他方式形成长期资产的政府补助。一般情况下，政府补助文件中有明确要求。由于长期资产将在超过一个会计期间的较长时间段内给企业带来经济利益，会计上在总额法和净额法中选择一种进行会计处理。

一是确认为递延收益，随着资产的使用逐步结转计入损益（总额法）。如果企业先收到政府补助、再购建长期资产，应在开始计提折旧或摊销时一并分摊递延收益，并计入当期损益。如果企业先购建长期资产、投入使用后收到政府补助，应在资产的剩余使用寿命内进行分摊计入损益。相关资产被进行出售、转让、报废等处置的，应将尚未分摊的递延收益余额一次性转入资产处置当期的损益，不再予以递延，借记"递延收益"科目，贷记"营业外收入"科目。

二是冲减资产账面价值，以反映其实际取得成本（净额法）。企业按照扣减后的资产账面价值计提折旧或摊销。

4. 与收益相关的政府补助

选用总额法的，应按补贴金额计入其他收益或营业外收入。选用净额法的，应冲减相关成本费用或营业外支出。对于取得的与收益相关的政府补助，应区别补偿已经发生的，还是以后期间发生的相关成本费用或损失，分别进行会计处理。其中：

用于补偿已经发生的相关成本费用或损失的，直接计入当期损益或冲减相关成本。

用于补偿以后期间发生的相关成本费用或损失的，在收到时应先判断是否满足政府补助所附条件，只对满足所附条件的予以确认为递延收益，并在确认相关成本费用或损失的期间，计入当期损益或冲减相关成本。无法确定能否满足政府补助所附条件的，应在收到时计入"其他应付款"科目，待满足所附条件后再转入"递延收益"科目。

5. 政府补助的退回

已计入损益的政府补助，在需要退回时，应在需要退回的当期区分不同情况进行会计处理。其中，初始确认时冲减相关资产账面价值的，调整资产账面价值；存在递延收益的，冲减递延收益账面余额，超出部分计入当期损益；属于其他情况的，直接计入当期损益。此外，对于属于前期差错的退回，应按前期差错更正进行追溯调整。

6. 特定业务会计处理

（1）综合性项目支付补助

即同时包含与资产相关和与收益相关的政府补助，应首先将其进行相应分解并分别进行会计处理。难以区分的，全部作为与收益相关的政府补助处理。

（2）政策性优惠贷款贴息

应区分财政将贴息资金拨付给贷款银行，还是直接拨付给贷款企业，分别进行会计处理。

财政将贴息资金拨付给贷款银行的，实际上由贷款银行以政策性优惠利率向企业提供贷款，按优惠利率收取企业贷款利息，企业没有直接从政府取得利息补助资金。此时，企业可以选择两种方法的一种进行会计处理。一是以实际收到的金额作为借款的入账价值（借款本金），按照借款本金和优惠利率计算借款费用。二是以借款的公允价值（即到期应偿还本金和按优惠利率计算的每月支付利息，以市场利率为折现率的总现值）作为借款的入账价值（因优惠利率低于市场利率，入账价值低于借款本金），同时按实际利率（市场利率）计算借款费用，实际收到的借款金额（借款本金）与借款公允价值之间的差额确认为递延收益，在借款存续期内采用实际利率法摊销，冲减借款费用。计算公式为：

借款的公允价值 = 到期应还本金 × $(1+ 市场年利率 \div 12)^{-12N} + \sum_{n=1}^{12N}$（借款本金 × 优惠年利率 $\div 12$）× $(1+ 市场年利率 \div 12)^{-n}$

确认的递延收益 = 借款本金 − 借款的公允价值

月借款费用（按实际利率计算的实际利息）＝长期借款的月初账面价值 ×（市场年利率 ÷12）

长期借款的月初账面价值 ＝ 长期借款的入账账面价值 − 累计摊销金额

　　　　　　　　　　＝ 长期借款的上月初账面价值 − 上月的借款费用

月摊销金额 ＝ 本月借款费用 − 本月利息支出

　　　　　＝ 本月借款费用 − 借款本金 ×（优惠年利率 ÷12）

月递延收益 ＝ 确认的递延收益总额 ÷12N

式中：N——借款年限；

　　　n——月数。

财政部门将贴现资金直接拨付给受益企业的，企业先按照市场利率向银行支付利息，政府部门定期与企业结算贴息金额。企业应以借款时实际收到的金额（借款本金）作为公允价值计入长期借款的账面价值。每月（季度）支付利息时以实际向银行支付的利息金额计入在建工程或财务费用；收到政府补助的贴息资金时，按实际收到的金额冲减财务费用或在建工程。

7. 列报

与经营活动相关的政府补助，在利润表中的"其他收益"项目反映计入其他收益的政府补助。冲减相关成本费用的政府补助，在相应的成本费用项目中反映。与经营活动无关的政府补助，在利润表的营业外收支项目中列报。

企业应在报表附注中按递延收益、其他收益、营业外收入、营业外支出，以及成本费用等多个报表项目，单独披露政府补助的种类、金额和计入当期损益的情况，以及本期退还的金额与原因等情况。

（十七）借款费用准则（Borrowing Costs）

借款费用是企业因借入资金所付出的代价，包括因借款而发生的利息和折价或溢价摊销，以及借款过程中所发生的手续费、佣金、印刷、信用评估等辅助费用和因外币借款而发生的汇兑差额。

借款包括专门借款和一般借款。专门借款是指为购建或生产符合资本化条件的资产而专门借入的款项，通常有明确的用途，并在借款合同中标明了该用途，其一般为长期借款。专门借款以外的借款属于一般借款，其在借入时，没有指定特定的用途，通常为短期借款或流动资金借款。

符合资本化条件的资产，是指需要经过相当长时间的购建或生产活动才能达到预定可使用状态或者可销售状态的资产，包括固定资产、投资性房地产和存货等。这里的存货，主要包括房地产开发企业开发的用于对外出售的房地产开发产品、企业制造的用于对外销售的大型机械设备（如轮船、飞机）等。建造合同成本、确认为无形资产的开发支出等在符合条件的情况下，也可以认定为符合资本化条件的资产。在实务中，由于人为或故意等非正常因素导致资产的购建或生产时间相当长的，不属于符合资本化条件的资产。

1. 借款费用的确认

借款费用的确认主要是解决每期发生的借款费用是资本化计入资产造价，还是费用化计入当期损益的基本问题。因此，需要按照准则的规定，对是否符合资本化的条件进行充分判断和认定。符合资本化条件的，予以资本化，计入资产成本，但是，只有发生在资本化期间的借款费用，才能资本化；不符合资本化条件的，在发生当期确认为费用，计入当期损益。

借款费用资本化期间，是指从借款费用开始资本化的时点，到停止资本化时点的期间，但不包括借款费用暂停资本化的期间。

（1）借款费用开始资本化时点的认定

需同时满足以下三个条件：一是资产支出已经发生。这是指企业为购建或生产符合资本化条件的资产已经采取支付现金、转移非现金资产或承担带息债务（如带息应付票据等）等方式发生了实际经济利益流出。二是借款费用已经发生。包括已经实际借入专门借款或者实际占用了一般借款。三是为使资产达到预定可使用或可销售状态所必要的购建或生产活动已经开始。即发生了主体设备安装、厂房实际开工建造等实质性不可逆转的实质性工作。总体上，就是要发生了实质性支出、实质性借款费用和实质性施工或生产活动。

（2）借款费用停止资本化时点的认定

其认定的唯一标准为是否达到预定可使用或可销售状态。达到时，则停止资本化；未达到时，则继续资本化。通常从以下三个方面进行判断。一是实体建造或生产工作已经全部完成或实质上已经完成。二是不影响正常使用或销售。三是继续支出的金额很少或几乎不再发生。通常情况，完成试运行生产出合格产品或通过运行测试满足交货条件时即应当停止资本化。

但是，如果分别建造、分别完工的，应对各部分之间的关联性进行分析判断，每部分可单独使用或单独销售的，应单独认定。需要整体完工后才能使用或销售的，应按最后部分或步骤的完成情况进行认定。

（3）借款费用暂停资本化的时间

按照准则规定，只有在资产构建或生产过程中发生非正常中断，且中断时间连续超过三个月的，应暂停借款费用资本化。在理解上，一是要把握中断的原因。只有不可预见或者不在施工考虑因素之内的原因引起的中断才属于非正常中断。在施工过程中的季节性因素影响、按工序组织的工程质量检查、等待耗材进场等属于正常中断。二是要把握中断的时间。即连续中断超过三个月的才能暂停资本化。连续中断三个月以内，或者累计中断超过三个月，但中断次数在1次以上的，则不应暂停资本化。三是要把握中断原因和中断时间的关系。只有二者之间存在因果关系的才能暂停资本化。

2. 借款费用的计量

实际上，就是如何准确确定借款费用资本化的金额。总体上，包括借款费用、借款利息和外币专门借款汇兑差额。

（1）借款费用

在开始资本化时点后，借入专门借款所发生的借款费用符合条件的，在发生时直接资本化；在暂停资本化时间内和停止资本化时点后发生的，不能资本化，在发生时计入当期损益；借入一般借款所发生的借款费用，在发生时计入当期损益。

（2）外币专门借款汇兑差额

汇兑差额是由于外币借入日、使用日和会计结算日的汇率不一致所导致。在资本化期间内，这些汇兑差额是购建固定资产所付出的代价，应予以资本化，计入固定资产成本。包括专门借款本金所产生的汇兑差额和支付利息所产生的汇兑差额。其中，专门借款本金所产生的汇兑差额应在会计期末进行计算和确认，其等于借款本金金额乘以本期末汇率与上期末汇率的差额。支付利息所产生的汇兑差额在实际支出利息时进行计算和确认，等于支付利息金额乘以支付利息时汇率与计提利息时汇率的差额。

（3）借款利息

资本化的借款利息包括专门借款的利息和所占用一般借款的利息两部分，但是，每一会计期间利息资本化的金额，不应超过实际发生的利息金额。

1）专门借款的利息。专门借款应区分实际使用金额和未使用金额，并相应计算实际使用金额所产生的利息支出，以及未使用金额存入银行所产生的利息收入或暂时性投资所取得投资收益，将二者的差额作为资本化的利息金额计入资产购建成本。同时使用多笔专门借款或一笔专门借款分多次使用的，应根据具体实际使用情况分别计算，最后再加总后予以确定。

实际使用金额所产生的利息支出 = 实际使用金额 × 专门借款利率 × （实际使用月数 ÷ 12）

未使用金额所产生的利息收入或投资收益 = 未使用金额 × 存款利率或投资收益率 ×（存款或投资月数 ÷ 12）

利息资本化金额 = 实际使用金额所产生的利息支出 – 未使用金额所产生的利息收入或投资收益

专门借款所发生的折价或溢价摊销应根据在资本化期间的摊销情况随利息调整情况对资本化金额进行相应调整。

2）一般借款的利息。首先要确定一般借款的占用或使用情况。通常情况下，存在专门借款的，应首先使用专门借款用于资产购建支出，专门借款不足的，才使用一般借款用于支付资产购建支出。因此，应根据累计资产支出金额，扣除专门借款之后，确定一般借款的使用情况，并计算使用一般借款的资产支出的加权平均数，然后按照所占用一般借款的加权平均利率计算确定利息资本化金额。

占用一般借款金额 = 累计支出金额 – 专门借款金额

使用一般借款的加权平均数 = Σ 某笔支出占用的一般借款金额 ×（实际使用月数 ÷ 12）

一般借款加权平均利率 =（Σ 某笔一般借款金额 × 借款利率）÷ Σ 某笔一般借款金额

一般借款利息资本化金额 = 使用一般借款的加权平均数 × 一般借款加权平均利率

（十八）所得税准则（Income Taxes）

按照所得税准则的规定，中国的所得税会计采用资产负债表法。即所得税的会计核算需遵循资产、负债的界定。这要求企业从资产负债表出发，通过比较资产负债表列示的资产、负债按照会计准则规定确定的账面价值与按照税法规定确定的计税基础，对两者之间的差异分别应纳税暂时性差异和可抵扣暂时性差异，确认相关的递延所得税负债和递延所得税资产，在综合考虑当期应交所得税的基础上，确定每一个会计期间利润表中的所得税费用。

1. 所得税会计的一般程序

企业一般应于每一个资产负债表日进行所得税核算。但是，企业合并等特殊交易或事项，应于发生时，随确认所取得资产或负债一并确认相关的所得税影响。企业进行所得税核算的一般程序为：

1）按会计准则规定确定除递延所得税资产和递延所得税负债以外的其他资产和负债的账面价值；

2）按税法规定确定资产和负债的计税基础；

3）比较资产（或负债）账面价值与计税基础，对两者之间存在差异的，分析其性质，区分为应纳税暂时性差异和可抵扣暂时性差异，以适用所得税税率相应确定递延所得税负债和递延所得税资产，并与其期初余额进行比较，进一步确认本期期末余额和应予转销金额，作为递延所得税；

4）以按会计准则规定核算的利润表实现利润为基础，按税法规定调整计算确定当期应纳税所得额，并按适用所得税税率计算确定当期应交所得税，作为当期所得税；

5）按以上确定的当期所得税和递延所得税之和确定利润表中当期的所得税费用。

2. 暂时性差异

暂时性差异是资产、负债的账面价值与其计税基础不同产生的差异。正是由于这种差异，在未来收回资产或清偿债务的期间内，产生了应纳税所得额增加或减少，并导致应交所得税增加或减少的情况。因此，在暂时性差异发生的当期，根据其对未来期间应纳税所得额的影响，区分为应纳税暂时性差异和可抵扣暂时性差异，符合确认条件的情况下，分别确认为递延所得税负债和递延所得税资产。

（1）账面价值与计税基础

资产的账面价值代表的是某项资产在持续持有及最终处置的一定期间内为企业带来未来经济利益的总额，而其计税基础代表的是该期间内按照税法规定就该项资产可以税前扣除的总额。资产在初始确认时，计税基础一般为取得成本，即与账面价值保持一致。但是，在资产持续持有过程中，由于计提折旧摊销等处理方法在会计核算和税法规定上的不同，导致二者出现分化。

资产账面价值 = 取得成本（初始账面价值）- 累计按会计准则计提折旧或摊销 = 期初账面价值 - 本期按会计准则计提折旧或摊销

资产计税基础 = 取得成本（初始账面价值）- 累计按税法规定已税前扣除的费用金额 = 期初账面价值 - 本期按税法规定税前扣除的费用金额

负债的账面价值为企业预计在未来期间清偿时的经济利益流出，而其计税基础代表的是账面价值在扣除税法规定允许税前扣除的金额之后的差额。负债的确认与偿还一般不会影响企业的损益，也不会影响应纳税所得额，未来期间计算应纳税所得额时按税法规定可予抵扣的金额为零，计税基础等于账面价值。但是，企业按照会计准则确认的预计负债等，在确认时计入当期损益，从而在其存续期间影响不同会计期间的应纳税所得额，计税基础与账面价值产生差异。

负债的计税基础 = 账面价值 - 未来期间按照税法规定可予税前抵扣的金额

（2）应纳税暂时性差异

是指在确定未来收回资产或清偿债务期间的应纳税所得额时，将导致产生应税费额的暂时性差异。包括资产的账面价值大于计税基础和负债的账面价值小于计税基础两种情况。这实质上由于按照会计准则核算计入当期费用的金额小于按照税法规定应扣除当期费用的金额，如果不进行相应调整，本期按会计准则计算的应纳税所得额和应交所得税费额将高于按照税法规定计算的金额，在以后会计期间，随着资产（负债）越来越临近处置,将逐渐发生反转,致使按会计准则计算的金额小于按税法规定计算的金额。也就是说,从一项资产或负债全生命周期的角度看,其能够给企业带来的经济利益总流入或流出的总额是相对固定的,但是由于会计准则和税法规定的处理方法不一致,导致其在生命周期的每一个会计期间内的经济利益流入或流出存在差异,形成应纳税所得额和应交所得税费额的差异。因此,以会计准则核算为基础,与税法规定对比,资产使用的前期将多交所得税、后期少交所得税。但是,企业需要按照税法规定核定应纳税所得额和应交所得税费额,从会计准则核算的角度看,这将导致资产使用的前期少交所得税、后期多交所得税,使得流出企业的未来经济利益增加(未来应多交所得税费额),从而产生了递延所得税负债。

例如,期初,一项固定资产账面价值500万元(不考虑残值),会计核算采用直线折旧法、使用寿命10年,年计提折旧50万元。税法规定采用直线折旧法、使用寿命5年,则可扣除折旧费用100万元。因此,期末时,资产账面价值450万元、计税基础400万元,产生了应纳税暂时性差异,相应确认递延所得税负债。如果从整个资产的寿命周期看(见表3-3),按税法规定第六年开始该资产将不再产生折旧费用,而会计准则核算时需继续提取折旧。这样,对会计准则和税法规定这两种情况进行对比分析,在整个资产生命周期中,由于会计准则核算计入当期的折旧费用低于税法规定计算金额,导致账面价值大于计税基础,而在企业经营情况不变、实现基础利润不变的情况下,前五年按会计准则核算因计入折旧费用少于税法规定使会计利润高于税法计算的利润,后五年则相反,税法计算利润高于会计利润。

表3-3 会计利润与税法利润的差异　　　　　　　　　　　单位:万元

项目	1	2	3	4	5	6	7	8	9	10
会计折旧	50	50	50	50	50	50	50	50	50	50
税法折旧	100	100	100	100	100	0	0	0	0	0
不考虑折旧的利润	1000	1000	1000	1000	1000	1000	1000	1000	1000	1000
会计折旧后利润	950	950	950	950	950	950	950	950	950	950
税法折旧后利润	900	900	900	900	900	1000	1000	1000	1000	1000
会计利润与税法利润差异	50	50	50	50	50	−50	−50	−50	−50	−50

(3)可抵扣暂时性差异

可抵扣暂时性差异是指在确定未来收回资产或清偿负债期间的应纳税所得额时,将导致产生可抵扣金额的暂时性差异。包括资产账面价值小于计税基础和负债账面价值大于计税基础两种情况。这实质上是由于按照会计准则核算计入当期费用的金额大于按照税法规定应扣除当期费用的金额,如果不进行相应调整,本期按会计准则计算的应纳税所得额和应交所得税费额将低于按照税法规定计算的金额,在以后会计期间,随着资产(负债)越来越临近处置,将逐渐发生反转,致使按会计准则计算的金额大于按税法规定计算的金额。因此,以会计准则核算为基础,与税法规定对比,资产使用的前期将少交所得税、后期多交所得税。但是,企业需要按照税法规定核定应纳税所得额和应交所得税费额,从会计准则核算的角度看,这将导致资产使用的前期多交所得税、后期少交所得税,使得流入企业的未来经济利益增加(未来期间应少交所得税费额),从而产生了递延所得税资产。

(4)特殊项目产生的暂时性差异

一是作为资产、负债确认的项目产生的暂时性差异。即按会计准则规定不符合资产、负债确认条件而不能在资产负债表列示,但按照税法规定能够确定其计税基础的事项。如,按税法规定,企业发生的广告费和业务宣传费支出,不超过当年销售收入15%的部分准予扣除。超过部分准予在以后纳税年度结转扣除,按规定可以结转的部分应作为可抵扣性差异,符合条件的,确认为递延所得税资产。

二是可抵扣亏损及税款抵减产生的暂时性差异。按税法规定可以结转以后年度的未弥补亏损及税款抵减,会计处理上视同可抵扣暂时性差异,符合条件的,确认为递延所得税资产。

3. 递延所得税资产及负债的确认与计量

(1)递延所得税负债

按所得税准则规定,不确认递延所得税负债的特殊事项主要包括:一是商誉的初始确认。在非同一控制下的企业合并中,税法规定作为免税合并的,商誉的计税基础为零,其形成的应纳税暂时性差异不确认递延所得税负债。二是既不影响会计利润,也不影响应纳税所得额的交易或事项,资产、负债的初始确认金额与计税基础不同的。三是与子公司、联营企业、合营企业投资等相关的应纳税暂时性差异同时满足投资企业能够控制暂时性差异转回时间和该暂时性差异在可预见的未来很可能不会转回的。除此之外,企业应对所有应纳税暂时性差异确认递延所得税负债(见表3-4)。在利润表的所得税费用中,不包括应直接计入所有者权益的交易或事项,以及企业与取得资产、负债相关的应确认的递延所得税负债。

表 3-4　暂时性差异事项表

类别	经济事项	产生差异原因	应纳税暂时性差异	可抵扣暂时性差异
资产	固定资产	折旧方法、折旧年限	账面价值大于计税基础	账面价值小于计税基础
		计提固定资产减值准备	因税法规定计提的资产减值准备在发生实质性损失前不允许税前扣除，故不会发生	账面价值小于计税基础
	无形资产	税法规定内部研发费用和形成无形资产成本的加计扣除	不影响会计利润，且加计扣除的无形资产成本所产生的暂时性差异产生于无形资产的初始确认，也不影响应纳税所得额，故不予确认	
		摊销方法、摊销年限	账面价值大于计税基础	账面价值小于计税基础
		使用寿命不确定	账面价值大于计税基础	按准则规定不进行摊销，但按税法规定应进行摊销，故不会发生
		计提无形资产减值准备	因税法规定计提的资产减值准备在发生实质性损失前不允许税前扣除，故不会发生	账面价值小于计税基础
	以公允价值计量且其变动计入当期损益的金融资产	税法规定在处置时确认应纳税所得额，会计核算相对于入账时公允价值上升	账面价值大于计税基础	—
		税法规定在处置时确认应纳税所得额，会计核算相对于入账时公允价值下降	—	账面价值小于计税基础
	投资性房地产	后续计量方法在成本模式和公允价值模式之间的转换	账面价值大于计税基础	账面价值小于计税基础
		折旧方法、折旧年限	账面价值大于计税基础	账面价值小于计税基础
		计提资产减值准备	因税法规定计提的资产减值准备在发生实质性损失前不允许税前扣除，故不会发生	账面价值小于计税基础
	其他资产	计提资产减值准备	因税法规定计提的资产减值准备在发生实质性损失前不允许税前扣除，故不会发生	账面价值小于计税基础
负债	预计负债	准则规定在事项发生时作为或有事项确认预计负债，但税法规定在费用实际发生时准予扣除	—	账面价值大于计税基础
	预收账款	准则规定在事项发生时不确认收入，但税法规定应计入当期应纳税所得额	—	账面价值大于计税基础
	应付职工薪酬	准则规定计入成本费用金额超过税法规定标准的部分	虽然在会计处理和税收处理上形成了差异，但是，这部分差异按税法规定，既不能在短期税前扣除，也不能在以后期间税前扣除，故不对计税产生影响，也不形成暂时性差异，其构成了一项永久性差异	
	其他负债	罚款、滞纳金等	按税法规定，无论在发生当期，还是在以后期间，均不得税前扣除，属于永久性差异	

续表

类别	经济事项	产生差异原因	应纳税暂时性差异	可抵扣暂时性差异
特殊交易或事项	企业合并	同一控制下企业合并。准则核算维持资产、负债原账面价值不变，税法规定以公允价值计算转让所得，作为计税基础	净资产账面价值大于计税基础	净资产账面价值小于计税基础
		非同一控制下企业合并。准则规定资产、负债按购买日公允价值计量，合并成本大于公允价值部分确认为商誉，小于部分计入当期损益；税法规定按公允价值作为计税基础，获得免税处理的情形	净资产账面价值大于计税基础	净资产账面价值小于计税基础

在资产负债表日，递延所得税负债应在应纳税暂时性差异转回期间按照适用的所得税税率计量。

（2）递延所得税资产

确认因可抵扣暂时性差异产生的递延所得税资产应以未来期间可能取得的应纳税所得额为限。在转回的未来期间，预期无法产生足够应纳税所得额，使得与可抵扣暂时性差异相关的经济利益无法实现的，不应确认递延所得税资产。

在资产负债表日，递延所得税资产应在可抵扣暂时性差异转回期间按照适用的所得税税率计量，并在以后的每个资产负债表日对其账面价值进行复核。如果未来期间很可能无法取得足够的应纳税所得额用以利用可抵扣暂时性差异带来的利益，应减记递延所得税资产的账面价值，其中，原确认时计入所有者权益的，应减记所有者权益；除此之外，应增加当期所得税费用。减值以后的会计期间，在预期能够产生足够应纳税所得额时，应相应恢复其账面价值。

（3）适用税率变化的影响

因税收法规发生变化，导致企业在某一会计期间适用的所得税税率发生变化的，应对已确认的递延所得税负债和递延所得税资产按照新的税率进行重新计算和调整，反映税率变化带来的影响。除直接计入所有者权益的交易或事项产生的应相应调整所有者权益外，其他情况下因税率变化产生的调整金额应确认为税率变化当期的所得税费用（或收益）。

4. 所得税费用的确认和计量

利润表中的所得税费用包括当期所得税和递延所得税两个部分。即

所得税费用 = 当期应交所得税 + 递延所得税

当期所得税是企业针对当期发生的交易和事项按照税法规定计算确定的应交纳给税

务部门的所得税费额，即当期应交所得税。应以会计利润为基础，按照适用税收法规的规定进行调整，计算得出当期应纳税所得额，再与适用的所得税税率计算确定当期应交所得税。

应纳税所得额＝会计利润＋按照会计准则规定已计入利润表但按税法规定计税时不允许税前扣除的费用 ± 已计入利润表的费用与按照税法规定可予税前抵扣的金额之间的差额 ± 已计入利润表的收入与按照税法规定应计入应纳税所得额的收入之间的差额 – 税法规定不征税收入 ± 其他需要调整的因素

当期应交所得税＝应纳税所得额 × 所得税适用税率

递延所得税是按照所得税准则规定当期应予确认的递延所得税资产和递延所得税负债的金额。但是，不包括计入所有者权益的金额和企业合并中产生的商誉或计入当期损益的金额。

递延所得税＝（递延所得税负债期末余额 – 期初余额）–（递延所得税资产期末余额 – 期初余额）

5. 列报

递延所得税资产作为非流动资产、递延所得税负债作为非流动负债在资产负债表中分别列示。所得税费用在利润表中单独列示，同时还应在附注中披露有关信息。

一般情况下，在个别财务报表中，当期所得税资产与当期所得税负债、递延所得税资产、递延所得税负债可以以抵销后的净额列示。但是，在合并财务报表中，不同企业之间的资产项目不能与负债项目抵销。

（十九）外币折算准则（Foreign Currency Translation）

外币折算准则主要规范了记账本位币选取、外币交易会计处理和外币报表折算三方面的内容。

1. 记账本位币选取

记账本位币是指企业经营所处的主要经济环境中的货币。即企业主要产生现金和支出现金的环境决定了记账本位币的确定。如中国大多数企业在国内产生和支付现金，一般以人民币作为记账本位币。业务收支以人民币以外的货币为主的企业，可以选定其中一种货币作为记账本位币，但是，编报的财务报表应当折算为人民币。

企业选定记账本位币，应当考虑下列因素：一是从日常活动收入的角度看，所选择的货币能够对商品和劳务的销售价格起主要作用，通常以该货币进行商品和劳务的计价和结算；二是从日常活动支出的角度看，所选择的货币对商品和劳务所需人工、材料和其他费用，产生主要影响，通常以该货币进行上述费用的计价和结算；三是融资活动获得的货币，以及从经营活动中收取款项所使用的货币。一般情况下，综合考虑前两项即可确定企业的记账本位币，第三项是参考因素。

为开展境外业务，企业在境外设立的子公司、合营企业、联营企业、分支机构属于境外经营。通常情况下，如果某实体与企业的关系属于子公司、合营企业、联营企业、分支机构中的一种，且其采用的记账本位币与企业的记账本位币不同，即可认定为境外经营。因此，企业在境内的机构，如果采用人民币以外的货币作为记账本位币，也应视同为境外经营。

从会计核算的角度，境外经营也是一个会计主体，其在选定记账本位币时，还应当考虑以下四个因素：一是境外经营对其所从事的活动是否拥有很强的自主性；二是境外经营与企业的交易是否在境外经营活动中占有较大比重；三是境外经营活动产生的现金流量是否直接影响企业的现金流量、是否可以随时汇回；四是境外经营活动产生的现金流量是否足以偿还其现有债务和可预期债务。如果从以上四个方面判断境外经营具有很强的独立性、与企业的交易占整个经营活动的比重不大、产生的现金流不能随时汇回，以及其产生的现金流量足以偿还其债务，则可以根据其所处主要环境选择当地货币或相关货币作为记账本位币；否则应选择与企业记账本位币相同货币作为记账本位币。

记账本位币一经选定，不得随意变更。但是企业因经营所处的主要经济环境发生重大变化，确需变更记账本位币的，应当采用变更当日的即期汇率将所有项目折算为变更后的记账本位币，折算后的金额作为新的记账本位币历史成本。折算过程中由于采用同一即期汇率折算，不产生汇兑差额。

2. 外币交易的会计处理

由于外币交易的交易日与款项结算日在不同的具体日期，因汇率变化，在折算为记账本位币时所采用的汇率可能不同。即在不同的折算日，由于汇率不同，同一金额的外币，在折算为记账本位币的金额时，可能存在差异。这种差异被称为汇兑差额，需要对其进行相应的确认和计量。

（1）汇率

汇率是一种货币单位用另一种货币单位所表示的价格，即两种货币相兑换的比率。从银行作为货币兑换经营机构的角度，汇率有买入价、卖出价和中间价三种表示方式。买入价是银行买入其他货币的价格，卖出价是银行卖出其他货币的价格，中间价则是买入价和卖出价的平均，一般卖出价高于买入价，银行以获取差价。

即期汇率是相对于远期汇率而言的。远期汇率是在未来某一日交付时的结算价格。无论买入价，还是卖出价，均是立即交付的结算价格，都是即期汇率。准则中企业用于记账的即期汇率一般指当日中国人民银行公布的人民币汇率中间价。但是，在发生单纯的货币兑换交易或涉及货币兑换的交易时，需要使用买入价或卖出价折算。即期汇率的近似汇率通常指当期平均汇率或加权平均汇率。

（2）记账方法

外汇交易的记账方法有外币统账制和外币分账制两种。但这只是账务处理程序的不同，计算出汇兑差额相同，均计入当期损益。

外币统账制是企业在发生外币交易时，即折算为记账本位币入账。这是中国大多数企业采用的方法。

外币分账制是企业在日常核算时分别币种记账，资产负债表日，分别货币性项目和非货币性项目进行调整，货币性项目按资产负债表日即期汇率折算，非货币性项目按交易日即期汇率折算，产生的汇兑差额计入当期损益。一般涉及外汇币种较多、外币交易比较频繁的银行等金融企业采用分账制记账方法进行日常核算。

（3）会计处理

外币交易是指企业发生以外币计价或者结算的交易。包括买入或者卖出以外币计价的商品或劳务；借入或者借出外币资金；其他以外币计价或结算的交易，如接受外币现金捐赠等。外币交易的会计处理包括初始确认和期末调整或结算。

1）初始确认。

按照准则规定，外币交易应当在初始确认时，采用交易发生日的即期汇率将外币金额折算为记账本位币金额。也可以采用按照系统合理的方法确定的、与交易发生日即期汇率近似的汇率折算。

企业收到投资者以外币投入的资本，采用实际收到外币当日的即期汇率折算，与合同约定汇率无关，也不采用即期汇率的近似汇率折算，不产生外币资本折算差额。分批次收到外币投入资本的，应于每次收到外币时按当日的即期汇率折算。

企业与银行发生货币兑换，兑换所用汇率为银行的买入价或卖出价，按此折算所收到或支付的记账本位币（人民币）金额，记账所采用的是即期汇率中间价，按此折算作为外币的记账金额，二者之间记账本位币（人民币）差额作为汇兑差额计入当期财务费用。

2）期末调整或结算。

期末，企业应分别货币性项目和非货币性项目进行处理。

货币性项目是企业持有的货币和将以固定或可确定金额的货币收取的资产或偿付的负债。货币性资产包括现金、银行存款、应收账款、其他应收款、长期应收款等。货币性负债包括应付账款、其他应付款、短期借款、应付债券、长期借款、长期应付款等。期末或结算时，以当日即期汇率折算外币货币性项目，因当日即期汇率与其初始入账时或上一期末即期汇率不同而产生的汇兑差额计入当期损益。企业为购建或生产符合资本化条件的资产而借入的专门外币借款，在借款费用资本化期间内，由于外币借款在取得日、使用日和结算日的汇率不同而产生的汇兑差额，应予以资本化，计入固定资产成本。不符合资本化条件的，计入当期损益。

非货币性项目是货币性项目以外的项目，包括预付账款、预收账款、存货、长期股权投资、交易性金融资产、固定资产、无形资产等。其中，一是对于以历史成本计量的外币非货币性项目，已在交易发生日按当日即期汇率折算，资产负债表日不改变其原记账金额，不产生汇兑差额。二是对于以成本与可变性净值孰低计量的存货，如果其可变现净值以外币确定，则在确定其期末价值时，先将可变现净值折算为记账本位币，再与以记账本位币反映的存货成本进行比较。三是对于以公允价值计量的股票、基金等非货币性的交易性金融资产，如果期末公允价值以外币反映，则应先将该外币按公允价值确定当日的即期汇率折算为记账本位币金额，再与原记账本位币金额进行比较，其差额作为公允价值变动损益，计入当期损益。四是以公允价值计量，且其变动计入其他综合收益的外币货币性金融资产形成的汇兑差额，计入当期损益。外币非货币性金融资产形成的汇兑差额，与其公允价值变动一并计入其他综合收益。但是采用实际利率法计算的金融资产的外币利息产生的汇兑差额，和非交易性权益工具投资的外币现金股利，产生的汇兑差额计入当期损益。

3. 外币财务报表折算

企业将境外经营通过合并、权益法核算纳入企业的财务报表中时，需要将境外经营的个别财务报表折算为以企业记账本位币反映的财务报表，这一过程即外币财务报表折算。

（1）折算方法

外币报表折算一般有流动和非流动法、货币性与非货币性法、时态法和现时汇率法。按照准则规定，企业应采用现时汇率法进行外币报表折算。

对境外经营财务报表折算前，应调整境外经营的会计期间和会计政策，使之与企业保持一致，并调整编制境外经营的财务报表，然后再按照现时汇率法进行折算。其中：

资产负债表中的资产和负债项目，采用资产负债表日的即期汇率折算，所有者权益项目中除"未分配利润"项目外的其他项目采用发生时的即期汇率折算。其中，本年提取的盈余公积，应按资产负债表日的即期汇率折算。

利润表中的收入和费用项目，采用交易发生日的即期汇率或即期汇率的近似汇率折算。实务中，通常采用年平均汇率折算。

产生的外币财务报表折算差额，在编制合并财务报表时，应在合并资产负债表中"其他综合收益"项目列示。按照"资产＝负债+所有者权益"这一会计恒等式，外币折算差额实际上是外币资产负债表折算为记账本位币时，按资产、负债和所有者权益项目折算为记账本位币后，不能满足会计恒等式所形成的差额。即

外币报表折算差额＝折算后的资产总额－（折算后的负债总额＋折算后的所有者权益）

（2）特殊项目处理

在财务报表折算中，有两个特殊事项需要注意。一是涉及少数股东权益的，应按少数股东在境外经营所有者权益中所享有的份额计算少数股东应分担的外币报表折算差额，并入少数股东权益列示于合并资产负债表。二是实质上构成对境外子公司净投资的外币货币性项目产生的汇兑差额。在编制合并报表时，需要区分两种情况编制抵销分录。一种情况是以母公司或子公司的记账本位币反映，应在抵销长期应收应付项目的同时，将其产生的汇兑差额转入"其他综合收益"科目。另一种情况是以母、子公司的记账本位币以外的货币反映，应将母、子公司之间相互抵销该汇兑差额，不能完全抵销而存在差额的，转入"其他综合收益"科目。

（3）境外经营处置

企业通过出售、清算、返还股本或放弃全部或部分权益等方式处置其境外经营中的利益时，在境外经营为子公司的情况下，企业应按照合并报表处置子公司的原则进行会计处理。在包含境外经营的财务报表中，将已列入其他综合收益的外币报表折算差额中与该境外经营相关的部分，自所有者权益中转入处置当期损益；如果部分处置的，应按照处置比例计算归属于处置部分的折算差额，转入处置当期损益；处置的境外经营为子公司的，将已列入其他综合收益的折算差额中归属于少数股东的部分，视全部处置或部分处置分别予以终止确认或转入少数股东权益。

（4）恶性通货膨胀

企业对处于恶性通货膨胀经济中的境外经营的财务报表，应当按照下列规定进行折算：先对资产负债表项目运用一般物价指数予以重述，对利润表项目运用一般物价指数变动予以重述，然后再按照最近资产负债表日的即期汇率进行折算。在境外经营不再处于恶性通货膨胀经济中时，应当停止重述，按照停止之日的价格水平重述的财务报表进行折算。是否处于恶性通货膨胀经济通常按照以下特征进行判断：

1）最近三年累计通货膨胀率接近或超过100%；

2）利率、工资和物价与物价指数挂钩；

3）公众不是以当地货币、而是以相对稳定的外币为单位作为衡量货币金额的基础；

4）公众倾向于以非货币性资产或相对稳定的外币来保存自己的财富，持有的当地货币立即用于投资以保持购买力；

5）即使信用期限很短，赊销、赊购交易仍按补偿信用期预计购买力损失的价格成交。

（二十）企业合并准则（Business Combinations）

企业合并是将两个或者两个以上的单独企业合并形成一个报告主体的交易或事项。从合并财务报表的角度看，企业合并之后，被合并方需要纳入合并方的合并财务报表范围，其财务报告主体发生了变化。

1. 企业合并方式与类型

在企业合并准则中，将企业合并分为同一控制下的企业合并和非同一控制下的企业合并。在实践中，企业合并按合并方式划分，包括控股合并、吸收合并和新设合并，这三种合并方式均可能发生在以上两种类型的企业合并中。

（1）控股合并

合并方（或购买方）在企业合并中取得对被合并方（或被购买方）的控制权，被合并方（或被购买方）在合并后仍保持其独立的法人资格并继续经营，合并方（或购买方）确认企业合并形成的对被合并方（或被购买方）的投资。通常情况下，控股合并完成后，被合并方将成为合并方的控股子公司，纳入合并方合并财务报表的编制范围，形成财务报告主体的变化。

（2）吸收合并

合并方（或购买方）通过企业合并取得被合并方（或被购买方）的全部净资产，合并后注销被合并方（或被购买方）的法人资格，被合并方（或被购买方）原持有的资产、负债，在合并后成为合并方（或购买方）的资产、负债。吸收合并完成以后，被合并方将不再具有法人资格，其资产、负债将作为合并方的资产、负债由合并方核算。

（3）新设合并

参与合并的各方在合并后法人资格均被注销，重新注册成立一家新的企业，由新注册成立的企业持有参与合并各方的资产、负债，在新的基础上经营。

2. 合并日或购买日的确定

企业应当在合并日或购买日确认因企业合并取得的资产、负债。按照本准则第五条和第十条规定，合并日或购买日是指合并方或购买方实际取得对被合并方或被购买方控制权的日期，即被合并方或被购买方的净资产或生产经营决策的控制权转移给合并方或购买方的日期。同时满足下列条件的，通常可认为实现了控制权的转移：

1）企业合并合同或协议已获股东大会等通过。

2）企业合并事项需要经过国家有关主管部门审批的，已获得批准。

3）参与合并各方已办理了必要的财产权转移手续。

4）合并方或购买方已支付了合并价款的大部分（一般应超过 50%），并且有能力、有计划支付剩余款项。

5）合并方或购买方实际上已经控制了被合并方或被购买方的财务和经营政策，并享有相应的利益、承担相应的风险。

3. 同一控制下的企业合并

（1）同一控制下企业合并的判断

根据本准则第五条规定，参与合并的企业在合并前后均受同一方或相同的多方最终控制且该控制并非暂时性的，为同一控制下的企业合并。其中：

同一方，是指对参与合并的企业在合并前后均实施最终控制的投资者；

相同的多方，通常是指根据投资者之间的协议约定，在对被投资单位的生产经营决策行使表决权时发表一致意见的两个或两个以上的投资者；

控制并非暂时性，是指参与合并的各方在合并前后较长的时间内受同一方或相同的多方最终控制。较长的时间通常指1年以上（含1年）。

同一控制下企业合并的判断，应当遵循实质重于形式要求。通常情况下，同一控制下的企业合并是指发生在同一企业集团内部企业之间的合并。但是，同受国家或政府（如国资委）控制的企业之间发生的合并，不作为同一控制下的企业合并。

（2）会计处理

同一控制下企业合并采用权益结合法进行会计处理。即对被合并方的资产、负债按照原账面价值确认，不按公允价值进行调整，不形成商誉，合并对价与合并中取得的净资产份额的差额调整权益项目。在权益结合法下，将企业合并看成是一种企业股权结合而不是购买交易。参与合并的各方均按其净资产的账面价值合并，合并后，各合并主体的权益不能因企业合并而增加或减少。

1）会计政策。被合并方采用的会计政策与合并方不一致的，合并方应在合并日按照本企业的会计政策对被合并方的财务报表相关项目进行调整。

2）合并成本。合并方在合并中取得的被合并方的资产和负债，应按照合并日的账面价值计量。合并方取得的净资产账面价值与支付的合并对价账面价值（或发行股份面值总额）的差额，调整资本公积。资本公积不足冲减的，调整留存收益。

3）合并费用。合并方为进行企业合并发生的直接费用，包括审计费用、评估费用、法律服务费用等，在发生时计入当期损益；发行债券或承担其他债务支付的手续费、佣金等，计入其初始计量金额；发行权益性证券发生的手续费、佣金等费用，抵减权益性证券溢价收入，不足冲减的，冲减留存收益。

4）会计报表。企业合并形成母子公司关系的，母公司应编制合并日的财务报表。合并资产负债表中被合并方的各项资产、负债，应按其账面价值计量，因会计政策不一致就行调整的，以调整后的账面价值计量；合并利润表应包括参与合并各方自合并当期期初至合并日所发生的收入、费用和利润，被合并方在合并前实现的净利润，应在合并利润表中单列项目反映；合并现金流量表应包括参与合并各方自合并当期期初至合并日的现金流量。编制合并报表时，涉及内部交易等事项的，按照《企业会计准则第33号——合并财务报表》处理。

4. 非同一控制下的企业合并

（1）非同一控制下的企业合并的判断

非同一控制下的企业合并是指参与合并的各方在合并前后不受同一方或相同的多方最终控制的合并交易。即同一控制下企业合并之外的其他企业合并。

（2）会计处理

非同一控制下企业合并采用购买法。即一个企业购买另外一个企业的交易，采用购买法进行核算，按照公允价值确认所取得的资产和负债。购买法视合并行为为购买行为，注重合并完成日资产、负债的实际价值。

1）合并成本的确定。合并成本以购买方所付出的资产、发生或承担的负债及发行的权益性证券的公允价值计量。具体如下：

通过一次交换交易实现的企业合并，合并成本为购买方在购买日为取得对被购买方的控制权而付出的资产、发生或承担的负债以及发行的权益性证券的公允价值。

通过多次交易分步实现的企业合并，合并成本为每一单项交易成本之和。在合并合同或协议中对可能影响合并成本的未来事项作出约定的，购买日如果估计未来事项很可能发生并且对合并成本的影响能够可靠计量的，购买方应当将其计入合并成本。购买方在购买日，应当按照以下步骤进行处理：

一是原持有投资的处理。将原持有的对被购买方的投资账面价值调整恢复至最初取得成本，相应调整留存收益等所有者权益项目。

二是单项交易商誉的确认。比较每一单项交易的成本与交易时应享有被投资单位可辨认净资产公允价值的份额，确定每一单项交易中应予确认的商誉金额（或应予确认损益的金额）。

三是合并总商誉的确认。购买方在购买日确认的商誉（或计入损益的金额）应为每一单项交易产生的商誉（或应予确认损益的金额）之和。

四是交易日与购买日之间公允价值变动的处理。被购买方在购买日与原交易日之间可辨认净资产公允价值的变动相对于原持股比例的部分，属于被购买方在交易日至购买日之间实现留存收益的，相应调整留存收益，差额调整资本公积。

2）合并差额的处理。合并差额分三种情况分别采取不同的方法进行处理。

一是购买方原已持有的对被购买方的投资，在购买日的公允价值与其账面价值的差额，以及因企业合并所放弃的资产、发生或承担的负债及发行的权益性证券的公允价值与其账面价值的差额，计入当期损益。

二是吸收合并。购买方在购买日应当按照合并中取得的被购买方各项可辨认资产、负债的公允价值确定其入账价值。同时，合并成本大于合并中取得的被购买方可辨认净资产公允价值份额的差额，确认为商誉。合并成本小于合并中取得的被购买方可辨认净资产公允价值份额的差额，应先对取得的被购买方的各项可辨认资产、负债及或有负债的公允价值以及合并成本的计量进行复核，经复核后合并成本仍小于合并中取得的被购买方可辨认净资产公允价值份额，其差额应计入当期损益。

三是控股合并。母公司在购买日编制合并资产负债表时，对于被购买方可辨认资产、负债应当按照合并中确定的公允价值列示，企业合并成本大于合并中取得的被购买方可辨认净资产公允价值份额的差额，确认为合并资产负债表中的商誉。企业合并成本小于合并中取得的被购买方可辨认净资产公允价值份额的差额，在购买日合并资产负债表中调整盈余公积和未分配利润。

3）合并费用处理。购买方为进行企业合并发生的各项直接费用，应当计入企业合并成本。发行权益性证券的发行费用应当冲减所发行的权益性证券的溢价收入，无溢价或溢价不足以冲减的部分，冲减留存收益。

4）购买方合并财务报表的编制。企业合并中形成母子公司关系的，母公司应当编制购买日的合并资产负债表，其中包括的因企业合并取得的被购买方各项可辨认资产、负债及或有负债应当以公允价值列示。母公司的合并成本与取得的子公司可辨认净资产公允价值份额的差额，视具体情况确认为商誉或者作为当期损益列示。

（3）各项可辨认资产、负债及或有负债的公允价值

购买方应当按照以下规定确定合并中取得的被购买方各项可辨认资产、负债及或有负债的公允价值：

1）货币资金。按照购买日被购买方的账面余额确定。

2）有活跃市场的股票、债券、基金等金融工具。按照购买日活跃市场中的市场价格确定。

3）应收款项。其中的短期应收款项，一般按照应收取的金额作为其公允价值。长期应收款项，应按适当的利率折现后的现值确定其公允价值。在确定应收款项的公允价值时，应考虑发生坏账的可能性及相关收款费用。

4）存货。对其中的产成品和商品按其估计售价减去估计的销售费用、相关税费以及购买方出售类似产成品或商品估计可能实现的利润确定；在产品按完工产品的估计售价

减去至完工仍将发生的成本、估计的销售费用、相关税费以及基于同类或类似产成品的基础上估计出售可能实现的利润确定；原材料按现行重置成本确定。

5）不存在活跃市场的金融工具如权益性投资等。应当参照《企业会计准则第22号——金融工具确认和计量》的规定，采用估值技术确定其公允价值。

6）房屋建筑物、机器设备、无形资产。存在活跃市场的，应以购买日的市场价格为基础确定其公允价值；不存在活跃市场，但同类或类似资产存在活跃市场的，应参照同类或类似资产的市场价格确定其公允价值；同类或类似资产也不存在活跃市场的，应采用估值技术确定其公允价值。

7）应付账款、应付票据、应付职工薪酬、应付债券、长期应付款。其中的短期负债，一般按照应支付的金额确定其公允价值。长期负债，应按适当的折现率折现后的现值作为其公允价值。

8）取得的被购买方的或有负债。其公允价值在购买日能够可靠计量的，应确认为预计负债。此项负债应当按照假定第三方愿意代购买方承担，就其所承担义务需要购买方支付的金额作为其公允价值。

9）递延所得税资产和递延所得税负债。取得的被购买方各项可辨认资产、负债及或有负债的公允价值与其计税基础之间存在差额的，应当按照《企业会计准则第18号——所得税》的规定确认相应的递延所得税资产或递延所得税负债，所确认的递延所得税资产或递延所得税负债的金额不应折现。

（4）暂时价值调整

按照准则第十六条规定，企业合并发生当期的期末，因合并中取得各项可辨认资产、负债及或有负债的公允价值或企业合并成本只能暂时确定的，购买方应以所确定的暂时价值为基础进行确认和计量。购买日后12个月内对确认的暂时价值进行调整的，视为在购买日确认和计量，超过12个月的，不再对合并成本进行调整。因此，对企业合并交易，原则上确认和计量时点应限定在购买日，购买日以后视新情况对原购买成本进行调整的，不能视为购买日的状况，也就不能据此对合并成本进行调整。

5. 或有对价

同一控制下的企业合并形成控股合并的，在确认长期股权投资初始投资成本时，应按照《企业会计准则第13号——或有事项》的规定，判断是否应就或有对价确认预计负债或确认资产，以及相应的金额。确认预计负债或资产的，其金额与后续或有对价结算金额的差额不影响当期损益，应调整资本公积（资本溢价或股本溢价），资本公积不足冲减的，调整留存收益。

非同一控制下的企业合并涉及或有对价时，购买方应将合并协议约定的或有对价作为企业合并转移对价的一部分，按照其在购买日的公允价值计入企业合并成本。或有对价符合权益工具和金融负债定义的，购买方应将支付或有对价的义务确认为一项权益或债务。符合资产定义并满足资产确认条件的，购买方应将符合合并协议约定条件的、可收回的已支付合并对价的权利确认为一项资产。其中，购买日12个月内出现对购买日已存在情况的新的进一步证据需要调整或有对价的，应予以确认并对原计入合并商誉的金额进行调整；其他情况下发生的或有对价变化或调整，不能对合并成本进行调整。应区分情况进行会计处理：或有对价为权益性质的，不进行会计处理。为资产或负债性质的，如果属于会计准则规定的金融工具，应按照公允价值计量且其变动计入当期损益进行会计处理。

6. 反向购买

非同一控制下的企业合并，以发行权益性证券交换股权的方式进行的，发行权益性证券的一方为购买方。但在某些情况下，发行权益性证券的一方因其生产经营决策在合并后被参与合并的另一方所控制的，发行权益性证券的一方虽为法律上的母公司，但其为会计上的被购买方，此类合并称为反向购买。反向购买可以理解为通常所说的买壳上市，即非上市公司购买一家上市公司一定比例的股权来取得上市地位，然后注入自己有关业务及资产，实现间接上市的目的。

例如，A为一家规模较小的上市公司，B为一家规模较大的公司。B公司拟通过收购A公司的方式达到上市的目的，但该交易是通过A向B的原股东发行普通股用以交换B的原股东持有的对B的股权方式实现。交易完成后，B的原控股股东持有A公司的50%以上股权，A持有B公司50%以上的股权，A为法律上的母公司、B为法律上的子公司，但从会计的角度，A为被购买方、B为购买方。

（1）法律上母公司的合并成本和反向购买的确认

反向购买中，法律上的母公司（即被购买方，以下简称母公司）取得法律上的子公司（即购买方，以下简称子公司）控制权的对价，是以发行普通股形式支付的，按规定，其发行的普通股应以公允价值计量。会计分录为：按发行的母公司普通股的公允价值，借记"长期股权投资"科目，按发行的普通股股票面值总额，贷记"股本"科目，按其差额，贷记"资本公积——股本溢价"科目。该项交易，应在母公司的账簿中登记并计入母公司的个别资产负债表。

（2）法律上子公司的合并成本

反向购买中，子公司（购买方）的合并成本，是指子公司如果以发行普通股方式为获取在合并后报告主体的持股比例，应向母公司（被购买方）的股东发行的子公司普通股数量与普通股公允价值。子公司确认的合并成本只是假定，并不计入子公司的总账、明细账和个别财务报表，而只在反向购买后编制的购买日合并资产负债表工作底稿中反映。

(3) 反向购买日合并财务报表的编制原则

反向购买主要表现在购买日合并财务报表的操作中，其总的原则是应体现"反向"。例如，反向购买的合并财务报表以子公司（购买方）为主体，保留子公司的股东权益各项目，抵销母公司（被购买方）的股东权益各项目。

反向购买后，以法律上的母公司为主体编制合并财务报表应当遵从以下原则：

1) 合并财务报表中，法律上子公司的资产、负债应以其在合并前的账面价值进行确认和计量。母公司的资产、负债应按合并前的公允价值计量。

2) 合并财务报表中的留存收益和其他权益余额应当反映的是法律上子公司在合并前的留存收益和其他权益余额。母公司的留存收益和其他权益余额应在按公允价值确认后抵销。

3) 合并财务报表中的权益性工具的金额应当反映法律上子公司合并前发行在外的股份面值，以及假定在确定该项企业合并成本过程中新发行的权益性工具的金额。但是应以母公司合并后发行在外的股份数量（合并前发行在外股份数量＋为了合并新发行的股份数量）作为上市公司发行在外的股份数量，并在合并资产负债表列示的"股本"后以括号进行备注，即"股本（×××万股普通股）"。母公司合并后发行在外的股票数量及种类应作专门披露。

4) 法律上母公司的有关可辨认资产、负债在并入合并财务报表时，应以其在购买日确定的公允价值进行合并。合并成本大于合并中母公司（被购买方）可辨认净资产公允价值的差额，应确认为商誉。小于合并中母公司（被购买方）可辨认净资产的差额，应确认为合并当期损益。

5) 合并财务报表的比较信息应当是法律上子公司的比较信息（即法律上子公司的前期合并财务报表）。

6) 法律上子公司的有关股东在合并过程中未将其持有的股份转换为对法律上母公司股份的，该部分股东享有的权益份额在合并财务报表中应作为少数股东权益列示。

上述反向购买的会计处理原则仅适用于合并财务报表的编制。

(4) 每股收益的计算

发生反向购买当期，用于计算每股收益的发行在外普通股加权平均数为：

1) 自当期期初至购买日，发行在外的普通股股票数量应假定为母公司向子公司股东发行的普通股数量。

2) 自购买日至期末，发行在外的普通股股票数量为母公司实际发行在外的普通股股票数量。

反向购买后，对外提供比较合并报表的，其比较前期合并报表中的基本每股收益，应以子公司在每一比较报表期间归属于普通股股东的净损益除以在反向购买中母公司向子公司股东发行的普通股股票数量计算确定。

7. 被购买方的会计处理

非同一控制下的企业合并中，被购买方在企业合并后仍持续经营的，如购买方取得被购买方 100% 股权，被购买方可以按合并中确定的有关资产、负债的公允价值调整。其他情况下，被购买方不应因企业合并改记资产、负债的账面价值。

8. 业务合并

本准则第三条规定，涉及业务的合并比照本准则规定处理。业务是指企业内部某些生产经营活动或资产的组合，该组合一般具有投入、加工处理过程和产出能力，能够独立计算其成本费用或所产生的收入，但不构成独立法人资格的部分。例如，企业的分公司、不具有独立法人资格的分部等。

（二十一）租赁准则（Lease）

租赁，是指在一定期间内，出租人将资产的使用权让与承租人以获取对价的合同。按照租赁准则的规定，承租人除采用简化处理的短期租赁和低价值资产租赁外，对所有租赁资产确认使用权资产和租赁负债，参照固定资产准则的规定对使用权资产计提折旧，采用固定的周期性利率确认每期利息费用。出租人需对所租出资产区分为融资租赁和经营租赁，分别采取不同的会计处理方法。

1. 租赁

在合同开始日，企业应评估合同是否为租赁或包含租赁。如果合同一方让渡了在一定期间内控制一项或多项已识别资产使用的权利以换取对价，则该合同为租赁或包含租赁。对判断为租赁或包含租赁的，应进一步判断是否满足一是承租人可从单独使用该资产或将其与易于获得的其他资源一起使用中获利。二是该资产与合同中的其他资产不存在高度依赖或高度关联关系。如果同时满足这两个条件则构成一项单独租赁。单独租赁是进行会计处理的基础。

（1）租赁的分拆

合同中同时包含多项单独租赁的，出租人和承租人应将合同予以分拆，并分别单独租赁进行会计处理。合同中同时包含租赁和非租赁的，亦应将其分拆为租赁部分和非租赁部分，分别按照适用的会计准则进行会计处理。其中，承租人应按照各租赁部分单独价格及非租赁部分的单独价格之和的相对比例分摊合同对价。为简化处理，可以按照租赁资产的类别选择是否分拆合同包含的租赁和非租赁部分，选择不分拆的，应将各租赁部分及与其相关的非租赁部分分别合并为租赁，按租赁准则进行会计处理。

分摊率＝合同对价÷（租赁各部分单独价格之和＋非租赁各部分单独价格之和）

某部分分摊的合同对价＝该部分的单独价格 × 分摊率

出租人按照《企业会计准则第14号——收入》关于交易价格分摊的规定分摊合同对价。

（2）租赁的合并

企业与同一交易方或其关联方在同一时间或相近时间订立的两份或多份包含租赁的合同，应在满足下列条件之一时，合并为一份合同进行会计处理：

1）该两份或多份合同基于总体商业目的而订立，并构成一揽子交易，若不作为整体考虑，则无法理解其总体商业目的。

2）该两份或多份合同中的某份合同的对价金额取决于其他合同的定价或履行情况。

3）该两份或多份合同让渡的资产使用权合起来构成一项单独租赁。

符合租赁合并条件合并为一份合同进行会计处理的，仍然需要区分合并后合同中的租赁部分和非租赁部分，分别按适用准则进行会计处理。

（3）租赁期

租赁期是指承租人有权适用租赁资产且不可撤销的期间。承租人有续租选择权，即有权选择续租该资产，且合理确定将行使该选择权的，租赁期还应包含续租选择权涵盖的期间。承租人有终止租赁选择权，即有权选择终止租赁该资产，但合理确定将不会行使该选择权的，租赁期应包含终止租赁选择权涵盖的期间。

租赁期自开始日计算。该开始日是指出租人提供租赁资产使其可供承租人使用的起始日期。但是，租赁协议中对起租日或租金支付时间的约定，并不影响租赁期开始日的判断。如果承租人在租赁协议约定的起租日或租金起付日之前，已获得对租赁资产使用权的控制，表明租赁期已经开始。如由于免租期的存在，导致租金开始支付日晚于承租人实际取得租赁资产使用权的时间，按准则规定，租赁期涵盖免租期，所取得租金应在租赁期内分摊。

2. 承租人会计处理

在租赁期开始日，承租人应对租赁确认使用权资产和租赁负债，应用短期租赁和低价值租赁简化处理的除外。

（1）承租人使用的相关会计科目

1）"使用权资产"。本科目核算承租人持有的使用权资产的原价，可按租赁资产的类别和项目进行明细核算。主要账务处理包括：

①在租赁期开始日，承租人应当按成本借记本科目，按尚未支付的租赁付款额的现值贷记"租赁负债"科目；对于租赁期开始日之前支付租赁付款额的（扣除已享受的租赁激励），贷记"预付款项"等科目；按发生的初始直接费用，贷记"银行存款"等科目；

按预计将发生的为拆卸及移除租赁资产、复原租赁资产所在场地或将租赁资产恢复至租赁条款约定状态等成本的现值，贷记"预计负债"科目。

②在租赁期开始日后，承租人按变动后的租赁付款额的现值重新计量租赁负债的，当租赁负债增加时，应当按增加额借记本科目，贷记"租赁负债"科目；除下述③中的情形外，当租赁负债减少时，应当按减少额借记"租赁负债"科目，贷记本科目；若使用权资产的账面价值已调减至零，应当按仍需进一步调减的租赁负债金额，借记"租赁负债"科目，贷记"制造费用""销售费用""管理费用""研发支出"等科目。

③租赁变更导致租赁范围缩小或租赁期缩短的，承租人应当按缩小或缩短的相应比例，借记"租赁负债""使用权资产累计折旧""使用权资产减值准备"科目，贷记本科目，差额借记或贷记"资产处置损益"科目。

④企业转租使用权资产形成融资租赁的，应当借记"应收融资租赁款""使用权资产累计折旧""使用权资产减值准备"科目，贷记本科目，差额借记或贷记"资产处置损益"科目。

会计期末，本科目借方余额，反映承租人使用权资产的原价。承租人应当在资产负债表中单独列示"使用权资产"项目。

2）"使用权资产累计折旧"。本科目核算使用权资产的累计折旧，期末贷方余额，反映使用权资产的累计折旧额。可按租赁资产的类别和项目进行明细核算。主要账务处理如下：

①承租人通常应当自租赁期开始日起的当月按月计提使用权资产的折旧，借记"营业成本""制造费用""销售费用""管理费用""研发支出"等科目，贷记本科目。当月计提确有困难的，也可从下月起计提折旧，并在附注中予以披露。

②因租赁范围缩小、租赁期缩短或转租等原因减记或终止确认使用权资产时，承租人应同时结转相应的使用权资产累计折旧。

3）"使用权资产减值准备"。本科目核算使用权资产的减值准备，期末贷方余额，反映使用权资产的累计减值准备金额。使用权资产减值准备一旦计提，不得转回。可按租赁资产的类别和项目进行明细核算。使用权资产发生减值的，按应减记的金额，借记"资产减值损失"科目，贷记本科目。因租赁范围缩小、租赁期缩短或转租等原因减记或终止确认使用权资产时，承租人应同时结转相应的使用权资产累计减值准备。

4）"租赁负债"。本科目核算承租人尚未支付的租赁付款额的现值，期末贷方余额，反映承租人尚未支付的租赁付款额的现值。可分别设置"租赁付款额""未确认融资费用"等进行明细核算。主要账务处理为：

①在租赁期开始日，承租人应当按尚未支付的租赁付款额，贷记"租赁负债——租赁付款额"科目；按尚未支付的租赁付款额的现值，借记"使用权资产"科目；按尚未

支付的租赁付款额与其现值的差额,借记"租赁负债——未确认融资费用"科目。

②承租人在确认租赁期内各个期间的利息时,应当借记"财务费用——利息费用""在建工程"等科目,贷记"租赁负债——未确认融资费用"科目。

③承租人支付租赁付款额时,应当借记"租赁负债——租赁付款额"等科目,贷记"银行存款"等科目。

④在租赁期开始日后,承租人按变动后的租赁付款额的现值重新计算租赁负债的,当租赁负债增加时,应当按租赁付款额现值的增加额,借记"使用权资产"科目,按租赁付款额的增加额,贷记"租赁负债——租赁付款额"科目,按其差额,借记"租赁负债——未确认融资费用"科目;除下述⑤中的情形外,当租赁负债减少时,应当按租赁付款额的减少额借记"租赁负债——租赁付款额"科目,按租赁付款额现值的减少额贷记"使用权资产"科目,按其差额,贷记"租赁负债——未确认融资费用"科目;若使用权资产的账面价值已调减至零,应当按仍需进一步调减的租赁付款额借记"租赁负债——租赁付款额"科目,按仍需进一步调减的租赁付款额现值贷记"营业成本""制造费用""销售费用""管理费用""研发支出"等科目、按其差额贷记"租赁负债——未确认融资费用"科目。

⑤租赁变更导致租赁范围缩小或租赁期缩短的,承租人应当按缩小或缩短的相应比例,借记"租赁负债——租赁付款额""使用权资产累计折旧""使用权资产减值准备"科目,贷记"租赁负债——未确认融资费用""使用权资产"科目,按其差额借记或贷记"资产处置损益"科目。

(2)租赁负债

1)初始计量。

租赁负债应按照租赁期开始日尚未支付的租赁付款额的现值进行初始计量。租赁付款额包括五项内容:一是固定付款额及实质性固定付款额,存在租赁激励的,应扣除租赁激励的相关金额。二是取决于指数或比率的可变租赁付款额。三是承租人合理确定将行使购买选择权时的行权价格。四是租赁期反映出承租人将行使终止租赁选择权需支付的款项。五是根据承租人提供的担保余值预计应支付的款项。

在计算租赁付款额的现值时,承租人应采用租赁内含利率作为折现率,无法确定租赁内含利率的,应采用承租人增量借款利率作为折现率。租赁内含利率是指出租人的租赁收款额的现值与未担保余值的现值之和等于租赁资产公允价值与出租人的初始直接费用之和的比率。

2)后续计量。

在租赁期开始日后,承租人应按以下原则对租赁负债进行后续计量:一是确认租赁负债的利息时，增加租赁负债的账面金额；二是支付租赁付款额时，减少租赁负债的账面金额；三是因重估或租赁变更等原因导致租赁付款额发生变动时，重新计量租赁负债的账面价值。

承租人应按照固定的周期性利率（确定租赁负债时采用的折现率）和租赁负债的年初账面余额计算确定各期间的利息费用，计入当期损益或资产成本。

未纳入租赁负债计量的可变租赁付款额，即并非取决于指数或比率的可变租赁付款额，应在实际发生时计入当期损益，但按照存货准则等其他准则规定应计入相关资产成本的，从其规定。

在租赁期开始日后，发生以下四种情形时，承租人应按照变动后的租赁付款额的现值重新计量租赁负债，并相应调整使用权资产的账面价值。使用权资产的账面价值已减记至零，但租赁负债仍需进一步调减的，应将剩余金额计入当期损益。一是实质固定付款额发生变动。二是担保余值预计的应付金额发生变动。三是用于确定租赁付款额的指数或比率发生变动。其中因浮动利率变动导致的变动，应采用修订后的折现率折现确定新的现值。四是购买选择权、续租选择权或终止租赁选择权的评估结果或实际行使情况发生变化，应根据新评估结果重新确定租赁付款额，并采用剩余租赁期间的租赁内含利率作为折现率计算变动后的现值。

（3）使用权资产

使用权资产，是指承租人可在租赁期内使用租赁资产的权利。

1）初始计量。

在租赁期开始日，承租人应按照成本对使用权资产进行初始计量，包括：一是租赁负债的初始计量金额。二是在租赁期开始日或之前支付的租赁付款额（需要注意的是，该部分没有计入租赁负债的计量基础），存在租赁激励的，应扣除已享受的租赁激励相关金额。三是承租人发生的初始直接费用。四是承租人为拆卸或移除租赁资产、复原租赁资产所在场地或将租赁资产恢复至租赁条款约定状态预计发生的成本。

2）后续计量。

在租赁期开始日后，承租人应采用成本模式对使用权资产进行后续计量，即以成本减累计折旧及累计减值损失计量使用权资产。承租人按租赁准则规定重新计量租赁负债的，应相应调整使用权资产的账面价值。

承租人应参照《企业会计准则第4号——固定资产》有关折旧规定，自租赁期开始日起对使用权资产计提折旧，并根据具体用途计入当期损益或资产成本。期末，应按照《企业会计准则第8号——资产减值》的规定，确定使用权资产是否发生减值，并对已识别的减值损失进行会计处理。

（4）租赁变更

租赁变更是指原合同条款之外的租赁范围、租赁对价、租赁期限的变更，包括增加或终止一项或多项租赁资产的使用权，延长或缩短合同规定的租赁期等。租赁变更生效日，是指双方就租赁达成一致的日期。

租赁变更且同时符合：通过增加一项或多项租赁资产的使用权而扩大了租赁范围；增加的对价与租赁范围扩大部分的单独价格按该合同情况调整后的金额相当，这两个条件的，作为一项单独租赁进行会计处理。

因不能同时满足以上两个条件而不能作为一项单独租赁处理的，在变更生效日，承租人应按照准则有关租赁分拆的规定对变更后合同的对价进行分摊，确定变更后的租赁期，并采用变更后的折现率对变更后的租赁付款额进行折现，重新计量租赁负债。其中，新的折现率应采用剩余租赁期间的租赁内含利率或变更生效日增量借款利率。

租赁变更导致租赁范围缩小或租赁期缩短的，承租人应调减使用权资产的账面价值，以反映租赁的部分终止或完全终止，与之相关的利得或损失计入当期损益。其他租赁变更，因相应调整使用权资产的账面价值。

（5）短期租赁

短期租赁是指在租赁期开始日，租赁期不超过12个月的租赁。包含购买选择权的租赁不属于短期租赁。短期租赁发生租赁变更或者其他原因导致租赁期发生变化的，承租人应将其视为一项新租赁，重新判断是否可以选择简化会计处理。在租赁期内各个期间，一般按照直线法将租赁付款额分摊计入相关资产成本或当期损益。

（6）低价值资产租赁

这是指单项租赁资产为全新资产时价值较低的租赁。在进行判断时，以应基于租赁资产的全新状态下的价值进行评估，不应考虑资产已被使用的年限。低价值资产租赁的标准应是一个绝对金额，仅与其全新状态下的绝对价值有关，不受承租人规模、性质等影响，也不考虑资产的重要性。常见的低价值资产包括平板电脑、普通办公家具、电话等小规模资产。在租赁期内各个期间，一般按照直线法将租赁付款额分摊计入相关资产成本或当期损益。

需要指出的是，低价值资产租赁，承租人可根据每项租赁的具体情况做出简化会计处理选择，但依然需同时满足"单独租赁"的两个判断条件。

3. 出租人会计处理

（1）租赁分类

出租人应在租赁开始日将租赁分为融资租赁和经营租赁。这取决于交易的实质，而不是合同的形式。如果实质上转移了与租赁资产所有权有关的几乎全部风险和报酬，出租人应将该租赁分类为融资租赁。出租人应将除融资租赁以外的其他租赁分类为经营租赁。租赁开始日后，除非发生租赁变更，出租人无须对租赁的分类进行重新评估。

一项租赁存在下列一种或多种情形的，通常分类为融资租赁：一是在租赁期届满时，租赁资产的使用权转移给承租人。二是承租人有购买租赁资产的选择权，所订立的购买价款预计将远低于行使选择权时租赁资产的公允价值，因而在租赁开始日就可以合理确定承租人将行使该购买选择权。三是租赁期占租赁资产使用寿命的大部分。一般指租赁期占租赁资产使用寿命的 75% 及以上。四是在租赁开始日，租赁收款额的现值几乎相当于租赁资产的公允价值。一般"几乎相当于"掌握在 90% 以上。五是租赁资产性质特殊，如果不作较大改造，只有承租人才能使用。

一项租赁存在下列一项或多项迹象的，也可能分类为融资租赁：一是如承租人撤销租赁，对出租人造成的损失由承租人承担。二是资产余值的公允价值波动所产生的利得或损失归属于承租人。三是承租人有能力以远低于市场水平的租金继续租赁至下一期间。

（2）出租人使用的相关会计科目

1）"融资租赁资产"。本科目核算出租人为开展融资租赁业务取得资产的成本。租赁业务不多的企业，也可通过"固定资产"等科目核算，期末借方余额，反映企业融资租赁资产的成本，可按租赁资产类别和项目进行明细核算。租赁企业和其他企业对于融资租赁资产在没有开展融资租赁期间的会计处理遵循固定资产准则或其他适用的会计准则。主要账务处理如下：

①出租人购入和以其他方式取得融资租赁资产的，借记本科目，贷记"银行存款"等科目。

②在租赁期开始日，出租人应当按尚未收到的租赁收款额，借记"应收融资租赁款——租赁收款额"科目，按预计租赁期结束时的未担保余值，借记"应收融资租赁款——未担保余值"科目，按已经收取的租赁款，借记"银行存款"等科目。按融资租赁方式租出资产的账面价值，贷记本科目；按融资租赁方式租出资产的公允价值与账面价值的差额，借记或贷记"资产处置损益"科目；按发生的初始直接费用，贷记"银行存款"等科目；差额贷记"应收融资租赁款——未实现融资收益"科目。

2）"应收融资租赁款"。本科目核算出租人融资租赁产生的租赁投资净额，期末借方余额，反映未担保余值和尚未收到的租赁收款额的现值之和。本科目余额在"长期应收款"项目中填列，其中自资产负债表日起一年内（含一年）到期的，在"一年内到期的非流动资产"中填列。出租业务较多的出租人，也可在"长期应收款"项目下单独列示为"其中：应收融资租赁款"。本科目可分别设置"租赁收款额""未实现融资收益""未担保余值"等进行明细核算。租赁业务较多的，出租人还可以在"租赁收款额"明细科目下进一步设置明细科目核算。主要账务处理为：

①在租赁期开始日，出租人应当按尚未收到的租赁收款额，借记"应收融资租赁款——租赁收款额"科目，按预计租赁期结束时的未担保余值，借记"应收融资租赁款——未担保余值"科目，按已经收取的租赁款，借记"银行存款"等科目，按融资租赁方式租出资产的账面价值，贷记"融资租赁资产"等科目，按融资租赁方式租出资产的公允价值与其账面价值的差额，借记或贷记"资产处置损益"科目，按发生的初始直接费用，贷记"银行存款"等科目，差额贷记"应收融资租赁款——未实现融资收益"科目。

企业认为有必要对发生的初始直接费用进行单独核算的，也可以按照发生的初始直接费用的金额，借记"应收融资租赁款——初始直接费用"科目，贷记"银行存款"等科目。然后借记"应收融资租赁款——未实现融资收益"科目，贷记"应收融资租赁款——初始直接费用"科目。

②出租人在确认租赁期内各个期间的利息收入时，应当借记"应收融资租赁款——未实现融资收益"科目，贷记"租赁收入——利息收入""其他业务收入"等科目。

③出租人收到租赁收款额时，应当借记"银行存款"科目，贷记"应收融资租赁款——租赁收款额"科目。

3)"应收融资租赁款减值准备"。本科目核算应收融资租赁款的减值准备，期末贷方余额，反映应收融资租赁款的累计减值准备金额。应收融资租赁款的预期信用损失，按应减记的金额，借记"信用减值损失"科目，贷记本科目。转回已计提的减值准备时，做相反的会计分录。

4)"租赁收入"。本科目核算租赁企业作为出租人确认的融资租赁和经营租赁的租赁收入，可按租赁资产类别和项目进行明细核算。期末，应将本科目余额转入"本年利润"科目，结转后本科目无余额。对于日常经营活动为租赁的企业，其利息收入和租赁收入可以作为营业收入列报。一般企业根据自身业务特点确定租赁收入的核算科目，例如"其他业务收入"等。主要账务处理包括：

①出租人在经营租赁下，将租赁收款额采用直线法或其他系统合理的方法在租赁期内进行分摊确认时，应当借记"银行存款""应收账款"等科目，贷记"租赁收入——经营租赁收入"科目。

出租人在融资租赁下，在确认租赁期内各个期间的利息收入时，应当借记"应收融资租赁款——未实现融资收益"科目，贷记"租赁收入——利息收入""其他业务收入"等科目。出租人为金融企业的，在融资租赁下，在确认租赁期内各个期间的利息收入时，应当借记"应收融资租赁款——未实现融资收益"科目，贷记"利息收入"等科目。

②出租人确认未计入租赁收款额的可变租赁付款额时，应当借记"银行存款""应收账款"等科目，贷记"租赁收入——可变租赁付款额"科目。

（3）融资租赁

1）初始计量。

在租赁期开始日，出租人应对融资租赁确认应收融资租赁款，并终止确认融资租赁资产，以租赁投资净额作为应收融资租赁款的入账价值。该投资净额为未担保余值和租赁期开始日尚未收到的租赁收款额按照租赁内含利率折现的现值之和。租赁内含利率是指出租人的租赁收款额的现值与未担保余值的现值之和（即租赁投资净额）等于租赁资产公允价值与出租人的初始直接费用之和的利率。出租人发生的初始直接费用包括在租赁投资净额中，即包含在应收融资租赁款的初始入账价值中。需要注意的是，由于初始直接费用，尽管是同一项租赁资产，出租人和承租人所计算的内含利率可能不同。

租赁收款额是指出租人因让渡在租赁期内使用租赁资产的权利而应向承租人收取的款项，包括：一是承租人需支付的固定付款额及实质固定付款额，存在租赁激励的，应扣除租赁激励的相关金额。二是取决于指数或比率的可变租赁付款额。初始计量时，按租赁期开始日的指数或比率确定。三是合理确定承租人将行使购买选择权的行权价格。四是合理确定租赁期承租人将行使终止租赁选择权的应支付的款项。五是由承租人、与承租人有关的一方以及有经济能力履行担保义务的独立第三方向出租人提供的担保余值。

2）后续计量。

出租人应按固定的周期性利率（初始计量时采用的折现率）与租赁投资净额的年初余额计算租赁期内各期间的利息收入。

出租人取得的未纳入租赁投资净额计量的可变租赁付款额，如与资产的未来绩效或使用情况挂钩的可变租赁付款额，应在实际发生时计入当期损益。

3）融资租赁变更。

融资租赁变更且同时符合：一是通过增加一项或多项租赁资产的使用权而扩大了租赁范围或延长了租赁期限。二是增加的对价与租赁范围扩大部分或租赁期限延长部分的单独价格，按该合同情况调整后的金额相当，符合这两个条件的，作为一项单独租赁进行会计处理。

不满足以上条件，未作为一项单独租赁进行会计处理，且满足假如变更在租赁开始日生效，被分类为经营租赁的，出租人应自变更生效日开始作为一项新租赁进行会计处理，以租赁变更生效日前的租赁投资净额作为租赁资产的账面价值；被分类为融资租赁的，出租人应按照《企业会计准则第22号——金融工具确认和计量》的规定进行处理，即修改或重新议定租赁合同，未导致应收融资租赁款终止确认，但导致未来现金流发生变化的，应重新计算该应收融资租赁款的账面金额,并将相关利得或损失计入当期损益,租赁变更所发生的成本费用,因调整修改后的应收融资租赁款的账面价值,并在剩余期限内进行摊销。

(4) 经营租赁

1) 租金。在租赁期内的各个期间,一般采用直线法将租赁收款额确认为租金收入。

2) 出租人提供的激励措施。提供免租期的,应将租金总额在不扣除免租期的整个租赁期内按直线法进行分配,免租期内应确认租金收入。出租人承担承租人某些费用的,应从租金收入总额中扣除后再进行分配。

3) 初始直接费用。应资本化至租赁标的资产的成本,在租赁期内按照与租金收入相同的基础分期计入当期损益。

4) 折旧和减值。属于固定资产的,应采用类似资产的折旧政策计提折旧;其他资产,应按照适用的会计准则采用系统合理的方法进行摊销。出租人应按照《企业会计准则第8号——资产减值》的规定,确定经营租赁资产是否发生减值,并对已识别的减值损失进行会计处理。

5) 可变租赁付款额。如果与指数或比率挂钩的,应在租赁期开始日计入租赁收款额。除此之外的,应在实际发生时计入当期损益。

6) 经营租赁变更。应自变更生效日开始,将其作为一项新的租赁进行会计处理,与变更前租赁有关的预收或应收款项视为新租赁的收款额。

4. 特殊租赁业务

(1) 转租赁

准则要求,转租出租人应对原租赁合同和转租赁合同分别根据承租人和出租人会计处理要求进行会计处理。转租出租人,应基于原租赁中产生的使用权资产,而不是租赁资产进行分类。原租赁资产不归转租出租人所有,原租赁资产也未计入其资产负债表。因此,转租出租人应基于控制的资产(使用权资产)进行会计处理。在转租期间,转租出租人作为转租赁合同的出租人应确认转租赁的融资收益,同时也要作为原租赁合同的承租人确认利息费用。

原租赁为短期租赁,且转租出租人作为承租人采用简化会计处理方法的,应将转租赁分类为经营租赁。

(2) 生产商或经销商出租人的融资租赁

如果生产商或经销商出租其产品或商品构成融资租赁,则该交易产生的损益相当于按照考虑适用的交易量或商品折扣后的正常售价直接销售标的资产所产生的损益,即其实质上仍然属于产品或商品销售。其应该在租赁期开始日按租赁资产公允价值与租赁收款额按市场利率折现的现值两者孰低确认收入,并按照租赁资产账面价值扣除未担保余值的现值后的余额结转销售成本，收入和销售成本的差额为销售收益。与其他融资出租人不同，生产商或经销商出租人取得融资租赁所发生的成本不属于初始直接费用，不计入租赁投资净额，而应计入当期损益。

为吸引客户，生产商或经销商出租人有时以较低利率报价，从而导致其在租赁期开始日确认的收入偏高。此时，其应将销售利得限制为采用市场利率所能取得的销售利得。

（3）售后租回

如果企业（卖方）将资产转让给其他企业（买方），并从买方（出租人）租回该资产，则卖方（承租人）和买方均应按照售后租回交易的规定进行会计处理。企业应按照《企业会计准则第14号——收入》的规定，评估确定售后租回交易中的资产转让是否属于销售，并区别进行会计处理。

1）售后租回交易中的资产转让属于销售。

卖方兼承租人应按照原资产账面价值中与租回获得的使用权有关的部分，计量售后租回所形成的使用权资产，并仅就转让给买方兼出租人的权利确认相关的利得或损失。

年租赁付款额现值 = 年租赁付款额 ×（P/A，折现率，租赁年限）

使用权资产 =（原资产账面价值 ± 销售对价公允价值与资产公允价值的差额）×（年租赁付款额现值 ÷ 资产的公允价值）

出售资产的全部利得 = 资产的公允价值 –（资产的账面价值 – 累计折旧）

与使用权相关的利得 = 出售资产的全部利得 ×（年租赁付款额现值 ÷ 资产的公允价值）

与转让至买方的权利相关的利得 = 出售资产的全部利得 – 与使用权相关的利得

买方兼出租人根据其他适用的企业会计准则对资产购买进行会计处理，并根据租赁准则对资产出租进行会计处理。

如果销售对价的公允价值与资产的公允价值不同，或者出租人未按市场价格收取租金，应进行以下调整：一是销售对价低于市场价格的款项，作为预付租金进行会计处理。二是销售对价高于市场价格的款项，作为买方兼出租人向卖方兼承租人提供的额外融资进行会计处理。同时，承租人按照公允价值调整相关销售利得或损失，出租人按市场价格调整租金收入。

2）售后租回交易中资产转让不属于销售。

卖方兼承租人不终止确认所转让的资产，而应将收到的现金作为金融负债，并按照《企业会计准则第22号——金融工具确认和计量》进行会计处理，借记"货币资金"科目、贷记"长期应付款"科目。买方兼出租人不确认被转让资产，按《企业会计准则第22号——金融工具确认和计量》进行会计处理，应将支付的现金作为金融资产，借记"长期应收款"科目、贷记"货币资金"科目。

（二十二）金融工具确认和计量准则（Recognition and Measurement of Financial Instruments）

金融工具是指形成一方的金融资产并形成其他方的金融负债或权益工具的合同，包括金融资产、金融负债和权益工具。

1. 金融资产

金融资产，是指企业持有的现金、其他方的权益工具，以及符合下列条件之一的资产：1）从其他方收取现金或其他金融资产的合同权利。如银行存款、应收账款、应收票据、贷款等。应付账款因其产生的未来经济利益是商品或服务，不是收取现金或其他金融资产的权利，从而不是金融资产。2）在潜在有利条件下，与其他方交换金融资产或金融负债的合同权利。如看涨期权或看跌期权等。3）将来须用或可用企业自身权益工具进行结算的非衍生工具合同，且企业根据该合同将收到可变数量的自身权益工具。4）将来须用或可用企业自身权益工具进行结算的衍生工具合同，但以固定数量的自身权益工具交换固定金额的现金或其他金融资产的衍生工具合同除外。其中，企业自身权益工具不包括应当按照《企业会计准则第37号——金融工具列报》分类为权益工具的可回售工具或发行方仅在清算时才有义务向另一方按比例交付其净资产的金融工具，也不包括本身就要求在未来收取或交付企业自身权益工具的合同。

（1）金融资产的分类特征

企业按照管理金融资产的业务模式和合同现金流量特征，一般划分为三类：一是以摊余成本计量的金融资产，二是以公允价值计量且其变动计入其他综合收益的金融资产；三是以公允价值计量且其变动计入当期损益的金融资产（见表3-5）。

企业管理金融资产的业务模式，是指企业如何管理其金融资产以产生现金流量。业务模式决定企业所管理金融资产现金流量的来源是收取合同现金流量、出售金融资产还是两者兼有。以收取合同现金流量为目标的业务模式下，企业管理金融资产的目的在于通过在金融资产存续期内收取合同付款以实现现金流量，而不是通过持有并出售金融资产产生整体回报，信用质量影响着企业收取合同现金流量的能力。以出售金融资产为目标的业务模式下，企业管理金融资产的目的在于持有到期后出售，从出售中实现现金流量，产生整体回报，与信用质量无关。企业管理金融资产的业务模式，应当以企业关键管理人员决定的对金融资产进行管理的特定业务目标为基础确定。企业确定管理金融资产的业务模式，应当以客观事实为依据，不得以按照合理预期不会发生的情形为基础确定。

金融资产的合同现金流量特征，是指金融工具合同约定的、反映相关金融资产经济特征的现金流量属性。企业分类为以摊余成本计量的金融资产和以公允价值计量且其变动计算其他综合收益的金融资产,其合同现金流量特征应当与基本借贷安排保持一致。即相关金融资产在特定日期产生的合同现金流量仅为对本金和以未偿付本金金额为基础的利息的支出(简称本金加利息的合同现金流量特征)。无论金融资产的法律形式是否为一项贷款,都可能是一项基本借贷安排。本金是金融资产在初始确认时的公允价值,本金金额可能因提前还款等原因在存续期内发生变动。利息包括对货币时间价值、与特定时期未偿还本金金额相关的信用风险,以及其他基本借贷风险、成本和利润的对价。

表 3-5　金融资产分类表

金融资产类别	业务模式	合同现金流量特征	会计科目
以摊余成本计量	收取合同现金流量	本金加利息	贷款、应收账款、债权投资
以公允价值计量且其变动计入其他综合收益	收取合同现金流量和出售	本金加利息	其他债权投资
以公允价值计量且其变动计入当期损益	以摊余成本计量的金融资产和以公允价值计量且其变动计入其他综合收益的金融资产之外的其他金融资产,主要有股票、基金、可转换债券		交易性金融资产

(2)金融资产的初始计量

企业初始确认金融资产,应按照公允价值计量。对于以公允价值计量且其变动计入当期损益的金融资产,相关交易费用应直接计入当期损益。其他类别的金融资产,相关交易费用计入初始确认金额。交易费用是指可直接归属于购买、发行或处置金融资产的增量费用,包括支付给代理机构、咨询公司、券商、债券交易所、政府相关部门等的手续费、佣金、税费,以及其他必要支出,不包括债券溢价、折价、融资费用、内部管理成本和持有成本等与交易不直接相关的费用。增量费用的含义,是指如果不发生购买、发行或处置相关金融资产的情形,就不会发生的费用。

公允价值通常是相关金融资产的交易价格。但是,在初始确认时,金融资产的公允价值依据相同资产在活跃市场上的报价或者以仅使用可观察市场数据的估值技术确定的,应将公允价值与交易价格之间的差额确认为一项利得或损失。公允价值以其他方式确定的,应将二者之间的差额递延。

企业取得金融资产所支付的价款中包含的已宣告但尚未发放的债券利息或者现金股利,应单独确认为应收项目进行会计处理。

(3)金融资产的后续计量

金融资产的后续计量与金融资产的分类密切相关,应对不同类别的金融资产分别进行后续计量。需要注意的是,在进行后续计量时,如果一项金融工具以前被确认为一项金融资产且以公允价值计量,现在其公允价值低于零,则应将其确认为一项负债。但是,对于主合同为资产的混合合同，既使整体公允价值可能低于零，企业也应始终将混合合同整体作为一项金融资产进行分类和计量。

1）以摊余成本计量的金融资产。采用实际利率法计算确认各期的利息收入和各期期末的摊余成本。金融资产的摊余成本，应以其初始确认金额为基础经下列调整后确定：一是扣除已偿还的本金；二是加上或减去采用实际利率法将该初始确认金额与到期日金额之间的差额进行摊销形成的累计摊销；三是扣除计提的累计信用减值准备。

在采用实际利率法进行会计处理时，首先需要计算金融资产的实际利率。即将金融资产按名义利率确认的各期利息收入和到期后应收回的本金以某个折现率折算为现值，并使该现值总额等于购买该金融资产时所支付的价款，此时的折现率即为应采用的实际利率。假设，企业支付总价款 T，购入面值为 F、年利率为 i、期限为 n 年的债券，则该债券的实际利率 r 应为：

$$Fi \times (1+r)^{-1} + Fi \times (1+r)^{-2} + Fi \times (1+r)^{-3} + \cdots\cdots + Fi \times (1+r)^{-n} = T$$

可以采用插值法计算得到 r 值。

其次，在购入金融资产时，按金融资产面值借记"债权投资——成本"科目，按实际支付的价款贷记"银行存款"科目，按二者之间的差额借记或贷记"债权投资——利息调整"科目。

再次，在确认金融资产持有期间的各期收益时，按本期期初摊余成本和实际利率 r 计算各期的实际利息收入，并据此计入当期损益，贷记"投资收益"科目。按金融资产面值和名义利率计算现金流入，借记"应收利息"或"银行存款"科目；将实际利息收入与应收利息之间的差额，借记或贷记"债券投资——利息调整"。其中：

期末摊余成本 = 期初摊余成本 +（期初摊余成本 × 实际利率 – 面值 × 名义利率）

本期期初摊余成本 = 上期期末摊余成本

最后，在金融资产持有到期时，应在确认最后一期的持有收益的同时，对收回的本金进行会计处理，借记"银行存款"科目，贷记"债券投资——成本"科目。

如果在金融资产持有期间的某个时点收回部分本金的，应调整收回本金所在期间的期初摊余成本，重新计算所采用的实际利率，将新确认的期初摊余成本与上期期末摊余成本之间的差额计入当期损益。大于上期期末摊余成本的，借记"债权投资——利息调整"科目，贷记"投资收益"科目。小于上期期末摊余成本的，借记"投资收益"科目，贷记"债权投资——利息调整"科目。

2）以公允价值进行后续计量的金融资产。在会计处理上，应遵循以下原则：

一是分类为以公允价值计量且其变动计入当期损益的金融资产的利得或损失，应计入当期损益。其中，公允价值上升的，借记"交易性金融资产——公允价值变动"科目，贷记"公允价值变动损益"科目。公允价值下降的，做相反的会计分录。在到期处置时按处置所得价款与取得时成本之间的差额确认投资收益，按实现的利得借记"交易性金融资产——公允价值变动"、贷记"投资收益"。按实现的损失借记"投资收益"、贷记"交易性金融资产——公允价值变动"。

二是分类为以公允价值计量且其变动计入其他综合收益的金融资产所产生的利得或损失，除减值损失或利得和汇兑损益之外，均计入其他综合收益，直至该金融资产终止确认或被重分类。但是，采用实际利率法计算的该金融资产的利息应计入当期损益。在终止确认时，之前计入其他综合收益的累计利得或损失应从其他综合收益中转出，计入当期损益。

在采用实际利率法进行会计处理的情况下，应首先计算应采用实际利率，并按照期初摊余成本和该实际利率计算本期实际利息收入，以及期末摊余成本，将该金融资产期末的公允价值与期末摊余成本及期初公允价值的差额确认为公允价值变动额，计入"其他综合收益——其他债权投资公允价值变动"科目，并相应计入"其他债权投资——公允价值变动"科目。其中：

公允价值变动额 = 期末公允价值 – 期初摊余成本 – 期初公允价值

公允价值变动累计金额 = 期初公允价值变动累计金额 + 本期公允价值变动额

三是指定为以公允价值计量且变动计入其他综合收益的非交易性权益工具投资，获得的股利应计入当期损益，借记"应收股利"、贷记"投资收益"；其他相关的利得或损失和汇兑损益均应计入其他综合收益，且后续不得转入当期损益，按发生的利得借记"其他权益工具投资——公允价值变动"、贷记"其他综合收益——其他权益工具投资公允价值变动"，发生损失的做相反的会计分录。当其终止确认时，之前计入其他综合收益的累计利得或损失应从其他综合收益中转出，计入留存收益，累计利得的，借记"其他综合收益——其他权益工具投资公允价值变动"，贷记"盈余公积——法定盈余公积""利润分配——未分配利润"。累计损失的，做相反的会计分录。

（4）金融资产重分类

企业改变其管理金融资产的业务模式时，应按照规定对所有受影响的相关金融资产进行重分类，自重分类日起采用未来适用法进行相关会计处理，不得对以前已经确认的利得、损失（包括减值损失或利得）或利息进行追溯调整。重分类日，是指导致企业对金融资产进行重分类的业务模式发生变更后的首个报告期间的第一天（下一个季度会计期间的期初）。企业业务模式变更必须在重分类日之前生效。以下情形不属于业务模式变更：一是企业持有特定金融资产的意图改变；二是金融资产特定市场暂时性消失从而暂时影响金融资产出售；三是金融资产在企业具有不同业务模式的各部门之间转移。需要注意的是，如果企业管理金融资产的业务模式没有发生变更，金融资产的条款发生变更但没有导致终止确认的，不允许重分类。导致金融资产终止确认的，不涉及重分类，应终止确认原金融资产，并同时按照变更后的条款确认一项新金融资产。

以摊余成本计量的金融资产发生重分类的，应按照该金融资产在重分类日的公允价值进行计量，原账面价值与公允价值之间的差额，属于重分类为以公允价值计量且其变动计入当期损益的，计入当期损益。属于重分类为以公允价值计量且其变动计入其他综合收益的，计入其他综合收益，该重分类不影响其实际利率和预期信用损失的计量。

以公允价值计量且其变动计入其他综合收益的，重分类为以摊余成本计量的，应将之前计入其他综合收益的累计利得或损失转出，调整重分类日的公允价值，并以调整后的金额作为新的账面价值，视同该资产一直以摊余成本计量，不影响其实际利率和预期信用实施的计量。重分类为以公允价值计量且其变动计入当期损益的，应继续以公允价值计量，不调整账面价值，同时将之前计入的其他综合收益的累计利得或损失转入当期损益。

以公允价值计量且其变动计入当期损益的，重分类为以摊余成本计量的，应以重分类日的公允价值作为新的账面价值。重分类为以公允价值计量且变动计入其他综合收益的，应继续以公允价值计量，不调整账面价值，但应根据其在重分类日的公允价值确定其实际利率，并将重分类日视为初始确认日，自该日起按规定进行资产减值测试。

（5）金融资产减值

对金融资产减值按照预期信用损失法进行会计处理。在预期信用损失法下，减值准备的计提不以减值实际发生为前提，而是以未来可能的违约事件造成的损失的期望值计量资产负债表日应确认的损失准备。预期信用损失是指以发生违约的风险为权重的各情景下预期信用损失的加权平均值。信用损失是指全部现金短缺的现值，即企业根据合同应收的所有合同现金流量与预期收取的所有现金流量之间的差额，按照实际利率折现的现值。

一般情况下，企业应在每个资产负债表日评估金融资产的信用风险自初始确认后是否已经显著增加，可以将其发生信用减值的过程分为三个阶段，分别计量其损失准备、确认预期信用损失及其变动。

第一阶段，信用风险自初始确认后未显著增加。应按照未来12个月的预期信用损失计量损失准备，并按其账面余额（未扣除减值准备）和实际利率计算利息收入。

第二阶段，信用风险自初始确认后已显著增加，但尚未发生信用减值。应按照该金融资产整个存续期的预期信用损失计量损失准备，并按其账面余额和实际利率计算利息收入。

第三阶段，初始确认后发生信用减值。应按其整个存续期的预期信用损失计量损失准备，对已经发生信用减值的，应按其摊余成本（账面余额减已计提减值准备后的账面价值）和实际利率计算利息收入。

但是，对于在资产负债表日具有较低信用风险的金融资产，企业可以不与其初始确认时的信用风险进行比较，直接做出其信用风险自初始确认后未显著增加的假定。对于收入准则所规定的、不包含重大融资成分的应收账款和合同资产，应始终按照整个存续期内预期信用损失的金额计量其损失准备。对于包含重大融资成分的应收账款、合同资产和租赁应收款，准则允许企业做出不同的会计政策选择，始终按照相当于整个存续期内预期信用损失的金额计量其损失准备。

企业应以预期信用损失为基础，对下列项目进行减值会计处理并确认损失准备：一是分类为以摊余成本计量的金融资产和以公允价值计量且其变动计入其他综合收益的金融资产；二是租赁应收款；三是合同资产；四是部分贷款承诺和财务担保合同。在信用损失的确定上，分别采用以下方法：

1）对于金融资产，信用损失应为企业应收取的合同现金流量与预期收取的现金流量之间差额的现值。

2）对于租赁应收款项，信用损失为企业应收取的合同现金流量与预期收取的现金流量之间差额的现值。其中，用于确定预期信用损失的现金流量，应与按照《企业会计准则第21号——租赁》用于计量租赁应收款项的现金流量保持一致。

3）对于未提用的贷款承诺，信用损失为在贷款承诺持有人提用相应贷款的情况下，企业应收取的现金流量与预期收取的现金流量之间差额的现值。企业对贷款承诺预期损失的估计，应与对该贷款承诺提用情况的预期保持一致。

4）对于财务担保合同，信用损失为企业就该合同持有人发生的信用损失向其做出赔付的预计付款额，减去企业预期向合同持有人、债务人或任何其他方收取的金额之间差额的现值。

5）对于资产负债表日已经发生信用减值，但并非购买或源生已发生信用减值的金融资产，信用损失为其账面余额按原实际利率折现的估计未来现金流量的现值之间的差额。对于购买或源生已经发生信用减值的，应仅将初始确认后整个存续期内预期信用损失的变动确认为损失准备，并按照摊余成本和经信用调整的实际利率计算利息收入。

在账务处理上，企业应在资产负债表日计算金融资产的预期信用损失。如该损失大于当前减值准备的账面金额，应将其差额确认为减值损失，借记"信用减值损失"科目，根据金融资产的种类，贷记"贷款损失准备""债权投资减值准备""坏账准备""合同资产减值准备""租赁应收款减值准备""预计负债（用于贷款承诺和财务担保合同）""其他综合收益"（用于以公允价值计量且变动计入其他综合收益的债权类资产）等科目。如果该损失小于当前减值准备的账面金额,则将该差额确认为减值利得进行转回,做相反的会计分录。企业实际发生信用损失,认定相关金融资产无法收回,经批准予以核销的,应按批准的核销金额,借记"贷款损失准备"等科目,贷记相应的"贷款""应收账款""合同资产""应收租赁款"等资产科目。如果核销金额大于已经计提的损失准备,还应按其差额借记"信用减值损失"科目。

2. 金融负债

金融负债,是指企业符合下列条件之一的负债:1)向其他方交付现金或其他金融资产的合同义务。2)在潜在不利条件下,与其他方交换金融资产或金融负债的合同义务。3)将来须用或可用企业自身权益工具进行结算的非衍生工具合同,且企业根据该合同将交付可变数量的自身权益工具。4)将来须用或可用企业自身权益工具进行结算的衍生工具合同,但以固定数量的自身权益工具交换固定金额的现金或其他金融资产的衍生工具合同除外。

(1)金融负债的分类

金融负债应当在初始确认时划分为下列两类:1)以公允价值计量且其变动计入当期损益的金融负债,包括交易性金融负债(含属于金融负债的衍生工具)和指定为以公允价值计量且其变动计入当期损益的金融负债。2)以摊余成本计量的金融负债。企业对所有金融负债均不得进行重分类。

企业在初始确认时,将一项金融负债(或者金融资产、一组金融工具)指定为以公允价值计量且其变动计入当期损益的,应满足下列条件之一:一是能够消除或显著减少会计差错。二是根据正式书面文件载明的企业风险管理或投资策略,企业以公允价值为基础对其进行管理和业绩评价,并在内部以此为基础向关键管理人员报告。该指定一经作出,不得撤销。即使造成会计错配的金融工具被终止确认,也不得撤销该指定。

(2)金融负债的初始计量

企业初始确认金融负债,应按照公允价值计量。公允价值的确定参照"金融资产的初始计量"。

(3)金融负债的后续计量

金融负债的后续计量应按照以下原则进行:一是以公允价值计量且其变动计入当期损益的金融负债,应按照公允价值进行后续计量。二是金融资产转移不符合终止确认条件,或继续涉入被转移金融资产所形成的金融负债,按照《企业会计准则第23号——金融资产转移》的规定进行计量。三是不属于指定为以公允价值计量且变动计入当期损益的财务担保合同,或者没有指定为以公允价值计量且变动计入当期损益并且将以低于市场利率贷款的贷款承诺,企业作为此类金融负债的发行方的,应在初始确认后按照损失准备金额，以及初始确认金额扣除累计摊销后的余额孰高进行计量。四是上述以外的金融负债，按摊余成本进行后续计量。

以公允价值进行后续计量的，其公允价值变动形成的利得或损失，除与套期会计有关外，计入当期损益。公允价值上升的，借记"公允价值变动损益"科目，贷记"交易性金融负债"科目；公允价值下降的，做相反的会计分录。

以摊余成本计量且与套期会计无关的，所产生的利得或损失，应在终止确认时计入当期损益或在按照实际利率法摊销时计入相关期间损益。企业与交易对手方修改或重新议定合同，未导致金融负债终止确认，但导致合同现金流量发生变化的，应根据新的合同现金流量和原实际利率折现的现值重新计算确定其账面价值，并将相关利得或损失计入当期损益。所发生的所有成本或费用，应调整修改后的金融负债账面价值，并在剩余期限内摊销。

3. 权益工具

权益工具，是指能证明拥有某个企业在扣除所有负债后的资产中的剩余权益的合同。在同时满足以下条件的情况下，企业应将发行的金融工具分类为权益工具：一是该金融工具应不包括交付现金或其他金融资产给其他方，或者在潜在不利条件下与其他方交换金融资产或金融负债的合同义务。二是将来须用或可用企业自身权益工具结算该金融工具。

（1）权益工具与金融资产

权益工具投资一般不符合本金加利息的合同现金流量特征，而应当分类为以公允价值计量且变动计入当期损益的金融资产。

但是，在初始确认时，可以将非交易性权益工具投资指定为以公允价值计量且其变动计入其他综合收益的金融资产，并按规定确认股利收入。该指定一经做出，不得撤销。在持有期间后续计量时，公允价值的变动计入其他综合收益，不计提减值准备，获得股利收入计入当期损益，其他相关利得和损失计入其他综合收益且后续不得转入损益。终止确认时，之前计入其他综合收益的累计利得或损失应从其他综合收益中转出，计入留存收益。

企业在非同一控制下的企业合并中确认的或有对价构成金融资产的，应分类为以公允价值计量且其变动计入当期损益的金融资产，不得指定为以公允价值计量且其变动计入其他综合收益的金融资产。

关于交易性与非交易性的区分，满足下列条件之一的，表明企业持有该金融资产或承担该金融负债的目的具有交易性：一是取得的目的主要是为近期出售或回购以赚取差价；二是在初始确认时属于集中管理的可辨认金融工具组合的一部分，且有客观证据表明近期实际存在短期获利模式;三是属于衍生工具。不符合上述条件的,表明属于非交易性。

(2)权益工具与金融负债

区分金融负债与权益工具应考虑合同所反映的经济性质,以及工具的特征等因素,遵循以下基本原则进行区分:

一是是否存在无条件地避免交付现金或其他金融资产的合同义务。如果不能无条件地避免,则应确认为金融负债,实务中常见的该类情形包括:发行方不能无条件地避免赎回、被要求强制支付利息。如果能够无条件地避免,则应确认为权益工具,常见情形包括无支付利息义务且同时没有到期日和对手方没有回售权,以及虽然有固定期限,但发行方有权无限期递延(无支付本金义务)。

二是是否通过交付固定数量的自身权益工具结算。如果未来结算时交付的权益工具数量是可变的,或者收到的对价的金额是可变的,则不属于权益工具,应确认为金融负债。对于将来须用或可用企业自身权益工具结算的金融工具应区分衍生工具,还是非衍生工具。就非衍生工具而言,如果发行方未来有义务交付可变数量的自身权益工具进行结算,则其属于金融负债。否则,属于权益工具。就衍生工具而言,如果发行方只能通过以固定数量的自身权益工具交换固定金额的现金或其他金融资产进行结算("固定换固定"),则其属于权益工具,常见的有可转换债券,以及具备转股条款的永续债、优先股等。如果发行方以固定数量的自身权益工具交换可变金额现金或其他数量自身权益工具交换可变金额现金或其他金融资产,则其应确认为衍生金融负债或衍生金融资产,即只有满足"固定换固定"条件方可确认为权益工具,否则应分类为衍生金融负债或衍生金融资产。一般情况下,"反稀释"调整并不违背"固定换固定"原则,而应确认为权益工具。

(3)区分权益工具与金融负债的主要情形

1)以外币计价的配股权、期权或认股权证。企业对全部现有同类别的非衍生工具自身权益工具的持有方同比例发行配股权、期权或认股权证,使之有权按比例以固定金额的任何货币交换股东数量的该企业自身权益工具的,应分类为权益工具。但是,企业以记账本位币以外的其他货币(外币)交换固定数量的自身权益工具进行结算,由于固定金额的外币代表的是以企业本外币计价的可变金额,不符合"固定换固定"原则,而不应确认为权益工具。

2)或有结算条款。对于附有或有结算条款的金融工具,发行方不能无条件地避免交付现金、其他金融资产或以其他导致该工具成为金融负债的方式进行结算,应分类为金融负债。但满足下列条件之一的,发行方应将其分类为权益工具:

一是要求以现金、其他金融资产或以其他导致该工具成为金融负债的方式进行结算的或有结算条款几乎不具有可能性的,即相关情形极端罕见、显著异常或几乎不可能发生。

二是只有在发行方清算时才发生。

三是特殊金融工具中分类为权益工具的可回售工具。

3）结算选择权。通常情况下,对于存在结算选择权的衍生工具,发行方应将其确认为金融负债或金融资产。但是,如果可供选择的所有结算方式均表明该衍生工具应确认为权益工具的,应分类为权益工具。

4）合并财务报表中金融负债和权益工具的区分。在合并财务报表时,企业应从集团整体的角度考虑各成员和金融工具持有方之间所达成的所有条款和条件,以确定集团作为一个整体是否由于该工具而承担了交付现金或其他金融资产的义务,或者承担了以其他导致该工具分类为金融负债的方式进行结算的义务。承担了这些义务的,应分类为金融负债;否则分类为权益工具。

5）特殊金融工具的区分。

可回售工具。是指按照合同约定,持有方有权将该工具回售给发行方,以获取现金或其他金融资产的权利,或者在未来某一不确定事项发生或者持有方死亡或退休时,自动回售给发行方的金融工具。在其符合金融负债定义,但同时具有下列特征时,应分类为权益工具:一是赋予持有方在企业清算时按比例份额获得该企业净资产的权利;二是该工具在归属于权益工具分类前无须转换为另一种工具,且在清算时对企业资产没有优先于其他工具的要求权;三是该类别的所有工具具有相同的特征;四是除发行方应以现金或其他金融资产回购或赎回该工具的合同义务外,该工具不满足金融负债定义中的其他特征;五是该工具在存续期内的预计现金流量总额应实质上等于该工具存续期内企业的损益、已确认净资产的变动、已确认和未确认净资产的公允价值变动。

发行方仅在清算时才有义务向另一方按比例交付其净资产的金融工具。在其符合金融负债定义,但同时具有下列特征的,应分类为权益工具:一是赋予持有方在企业清算时按比例份额获得该企业净资产的权利;二是该工具所属的类别仅次于其他所有工具类别;三是在次于其他所有类别的工具类别中,发行方对该类别中所有工具都应当在清算时承担按比例份额交付其净资产的同等合同义务。这样的金融工具包括封闭式基金、理财产品的份额、信托计划等寿命固定的结构化主体的份额。

（4）金融负债和权益工具之间的重分类

由于发行的金融工具原合同条款约定的条件或事项随着时间推移或经济环境改变而发生变化的,可能导致已发行的金融工具的重分类。

发行方原分类为权益工具的,自不再被分类为权益工具之日起,应将其重分类为金融负债，以重分类日该工具（金融负债）的公允价值计量，与账面价值之间的差额确认为权益。

发行方原分类为金融负债的，自不再被分类为金融负债之日起，应将其重分类为权益工具，以重分类日金融负债的账面价值计量。

（5）收益和库存股

将金融工具或其组成部分划分为金融负债，还是权益工具，决定了发行方对利息、股利、利得或损失的会计处理方法。其中，属于金融负债的，应计入当期损益。属于权益工具的，其发行、回购、出售或注销时，发行方应作为权益变动处理，不应当确认权益工具的公允价值变动，对权益工具持有方的分配作为利润分配处理，发行的股票股利不影响所有者权益总额。

库存股，属于回购自身权益工具，所支付的对价和交易费用，应减少所有者权益，不得确认金融资产。

（6）复合金融工具

企业发行的非衍生工具可能同时包含金融负债成分和权益工具成分，发行方应于初始确认时将各部分分别分类为金融负债、金融资产或权益工具，在初始计量时先确定金融负债成分的公允价值，再从复合金融工具公允价值中扣除金融负债成分的公允价值，作为权益工具的价值。发行复合金融工具发生的交易费用，应在负债成分和权益成分之间按照各自占总发行价款的比例进行分摊。在到期前，任何与负债成分相关的利息、股利、利得或损失应计入当期损益。任何与权益成分相关的利息、股利、利得或损失应计入权益。

可转换债券等可转换工具可能分类为复合金融工具，发行方在进行会计处理时，应注意以下事项：

一是在可转换工具转换时，应终止确认负债成分，并将其确认为权益，转换时不产生损益。

二是企业通过在到期日前赎回或回购而终止一项仍具有转换权的可转换工具时，应在交易日将赎回或回购所支付的价款以及发生的交易费用，应按照与其发行时采用的分配方法，分配至该工具的权益部分和负债部分。分配后所产生的利得或损失，与权益成分相关的计入权益，与债务成分相关的计入当期损益。

三是企业可能修订可转换工具的条款以促成持有方提前转换。在条款修订日，对于持有方根据修订后的条款进行转换所能获得的对价的公允价值与根据原条款进行转换所能获得的对价的公允价值之间的差额，发行方应将其确认为一项损失。

四是企业发行认股权和债权分离交易的可转换公司债券，所发行的认股权符合有关权益工具定义的，应确认为一项权益工具，并以发行价格减去不附认股权且其他条件相同的公司债券公允价值后的净额进行计量。认股权持有方到期没有行权的，应在到期时将原计入其他权益工具的部分转入资本公积中的股本溢价。

（7）永续债的会计处理

发行方在确定永续债的会计分类是权益工具还是金融负债时，应综合考虑以下因素：

一是到期日。应以合同到期日等条款内含的经济实质为基础，谨慎判断是否能无条件地避免交付现金或其他金融资产的合同义务。

二是清偿顺序。合同规定发行方清算时永续债劣后于发行方发行的普通债券和其他债务的，通常表明没有交付现金或其他金融资产的合同义务；处于相同清算顺序的，应审慎考虑是否会导致持有方对发行方承担该合同义务的预期，并据此确定分类。

三是利率跳升和间接义务。

对于属于权益工具的永续债，持有方应将其分类为以公允价值计量且其变动计入当期损益的金融资产，或者在符合条件时对非交易性权益工具投资初始指定为以公允价值计量且其变动计入其他综合收益的金融资产。对于不属于权益工具的永续债，持有方应根据其合同现金流量特征分类为合适的金融资产类型。

4. 衍生工具

金融工具可以分为基础金融工具和衍生工具。衍生工具是指属于金融工具准则范围并同时具有以下特征的金融工具或其他合同：

1）其价值随特定利率、金融工具价格、商品价格、汇率、价格指数、费率指数、信用等级、信用指数或其他变量的变动而变动，变量为非金融变量的，该变量不应与合同的任何一方存在特定关系。衍生工具的价值变动取决于标的的变量变化。

2）不要求初始净投资，或者与对市场因素变化预期有类似反应的其他合同相比，要求较少的初始净投资。即在签订某衍生工具合同时不需要支付或仅支付少量现金。

3）在未来某一日期结算。其通常在未来某一特定日期结算，也可能在未来多个日期结算，这表明衍生工具签订后到结算需要经历一段特定期间。

（二十三）金融资产转移准则（Transfer of Financial Assets）

金融资产转移准则规范了金融资产（包括单项或一组类似金融资产）转移和终止确认的会计处理。金融资产转移，是指企业（转出方）将金融资产（或其现金流量）让给或交付给该金融资产发行方之外的另一方（转入方）。金融资产终止确认，是指企业将之前确认的金融资产从其资产负债表中予以转出。

金融资产满足下列条件之一的，应终止确认：一是收取该金融资产现金流量的合同权利终止。二是该金融资产已经转移，且该转移满足终止确认的规定。当企业转移了金融资产所有权上几乎所有风险和报酬，以及没有保留对金融资产的控制的情况下，应终止确认该金融资产。在判断是否满足终止确认的规定时，应注重金融资产转移的实质。

企业转移了金融资产所有权上几乎所有风险和报酬，应终止确认被转移金融资产的常见情形有三种：一是企业无条件出售金融资产。二是企业出售金融资产，同时约定按回购日该金融资产的公允价值回购。三是企业出售金融资产，同时与转入方签订看跌期权合同（转入方有权将该金融资产返售给企业）或看涨期权合同（转出方有权回购该金融资产），且根据合同条款判断，该看跌期权或看涨期权为一项重大价外期权（期权合约的条款设计，使得金融资产的转入方或转出方极小可能会行权）。

1. 判断金融资产终止确认的一般流程

第一步，确定财务报告主体。即是个别财务报表，还是合并财务报表。如果是合并财务报表作为报告主体，应在合并报表层面进行金融资产转移及终止确认的分析。

第二步，确定会计处理对象。即是金融资产部分终止确认，还是整体终止确认。部分终止确认的，应满足下列三个条件中的任何一个：一是仅包括金融资产所产生的特定可辨认现金流量。二是仅包括与该金融资产所产生的全部现金流量完全成比例的现金流量部分。三是仅包括与该金融资产所产生的特定可辨认现金流量完全成比例的现金流量部分。否则，应整体终止确认。

第三步，确定合同权利类型。即收取金融资产现金流量的合同权利是终止，还是延续。合同权利终止的，应终止确认金融资产，并进行相应的会计处理。合同权利没有终止的，进一步继续下面步骤，判断是否转移了金融资产。

第四步，确定转移金融资产的具体情形。分两种情形：一是企业将收取金融资产现金流量的合同权利转移给其他方，转移后，企业不再收取金融资产的现金流量。通常表现为金融资产的合法出售或者金融资产现金流量的合法转移，如票据背书转让、商业票据贴现等。二是企业保留了收取金融资产现金流量的合同权利，但承担了将收取的该现金流量支付给最终收款方的合同义务，即"过手安排"。在此种情形下，当且仅当同时符合以下三个条件时，企业（转出方）才能进行后续分析和处理，否则，不构成金融资产转移，应继续予以确认：1）企业只有从该金融资产收到对等的现金流量时，才有义务将其支付给最终收款方；2）转让合同规定禁止企业出售或抵押该金融资产，但企业可以将其作为向最终收款方支付现金流量义务的保证；3）企业有义务代表最终收款方收取的所有现金流量及时划转给最终收款方，且无重大延误。

第五步，确定风险和报酬转移情况。对第四步两种转移金融资产的具体情形，应进一步分析评估其风险和报酬的转移情况，以确定是否应终止确认被转移金融资产。

企业转移了金融资产所有权上几乎所有风险和报酬的，应终止确认该金融资产，并将转移中产生或保留的权利和义务单独确认为资产或负债。在进行判断时，通常需要考虑利率风险、信用风险、外汇风险、逾期未付风险、提前偿付风险（报酬）、权益价格风险等。通常情况下，以下情形表明企业已经将金融资产所有权上几乎所有的风险和报酬转移给了转入方：一是企业无条件出售金融资产。二是企业出售金融资产，同时约定按回购日该金融资产的公允价值回购。三是企业出售金融资产，同时与转入方签订看跌或看涨期权合约，且该合约为深度价外期权（到期日之前不大可能变为价内期权）。

企业保留了金融资产所有权上几乎所有风险和报酬的，应继续确认该金融资产。这样的情况通常有以下六种情形：一是企业出售金融资产，并与转入方签订回购协议，规定企业将按固定回购价格或按照原售价加上合理的资金成本向转入方回购被转移的金融资产，或者与售出的金融资产相同或实质上相同的金融资产。如买断式回购、质押式回购等。二是企业融出证券或进行证券出借。三是企业出售金融资产并附有将市场风险敞口转回给企业的总回报互换。四是企业出售短期应收款项或信贷资产，并全额补偿转入方可能因被转移金融资产产生的信用损失。五是企业出售金融资产，同时向转入方签订看跌或看涨期权合约，且该合约为一项价内期权。六是采用附追索权方式出售金融资产。

企业既没有转移，也没有保留金融资产所有权上几乎所有的风险和报酬的，应进入第六步，判断其是否保留了对金融资产的控制，并进行相应的会计处理。

第六步，确定企业保留控制情况。企业在做出判断时，应重点关注转入方出售被转移金融资产的实际能力。如果转入方有实际能力单方面决定将转入的金融资产整体出售给与其不相关的第三方，且没有额外条件对此出售加以限制，则表明企业作为转出方没有保留对被转移金融资产的控制。除此之外的其他情况下，应视为企业保留了对金融资产的控制。当判断企业没有保留对该金融资产的控制时，应终止确认该金融资产。当判断企业未放弃对该金融资产的控制时，应作为继续涉入被转移金融资产，根据继续涉入的程度确认有关金融资产，并同时确认有关负债，其常见方式有：具有追索权，享有继续服务权，签订回购协议，签发或持有期权或提供担保等。

2. 满足终止确认条件的金融资产的会计处理

（1）金融资产整体转移

按照以下方式确认当期损益：

金融资产整体转移形成的损益 = 因转移收到的对价 − 所转移金融资产账面价值 + 原直接计入其他综合收益的公允价值变动累计额

因转移收到的对价 = 因转移交易实际收到的价款 + 新获得金融资产的公允价值 + 因转移获得的服务资产的价值 − 新承担金融负债的公允价值 − 因转移承担的服务负债的公允价值

（2）金融资产部分转移

应将转移前金融资产整体的账面价值，在终止确认部分和继续确认部分之间，按照转移日各自的相对公允价值比例进行分摊，并就终止确认部分，参照以上确定金融资产整体转移所形成损益的公式相应确定终止确认部分所形成的损益。

在确定继续确认部分的公允价值时，应遵循以下规定：一是企业出售过与继续确认部分类似的金融资产，或继续确认部分存在其他市场交易的，近期实际交易价格可作为公允价值的最佳估计。二是继续确认部分没有报价或近期没有市场交易的，应按转移前金融资产整体的公允价值扣除终止确认部分的对价后的差额作为公允价值的最佳估计。

3. 继续确认被转移金融资产的会计处理

企业应继续确认所转移的金融资产整体，因资产转移而收到的对价，应在收到时确认为一项金融负债。该金融负债与被转移金融资产应分别确认和计量，不得相互抵销。在后续会计期间，企业应继续确认该金融资产的收入或利得，以及该金融负债产生的费用或损失。

4. 继续涉入被转移金融资产的会计处理

企业应按照继续涉入的程度，在继续确认该被转移金融资产的同时，按照收到的对价确认相关负债，反映企业保留的权利和承担的义务。在后续会计期间，应对继续涉入被转移金融资产按其原性质和分类，继续列报于资产负债表中的贷款、应收款项等，对形成的有关资产确认相关收益。对形成的有关负债确认相关费用。被转移金融资产以摊余成本计量的，被转移资产和相关负债的账面价值等于企业保留的权利和义务的摊余成本，确认的相关负债不得指定为以公允价值计量且其变动计入当期损益。被转移金融资产以公允价值计量的，被转移资产和相关负债的账面价值等于企业保留的权利和义务按独立基础计量的公允价值。

企业通过被转移金融资产提供担保方式继续涉入的，应在转移日按照金融资产的账面价值和担保余额两者之中的较低者，按继续涉入的程度继续确认被转移金融资产，同时按担保金额（可能被要求偿还的最高金额）和担保合同的公允价值（提供担保而收取的费用）之和确认相关负债。

金融资产的继续涉入仅限于一部分的，应按照转移日因继续涉入而继续确认部分和终止确认部分的相对公允价值比例，在两者之间对金融资产整体的账面价值继续分配，并将转移日分配至不再确认部分的账面价值金额与其所收到的对价之间的差额计入当期损益。

如果涉及转移的金融资产是根据《企业会计准则第 22 号——金融工具确认和计量》分类为公允价值计量且其变动计入其他综合收益的金融资产，不再确认部分的金额对应的原计入其他综合收益的公允价值变动累计额应计入当期损益。

(二十四) 套期会计准则 (Hedge Accounting)

套期会计准则对开展套期业务的企业选择运用套期会计时的会计处理进行了规范。

1. 套期会计

套期是指企业为管理外汇风险、利率风险、价格风险、信用风险等特定风险引起的风险敞口，企业可能会选择通过利用金融工具产生反向的风险敞口，指定金融工具为套期工具，以使套期工具的公允价值或现金流量变动，预期抵销被套期项目全部或部分公允价值或现金流量变动的风险管理活动。套期分为公允价值套期、现金流量套期和境外经营净投资套期，分别进行会计处理。

套期会计的目标是在财务报告中反映企业采用金融工具管理因特定风险引起的风险敞口的风险管理活动的影响。运用套期会计，应由符合条件的套期工具和被套期项目组成套期关系，并进行套期关系评估以满足套期有效性的要求。适用套期关系再平衡的，应进行套期关系再平衡，通过调整套期关系的套期比率，使其重新满足套期有效性要求，从而延续套期关系，从而运用套期会计方法进行处理。企业一旦正式指定套期关系并选择应用套期会计，只能在企业不再符合本准则规定的特定条件时终止应用套期会计，不得自行终止应用套期会计。

套期会计方法，是指企业将套期工具和被套期项目产生的利得或损失在相同会计期间计入当期损益（或其他综合收益）以反映风险管理活动影响的方法，有助于处理被套期项目和套期工具在确认和计量方面存在的会计处理方法差异，并在企业财务报告中如实反映企业进行风险管理活动的影响。

同时，准则提供了套期会计的一种替代方法。企业可以将符合条件的面临信用风险的金融工具的整体或部分指定为以公允价值计量且其变动计入当期损益的金融工具，以减少与作为套期工具的信用衍生工具之间会计计量的不匹配，使两者公允价值变动形成自然对冲，便于企业管理信用风险，减少损益波动。

2. 套期会计应设置的会计科目和主要账务处理

企业一般需要设置以下科目进行套期会计处理：

（1）"套期工具"科目

核算企业开展套期业务（包括公允价值套期、现金流量套期和境外经营净投资套期）的套期工具及其公允价值变动形成的资产或负债，可按套期工具类别或套期关系进行明细核算。本科目期末借方余额，反映企业套期工具形成资产的公允价值；期末贷方余额，反映企业套期工具形成负债的公允价值。主要账务处理包括：

1）企业将已确认的衍生工具、以公允价值计量且其变动计入当期损益的非衍生金融资产或非衍生金融负债等金融资产或金融负债指定为套期工具的，应当按照其账面价值，借记或贷记本科目，贷记或借记"衍生工具""交易性金融资产"等科目。

2）资产负债表日：

对于公允价值套期，应当按照套期工具产生的利得，借记本科目，贷记"套期损益""其他综合收益——套期损益"等科目，套期工具产生的损失作相反的会计分录。

对于现金流量套期，应当按照套期工具产生的利得，借记本科目，按照套期有效部分的变动额，贷记"其他综合收益——套期储备"等科目；按照套期工具产生的利得和套期有效部分变动额的差额，贷记"套期损益"科目。套期工具产生损失的，作相反的会计分录。

3）金融资产或金融负债不再作为套期工具核算的，应当按照套期工具形成的资产或负债，借记或贷记有关科目，贷记或借记本科目。

（2）"被套期项目"科目

核算企业开展套期业务的被套期项目及其公允价值变动形成的资产或负债，可按被套期项目类别或套期关系进行明细核算。本科目期末借方余额，反映企业被套期项目形成的资产；期末贷方余额，反映企业被套期项目形成的负债。主要账务处理有：

1）企业将已确认的资产、负债或其组成部分指定为被套期项目的，应当按照其账面价值，借记或贷记本科目，贷记或借记"原材料""债权投资""长期借款"等科目。已计提跌价准备或减值准备的，还应当同时结转跌价准备或减值准备。

2）资产负债表日，对于公允价值套期，应当按照被套期项目因被套期风险敞口形成的利得，借记本科目，贷记"套期损益""其他综合收益——套期损益"等科目。被套期项目因被套期风险敞口形成损失的，作相反的会计分录。

3）资产或负债不再作为被套期项目核算的，应当按照被套期项目形成的资产或负债，借记或贷记有关科目，贷记或借记本科目。

（3）"套期损益"科目

核算套期工具和被套期项目价值变动形成的利得和损失，可按套期关系进行明细核算。期末，应当将本科目余额转入"本年利润"科目，结转后本科目无余额。主要账务处理集中在资产负债表日。

对于公允价值套期，应当按照套期工具产生的利得，借记"套期工具"科目，贷记本科目；套期工具产生损失的，作相反的会计分录。同时，应当按照被套期项目因被套期风险敞口形成的利得，借记"被套期项目"科目，贷记本科目；被套期项目因被套期风险敞口形成的损失，作相反的会计分录。

对于现金流量套期，套期工具的利得中属于套期无效的部分，借记"套期工具"科目，贷记本科目；套期工具的损失中属于套期无效的部分，作相反的会计分录。

（4）"净敞口套期损益"科目

核算净敞口套期下被套期项目累计公允价值变动转入当期损益的金额或现金流量套期储备转入当期损益的金额，可按套期关系进行明细核算。期末，应当将本科目余额转入"本年利润"科目，结转后本科目无余额。主要账务处理如下：

对于净敞口公允价值套期，应当在被套期项目影响损益时，将被套期项目因被套期风险敞口形成的累计利得或损失转出，贷记或借记"被套期项目"等科目，借记或贷记本科目。

对于净敞口现金流量套期，应当在将相关现金流量套期储备转入当期损益时，借记或贷记"其他综合收益——套期储备"，贷记或借记本科目。将相关现金流量套期储备转入资产或负债的，当资产和负债影响损益时，借记或贷记资产（或其备抵科目）、负债科目，贷记或借记本科目。

（5）在"其他综合收益"科目下设置"套期储备"明细科目

核算现金流量套期下套期工具累计公允价值变动中的套期有效部分，可按套期关系进行明细核算。

资产负债表日，套期工具形成的利得或损失中属于套期有效部分的，借记或贷记"套期工具"科目，贷记或借记本明细科目。属于套期无效部分的，借记或贷记"套期工具"科目，贷记或借记"套期损益"科目。

企业将套期储备转出时，借记或贷记本明细科目，贷记或借记有关科目。

（6）在"其他综合收益"科目下设置"套期损益"明细科目

核算公允价值套期下对指定为以公允价值计量且其变动计入其他综合收益的非交易性权益工具投资或其组成部分进行套期时，套期工具和被套期项目公允价值变动形成的利得和损失，可按套期关系进行明细核算。

资产负债表日，应当按照套期工具产生的利得，借记"套期工具"科目，贷记本明细科目。套期工具产生损失作相反的会计分录。同时，应当按照被套期项目因被套期风险敞口形成的利得，借记"被套期项目"科目，贷记本明细科目。被套期项目因被套期风险敞口形成损失作相反的会计分录。

当套期关系终止时，应当借记或贷记本明细科目，贷记或借记"利润分配——未分配利润"等科目。

（7）在"其他综合收益"科目下设置"套期成本"明细科目

核算企业将期权的时间价值、远期合同的远期要素或金融工具的外汇基差排除在套期工具之外时，期权的时间价值等产生的公允价值变动，可按套期关系进行明细核算。

资产负债表日，对于期权的时间价值等的公允价值变动中与被套期项目相关的部分，应当借记或贷记"衍生工具"等科目，贷记或借记本明细科目。

企业在将相关金额从其他综合收益中转出时，借记或贷记本明细科目，贷记或借记有关科目。

3. 套期关系

由套期工具和被套期项目组成有效的套期关系，是运用套期会计方法进行套期会计处理的必要充分条件。

（1）套期工具

套期工具是指企业为进行套期而指定的、其公允价值或现金流量变动预期可抵销被套期项目的公允价值或现金流量变动的金融工具。分为符合条件的套期工具和指定套期工具。

1）符合条件的套期工具。可以作为套期工具的金融工具包括：

一是以公允价值计量且其变动计入当期损益的衍生工具。其中，企业只有在对购入期权（包括嵌入在混合合同中的购入期权）进行套期时，签出期权才可以作为套期工具。嵌入在混合合同中但未分拆的衍生工具不能作为单独的套期工具。衍生工具通常可以作为套期工具，包括远期合同、期货合同、互换和期权，以及具有远期合同、期货合同、互换和期权中一种或一种以上特征的工具等。衍生工具无法有效地对冲被套期项目风险的，不能作为套期工具。

二是以公允价值计量且其变动计入当期损益的非衍生金融资产或非衍生金融负债。但是，指定为以公允价值计量且其变动计入当期损益，且其自身信用风险变动引起的公允价值变动计入其他综合收益的金融负债，由于没有将整体公允价值变动计入损益，不能被指定为套期工具。

三是对于外汇风险套期，企业可以将非衍生金融资产（选择以公允价值计量且其变动计入其他综合收益的非交易性权益工具投资除外）或非衍生金融负债的外汇风险成分指定为套期工具。

2）对套期工具的指定。分为以下情形：

一是企业在确立套期关系时，应当将前述符合条件的金融工具整体（或外汇风险套期中的非衍生金融资产或非衍生金融负债的外汇风险成分）指定为套期工具，采用单一的公允价值基础对其进行计量。但是，由于期权的时间价值、远期合同的远期要素和金融工具的外汇基差通常具备套期成本的特征且可以单独计量，为提高某些套期关系的有效性，准则允许企业在对套期工具进行指定时，做出例外处理：

①对于期权，企业可以将期权的内在价值（立即执行期权时现货价格与行权价格之差所带来的收益）和时间价值（期权的价格与内在价值之差）分开，只将期权的内在价值变动指定为套期工具，与期权的时间价值相关的公允价值变动被排除在套期有效性评估之外。

②对于远期合同，企业可以将远期合同的远期要素（特征取决于不同的基础项目）和即期要素（反映了基础项目远期价格和现货价格的差异）分开，只将即期要素的价值变动指定为套期工具。

③对于金融工具，企业可以将金融工具的外汇基差（反映了货币主权信用差异、市场供求等因素所带来的成本）单独分拆，只将排除外汇基差后的金融工具指定为套期工具。

二是企业可以将套期工具的一定比例指定为套期工具，但不可以将套期工具剩余期限内某一时段的公允价值变动部分指定为套期工具。

三是企业可以将两项或两项以上金融工具（或其一定比例）的组合指定为套期工具（包括组合内的金融工具形成风险头寸相互抵销的情形）。只有在对购入期权（包括嵌入在混合合同中的购入期权）进行套期时，净签出期权才可以作为套期工具。对于一项由签出期权和购入期权组成的期权，当同时满足以下条件时，实质上不是一项净签出期权，可以将其指定为套期工具：

①企业在期权组合开始时，以及整个期间未收取净期权费；

②除了行权价格，签出期权组成部分和购入期权组成部分的关键条款相同（包括基础变量、计价货币及到期日）；

③签出期权的名义金额不大于购入期权的名义金额。

3）使用单一套期工具对多种风险进行套期。企业通常将单项套期工具指定为对一种风险进行套期。但是，如果套期工具与被套期项目的不同风险敞口之间有具体对应关系，则一项套期工具可以被指定为对一种以上的风险进行套期。

（2）被套期项目

被套期项目是指使企业面临公允价值或现金流量变动风险，且被指定为被套期对象的、能够可靠计量的项目。

1）符合条件的被套期项目。

企业可以将下列单个项目、项目组合或其组成部分指定为被套期项目：

一是已确认资产或负债。

二是尚未确认的确定承诺。"确定承诺"是指在未来某特定日期或期间，以约定价格交换特定数量资源、具有法律约束力的协议。"尚未确认"是指尚未在资产负债表中确认。

三是极可能发生的预期交易。"预期交易"是指尚未承诺但预期会发生的交易。企业应当明确区分预期交易与确定承诺。在评估预期交易发生的可能性时，企业应当考虑以下因素：

①类似交易之前发生的频率；

②企业在财务和经营上从事此项交易的能力；

③企业有充分的资源能够完成此项交易；

④交易不发生时可能对经营带来的损失和破坏程度；

⑤为达到相同的业务目标，企业可能会使用在实质上不同的交易的可能性；

⑥企业的业务计划；

⑦企业还应考虑预期交易发生时点距离当前的时间跨度和预期交易的数量或价值占企业相同性质交易的数量或价值的比例。

在其他因素相同的情况下，预期交易发生的时间越远或预期交易的数量或价值占企业相同性质交易的数量或价值的比例越高，预期交易发生的可能性就越小，就越需要有更强有力的证据来支持"极可能发生"的判断。

四是境外经营净投资。指企业在境外经营净资产中的权益份额。企业既无计划也无可能在可预见的未来会计期间结算的长期外币货币性应收项目（含贷款），应当视同实质构成境外经营净投资的组成部分。因销售商品或提供劳务等形成的期限较短的应收账款不构成境外经营净投资。

企业确定被套期项目时，应当注意以下几点：

一是作为被套期项目，应当会使企业面临公允价值或现金流量变动风险（被套期风险），在本期或未来期间会影响企业的损益或其他综合收益。

二是采用权益法核算的股权投资和纳入合并财务报表范围的子公司投资不能在公允价值套期中作为被套期项目。但是，境外经营净投资可以作为被套期项目。

三是在运用套期会计时，在合并财务报表层面，只有与企业集团之外的对手方之间交易形成的资产、负债、尚未确认的确定承诺或极可能发生的预期交易才能被指定为被套期项目；在合并财务报表层面，只有与企业集团之外的对手方签订的合同才能被指定为套期工具。对于同一企业集团内的主体之间的交易，在企业个别财务报表层面可以运用套期会计，在企业集团合并财务报表层面不得运用套期会计，但下列情形除外：

①在合并财务报表层面，符合《企业会计准则第33号——合并财务报表》规定的投资性主体与其以公允价值计量且其变动计入当期损益的子公司之间的交易，可以运用套期会计。

②企业集团内部交易形成的货币性项目的汇兑收益或损失，不能在合并财务报表中全额抵销的，企业可以在合并财务报表层面将该货币性项目的外汇风险指定为被套期项目。

③企业集团内部极可能发生的预期交易，按照进行此项交易的主体的记账本位币以外的货币标价，且相关的外汇风险将影响合并损益的，企业可以在合并财务报表层面将该外汇风险指定为被套期项目。

2）项目组成部分作为被套期项目。

企业只能将下列项目组成部分或其组合指定为被套期项目：

一是项目整体公允价值或现金流量变动中仅由某一个或多个特定风险引起的公允价值或现金流量变动部分（风险成分）。

二是一项或多项选定的合同现金流量。

三是项目名义金额的组成部分。指项目整体金额或数量的特定部分，其可以是项目整体的一定比例部分，也可以是项目整体的某一层级部分。不同的组成部分类型产生不同的会计处理结果。企业在指定名义金额组成部分时应当与其风险管理目标保持一致。下列各项均属于项目某一层级部分：货币性交易量的一部分；实物数量的一部分；实物或其他交易量的一部分；被套期项目的名义金额的某一层。

在项目组成部分与项目总现金流量之间的关系上，当金融项目或非金融项目的现金流量的组成部分被指定为被套期项目时，该组成部分应当少于或等于整个项目的现金流量总额。但是，整个项目的所有现金流量可以被指定为被套期项目，而且被套期的只能是某一特定风险。

3）汇总风险敞口作为被套期项目。

企业可以将符合被套期项目条件的风险敞口与衍生工具组合形成的汇总风险敞口指定为被套期项目。企业应在评估套期有效性和计量套期无效部分时考虑构成该汇总风险敞口的所有项目的综合影响。但是，构成该汇总风险敞口的项目仍须单独进行会计处理。

4）被套期项目的组合。

当企业出于风险管理目的对一组项目进行组合管理，且组合中的每一个项目（包括其组成部分）单独都属于符合条件的被套期项目时，可以将该项目组合指定为被套期项目。一组风险相互抵销的项目形成风险净敞口，一组风险不存在相互抵销的项目形成风险总敞口。只有当企业出于风险管理目的以净额为基础进行套期时，风险净敞口才符合运用套期会计的条件。

净敞口套期必须是既定风险管理策略的组成部分，通常应当获得企业关键管理人员的批准。当企业将形成风险净敞口的一组项目指定为被套期项目时，应当将构成该净敞口的所有项目的项目组合整体指定为被套期项目，不应将不明确的净敞口抽象金额指定为被套期项目。

风险净敞口并非在任何情况下都符合运用套期会计的条件。在现金流量套期中，企业仅可以将外汇风险净敞口指定为被套期项目,并且应在套期指定中明确预期交易预计影响损益的报告期间,以及预期交易的性质和数量。

(3)套期关系评估

1)套期关系有效性。

公允价值套期、现金流量套期或境外经营净投资套期,同时满足下列条件的,才能运用本准则规定的套期会计方法进行处理:

第一,套期关系仅由符合条件的套期工具和被套期项目组成。

第二,在套期开始时,企业正式指定了套期工具和被套期项目,并准备了关于套期关系和企业从事套期的风险管理策略和风险管理目标的书面文件。该文件至少载明了套期工具、被套期项目、被套期风险的性质以及套期有效性评估方法(包括套期无效部分产生的原因分析以及套期比率确定方法)等内容。

第三,套期关系符合套期有效性要求。即套期工具的公允价值或现金流量变动能够抵销被套期风险引起的被套期项目公允价值或现金流量变动的程度。套期工具的公允价值或现金流量变动大于或小于被套期项目的公允价值或现金流量变动的部分为套期无效部分。同时满足以下条件的,应认定为套期关系符合套期有效性的要求:

一是被套期项目和套期工具之间存在经济关系。该经济关系使得套期工具和被套期项目的价值因面临相同的被套期风险而发生方向相反的变动。

二是被套期项目和套期工具经济关系产生的价值变动中,信用风险的影响不占主导地位。

三是套期关系的套期比率,应当等于企业实际套期的被套期项目数量与对其进行套期的套期工具实际数量之比。被套期项目和套期工具的数量可根据其性质采用多种方式进行计量。作为一般原则,套期关系的套期比率应当与从风险管理角度而设定的套期比率相同。

企业应当在套期开始日,以及以后期间持续地对套期关系是否符合套期有效性要求进行评估,尤其应当分析在套期剩余期限内预期将影响套期关系的套期无效部分产生的原因。企业至少应当在资产负债表日及相关情形发生重大变化将影响套期有效性要求时对套期关系进行评估。

2)套期关系再平衡。

套期关系由于套期比率的原因而不再符合套期有效性要求,但指定该套期关系的风险管理目标没有改变的,企业应当进行套期关系再平衡。即对已经存在的套期关系中被套期项目或套期工具的数量进行调整,以使套期比率重新符合套期有效性要求。基于其他目的对被套期项目或套期工具所指定的数量进行变动,不构成套期关系再平衡。当套期工具和被套期项目之间关系发生的变动能通过调整套期比率得以弥补时，再平衡将可以使得套期关系得到延续。但是，在套期工具与被套期项目之间的关系变动不能通过调整套期比率来弥补的情况下，再平衡并不能促使套期关系得到延续。

3）套期关系的终止。

企业不得撤销指定并终止一项继续满足套期风险管理目标并在再平衡之后继续符合套期会计条件的套期关系。但是，如果套期关系不再满足套期风险管理目标或再平衡之后不符合套期会计条件等规定情形的，则企业必须终止套期关系。

企业应当采用未来适用法，自不再满足套期会计条件或风险管理目标之日起终止运用套期会计。当只有部分套期关系不再满足运用套期会计的条件时，套期关系将部分终止，其余部分将继续适用套期会计。

企业发生下列情形之一的，应终止运用套期会计，这包括部分终止运用套期会计和整体终止运用套期会计：

一是因风险管理目标发生变化，导致套期关系不再满足风险管理目标。

二是套期工具已到期、被出售、合同终止或已行使。需要说明的是，企业发生下列情形之一的，不作为套期工具已到期或合同终止处理：①套期工具展期或被另一项套期工具替换，而且该展期或替换是企业书面文件所载明的风险管理目标的组成部分。②由于法律法规或其他相关规定的要求，套期工具的原交易对手方变更为一个或多个清算交易对手方，以最终达成由同一中央交易对手方进行清算的目的。

三是被套期项目与套期工具之间不再存在经济关系，或者被套期项目和套期工具经济关系产生的价值变动中，信用风险的影响开始占主导地位。

四是套期关系不再满足运用套期会计方法的其他条件。例如，套期工具或被套期项目不再符合条件。在适用套期关系再平衡的情况下，企业应当首先考虑套期关系再平衡，然后评估套期关系是否满足本准则所规定的运用套期会计方法的条件。

当部分或整体终止运用套期会计时，企业可以对原套期关系中套期工具或被套期项目指定新的套期关系，这种情况并不构成套期关系的延续，而是重新开始一项套期关系。在这种情况下，被套期项目的公允价值或现金流量变动的计量起始日应当是新套期关系的指定日，而非原套期关系的指定日。

4. 确认和计量

（1）公允价值套期

公允价值套期，是指对已确认资产或负债、尚未确认的确定承诺，或上述项目组成部分的公允价值变动风险敞口进行的套期。该公允价值变动源于特定风险，且将影响企业的损益或其他综合收益。其中，影响其他综合收益的情形，仅限于企业对指定为以公允价值计量且其变动计入其他综合收益的非交易性权益工具投资的公允价值变动风险敞口进行的套期。

公允价值套期满足运用套期会计方法条件的，应当按照下列规定处理：

1）套期工具产生的利得或损失应当计入当期损益。如果套期工具是对选择以公允价值计量且其变动计入其他综合收益的非交易性权益工具投资（或其组成部分）进行套期的，套期工具产生的利得或损失应当计入其他综合收益。

2）被套期项目因被套期风险敞口形成的利得或损失应当计入当期损益，同时，调整未以公允价值计量的已确认被套期项目的账面价值。其中：

被套期项目分类为以公允价值计量且其变动计入其他综合收益的金融资产（或其组成部分）的，其因被套期风险敞口形成的利得或损失应当计入当期损益，其账面价值已经按公允价值计量，不需要调整。

被套期项目为企业选择以公允价值计量且其变动计入其他综合收益的非交易性权益工具投资（或其组成部分）的，其因被套期风险敞口形成的利得或损失应当计入其他综合收益，其账面价值已经按公允价值计量，不需要调整。

需要说明的是，被套期项目为尚未确认的确定承诺（或其组成部分）的，其在套期关系指定后因被套期风险引起的公允价值累计变动额应当确认为一项资产或负债，相关的利得或损失应当计入各相关期间损益。当履行确定承诺而取得资产或承担负债时，应当调整该资产或负债的初始确认金额，以包括已确认的被套期项目的公允价值累计变动额。

在套期关系存续期间的后续会计处理上，被套期项目为以摊余成本计量的金融工具（或其组成部分）的，企业对被套期项目账面价值所作的调整应当按照开始摊销日重新计算的实际利率进行摊销，并计入当期损益。被套期项目是分类为以公允价值计量且其变动计入其他综合收益的金融资产（或其组成部分）的，企业应当按照相同的方式对累计已确认的套期利得或损失进行摊销，并计入当期损益，但不调整金融资产（或其组成部分）的账面价值。

（2）现金流量套期

现金流量套期，是指对现金流量变动风险敞口进行的套期。该现金流量变动源于与已确认资产或负债、极可能发生的预期交易，或与上述项目组成部分有关的特定风险，且将影响企业的损益。现金流量套期的目的是将套期工具产生的利得或损失递延至被套期的预期未来现金流量影响损益的同一期间或多个期间。

1）现金流量套期的会计处理。

现金流量套期满足运用套期会计方法条件的，应当按照下列规定处理：

一是套期工具产生的利得或损失中属于有效套期的部分,作为现金流量套期储备,计入其他综合收益。现金流量套期储备的金额,应当按照下列两项的绝对额中较低者确定:

①套期工具自套期开始的累计利得或损失;

②被套期项目自套期开始的预计未来现金流量现值的累计变动额。每期计入其他综合收益的现金流量套期储备的金额应当为当期现金流量套期储备的变动额。

二是套期工具产生的利得或损失中属于无效套期的部分(即扣除计入其他综合收益后的其他利得或损失),应当计入当期损益。

2)现金流量套期储备的后续处理。

企业应当按照下列规定对现金流量套期储备进行后续处理:

一是被套期项目为预期交易,且该预期交易使企业随后确认一项非金融资产或非金融负债,或者非金融资产或非金融负债的预期交易形成一项适用于公允价值套期会计的确定承诺时,企业应当将原在其他综合收益中确认的现金流量套期储备金额转出,计入该资产或负债的初始确认金额。

二是对于不属于上述涉及现金流量套期的,企业应当在被套期的预期现金流量影响损益的相同期间,将原在其他综合收益中确认的现金流量套期储备金额转出,计入当期损益。

三是如果在其他综合收益中确认的现金流量套期储备金额是一项损失,且该损失全部或部分预计在未来会计期间不能弥补的,企业应当将预计不能弥补的部分从其他综合收益中转出,计入当期损益。

3)现金流量套期终止时套期储备的处理。

当企业对现金流量套期终止运用套期会计时,在其他综合收益中确认的累计现金流量套期储备金额,应当按照下列规定进行处理:

一是被套期的未来现金流量预期仍然会发生的,累计现金流量套期储备的金额应当予以保留,并按照前述现金流量套期储备的后续处理规定进行会计处理。

二是被套期的未来现金流量预期不再发生的,累计现金流量套期储备的金额应当从其他综合收益中转出,计入当期损益。被套期的未来现金流量预期不再极可能发生但可能预期仍然会发生,在预期仍然会发生的情况下,累计现金流量套期储备的金额应当予以保留,并按照前述现金流量套期储备的后续处理规定进行会计处理。

(3)境外经营净投资套期

境外经营净投资套期,是指对境外经营净投资外汇风险敞口进行的套期。境外经营净投资套期中的被套期风险是指境外经营的记账本位币与母公司的记账本位币之间的折算差额。此外,企业对确定承诺的外汇风险进行套期的,可以将其作为现金流量套期或公允价值套期处理。

对境外经营净投资的套期,包括对作为净投资的一部分进行会计处理的货币性项目的套期,应当按照类似于现金流量套期会计的规定处理:

1)套期工具形成的利得或损失中属于套期有效的部分,应当计入其他综合收益。全部或部分处置境外经营时,上述计入其他综合收益的套期工具利得或损失应当相应转出,计入当期损益。

2)套期工具形成的利得或损失中属于套期无效的部分,应当计入当期损益。

(4)套期关系再平衡的会计处理

企业对套期关系作出再平衡的,应当在调整套期关系之前确定套期关系的套期无效部分,并将相关利得或损失立即计入当期损益。同时,更新在套期剩余期限内预期将影响套期关系的套期无效部分产生原因的分析,并相应更新套期关系的书面文件。

套期关系再平衡可能会导致企业增加或减少指定套期关系中被套期项目或套期工具的数量。企业增加了指定的被套期项目或套期工具的,增加部分自指定增加之日起作为套期关系的一部分进行处理。企业减少了指定的被套期项目或套期工具的,减少部分自指定减少之日起不再作为套期关系的一部分,作为套期关系终止处理。

5. 信用风险敞口的公允价值选择权

准则规定,允许企业可以选择采用以公允价值计量且其变动计入当期损益的方式计量被套期风险敞口的方法替代套期会计。企业使用以公允价值计量且其变动计入当期损益的信用衍生工具管理金融工具(或其组成部分)的信用风险敞口时,可以在该金融工具(或其组成部分)初始确认时、后续计量中或尚未确认时,将其指定为以公允价值计量且其变动计入当期损益的金融工具,并同时作出书面记录,但应同时满足下列条件:

一是金融工具信用风险敞口的主体(如借款人或贷款承诺持有人)与信用衍生工具涉及的主体相一致。

二是金融工具的偿付级次与根据信用衍生工具条款须交付的工具的偿付级次相匹配。

金融工具(或其组成部分)被指定为以公允价值计量且其变动计入当期损益的,企业应当在指定时将其账面价值(如有)与其公允价值之间的差额计入当期损益。如该金融工具是分类为以公允价值计量且其变动计入其他综合收益的金融资产的,企业应当将之前计入其他综合收益的累计利得或损失转出,计入当期损益。

在选择运用针对信用风险敞口(全部或部分)的公允价值选择权之后,同时满足下列条件的,企业应当对金融工具(或其一定比例)终止以公允价值计量且其变动计入当期损益:

一是规定的条件不再适用,例如信用衍生工具或金融工具(或其一定比例)已到期、被出售、合同终止或已行使,或企业的风险管理目标发生变化,不再通过信用衍生工具进行风险管理。

二是金融工具(或其一定比例)按照《企业会计准则第 22 号——金融工具确认和计量》的规定,仍然不满足以公允价值计量且其变动计入当期损益的金融工具的条件。

当企业对金融工具(或其一定比例)终止以公允价值计量且其变动计入当期损益时,该金融工具(或其一定比例)在终止时的公允价值应当作为其新的账面价值。同时,企业应当采用与该金融工具被指定为以公允价值计量且其变动计入当期损益之前相同的方法进行计量。

(二十五)原保险合同准则(Original Insurance Contracts)

保险合同,是指保险人与投保人约定保险权利义务关系,并承担源于被保险人保险风险的协议,其中,保险人是指与投保人订立保险合同,并承担赔偿或者给付保险金责任的保险公司。承担被保险人的保险风险是保险合同的本质特征,是保险合同区别于其他合同的关键。一项合同在认定为保险合同后,在所有的权利和义务未被履行或清偿之前,一直是保险合同,不需要在每个资产负债表日重新进行测试。保险合同分为原保险合同和再保险合同。

1. 原保险合同

(1)原保险合同

原保险合同,是指保险人向投保人收取保费,对约定可能发生的事故因其发生所造成的财产损失承担赔偿保险金责任,或者当被保险人死亡、伤残、疾病或者达到约定的年龄、期限时承担给付保险金责任的保险公司。保险人与投保人签订原保险合同,承担了源于被保险人的保险风险。

确定保险人是否承担了被保险人的保险风险,应当根据保险合同条款判断发生保险事故是否可能导致保险人承担赔付保险金责任。如果发生保险事故可能导致保险人承担赔付保险金责任,则保险人承担了被保险人的保险风险。如果发生保险事故不可能导致保险人承担赔付保险金责任,保险人就没有承担被保险人的保险风险。其中,保险事故是指保险合同约定的保险责任范围内的事故。例如,被保险人死亡、伤残、疾病或者达到约定的年龄、期限仍生存。火灾、爆炸、暴雨、台风、洪水、雷击、泥石流、雹灾、碰撞、自燃等可能造成财产损失的事故,均可在合同中约定作为保险事故。

(2)原保险合同分类

根据保险人在原保险合同延长期内是否承担赔付保险金责任,应将原保险合同分为寿险原保险合同和非寿险原保险合同。

如果保险人在原保险合同延长期内承担赔付保险金责任，该原保险合同为寿险原保险合同。如果保险人在原保险合同延长期内不承担赔付保险金责任，该原保险合同为非寿险原保险合同。通常情况下，定期寿险、终身寿险、两全保险、年金保险、长期健康保险等均属于寿险原保险合同。企业财产保险、家庭财产保险、工程保险、责任保险、信用保险、保证保险、机动车交通事故责任强制保险、船舶保险、货物运输保险、农业保险、短期健康保险和意外伤害保险等均属于非寿险原保险合同。

原保险合同延长期，是指投保人自上一期保费到期日未交纳保费，保险人仍承担赔付保险金责任的期间。原保险合同是否存在延长期取决于保单是否存在现金价值。保单存在现金价值，原保险合同存在延长期，否则，原保险合同不存在延长期。

（3）保险混合合同

保险人与投保人签订的合同，有可能使得保险人既承担保险风险，又承担其他风险，称为保险混合合同。保险人应分别情况进行处理。

保险风险部分和其他风险部分能够区分，并且能够单独计量的，保险人可以将保险风险部分和其他风险部分进行分拆，也可以不进行分拆。保险人将保险风险部分和其他风险部分进行分拆的，保险风险部分应确定为原保险合同，其他风险部分不应确定为原保险合同。

保险人不能将保险风险部分和其他风险部分进行分拆的，应当将整个合同确定为原保险合同。进行重大保险风险测试，并根据不同情况进行会计处理。

（4）重大保险风险测试

保险人签订的保险混合合同，在保险风险部分和其他风险部分不能够区分，或者虽能够区分但不能够单独计量时，应当进行重大保险风险测试。当发生合同约定的保险事故可能导致保险人支付重大附加利益时，说明保险风险重大。此时，应当将整个合同确定为保险合同，按照原保险合同准则、再保险合同准则等进行处理。如果保险风险不重大，不应当将整个合同确定为保险合同，而应当按照《企业会计准则第22号——金融工具确认和计量》和《企业会计准则第37号——金融工具列报》等进行处理。

在进行重大保险风险测试时，保险人应当在合同初始确认日以单项合同为基础进行，如果不同合同的保险同险同质，保险人可以按合同组合为基础进行重大保险风险测试。

2. 原保险合同收入

原保险合同保费收入同时满足下列条件时，才能予以确认：

一是原保险合同成立并承担相应的保险责任。这是指原保险合同已经签订，且原保险合同已经生效。保险人和投保人在签订原保险合同时，通常会约定一个保险责任起讫时间，如果原保险合同签订日和生效日不是同一天，保险人在合同生效日前收到的款项，不应确认为保费收入,而应确认为一笔负债。

二是与原保险合同相关的经济利益很可能流入。这是指与原保险合同相关的保费收回的可能性大于不能收回的可能性,应结合以前和投保人交往的直接经验、投保人的信用和财务状况、其他方面取得的信息等因素,综合进行判断。通常情况下,对于一次性收取保费的原保险合同,签订合同时通常会收到保费,即意味着相关的经济利益已经流入;对于分期收取保费的原保险合同,签订合同时通常会收到第一期保费,其他各期保费尚未收到,因此,其他各期保费是否能够收回,需要保险人进行职业判断。

三是与原保险合同相关的收入能够可靠地计量。保险人签发的原保险合同,保费金额通常已经确定,这表明保费收入金额能够可靠计量。对于非寿险原保险合同和寿险原保险合同,保险人承担的保险风险性质不同,保费计量依据的假设不同,保费收入的计量方法也各不相同。其中:非寿险原保险合同,应根据原保险合同约定的保费总额确定保费收入金额。寿险原保险合同,分期收取保费的,应根据当期应收取的保费确定;对于一次性收取保费的,应根据一次性应收取的保费确定。

3. 原保险合同准备金

原保险合同准备金包括未到期责任准备金、未决赔款准备金、寿险责任准备金和长期健康险责任准备金。其中,未到期责任准备金、未决赔款准备金适用于非寿险原保险合同,寿险责任准备金、长期健康险责任准备金适用于寿险原保险合同,分别由未到期责任准备金和未决赔款准备金组成。未决赔款准备金、寿险责任准备金、长期健康险责任准备金又称为保险责任准备金。

(1)保险合同准备金的计量

保险合同准备金的计量,涉及保险合同准备金的计量单元、合理估计金额的确定、边际的确定、货币时间价值的考虑、保险精算假设的选定等内容。在计量保险合同准备金时,保险人不得计提以平滑收益为目的的巨灾准备金、平衡准本金、平滑准备金等。

1)保险合同准备金的计量单元。

保险人在确定保险合同准备金时,应当确定合理的计量单元。通常情况下,保险人应当将单向保险合同作为一个计量单元。但是,如果保险风险同质,可以组合在一起作为一个计量单元。分组标准在各年度应当保持一致,不得随意变更。

2)合理估计金额的确定。

在计量保险合同准备金时,保险人应当以履行保险合同相关义务所需支出的合理估计金额为基础加以确定。其中,保险人履行保险合同相关义务所需支出,是指由保险合同产生的预期未来现金流出与预期未来现金流入的差额,即预期未来净现金流出。保险人在确定履行保险合同相关义务所需支出的合理估计金额时,应当以资产负债表日可获取的当前信息为基础,按照各种情形的可能结果及相关概率计算确定。

3)边际的确定。

保险合同准备金计量时所指的边际,包括风险调整和剩余边际,属于保险合同准备金的组成部分,在财务报表中不需要分别列示,但应当单独计量并分别在报表附注中进行披露。

风险调整。在所有其他因素相同的情况下,风险调整通常会增加保险合同准备金的计量金额。在每个资产负债表日,保险人应当重新计算风险调整金额,风险调整金额与上一资产负债表日风险调整余额之间的差额,应当计入当期损益。

剩余边际。在保险合同初始确认日,如果保费的预期现值超过了未来现金流出预期现值和风险调整之和的差额,即发生首日利得,保险人应当将其确认为剩余边际,作为保险合同准备金的组成部分;如果保费的预期现值小于未来现金流出预期现值和风险调整之和的差额,即发生首日损失,保险人应当在当期损益中立即予以确认。在后续处理上,应将剩余边际采用直线法进行摊销,计入当期损益。

4)货币时间价值。

在计量保险合同准备金时,保险人应当考虑货币时间价值的影响,对相关未来现金流量进行折现。所采用的折现率,应当以资产负债表日可获取的当前信息为基础确定。其中,对于未来保险利益不受对应资产组合投资收益影响的保险合同,应根据与负债现金流出期限和风险相当的市场利率确定。对于未来保险利益随对应资产组合投资收益变化的保险合同,应根据对应资产组合预期产生的未来投资收益率确定。

5)保险精算假设的选定。

保险精算假设是保险合同准备金计量的重要组成部分,包括保险事故发生率假设、退保率假设、费用假设、保单红利假设等。

(2)未到期责任准备金

未到期责任准备金,是指保险人为尚未终止的非寿险保险责任提取的准备金。在确认保费收入的当期期末,应按照保险精算确定的金额,提取未到期责任准备金,作为保费收入的调整,并确认未到期责任准备金负债。在资产负债表日,应按照保险精算重新计算确定未到期责任准备金金额,与已确认的未到期责任准备金余额存在差额的,应对未到期责任准备金余额进行调整。

(3)未决赔款准备金

未决赔款准备金,是指保险人为非寿险保险事故已发生尚未结案的赔偿提取的准备金,包括已发生已报案未决赔偿准备金、已发生未报案未决赔偿准备金和理赔费用准备金。保险人应当在非寿险保险事故发生的当期,按照保险精算确定的未决赔款准备金额,

提取未决赔款准备金,并确认未决赔款准备金负债。其中:

已发生已报案未决赔偿准备金,是指保险人为非寿险保险事故已发生并已向保险人提出索赔、尚未结案的赔偿提取的准备金,应当反映理赔部门对于理赔模式、赔付支出变化、零赔案、大赔案等问题的经验和判断。

已发生未报案未决赔偿准备金,是指保险人为非寿险保险事故已发生、尚未向保险人提出索赔的赔案提取的准备金。

理赔费用准备金,是指保险人为非寿险保险事故已发生尚未结案的赔案可能发生的律师费、诉讼费、损失检验费、相关理赔人员薪酬等理赔查勘费用提取的准备金。根据与具体赔案之间的关系,理赔费用准备金可分为直接理赔费用准备金和间接理赔费用准备金。直接理赔费用准备金,是指保险人为直接发生于具体赔案的律师费、诉讼费、损失检验费等提取的理赔费用准备金。间接理赔费用准备金,是指保险人为非直接发生于具体赔案的理赔人员薪酬等理赔查勘费用提取的理赔费用准备金。

(4)寿险(长期健康险)责任准备金

寿险责任准备金,是指保险人为尚未终止的人寿保险责任提取的准备金。长期健康险责任准备金,是指保险人为尚未终止的长期健康保险责任准备金。通常情况下,对于定期寿险、终身寿险、两全寿险、年金寿险等原保险合同,保险人应当在确认保费收入的当期,根据保险精算部门确定的寿险责任准备金确认寿险责任准备金负债;对于长期健康保险等原保险合同,保险人应当在确认保费收入的当期,根据保险精算部门确定的长期健康险责任准备金确认长期健康险责任准备金负债。

(5)保险责任准备金充足性测试

保险人应当至少于每年年度终了,以掌握的有关资料为依据,选择恰当的方法对保险责任准备金进行充足性测试。如果保险人按照保险精算重新计算确定的相关保险责任准备金金额超过充足性测试日已确认的相关保险责任准备金余额的,应当按照其差额补提相关保险责任准备金;小于充足性测试日已确认的相关保险责任准备金余额的,不调整相关保险责任准备金。

(6)原保险合同提前解除

原保险合同提前解除的,保险人应当按照原保险合同约定计算确定应退还投保人的金额,作为退保费,计入当期损益。原保险合同提前解除时,保险人应当分别不同的原保险合同进行处理。

对于非寿险原保险合同,投保人在保险责任开始后要求提前解除原保险合同的,保险人可以收取自保险责任开始之日起至合同解除之日止期间的保险费,剩余部分应当退还投保人,即为退保费。投保人在保险责任开始前要求提前解除原保险合同的,投保人应当向保险人支付手续费，保险人应当退还保险费。同时，保险人应在非寿险原保险合同提前解除时，转销相关的尚未赚取的保费收入，即转销相关未到期责任准备金余额。一般不存在转销相关的未决赔款准备金余额情况。

对于寿险原保险合同，投保人在保险责任开始后提前解除原保险合同的，如果在犹豫期内，保险人应当在扣除手续费后退还保险费，退还的保险费作为退保费，应直接冲减保费收入。如果超过了犹豫期，保险人应当按照合同约定退还保险单的现金价值，保险人退还的保险单的现金价值即为退保费，应计入退保金。同时，保险人应在寿险原保险合同提前解除时，转销已确认的相关寿险责任准备金、长期健康险责任准备金。

4. 原保险合同成本

原保险合同成本，是指原保险合同发生的、会导致所有者权益减少的、与向所有者分配利润无关的经济利益的总流出。原保险合同成本主要包括发生的手续费或佣金支出、赔付成本，以及提取的未决赔款准备金、寿险责任准备金、长期健康险责任准备金等。

（1）保单取得成本

保单取得成本，是指保险人在取得原保险合同过程中发生的支出，包括发生的手续费或佣金支出、保单签订费、医药费、检查费等。保单取得成本发生时计入当期损益。

取得成本分为增量保单取得成本和非增量保单取得成本。其中：

增量保单取得成本，是指保险人如果不出售、签发保险合同就不会发生的保险合同的出售、签发成本，应当作为保险合同准备金负债的组成部分。

非增量保单取得成本，是指除增量保单取得成本以外的保单的取得成本，应当在发生时计入当期损益。

（2）赔付成本

赔付成本包括保险人支付的赔款、给付，以及在理赔过程中发生的律师费、诉讼费、损失检验费、相关理赔人员薪酬等理赔费用。

1）支付赔付款。

对于非寿险原保险合同，保险人在发生保险事故当期，已经根据保险精算部门计算确定的未决赔款准备金金额，确认了保险责任准备金（未决赔款准备金）负债，同时确认提取保险责任准备金，计入当期损益。保险人在确定了实际应支付赔偿款项金额的当期，首先应将确定支付的赔偿款项金额计入当期赔付支出；其次，应按照确定支付的赔偿款项金额，冲减相应的保险责任准备金（未决赔款准备金）余额，不足部分计入当期损益。保险人在保险事故发生后较短的时间内即能够结案定损的，保险人不需要先确认未决赔款准备金，再予以转销，而可以直接将确定支付的赔付款项金额计入当期损益。

对于寿险原保险合同，保险人在确认保费收入当期，已经根据保险精算部门计算确定的寿险责任准备金、长期健康险责任准备金金额，确认了保险责任准备金（寿险责任准备金、长期健康险责任准备金）负债，同时确认提取保险责任准备金，计入当期损益。保险人在确定了实际支付给付款项金额的当期，首先应当将确定支付的给付款项金额，计入当期赔付支出；其次，应当按照确定支付的给付款项金额，冲减相应的保险责任准备金（寿险责任准备金、长期健康险责任准备金）余额，不足部分计入当期损益。

2）理赔费用。

保险人发生的律师费、诉讼费、损失检验费、相关理赔人员薪酬等理赔费用，应当在实际发生的当期计入赔付支出，同时冲减相应的保险责任准备金（未决赔款准备金、寿险责任准备金、长期健康险责任准备金）余额。

3）损余物资。

损余物资，是指保险人对非寿险保险事故承担赔偿保险金责任后取得的原保险标的受损后的财产。保险人取得的损余物资是对其发生赔付支出的补偿。在确认损余物资时，应当按照同类或类似资产的市场价格计算确定的金额确认为资产，同时冲减赔付支出。处置损余物资时，收到的金额与相关损余物资账面价值的差额，应当调整当期赔付支出。

4）代位追偿款。

代位追偿款，是指保险人承担赔偿保险金责任后，依法从被保险人取得代位追偿权向第三者责任人索赔而应取得的赔款。保险人确认的应收代位追偿款，其实质是对保险人发生的赔付支出的补偿，在确认时应当冲减赔付支出。收到应收代位追偿款时，保险人应当按照收到的金额与相关应收代位追偿款账面价值的差额，调整当期赔付支出。

（二十六）再保险合同准则（Reinsurance Contracts）

1. 再保险合同

再保险合同，是指一个保险人（再保险分出人）分出一定的保费给另一个保险人（再保险接受人），再保险接受人对再保险分出人由原保险合同所引起的赔付成本及其他相关费用进行补偿的保险合同。

（1）再保险合同的特征

再保险合同属于保险合同，与原保险合同相比较，具有以下特征：

1）再保险合同是保险人与保险人之间签订的合同，一方为再保险分出人，另一方为再保险接受人。根据再保险合同，再保险分出人有义务向再保险接受人支付一定保费，同时有权利就其由原保险合同所引起的赔付成本及其他相关费用从再保险接受人获得补偿；再保险接受人有权利向再保险分出人收取一定保费，同时有义务对再保险分出人由原保险合同所引起的赔付成本及其他相关费用进行补偿。

2）再保险合同是补偿性合同。再保险合同的标的是再保险分出人所承担的保险责任。再保险合同不具有直接对原保险合同标的进行赔偿或给付的性质，而是对于原保险合同标的发生保险事故所产生的损失，先由再保险分出人全额进行赔偿或给付，再将应由再保险接受人承担的部分摊回，然后由再保险接受人向再保险分出人进行补偿。

3）再保险合同独立于原保险合同。一方面，再保险合同的再保险接受人与原保险合同的投保人和保险受益人之间不发生任何法律或业务关系，再保险合同的再保险接受人无权向原保险合同的投保人收取保费，原保险合同的保险受益人无权直接向再保险合同的再保险接受人提出索赔要求。另一方面，原保险合同的保险人不得以再保险接受人不对其履行补偿义务为借口而拒绝、减少或延迟履行其对保险受益人的赔偿或给付义务。

（2）再保险合同基本业务

再保险合同包括分出业务和分入业务，其构成了再保险合同的一个整体。即再保险合同，从分出人的角度，属于分出业务；从接受人的角度，属于分入业务。

再保险分出业务，涉及分出保费、摊回分保手续费、摊回赔付成本等基本业务。再保险分出人因转嫁保险风险责任向再保险接受人支付一定的保费，称为分出保费或再保险费；同时，再保险分出人在销售原保险保单以及维护和管理保险业务过程中发生了的费用，相应向再保险接受人摊回一部分费用予以补偿，由再保险接受人支付给再保险分出人，称为摊回分保手续费。当被保险人发生保险责任范围内的保险事故时，再保险分出人按原保险合同约定负责向保险受益人提供赔偿或给付，再将应由再保险接受人承担的份额摊回，称为摊回赔付成本。

与再保险分出业务相对应，再保险分入业务涉及收取分保费、支付分保手续费、支付分保赔付款等基本业务。

保险人之间履行再保险合同的约定、办理再保险业务和进行再保险资金结算的主要凭据是分保业务账单。分保业务账单一般由再保险分出人按季度编制。为了减少付款次数和不必要的汇款费用，再保险合同双方通常约定按照账单上各项应收应付款相抵后的净额结算。

（3）再保险合同分类

再保险合同按自留额和分保额计算基础的不同，可分为比例再保险合同和非比例再保险合同。自留额是指再保险分出人对于每一危险单位或一系列危险单位的责任或损失，承担自负责任的限额；分保额是指对于再保险分出人每一危险单位或一系列危险单位的责任或损失，再保险接受人承担分保责任的限额。

1）比例再保险合同。是指以原保险合同保险金额为自留额和分保额计算基础的一种再保险合同。该种再保险方式下，再保险分出人与再保险接受人按照保险金额的一定比例分担责任，并按此比例分出保费和分摊赔付款。比例再保险合同又分为成数再保险合同和溢额再保险合同。

成数再保险合同，签约双方一般对某种业务的每一危险单位自留额和分保额约定固定的比例，再保险分出人对约定的业务，一律按分保比例向再保险接受人分出保费和摊回赔付款。成数再保险合同有时还约定再保险接受人所承担分保额的最高限额。

溢额再保险合同，签约双方一般约定再保险分出人对某种业务每一危险单位保险金额自己所承担的自留额，当保险金额超出自留额时，超出部分（溢额）由再保险接受人承担，但再保险接受人承担的溢额不超过合同约定的最高限额。

2）非比例再保险合同。是指以再保险分出人赔付款金额（实际损失）为自留额和分保额计算基础的一种再保险合同。该种再保险方式下，再保险分出人与再保险接受人并不是按比例分配相关的保费和赔付款，而通常先规定再保险分出人自己承担的赔付限额（赔款限额或赔付率限额）和再保险接受人承担的最高赔付限额。再保险分出人按合同规定在期初向再保险接受人预付一定的保费，合同责任期满后再对预付保费进行调整；当原保险发生保险事故后的赔付金额或全年赔付率不超过再保险分出人自负责任限额时，相关损失由再保险分出人自行承担；对于超过自负责任限额部分的赔付款由再保险接受人承担，但不超过约定应承担的最高限额。

非比例再保险是在比例再保险承担补偿责任以后才承担补偿责任的再保险。非比例再保险合同分为超额赔款再保险合同和赔付率超赔再保险合同。

超额赔款再保险合同一般约定，以再保险分出人每一危险单位所发生的赔款金额或者一次巨灾事故中多数危险单位的责任累积赔款为基础，确定再保险分出人的自负责任限额和再保险接受人承担的分保限额，自负责任限额以内的损失由再保险分出人自行承担，超过自负责任限额以上的损失由再保险接受人负担最高限额内的部分。

赔付率超赔再保险合同一般约定，按再保险分出人年度赔付率为基础计算自负责任额和分保责任额，当再保险分出人赔付率超过规定赔付率时，超过部分的赔付款由再保险接受人负担至一定的限额。

2. 分出业务

分出业务的会计处理主要包括应收分保准备金、分出保费及摊回成本费用、预收赔款和存入分保保证金等。

（1）应收分保准备金

准则规定，再保险分出人不应将再保险合同形成的资产与有关原保险合同形成的负债相互抵销。"原保险合同形成的负债"主要指再保险分出人对原保险合同提取的各项准备金;"再保险合同形成的资产"主要指再保险分出人对再保险合同确认的各项应收分保准备金。

在签订再保险合同的情况下,再保险分出人提取相关原保险合同各项准备金(未到期责任准备金除外)确认应付保险受益人负债的同时,也产生了向再保险接受人收取补偿金额的权利,该权利所带来的经济利益很可能流入保险人并且权利金额能够可靠地计量,符合资产要素的定义及确认条件,应当确认为应收分保准备金资产。需要说明的是,应收分保未到期责任准备金属于分出的未赚保费,本质上不属于预期从再保险接受人处获得补偿的权利金额。

应收分保准备金的确认应符合与有关原保险合同准备金不相互抵销的要求,即再保险分出人不应仅以各项原保险合同准备金扣除相关应收分保准备金后的金额列示于资产负债表。再保险分出人应在资产负债表中全额列示原保险合同各项准备金,以全面、真实反映其对原保险合同保险受益人的负债情况,同时将各项应收分保准备金作为资产单独列示,以真实反映其对再保险接受人应有的债权。

1)应收分保准备金的确认。再保险分出人应当在确认非寿险原保险合同保费收入的当期,按照相关再保险合同的约定,计算确认相关的应收分保未到期责任准备金资产,并冲减提取未到期责任准备金。再保险分出人应在提取原保险合同未决赔款准备金、寿险责任准备金、长期健康险责任准备金的当期,按照相关再保险合同的约定,计算确定应向再保险接受人摊回的相应准备金,确认为相应的应收分保准备金资产。

2)应收分保准备金账面余额调整。在资产负债表日,再保险分出人按照保险精算重新计算确定的未到期责任准备金金额与已提取的未到期责任准备金余额的差额调整未到期责任准备金余额时,应相应调整应收分保未到期责任准备金和提取未到期责任准备金的账面余额。再保险分出人对未决赔款准备金、寿险责任准备金、长期健康险责任准备金进行充足性测试而补提相关准备金时,应按照相关再保险合同约定计算确定相关应收分保准备金的增加金额,调整增加相关应收分保准备金和摊回责任准备金的账面余额。

3)应收分保准备金的冲减或转销。再保险分出人在确定支付赔偿款项或实际发生理赔费用而冲减原保险合同未决赔款准备金、寿险责任准备金、长期健康险责任准备金余额的当期,应按照相关再保险合同约定计算确定相关应收分保准备金的相应冲减金额,冲减相关应收分保准备金和摊回责任准备金的账面余额。再保险分出人应在原保险合同提前解除而转销相关未到期责任准备金、寿险责任准备金、长期健康险责任准备金余额的当期,转销相关应收分保准备金余额。

（2）分出保费及摊回款项

本准则规定，再保险分出人不应将再保险合同形成的收入或费用与有关原保险合同形成的费用或收入相互抵销。"再保险合同形成的收入"指再保险分出人按照再保险合同约定向再保险接受人摊回的准备金、分保费用、赔付成本等；"再保险合同形成的费用"指再保险分出人按照再保险合同约定向再保险接受人分出的保费等。即分出保费及摊回款项与有关原保险合同收入或费用不得相互抵销，再保险合同分出业务的分出保费不应直接计入原保险合同保费收入的借方进行抵减，再保险合同分出业务摊回准备金、摊回赔付成本、摊回分保费用不应直接计入原保险合同提取准备金、赔付成本、手续费支出等的贷方进行抵减，均应单独确认并在利润表中分别列报。

1）分出保费、摊回分保手续费及摊回赔付成本的处理。

再保险分出人应当在确认原保险合同保费收入的当期，按照相关再保险合同的约定，计算确定分出保费和应向再保险接受人摊回的分保费用，计入当期损益。再保险分出人应当在确定支付赔付款项金额或实际发生理赔费用而冲减原保险合同相应准备金余额的当期，冲减相应的应收分保准备金余额；同时，按照相关再保险合同的约定，计算确定应向再保险接受人摊回的赔付成本，计入当期损益。

再保险分出人对分出保费、摊回分保手续费、摊回赔付成本进行调整时，应将调整金额计入调整当期的损益。主要有以下几种情况：

一是再保险分出人应当在原保险合同提前解除的当期，按照相关再保险合同的约定，计算确定分出保费、摊回分保费用的调整金额，计入当期损益。

二是再保险分出人应当在因取得和处置损余物资、确认和收到应收代位追偿款等而调整原保险合同赔付成本的当期，按照相关再保险合同的约定，计算确定摊回赔付成本的调整金额，计入当期损益。

三是再保险分出人与再保险接受人约定采用浮动（或累进）分保手续费方式下，再保险分出人依据合同规定在能够计算确定实际分保手续费率而调整分保手续费时，应将调整金额计入当期损益。再保险分出人确认入账的分保手续费调整金额应为经再保险接受人确认一致后的金额。

2）纯益手续费的处理。

再保险分出人应当根据相关再保险合同的约定，在能够计算确定应向再保险接受人收取的纯益手续费时，将该项纯益手续费作为摊回分保费用计入当期损益。

纯益手续费只有再保险接受人实际上有"纯益"时才给付。纯益手续费只有在能够可靠计量时，纯益手续费收入才予以确认。

3）非比例再保险合同分出保费、摊回赔付成本的处理。

对于超额赔款再保险等非比例再保险合同，再保险分出人应当根据再保险合同的约定，计算确定分出保费，计入当期损益。再保险分出人调整分出保费时，应当将调整金额计入当期损益。再保险分出人应当在能够计算确定应向再保险接受人摊回的赔付成本时，将该项应摊回的赔付成本计入当期损益。

（3）预收赔款和存入分保保证金

1）预收赔款的处理。

再保险分出人收到再保险接受人预付的现金赔款时，借记"银行存款"科目，贷记"预收赔付款"科目；发出分保业务账单时，按照账单中转销的现金赔款金额，借记"预收赔付款"科目，贷记"应收分保账款"科目。

2）存入分保保证金的处理。

分保保证金是再保险分出人从应付给再保险接受人的分保费中以一定比例扣存，作为再保险接受人履行分保未了责任的保证金。该保证金留存期一般为12个月，至次年同期归还，归还时要支付利息。在再保险合同约定再保险分出人扣存分保保证金的情况下，相关分保业务账单借方栏中会增加"扣存分保保证金"项目，贷方栏中会增加"转回上年度扣存的分保保证金""分保保证金利息"等项目。再保险分出人应当在发出分保业务账单时，依据账单标明的相关金额进行会计处理。再保险分出人对于存入分保保证金，应当按期计提利息。

3. 分入业务

（1）分保费收入及分保费用

分保费收入同时满足下列条件的才能予以确认：一是再保险合同成立并承担相应保险责任。二是与再保险合同相关的经济利益很可能流入。一般情况下，如果再保险分出人信用良好，能够按照合同规定如期发送分保业务账单，并能够按约定及时进行分保往来款项的结算，则意味着与再保险合同相关的经济利益很可能流入再保险接受人。三是与再保险合同相关的收入能够可靠地计量。再保险接受人在判断"与再保险合同相关的收入能够可靠地计量"条件时有两种情况：

①再保险接受人可以在每一会计期间对该期间的分保费收入金额做出合理估计。如果分保费收入确认的其他条件均满足，再保险接受人应在每一会计期间按照估计金额确认当期分保费收入，并按照再保险合同约定计算确认当期分保费用，待后期收到该期间的分保业务账单时，再按照账单标明的金额进行调整，将调整金额计入调整当期的损益。按账单金额调整估计金额属于资产负债表日后事项的，按《企业会计准则第29号——资产负债表日后事项》进行处理。

②再保险接受人只有收到分保业务账单时才能对分保费收入进行可靠计量。如果分

保费收入确认的其他条件均满足,再保险接受人应当于收到分保业务账单时根据账单标明的金额确认分保费收入及相关的分保费用。

(2)纯益手续费的处理

再保险接受人应当根据相关再保险合同的约定,在能够计算确定应向再保险分出人支付的纯益手续费时,将该项纯益手续费作为分保费用,计入当期损益。再保险接受人确认入账的纯益手续费支出金额应为经双方确认一致后的金额。

(3)分保赔付成本

再保险接受人确认分保赔付成本的会计处理与保险人确认原保险合同赔付成本的会计处理相类似,即再保险接受人应当在收到分保业务账单的当期,按照账单标明的分保赔付款项金额,作为分保赔付成本,计入当期损益;同时,冲减相应的分保准备金余额。

(4)预付赔款和存出分保保证金

1)预付赔款的处理。再保险接受人向再保险分出人预付的现金赔款,应当在支付预付赔款时,借记"预付赔付款"科目,贷记"银行存款"科目;收到分保业务账单时,按照账单上转销的赔款,借记"应付分保账款"科目,贷记"预付赔付款"科目。

2)存出分保保证金的处理。再保险接受人应当在收到分保业务账单时,依据账单标明的相关金额进行存出分保保证金的会计处理。再保险接受人对存出的分保保证金,应当按期计提利息。

(二十七)石油天然气开采准则(Exploitation of Petroleum and Natural Gas)

石油天然气生产经营活动具有高投入、高风险、投资回收期长、油气储量发现成本与发现储量的价值之间不存在密切相关关系等特点。油气开采活动包括矿区权益的取得以及油气的勘探、开发和生产等阶段。油气开采活动以外的油气储存、集输、加工和销售等业务的会计处理,适用其他相关会计准则。

1. 石油天然气开采会计核算的特点

石油天然气开采(以下简称"油气开采")的会计核算以矿区为基础。矿区是计提折耗、进行减值测试等活动的成本中心。

(1)矿区

矿区是指企业开展油气开采活动所处的区域,具有相同的油藏地质构造或储层条件,以及独立的压力系统和独立的集输系统,可作为独立的开发单元。矿区的划分应遵循以下原则:

1)一个油气藏可作为一个矿区;

2）若干相邻且地质构造或储层条件相同或相近的油气藏可作为一个矿区；

3）一个独立集输计量系统为一个矿区；

4）一个大的油气藏分为几个独立集输系统并分别计量的，可以相应分为几个矿区；

5）采用重大、新型采油技术并工业化推广的区域可作为一个矿区；

6）一般而言，划分矿区应优先考虑国家的不同，在同一地理区域内不得将分属不同国家的作业区划分在同一个矿区或矿区组内。

（2）油气资产

从事油气开采的企业所拥有或控制的井及相关设施和矿区权益统称油气资产。油气资产包括取得探明经济可采储量的成本、暂时资本化的未探明经济可采储量的成本、全部油气开发支出以及预计的弃置成本，反映了企业在油气开采活动中取得的油气储量以及利用这些储量生产原油或天然气的设施的价值。油气资产是油气生产企业最重要的资产，其价值在企业总资产中所占的份额相当大。

油气资产是一种递耗资产。油气开采企业通过计提折耗，将油气资产的价值随着开采工作的开展逐渐转移到所开采的产品成本中。油气资产折耗是油气资源实体上的直接耗减，折耗费用是产品成本的直接组成部分。

（3）准则的适用

为了开采油气，企业往往要增置一些附属的辅助设备和设施，如增设房屋、机器等。按照本准则的规定，这类固定资产应计提折旧，而不是计提折耗。

处于勘探活动中的矿区权益，应当按照本准则进行处理；处于勘探活动开始前和结束后的矿区权益，应按其他相关准则进行处理。

石油天然气以外的采掘业企业的勘探和评价活动参照本准则执行，其他活动应该按照相关准则进行处理。

2. 矿区权益

矿区权益，是指企业取得的在矿区内勘探、开发和生产油气的权利。分为探明矿区权益和未探明矿区权益。探明矿区，是指已发现探明经济可采储量的矿区；未探明矿区，是指未发现探明经济可采储量的矿区。探明经济可采储量，是指在现有技术和经济条件下，根据地质和工程分析，可合理确定的能够从已知油气藏中开采的油气数量。

（1）矿区取得支出

矿区取得支出是指为了取得一个矿区的探矿权和采矿权（包括未探明和已探明）而发生的购买、租赁支出，包括探矿权价款、采矿权价款、土地使用权、签字费、租赁定金、购买支出、咨询顾问费、审计费以及与获得矿区有关的其他支出。为取得矿区权益而发生的成本应当在发生时予以资本化。

1）初始计量。

企业取得的矿区权益，应当按照取得时的成本进行初始计量：

①申请取得矿区权益的成本包括探矿权使用费、采矿权使用费、土地或海域使用权支出、中介费以及可直接归属于矿区权益的其他申请取得支出。

②购买取得矿区权益的成本包括购买价款、中介费以及可直接归属于矿区权益的其他购买取得支出。

矿区权益取得后发生的探矿权使用费、采矿权使用费和租金等维持矿区权益的支出，应当计入当期损益。

2）后续计量。

企业应当采用产量法或年限平均法对探明矿区权益计提折耗。采用产量法计提折耗的，折耗额可按照单个矿区计算，也可按照若干具有相同或类似地质构造特征或储层条件的相邻矿区所组成的矿组计算。计算公式如下：

探明矿区权益折耗额 = 探明矿区权益账面价值 × 探明矿区权益折耗率

探明矿区权益折耗率 = 探明矿区当期产量 ÷（探明矿区期末探明经济可采储量 + 探明矿区当期产量）

3）减值。

企业对于矿区权益的减值，按照《企业会计准则第8号——资产减值》处理，应当分别不同情况确认减值损失。

对于未探明矿区权益，应当至少每年进行一次减值测试。单个矿区取得成本较大的，应当以单个矿区为基础进行减值测试，并确定未探明矿区权益减值金额。单个矿区取得成本较小且与其他相邻矿区具有相同或类似地质构造特征或储层条件的，可按照若干具有相同或类似地质构造特征或储层条件的相邻矿区所组成的矿组进行减值测试。未探明矿区权益公允价值低于账面价值的差额，应当确认为减值损失，计入当期损益。未探明矿区权益减值损失一经确认，不得转回。

（2）未探明矿区会计处理

1）转为探明矿区。未探明矿区（组）内发现探明经济可采储量，而将未探明矿区（组）转为探明矿区（组）的，应当按照其账面价值转为探明矿区权益。

2）放弃。未探明矿区因最终未能发现探明经济可采储量而放弃的，应当按照放弃时的账面价值转销未探明矿区权益，并计入当期损益。因未完成义务工作量等因素导致发生的放弃成本，计入当期损益。

（3）矿权权益转让

1）探明矿区权益的转让。

①转让全部探明矿区权益。企业应将转让所得与矿区权益账面价值之间的差额计入当期损益。

②转让部分探明矿区权益。按照转让权益和保留权益的公允价值比例，计算确定已转让部分矿区权益账面价值，转让所得与已转让矿区权益账面价值的差额计入当期损益。

2）未探明矿区权益转让。

①转让全部未探明矿区权益。其中：

单独计提减值准备的，转让所得与未探明矿区权益账面价值的差额，计入当期损益。

以矿区组为基础计提减值准备的，如果转让所得大于未探明矿区权益的账面原值，应将其差额确认为收益；如果转让所得小于矿区账面原值，将转让所得冲减矿区组权益的账面价值，冲减至零为止。

②转让部分未探明矿区权益。其中：

单独计提减值准备，如果转让所得大于矿区权益账面价值，将其差额计入当期损益；如果转让所得小于矿区权益账面价值，以转让所得冲减矿区权益账面价值，不确认损益。

以矿区组为基础计提减值准备的，如果转让所得大于未探明矿区权益的账面原值，企业应将其差额计入收益；如果转让所得小于该未探明矿区权益的账面原值，企业应将转让所得冲减矿区组的账面价值，冲减至零为止。

转让该矿区组最后一个未探明矿区的剩余矿区权益时，转让所得与未探明矿区权益账面价值的差额，计入当期损益。

3. 油气勘探

油气勘探，是指为了识别勘探区域或探明油气储量而进行的地质调查、地球物理勘探、钻探活动以及其他相关活动。

（1）油气勘探支出

油气勘探支出是指为了识别可以进行勘查的区域和对特定区域探明或进一步探明油气储量而发生的地质调查、地球物理勘探、钻探探井和勘探型详探井、评价井和资料井以及维持未开发储量而发生的支出。勘探支出可能发生在取得有关矿区之前，也可能发生在取得矿区之后。

油气勘探支出包括钻井勘探支出和非钻井勘探支出。钻井勘探支出主要包括钻探区域探井、勘探型详探井、评价井和资料井等活动发生的支出，按是否发现探明经济可采储量分别进行会计处理；非钻井勘探支出主要包括进行地质调查、地球物理勘探等活动发生的支出，在发生时计入当期损益。

（2）会计处理的基本原则

根据油气准则规定，钻井勘探支出在完井后，应分别以下情况处理：

1) 确定该井发现了探明经济可采储量的，应将钻探该井的支出结转为井及相关设施成本。

2) 确定未发现探明经济可采储量的，应将钻探该井的支出费用化，扣除净残值后计入当期损益，钻井勘探支出已费用化的探井又发现了探明经济可采储量的，已费用化的钻井勘探支出不作调整，重新钻探和完井发生的支出应当予以资本化。

3) 完井时无法确定是否发现了探明经济可采储量的，应暂时资本化，但暂时资本化时间不应超过1年。

4) 完井1年后仍无法确定是否发现了探明经济可采储量的，应将暂时资本化的支出全部计入当期损益，除非同时满足以下条件：

①该井已发现足够数量的储量，但要确定是否属于探明经济可采储量，还需实施进一步的勘探活动；

②进一步的勘探活动已在实施中或已有明确计划并即将实施。其中，"已有明确计划"是指企业已在其内部管理活动中通过了该计划的实施，例如已拨付资金、已制定出明确的时间表或实施计划并对所涉及人员进行了传达。

5) 直接归属于发现了探明经济可采出量的有效井段的钻井勘探支出结转为井及相关设施；无效井段支出计入当期损益。

4. 油气开发

油气开发，是指为了取得探明矿区中的油气而建造或更新井及相关设施的活动。

（1）油气开发支出

油气开发支出是发生于为了获得探明储量中的油气和建造或更新用于采集、处理和现场储存油气的设施而发生的支出，包括开采探明储量的开发井的成本和生产设施的支出，这些生产设施诸如矿区输油管、分离器、处理器、加热器、储罐、提高采收率系统和附近的天然气加工设施。油气开发形成的井及相关设施的成本主要包括：

1) 钻前准备支出。包括前期研究、工程地质调查、工程设计、确定井位、清理井场、修建道路等活动发生的支出。

2) 井的设备购置和建造支出。井的设备包括套管、油管、抽油设备和井口装置等，井的建造包括钻井和完井。

3) 购建提高采收率系统发生的支出。

4) 购建矿区内集输设施、分离处理设施、计量设备、储存设施、各种海上平台、海底及陆上电缆等发生的支出。

（2）油气开发支出与油气勘探支出的划分

在探明矿区内，钻井至现有已探明层位的支出，作为油气开发支出；为获取新增探明经济可采储量而继续钻至未探明层位的支出，作为钻井勘探支出。

（3）会计处理的基本原则

油气开发支出，应当根据其用途分别予以资本化，作为油气开发形成的井及相关设施的成本。

5. 油气生产

油气生产，是指将油气从油气藏提取到地表，以及在矿区内收集、拉运、处理、现场储存和矿区管理等活动。

（1）油气生产成本

油气生产成本是指在油田把油气提升到地面，并对其进行收集、拉运、现场处理加工和储存的活动成本。这里所指的"生产成本"，并非取得、勘探、开发和生产过程中的所有成本，而是在井上进行作业和井的维护中所发生的相关成本。油气的生产成本包括相关矿区权益折耗、井及相关设施折耗、辅助设备及设施折旧以及操作费用等。

操作费用包括油气生产和矿区管理过程中发生的直接和间接费用。这些直接费用包括在井和设施上进行作业的人工费用、修理和维护费用、消耗的材料和供应品等，间接费用包括相关税费等。

（2）油气生产设施的会计处理

与油气生产活动相关的地震设备、建造设备、车辆、修理车间、仓库、供应站、通信设备、办公设施等辅助设备及设施，应当按照《企业会计准则第4号——固定资产》处理。

（3）油气资产折耗

上述矿区取得支出、油气勘探支出、油气开发支出，以及油气生产设施中，按照准则规定予以资本化的，应采用产量法或年限平均法计提折耗，并将计提的折耗计入油气生产成本。

产量法，又称单位产量法。按照产量法对油气资产计提折耗时，对矿区权益以探明经济可采储量为基础计提折耗，对井及相关设施以探明已开发经济可采储量为基础计提折耗，反映了该类资产价值损耗的特点。

年限平均法是将资本化支出均衡地分摊到各会计期间，每期油气资产折耗额相等。如果各期间油气产量相对比较稳定，按照年限平均法与按照产量法计提的油气资产折耗无显著差异。

采用产量法计提折耗的，折耗额可按照单个矿区计算，也可按照若干具有相同或类似地质构造特征或储层条件的相邻矿区所组成的矿区组计算。计算公式如下：

矿区井及相关设施折耗额 = 期末矿区井及相关设施账面价值 × 矿区井及相关设施折耗率

矿区井及相关设施折耗率 = 矿区当期产量 ÷（矿区期末探明已开发经济可采储量 + 矿区当期产量）

其中：探明已开发经济可采储量，包括矿区的开发井网钻探和配套设施建设完成后已全面投入开采的探明经济可采储量，以及在提高采收率技术所需的设施已建成并已投产后相应增加的可采储量。

6. 弃置义务

企业承担的矿区废弃（指矿区内的最后一口井停产）处置义务，满足《企业会计准则第13号——或有事项》中预计负债确认条件的，应当将该义务确认为预计负债，并相应增加井及相关设施的账面价值。不符合预计负债确认条件的，在废弃时发生的拆卸、搬移、场地清理等支出，应当计入当期损益。

在计入井及相关设施原价并确认为预计负债时，企业应在油气资产的使用寿命内，采用实际利率法确定各期间应负担的利息费用。

企业应在油气资产的使用寿命内的每一资产负债表日对弃置义务和预计负债进行复核。如必要，企业应对其进行调整，使之反映当前最合理的估计。

7. 油气资产减值

油气资产的减值处理，应遵循以下规定：

1）探明矿区权益、井及相关设施、辅助设备及设施的减值，按照《企业会计准则第8号——资产减值》处理。油气资产以矿区或矿区组作为资产组，按此进行减值测试、计提减值准备。

2）未探明矿区权益的减值应按照油气准则的规定，分别以下情况处理：

①按照单个矿区进行减值测试并计提准备的，除应每年进行减值测试外，其处理与《企业会计准则第8号——资产减值》规定的其他长期资产减值相同。

②按照矿区组进行减值测试并计提准备的，该减值损失不在不同的单个矿区权益之间进行分配，因为未探明的矿区权益中包含很大风险，分配到单个矿区没有实际意义。应当按照《企业会计准则第8号——资产减值》处理。

8. 产品分成合同

为了合理分担投资，规避各种政治、经济和经营风险，共享专有技术，提高开采效益，油气开采行业形成了不同形式的联合作业模式，共同开发油气资源。其中，产品分成合同是目前广泛采用的一种联合作业模式，这也是目前我国石油天然气资源对外合作经营的主要模式。

在产品分成合同模式下，通常在合同各方间订立的联合作业协议中指定一方为作业者。作业者按照合同各方的意图，管理合同矿区的日常生产经营作业活动，并负责设立联合账簿，根据合同中规定的程序和要求进行核算。联合账簿的目的是为了向合同各方提供筹资、成本、投资回收与分配的会计信息，以满足合同各方以及相关政府部门的需要。联合作业矿区不具有法人资格，其报告内容主要是反映合作矿区的资产和负债状况。

从实质上看，产品分成合同模式下的合同矿区应归属于共同控制资产。合同各方对联合账簿的投入，按照自营油田的会计处理原则，确认在联合账簿中享有的油气资产份额和应承担的份额费用；从合同矿区取得的油气收入，均作为油气销售收入处理。共同控制资产的处理，可参照"长期股权投资准则"中有关共同控制资产的内容。

（二十八）会计政策、会计估计变更和差错更正准则（Changes of Accounting Policies and Accounting Estimate and Error Correction）

1. 会计政策

会计政策是指企业在会计确认、计量和报告中所采用的原则、基础和会计处理方法。一般情况下，企业采用的会计政策，在每一个会计期间和前后各期应保持一致，不得随意变更，否则将影响会计信息的可比性。

（1）会计政策的特点

会计政策具有三个方面的特点：一是会计政策的选择性。即在准则允许的会计原则、计量基础和会计处理方法中做出指定或具体选择。二是会计政策应在会计准则规定的范围内选择。即企业在发生某项经济业务时，必须从允许的会计原则、计量基础和会计处理方法中选择出适合自身特点的会计政策。三是会计政策的层次性。包括会计原则、计量基础和会计处理方法三个层次。三者是一个密不可分的整体，通过这个整体，会计政策才能得以应用和落实。

（2）会计政策重要性与披露

企业应披露采用的重要会计政策，不具有重要性的会计政策可以不予披露。企业应考虑与会计政策相关项目的性质和金额对会计政策的重要性进行判断。以下会计政策应予披露：

1）发出存货的计量。

2）长期股权投资的后续计量。

3）投资性房地产的后续计量。

4）固定资产的初始计量。

5）生物资产的初始计量。

6）无形资产的确认。

7）非货币性资产交换的计量。

8）借款费用的处理。

9）合并政策。即编制合并财务报表所采用的原则。

（3）会计政策变更

会计政策变更是指企业对相同的交易或事项由原来采用的会计政策改用另一会计政策的行为。对会计政策变更的认定，直接影响会计处理方法的选择，企业应对此做出正确认定。会计政策变更包括两种情形：

一是法律法规或者国家统一的会计制度等要求变更。

二是会计政策变更能够提供更可靠、更相关的会计信息。

下列两种情形不属于会计政策变更：一是本期发生的交易或事项与以前相比具有本质差别而采用新的会计政策。二是对初次发生的或不重要的交易或事项采用新的会计政策。

（4）会计政策变更的会计处理

发生会计政策变更时，有追溯调整法和未来适用法两种会计处理方法，分别适用不同的情形。

1）追溯调整法。

追溯调整法是指某项交易或事项变更会计政策，视同该交易或事项初次发生时即采用变更后的会计政策，并以此对财务报表相关项目进行调整。

采用该方法时，对比较财务报表期间的会计政策变更，应调整各期间净损益各项目和财务报表其他相关项目，视同该政策在比较财务报表期间一直采用。对于比较财务报表可比期间以前的会计政策变更的累积影响数，应调整比较财务报表最早期间的期初留存收益（包括未分配利润和提取的法定盈余公积与任意盈余公积），财务报表其他相关项目的数字一并调整。

追溯调整法的流程步骤一般有：

第一步，计算会计政策变更的累积影响数。这是指按照变更后的会计政策对以前各期追溯计算的列报前期最早期初留存收益应有金额与现有金额之间的差额。其计算过程为：

①根据新会计政策重新计算受影响的前期交易或事项；

②计算两种会计政策下的差异；

③计算差异的所得税影响金额；

④确定前期中的每一期的税后差异；

⑤汇总每一期的税后差异，计算会计政策变更的累积影响数。

第二步，编制相关项目的调整分录。

第三步，调整列报前期财务报表相关项目及其金额。

第四步，附注说明。

2）未来适用法。

未来适用法是指将变更后的会计政策应用于变更日及以后发生的交易或事项，或者在会计估计变更当期和未来期间确认会计估计变更影响数的方法。

在该方法下，不需要计算会计政策变更产生的影响累积数，也无须重新编制以前年度财务报表。企业会计账簿记录及财务报表反映的金额，变更之日仍保留原有的金额，不改变以前年度的既定结果，在现有金额的基础上按新的会计政策进行核算。

3）会计政策变更会计处理方法的选择。

一是法律、法规或国家统一的会计制度等要求变更。其中，发布相关会计处理方法的，按发布的规定进行处理；没有发布相关会计处理方法的，采用追溯调整法进行处理。

二是会计政策变更能够提供更可靠、更相关的会计信息的情况下，采用追溯调整法进行会计处理。

三是确定会计政策变更对列报前期影响数不切实可行的，应从可追溯调整的最早期间期初开始应用变更后的会计政策；在当期期初确定会计政策变更对以前各期累积影响数不切实可行的，应采用未来适用法处理。

（5）会计政策变更的披露

企业应在附注中披露与会计政策变更有关的下列信息：

1）会计政策变更的性质、内容和原因。

2）当期和各个列报前期财务报表中受影响的项目名称和调整金额。

3）无法进行追溯调整的，说明该事实和原因，以及开始应用变更后会计政策的时点、具体应用情况。

在以后期间的财务报表中，不需要重复披露在以前期间的附注中已经披露的会计政策变更的信息。

2. 会计估计

会计估计是指企业对结果不确定的交易或事项以最近可利用的信息为基础所做出的判断。换句话说，当这些可利用的信息发生变化时，将导致结果的变化，从而使会计估计发生变更。

（1）会计估计的特点

会计估计具有三个方面的特点：

一是会计估计是由于经济活动中内在的不确定性因素的影响所导致。如坏账、固定资产折旧年限、固定资产残值、无形资产摊销年限等,需根据经验做出估计。

二是进行会计估计时,经常以最近可利用的信息或资料为基础。

三是进行会计估计并不会削弱会计确认和计量的可靠性。即由于会计分期和货币计量的前提,在确认和计量过程中,不得不对很多尚处于延续中、其结果没有确定的交易或事项按照权责发生制为基础予以估计入账。

(2)会计估计重要性与披露

企业应披露重要的会计估计,不具有重要的会计估计可以不进行披露。企业应以考虑与会计估计相关项目的性质和金额,对其重要性进行判断。企业对以下会计估计应予以披露:

1)存货可变现净值的确定。

2)采用公允价值模式下的投资性房地产公允价值的确定。

3)固定资产的预计使用寿命与净残值、折旧方法。

4)生产性生物资产的预计使用寿命与净残值、折旧方法。

5)使用寿命有限的无形资产的预计使用寿命与净残值。

6)可收回金额按资产组的公允价值减去处置费用后的净额确定的,确定公允价值减去处置费用后的净额的方法。

7)合同完工进度的确定。

8)权益工具公允价值的确定。

9)债务人在债务重组中转让的非现金资产的公允价值、由债务转成的股份的公允价值和修改其他债务条件后债务的公允价值的确定。债权人在债务重组中受让的非现金资产的公允价值、由债权转成的股份的公允价值和修改其他债务条件后债权的公允价值的确定。

10)预计负债初始计量的最佳估计数的确定。

11)金融资产公允价值的确定。

12)承租人对未确认融资费用的分摊,出租人对未实现融资收益的分配。

13)探明矿权权益、井及相关设施的折耗方法;与油气开采活动相关的辅助设备及设施的折旧方法。

14)非同一控制下企业合并成本的公允价值的确定。

15)其他重要的会计估计。

(3)会计估计变更

会计估计变更是指由于资产和负债的当前状况及预期经济利益和义务发生了变化,

从而对资产或负债的账面价值或者资产的定期消耗金额进行调整。会计估计变更的依据应真实、可靠。

会计估计变更的情形包括：一是赖以进行估计的基础发生了变化。二是取得了新的信息、积累了更多的经验。

会计估计变更并不意味着以前期间的会计估计是错误的，只是由于情况发生了变化，或者掌握了新的信息、积累了更多的经验，使变更会计估计能够更好地反映企业的财务状况和经营成果。如果以前期间的会计估计是错误的，则属于前期差错，按前期差错更正的会计处理方法进行处理。

（4）会计估计变更的会计处理

会计估计变更采用未来适用法处理。在会计估计变更当期及以后期间，采用新的会计估计，不改变以前期间的会计估计，不调整以前期间的报告结果：

一是会计估计变更仅影响变更当期的，其影响数应在变更当期予以确认。

二是既影响变更当期，又影响未来期间的，其影响数应在变更当期和未来期间分别予以确认。

三是企业应正确划分会计政策变更和会计估计变更，并按照不同的方法进行会计处理。但是，企业通过判断会计政策变更和会计估计变更划分基础，仍然难以对某变更进行明确区分的，应作为会计变更处理。

（5）会计估计变更的信息披露

企业应在附注中披露与会计估计变更有关的以下信息：一是会计估计变更的内容和原因。二是会计估计变更对当期和未来期间的影响数。三是会计估计变更的影响数不能确定的，应披露该事实和原因。

3. 会计政策变更与会计估计变更的划分

企业应以变更事项的会计确认、计量基础和列报项目是否发生变更作为判断会计政策变更和会计估计变更的划分基础。

1）以会计确认是否发生变更作为判断基础。通常，对会计确认的指定或选择是会计政策，其相应的变更是会计政策变更。会计政策变更一般将引起列报项目的变更。

2）以计量基础是否发生变更作为判断基础。一般情况下，对历史成本、重置成本、可变现净值、现值和公允价值这五项会计计量属性，即计量基础的指定或选择属于会计政策，其相应的变更是会计政策变更。

3）以列报项目是否发生变更作为判断基础。按照《企业会计准则第30号——财务报表列报》所规定的财务报表项目应采用的列报原则，一般地，对列报项目的指定或选择是会计政策，其相应的变更是会计政策变更。

4）根据会计确认、计量基础和列报项目所选择的、为取得与资产负债表项目有关的金额或数值所采用的会计处理方法，不是会计政策，而是会计估计，其相应的变更是会计估计变更。

企业可以采用下列具体方法划分会计政策变更和会计估计变更：分析并判断该事项是否涉及会计确认、计量基础选择或列报项目的变更，当至少涉及上述一项划分基础变更时，则该事项是会计政策变更；不涉及上述划分基础变更时，则可以判断为会计估计变更。

4. 前期差错与更正

（1）前期差错

前期差错是指由于没有运用或错误运用①编报前期财务报表时预期能够取得并加以考虑的可靠信息，②前期财务报告批准报出时能够取得的可靠信息，而对前期财务报表造成省略或错报。通常包括计算错误、应用会计政策错误、疏忽或曲解事实以及舞弊产生的影响等，主要情形有：

一是计算以及账户分类错误。

二是采用法律、行政法规或国家统一的会计制度等不允许的会计政策。

三是对事实的疏忽或曲解，以及舞弊。

会计估计变更不属于前期错误更正。

（2）前期差错更正的会计处理

前期差错分为重要的前期差错和不重要的前期差错。其中，重要的前期差错是指足以影响财务报表使用者对企业财务状况、经营成果和现金流量做出正确判断的前期差错；反之，不能足以影响对使用者做出正确判断的，则属于不重要的前期差错。一般地，前期差错所影响财务报表项目的金额越大、性质越严重，其重要性水平越高。

对于重要的前期差错，应采用追溯重述法进行更正，在发现当期的财务报表中，调整前期比较数据。即追溯重述差错发生期间列报的前期比较金额，在发生前期差错时，视同该项前期差错从未发生过，从而对财务报表相关项目进行更正。如果前期差错发生在列报的最早前期之间，则追溯重述列报的最早前期的资产、负债和所有者权益相关项目的期初余额。其中，影响损益的，应将其对损益的影响数，调整发现当期的期初留存收益，财务报表其他相关项目的期初数一并调整；不影响损益的，应调整财务报表相关项目的期初数。

对于不重要的前期差错，企业不需要调整财务报表相关项目的期初数，但应调整发现当期与前期相同的相关项目。属于影响损益的，应直接计入本期与上期相同的净损益项目；不影响损益的，应调整本期与前期相同的相关项目。

需要指出的是，对于年度资产负债表日至财务报告批准报出日之间发生的报告年度的会计差错及报告年度前不重要的前期差错，应按照《企业会计准则第 29 号——资产负债表日后事项》的规定进行处理。

（二十九）资产负债表日后事项准则（Events After the Balance Sheet Date）

1. 资产负债表日后事项

资产负债表日后事项，是指资产负债表日至财务报告批准报出日之间发生的有利或不利事项。资产负债表日后事项包括资产负债表日后调整事项和资产负债表日后非调整事项。其中：

资产负债表日，指会计年度和会计中期期末。按照《会计法》的规定，我国会计年度采用公历年度，即 1 月 1 日至 12 月 31 日。因此，年度资产负债表日是公历 12 月 31 日；会计中期资产负债表日是各会计中期期末，如第一季度为 3 月 31 日，半年报为 6 月 30 日，第三季度为 9 月 30 日。境外子公司向境内母公司提供的财务报告应按公历年度确定资产负债表日。

财务报告批准报出日，指董事会或类似机构批准财务报告报出的日期。通常指对财务报告内容负有法律责任的单位或个人批准财务报告对外公布的批准日期。

有利或不利事项，指资产负债表日后对企业财务状况和经营成果具有一定影响的事项。如果某事项发生对企业财务状况和经营成果无任何影响，则不属于准则所称的资产负债表日后事项。

2. 资产负债表日后事项涵盖的时间

这是指自资产负债表日次日起至财务报告批准报出日止的一段时间。对上市公司而言，涉及的具体日期包括：完成财务报告编制日、注册会计师出具审计报告日、董事会批准财务报告对外公布日、实际公布日等。需要注意的是，在批准报出日与实际公布日之间又发生资产负债表日后事项有关的事项，并由此影响财务报告对外公布日期的，应以董事会或类似机构再次批准对外公布的日期为截止日期。

3. 资产负债表日后调整事项

资产负债表日后调整事项，是指对资产负债表日已经存在的情况，提供了新的或进一步证据的事项。发生调整事项，应对资产负债表日的相关财务报表的项目进行调整。

（1）主要调整事项

企业发生的资产负债表日后调整事项，通常包括：

1）资产负债表日后诉讼案件结案，法院判决证实了企业在资产负债表日已经存在现时义务，需要调整原先确认的与该诉讼案件相关的预计负债，或确认一项新负债。

2）资产负债表日后取得确凿证据，表明某项资产在资产负债表日发生了减值或者需要调整该项资产原先确认的减值金额。

3）资产负债表日后进一步确定了资产负债表日前购入资产的成本或售出资产的收入。

4）资产负债表日后发现了财务报表舞弊或差错。

（2）调整事项的会计处理原则

企业发生的资产负债表日后事项，应调整资产负债表日编制的财务报告。由于资产负债表日后事项发生在报告年度的次年，报告年度的有关账目已经结转，特别是损益类科目在结账后已经无余额。具体分别以下情况进行处理：

1）涉及损益的事项，通过"以前年度损益调整"科目核算。调整增加以前年度利润或调整减少以前年度亏损的，贷记"以前年度损益调整"科目；反之，借记该科目。同时，该事项如果发生在资产负债表日所属年度（报告年度）所得税汇算清缴之前的，应调整报告年度应纳税所得额、应纳所得税税额；发生在汇算清缴之后的，应调整本年度（报告年度次年）应纳所得税税额。由于以前年度损益调整增加的所得税费用，借记"以前年度损益调整"科目，贷记"应交税费——应交所得税"等科目；调整减少的所得税费用，做相反的会计分录。调整完成后，应将"以前年度损益调整"科目余额转入"利润分配——未分配利润"科目。

2）涉及利润分配调整的事项，直接在"利润分配——本年分配利润"科目核算。

3）不涉及损益和利润分配的事项，调整相关科目。

4）通过上述账务处理后，还应同时调整财务报表有关项目的数字，包括：①资产负债表日编制的财务报表相关项目的期末数或本年发生数；②当期编制的财务报表相关项目的期末数或上年数；③经过上述调整后，如果涉及报表附注内容的，亦应作出相应调整。

（3）具体会计处理

1）资产负债表日后诉讼案件结案，法院判决证实了企业在资产负债表日已经存在现时义务，应根据判决结果，调整原先确认的与该诉讼案件相关的预计负债的金额；原来没有确认预计负债的，应确认为一项新的负债。

2）资产负债表日后取得确凿证据，表明某项资产在资产负债表日发生了减值或需要调整该项资产原先确认的减值金额，应相应对原作出的估计予以修正。

3）资产负债表日后进一步确定了资产负债表日购入资产的成本或售出资产的收入。包括两方面的内容：

一是如果资产负债表日前购入的资产已经按暂估金额等入账，资产负债表日后获得证据，可以进一步确定该资产的成本，应对已入账的资产成本进行调整。

二是在资产负债表日已根据收入确认条件确认资产销售收入，但资产负债表日后获得关于资产收入的进一步证据（如销售退回等），应调整财务报表相关项目的金额。资产负债表日后发生的销售退回，属于资产负债表所属期间或以前期间所售商品退回的，作为资产负债表日后调整事项处理。发生于资产负债表日后至财务报告批准报出日之间的销售退回事项的会计处理为：

①涉及报告年度所属期间的销售退回发生在报告年度所得税汇算清缴之前的，应调整报告年度利润表的收入、成本等项目，并相应调整报告年度应纳税所得额，以及报告年度应缴所得税税额等。

②涉及报告年度所属期间的销售退回发生在报告年度所得税汇算清缴之后，应调整报告年度利润表的收入、成本等，但按照税法规定，所涉及的相关应纳所得税应作为本年的纳税调整事项。

4. 资产负债表日后的非调整事项

非调整事项是指表明资产负债表日后发生的新情况的事项，其不影响资产负债表日企业的财务报表数字，只说明资产负债表日后发生了某些情况。非调整事项，不调整资产负债表日的财务报表。

（1）非调整事项的主要内容

企业发生的资产负债表日后非调整事项，通常包括下列各项：

1）资产负债表日后发生重大诉讼、仲裁、承诺。

2）资产负债表日后资产价格、税收政策、外汇汇率发生重大变化。

3）资产负债表日后因自然灾害导致资产发生重大损失。

4）资产负债表日后发行股票和债券以及其他巨额举债。

5）资产负债表日后资本公积转增资本。

6）资产负债表日后发生巨额亏损。

7）资产负债表日后发生企业合并或处置子公司。

8）资产负债表日后，企业利润分配方案中拟分配的，以及经审议批准宣告发放的现金股利或利润。该事项不会导致企业在资产负债表日形成现时义务，不确认为资产负债表日的负债，但应在附注中单独披露。

（2）非调整事项的会计处理原则

资产负债表日后发生的非调整事项，与资产负债表日存在的情况无关，是在资产负债表日后发生的新情况事项，不调整资产负债表日的财务报表。但对财务报告使用者具有重大影响的，应在附注中进行披露。

5. 调整事项与非调整事项的区分

资产负债表日后发生的某一事项是属于调整事项，还是非调整事项，取决于该事项表明的情况是在资产负债表日或之前是否已经存在。如果该情况在资产负债表日或之前已经存在，则属于调整事项；否则，属于非调整事项。

（三十）财务报表列报准则（Presentation of Financial Statements）

该准则对财务报表的列报进行了规范，以保证同一企业不同期间和同一期间不同企业的财务报表相互可比。列报是指交易和事项在报表中的列示和在附注中的披露。其中，"列示"通常反映资产负债表、利润表、现金流量表和所有者权益变动表等报表中的信息；"披露"通常反映附注中的信息。

1. 财务报表

财务报表是对企业财务状况、经营成果和现金流量的结构性表述。一套完整的财务报表至少应当包括"四表一注"，即资产负债表、利润表、现金流量表、所有者权益变动表和附注。这些组成部分在列报上具有同等的重要程度。

按照财务报表编报期间的不同，可以分为中期财务报表和年度财务报表；按照编制主体的不同，可以分为个别财务报表和合并财务报表。

2. 财务报表列报的基本要求

（1）依据各项会计准则确认和计量的结果编制财务报表

企业应当根据实际发生的交易和事项，遵循《企业会计准则——基本准则》、各项具体会计准则及解释的规定进行确认和计量，并在此基础上编制财务报表。同时，企业应当在附注中对这一情况作出声明。

（2）列报基础

企业应当以持续经营为基础编制财务报表。在编制财务报表的过程中，企业管理层应当全面评估企业的持续经营能力，评估涵盖的期间应包括企业自资产负债表日起至少12个月，评估应结合企业的具体情况，综合考虑宏观政策风险、市场经营风险、企业目前或长期的盈利能力、偿债能力、财务弹性以及企业管理层改变经营政策的意向等方面的因素。

企业如果存在以下情况之一，则通常表明其处于非持续经营状态：1）企业已在当期进行清算或停止营业；2）企业已经正式决定在下一个会计期间进行清算或停止营业；3）企业已确定在当期或下一个会计期间没有其他可供选择的方案而将被迫进行清算或停止营业。

企业处于非持续经营状态时，应当采用清算价值等其他基础编制财务报表。在非持续经营情况下，企业应在附注中声明财务报表未以持续经营为基础列报、披露未以持续经营为基础的原因以及财务报表的编制基础。

（3）权责发生制

除现金流量表按照收付实现制编制外，企业应当按照权责发生制编制其他财务报表。

（4）列报的一致性

财务报表项目的列报应在各个会计期间保持一致，不得随意变更。

但是，在下列情况下，可以变更财务报表项目的列报：1）会计准则要求改变财务报表项目的列报；2）企业经营业务的性质发生重大变化或对企业经营影响较大的交易或事项发生后，变更财务报表项目的列报能够提供更可靠、更相关的会计信息。

（5）依据重要性原则单独或汇总列报项目

总的原则是，如果某项目单个看不具有重要性，则可将其与其他项目汇总列报；如具有重要性，则应当单独列报。

重要性是指在合理预期下，如果财务报表某项目的省略或错报会影响使用者据此作出经济决策的，则该项目就具有重要性。在进行重要性判断时，应根据所处环境，从项目的性质和金额大小两方面予以判断：一方面，应当考虑该项目的性质是否属于企业日常活动、是否显著影响企业的财务状况、经营成果和现金流量等因素；另一方面，判断项目金额大小的重要性，应通过单项金额占资产总额、负债总额、所有者权益总额、营业收入总额、营业成本总额、净利润、综合收益总额等直接相关或所属报表单列项目金额的比重加以确定。企业对于各个项目的重要性判断标准一经确定，不得随意变更。

在列报时，应遵循如下规定：

一是性质或功能不同的项目，一般应当在财务报表中单独列报，但是不具有重要性的项目可以汇总列报。

二是性质或功能类似的项目，一般可以汇总列报，但是对其具有重要性的类别应该单独列报。

三是项目单独列报的原则不仅适用于报表，还适用于附注。

四是准则规定在财务报表中单独列报的项目，企业应当单独列报。

（6）财务报表项目金额间的相互抵销

财务报表项目应当以总额列报，资产和负债、收入和费用、直接计入当期利润的利得项目和损失项目的金额不能相互抵销，即不得以净额列报，但企业会计准则另有规定的除外。以下三种情况不属于抵销：

一是一组类似交易形成的利得和损失以净额列示的，不属于抵销。但如果相关的利得和损失具有重要性，则应当单独列报。

二是资产或负债项目按扣除备抵项目后的净额列示，不属于抵销。

三是非日常活动产生的利得和损失，以同一交易形成的收益扣减相关费用后的净额列示更能反映交易实质的，不属于抵销。

（7）比较信息的列报

在列报当期财务报表时，至少应提供所有列报项目上一个可比会计期间的比较数据，以及与理解当期财务报表相关的说明，即至少包括两期各报表及相关附注。当企业追溯应用会计政策或追溯重述、或者重新分类财务报表项目时，按照《企业会计准则第28号——会计政策、会计估计变更和差错更正》等的规定，在一套完整的财务报表中列报最早可比期间期初的财务报表，即应当至少列报三期资产负债表、两期其他各报表（利润表、现金流量表和所有者权益变动表）及相关附注。其中，列报的三期资产负债表分别指当期期末的资产负债表、上期期末（当期期初）的资产负债表，以及上期期初的资产负债表。

企业根据准则规定，确需变更财务报表项目列报的，应当至少对可比期间的数据按照当期的列报要求进行调整，并在附注中披露调整的原因和性质、以及调整的各项目金额。

（8）财务报表表首的列报要求

在财务报表的显著位置（通常是表首部分）应至少披露下列基本信息：

1）编报企业的名称。如企业名称在所属当期发生了变更的，还应明确标明。

2）对资产负债表而言，应当披露资产负债表日；对利润表、现金流量表、所有者权益变动表而言，应当披露报表涵盖的会计期间。

3）货币名称和单位。按照我国企业会计准则的规定，企业应当以人民币作为记账本位币列报，并标明金额单位，如人民币元、人民币万元等。

4）财务报表是合并财务报表的，应当予以标明。

（9）报告期间

企业至少应当按年编制财务报表。财务报表涵盖的期间短于一年的，应披露年度财务报表的实际涵盖期间及其短于一年的原因，并说明由此引起财务报表项目与比较数据不具可比性这一事实。

3. 资产负债表

资产负债表是反映企业在某一特定日期的财务状况的会计报表，即反映了某一特定日期关于企业资产、负债、所有者权益及其相互关系的信息。准则规定，资产负债表采用账户式结构，即左侧列报资产项目，右侧列报负债和所有者权益项目，且资产负债表左右双方平衡，资产总计等于负债和所有者权益总计。企业需要提供比较资产负债表，以便报表使用者通过比较不同时点资产负债表的数据，掌握企业财务状况的变动情况及发展趋势。资产负债表还就各项目再分为"期初余额"和"期末余额"两栏分别填列。

（1）资产负债表列报的总体要求

1）分类别列报。资产负债表应按照资产、负债和所有者权益三大类别分类列报。

2）资产和负债按流动性列报。资产负债表上资产和负债当按照流动性分别分为流动资产和非流动资产、流动负债和非流动负债列示。流动性，通常按资产的变现或耗用时间长短或者负债的偿还时间长短来确定。企业应先列报流动性强的资产或负债，再列报流动性弱的资产或负债。金融企业等特殊行业企业的资产和负债按照流动性顺序列报。

3）列报相关的合计、总计项目。资产负债表中的资产类至少应列示流动资产和非流动资产的合计项目；负债类至少应列示流动负债、非流动负债以及负债的合计项目；所有者权益类应列示所有者权益的合计项目。资产负债表应分别列示资产总计项目和负债与所有者权益之和的总计项目，并且这二者的金额应当相等。

（2）资产的列报

资产负债表中的资产反映由过去的交易、事项形成并由企业在某一特定日期所拥有或控制的、预期会给企业带来经济利益的资源。资产应按照流动资产和非流动资产两大类别在资产负债表中列示，在流动资产和非流动资产类别下进一步按性质分项列示。

满足下列条件之一的，应当归类为流动资产：

1）预计在一个正常营业周期中变现（一般针对应收账款等）、出售（一般针对产品等存货）或耗用（一般指将存货转变成另一种形态，如原材料转变成产成品）。主要包括存货、应收账款等资产。正常营业周期，是指企业从购买用于加工的资产起至实现现金或现金等价物的期间。正常营业周期通常短于一年，在一年内有几个营业周期。当正常营业周期不能确定时，企业应当以一年（12个月）作为正常营业周期。

2）主要为交易目的而持有。

3）预计在资产负债表日起一年内（含一年）变现。

4）自资产负债表日起一年内，交换其他资产或清偿负债的能力不受限制的现金或现金等价物。

流动资产以外的资产应归类为非流动资产。但是，划分为持有待售的非流动资产（如固定资产、无形资产、长期股权投资等），包括单项资产和处置组，应归类为流动资产。

（3）负债的列报

资产负债表中的负债反映在某一特定日期企业所承担的、预期会导致经济利益流出企业的现时义务。负债应按照流动负债和非流动负债在资产负债表中进行列示，在流动负债和非流动负债类别下再进一步按性质分项列示。流动负债与非流动负债的划分是否正确，直接影响到对企业短期和长期偿债能力的判断。

满足下列条件之一的，应当归类为流动负债：

1）预计在一个正常营业周期中清偿。企业正常营业周期中的经营性负债项目即使在资产负债表日后超过一年才予清偿的，仍应划分为流动负债。

2）主要为交易目的而持有。

3）自资产负债表日起一年内到期应予以清偿。

4）企业无权自主地将清偿推迟至资产负债表日后一年以上。

流动负债以外的其他负债分类为非流动负债。但是，被划分为持有待售的非流动负债（含处置组）应当归类为流动负债。

关于可转换工具负债成分的分类，准则规定，负债在其对手方选择的情况下可通过发行权益进行清偿的条款与在资产负债表日负债的流动性划分无关。

对于资产负债表日后事项对流动负债与非流动负债划分的影响，总的判断原则是，企业在资产负债表上对债务流动和非流动的划分，应当反映在资产负债表日有效的合同安排，考虑在资产负债表日起一年内企业是否必须无条件清偿，而资产负债表日之后（即使是财务报告批准报出日前）的再融资、展期或提供宽限期等行为，与资产负债表日判断负债的流动性状况无关。具体来说，分以下两种情况：

1）资产负债表日起一年内到期的负债。企业有意图且有能力自主地将清偿义务展期至资产负债表日后一年以上的，应归类为非流动负债；不能自主地将清偿义务展期的，即使在资产负债表日后、财务报告批准报出日前签订了重新安排清偿计划协议，该项负债在资产负债表日仍应当归类为流动负债。

2）在资产负债表日或之前企业违反了长期借款协议。导致贷款人可随时要求清偿的，应当归类为流动负债。但是，如果贷款人在资产负债表日或之前同意提供在资产负债表日后一年以上的宽限期，在此期限内企业能够改正违约行为，且贷款人不能要求随时清偿的，应归类为非流动负债。

（4）所有者权益的列报

资产负债表中的所有者权益是企业资产扣除负债后的剩余权益。资产负债表中的所有者权益类一般按照净资产的不同来源和特定用途进行分类，应当按照实收资本（或股本）、资本公积、其他综合收益、盈余公积、未分配利润等项目分项列示。

（5）列报方法

企业应当根据资产、负债和所有者权益类科目的期末余额填列资产负债表"期末余额"栏，具体包括如下情况：

1）根据总账科目的余额填列。"以公允价值计量且其变动计入当期损益的金融资产""工程物资""固定资产清理""递延所得税资产""短期借款""以公允价值计量且其变动计入当期损益的金融负债""应付票据""持有待售负债""专项应付款""预计负债""递延收益""递延所得税负债""实收资本（或股本）""库存股""资本公积""其他综合收益""专项储备""盈余公积"等项目，应根据有关总账科目的余额填列。

有些项目则应根据几个总账科目的余额计算填列，如"货币资金"项目，需根据"库存现金""银行存款""其他货币资金"三个总账科目余额的合计数填列；"其他流动资产""其他流动负债"项目，应根据有关科目的期末余额分析填列。

2）根据明细账科目的余额计算填列。"开发支出"项目，应根据"研发支出"科目中所属的"资本化支出"明细科目期末余额填列；"应付账款"项目，应根据"应付账款"和"预付账款"科目所属的相关明细科目的期末贷方余额合计数填列；"一年内到期的非流动资产""一年内到期的非流动负债"项目，应根据有关非流动资产或负债项目的明细科目余额分析填列；"应付职工薪酬"项目，应根据"应付职工薪酬"科目的明细科目期末余额分析填列；"长期借款""应付债券"项目，应分别根据"长期借款""应付债券"科目的明细科目余额分析填列；"未分配利润"项目，应根据"利润分配"科目中所属的"未分配利润"明细科目期末余额填列。

3）根据总账科目和明细账科目的余额分析计算填列。"长期借款"项目，应根据"长期借款"总账科目余额扣除"长期借款"科目所属的明细科目中将在资产负债表日起一年内到期、且企业不能自主地将清偿义务展期的长期借款后的金额计算填列（"应付债券"项目参照此填列）；"长期待摊费用"项目，应根据"长期待摊费用"科目的期末余额减去将于一年内（含一年）摊销的数额后的金额填列；"其他非流动资产"项目，应根据有关科目的期末余额减去将于一年内（含一年）收回数额后的金额填列；"其他非流动负债"项目，应根据有关科目的期末余额减去将于一年内（含一年）到期偿还数后的金额填列。

4）根据有关科目余额减去其备抵科目余额后的净额填列。"可供出售金融资产""持有至到期投资""长期股权投资""在建工程""商誉"项目，应根据相关科目的期末余额填列，已计提减值准备的，还应扣减相应的减值准备。"固定资产""无形资产""投资性房地产""生产性生物资产""油气资产"项目，应根据相关科目的期末余额扣减相关的累计折旧（或摊销、折耗）填列，已计提减值准备的，还应扣减相应的减值准备；采用公允价值计量的上述资产，应根据相关科目的期末余额填列。"长期应收款"项目，应根据"长期应收款"科目的期末余额，减去相应的"未实现融资费用"科目和"坏账准备"科目所属相关明细科目期末余额后的金额填列。"长期应付款"项目，应根据"长期应付款"科目的期末余额，减去相应的"未确认融资费用"科目期末余额后的金额填列。

5）综合运用上述填列方法分析填列。主要包括："应收票据""应收利息""应收股利""其他应收款"项目，应根据相关科目的期末余额，减去"坏账准备"科目中有关坏账准备期末余额后的金额填列;"应收账款"项目,应根据"应收账款"和"预收账款"科目所属各明细科目的期末借方余额合计数,减去"坏账准备"科目中有关应收账款计提的坏账准备期末余额后的金额填列;"预付款项"项目,应根据"预付账款"和"应付账款"科目所属各明细科目的期末借方余额合计数,减去"坏账准备"科目中有关预付款职计提的坏账准备期末余额后的金额填列;"存货"项目,应根据"材料采购""原材料""发出商品""库存商品""周转材料""委托加工物资""生产成本""受托代销商品"等科目的期末余额合计,减去"受托代销商品款""存货跌价准备"科目期末余额后的金额填列,材料采用计划成本核算,以及库存商品采用计划成本核算或售价核算的企业,还应按加或减材料成本差异、商品进销差价后的金额填列;"划分为持有待售的资产""划分为持有待售的负债"项目,应根据相关科目的期末余额分析填列等。

同时,企业应当根据上年(期)末资产负债表"期末余额"栏有关项目填列本年度资产负债表"期初余额"栏。如果企业发生了会计政策变更、前期差错更正,应当对"期初余额"栏中的有关项目进行相应调整;如果企业上年度资产负债表规定的项目名称和内容与本年度不一致,应当对上年年末资产负债表相关项目的名称和金额按照本年度的规定进行调整,填入"期初余额"栏。

4. 利润表

利润表是反映企业在一定会计期间的经营成果的会计报表,反映了企业经营业绩的主要来源和构成。在我国,企业利润表基本上采用多步式结构,通过对当期收入、费用、支出项目按性质进行分类,按利润形成的主要环节列示一些中间性的利润指标,分步计算当期净损益,便于报表使用者理解企业经营成果的不同来源。

(1)利润表列报的总体要求

企业在利润表中应当对费用按照功能分类,分为从事经营业务发生的成本、管理费用、销售费用和财务费用等。金融企业可以根据其特殊性列示利润表项目,例如,商业银行将利息支出作为利息收入的抵减项目、将手续费及佣金支出作为手续费及佣金收入的抵减项目列示等。同时,企业应在附注中披露费用按照性质分类的利润表补充资料。

企业需要提供比较利润表,以便报表使用者通过比较不同期间利润表的数据,判断企业经营成果的未来发展趋势。利润表还就各项目再分为"本期金额"和"上期金额"两栏分别填列。

(2)列报的主要内容

利润表列报的主要内容包括营业收入、营业利润、利润总额、净利润、其他综合收益、综合收益总额、每股收益。

（3）填列方法

企业应当根据损益类科目和所有者权益类有关科目的发生额填列利润表"本年金额"栏，具体包括如下情况：

1）"营业收入""营业成本""税费及附加""销售费用""管理费用""财务费用""资产减值损失""公允价值变动收益""投资收益""净出口套期收益""公允价值变动收益""信用减值损失""资产减值损失""资产处置收益""营业外收入""营业外支出""所得税费用"等项目，应根据有关损益类科目的发生额分析填列。

2）"研发费用"项目应根据"管理费用"科目下的"研发费用""无形资产摊销"明细科目的发生额分析填报。

3）"其中：利息费用"和"利息收入"项目，应根据"财务费用"科目所属的相关明细科目的发生额分析填报，且作为"财务费用"项目的其中项以正数填列。

4）"其中：对联营企业和合营企业的投资收益""以摊余成本计算的金融资产终止确认收益"等项目，应根据"投资收益"所属相关明细科目的发生额分析填报。

5）"其中：非流动资产处置利得""其中：非流动资产处置损失"，应分别根据"营业外收入""营业外支出"等科目所属的相关明细科目的发生额分析填列。

6）"其他综合收益的税后净额"项目及其各组成部分，应根据"其他综合收益"科目及其所属明细科目的本期发生额分析填列。

7）"营业利润""利润总额""净利润""综合收益总额"项目，应根据本表中相关项目计算填列。

8）"（一）持有经营净利润"和"（二）终止经营净利润"项目，应根据《企业会计准则第42号——持有待售的非流动资产、处置组和终止经营》的规定分别填报。

9）普通股或潜在普通股已公开交易的企业，以及正处于公开发行普通股或潜在普通股过程中的企业，还应当在利润表中列示每股收益信息，并在附注中详细披露计算过程。基本每股收益和稀释每股收益项目应当按照《企业会计准则第34号——每股收益》的规定计算填列。

企业应当根据上年同期利润表"本期金额"栏内所列数字填列本年度利润表的"上期金额"栏。如果企业上年该期利润表规定的项目的名称和内容与本期不一致，应当对上年该期利润表相关项目的名称和金额按照本期的规定进行调整，填入"上期金额"栏。

5. 所有者权益变动表

所有者权益变动表是反映构成所有者权益的各组成部分当期的增减变动情况的报表。所有者权益变动表应当全面反映一定时期所有者权益变动的情况，包括所有者权益总量的增减变动及其变动的重要结构性信息，有助于报表使用者理解所有者权益增减变动的根源。

（1）列报要求

所有者权益的来源包括所有者投入的资本（包括实收资本和资本溢价等资本公积）、其他综合收益、留存收益（包括盈余公积和未分配利润）等。综合收益和与所有者（或股东）的资本交易导致的所有者权益的变动，应当分别列示。企业至少应单独列示以下项目：综合收益总额；会计政策变更和前期差错更正的累积影响金额；所有者投入资本和向所有者分配利润等；提取的盈余公积；所有者权益各组成部分的期初和期末余额及其调节情况。

（2）列报格式

企业应当以矩阵的形式列示所有者权益变动表：一方面，列示导致所有者权益变动的交易或事项，按所有者权益变动的来源对一定时期所有者权益变动情况进行全面反映；另一方面，按照所有者权益各组成部分（包括实收资本、资本公积、其他综合收益、盈余公积、未分配利润、库存股等）及其总额列示相关交易或事项对所有者权益的影响。

企业需要提供比较所有者权益变动表，所有者权益变动表还就各项目再分为"本年金额"和"上年金额"两栏分别填列。

（3）列报方法

企业应根据所有者权益类科目和损益类有关科目的发生额分析填列所有者权益变动表"本年金额"栏，具体包括：

1）"上年年末余额"项目，应根据上年资产负债表中"实收资本（或股本）""资本公积""其他综合收益""盈余公积""未分配利润"等项目的年末余额填列。

2）"会计政策变更"和"前期差错更正"项目，应根据"盈余公积""利润分配""以前年度损益调整"等科目的发生额分析填列，并在"上年年末余额"的基础上调整得出"本年年初金额"项目。

3）"本年增减变动额"项目：

①"综合收益总额"项目，应根据当年利润表中"其他综合收益的税后净额"和"净利润"项目填列，并对应列在"其他综合收益"和"未分配利润"栏。

②"所有者投入和减少资本"项目中：

"所有者投入资本"项目，应根据"实收资本""资本公积"等科目的发生额分析填列，并对应列在"实收资本"和"资本公积"栏。

"股份支付计入所有者权益的金额"项目，反映企业处于等待期中的权益结算的股份支付当年计入资本公积的金额，应根据"资本公积"科目所属的"其他资本公积"二级科目的发生额分析填列，并对应列在"资本公积"栏。

③"利润分配"下各项目，反映当年对所有者（或股东）分配的利润（或股利）金额和按照规定提取的盈余公积金额，并对应列在"未分配利润"和"盈余公积"栏。其中：

"提取盈余公积"项目，应根据"盈余公积""利润分配"科目的发生额分析填列。

"对所有者（或股东）的分配"项目，应根据"利润分配"科目的发生额分析填列。

④"所有者权益内部结转"下各项目，反映不影响当年所有者权益总额的所有者权益各组成部分之间当年的增减变动，包括资本公积转增资本（或股本）、盈余公积转增资本（或股本）、盈余公积弥补亏损等。其中：

"资本公积转增资本（或股本）"项目，反映企业以资本公积转增资本或股本的金额，应根据"实收资本""资本公积"等科目的发生额分析填列。

"盈余公积转增资本（或股本）"项目，反映企业以盈余公积转增资本或股本的金额，应根据"实收资本""盈余公积"等科目的发生额分析填列。

"盈余公积弥补亏损"项目，反映企业以盈余公积弥补亏损的金额，应根据"盈余公积""利润分配"等科目的发生额分析填列。

企业应当根据上年度所有者权益变动表"本年金额"栏内所列数字填列本年度"上年金额"栏内各项数字。如果上年度所有者权益变动表规定的项目的名称和内容同本年度不一致，应对上年度所有者权益变动表相关项目的名称和金额按本年度的规定进行调整，填入所有者权益变动表"上年金额"栏内。

6. 财务报表附注披露

附注是对在资产负债表、利润表、现金流量表和所有者权益变动表等报表中列示项目的文字描述或明细资料，以及对未能在这些报表中列示项目的说明等。附注相关信息应与财务报表中列示的项目相互参照，以有助于使用者联系相关联的信息，并由此从整体上更好地理解财务报表。企业在披露附注信息时，应当以定量、定性信息相结合，按照一定的结构对附注信息进行系统合理的排列和分类，以便于使用者理解和掌握。

附注一般应当按照下列顺序至少披露有关内容，具体包括：

1）企业的基本情况。包括：

①企业注册地、组织形式和总部地址。

②企业的业务性质和主要经营活动。

③母公司以及集团最终母公司的名称。

④财务报告的批准报出者和财务报告批准报出日。

⑤营业期限有限的企业，还应当披露有关其营业期限的信息。

2）财务报表的编制基础。企业是否持续经营，并披露财务报表是否以持续经营为基础编制。

3）遵循企业会计准则的声明。企业应声明编制的财务报表符合企业会计准则的要求，真实、完整地反映了企业的财务状况、经营成果和现金流量等有关信息，以此明确企业编制财务报表所依据的制度基础。如果企业编制的财务报表只是部分地遵循了企业会计准则，附注中不得做出这种表述。

4）重要会计政策和会计估计。包括：

①重要会计政策的说明。企业应当披露采用的重要会计政策，并结合企业的具体实际披露其重要会计政策的确定依据和财务报表项目的计量基础。

②重要会计估计的说明。企业应当披露重要会计估计，并结合企业的具体实际披露其会计估计所采用的关键假设和不确定因素，包括可能导致下一个会计期间内资产、负债账面价值重大调整的会计估计的确定依据等。

5）会计政策和会计估计变更以及差错更正的说明。

6）报表重要项目的说明。企业应当按照资产负债表、利润表、现金流量表、所有者权益变动表及其项目列示的顺序，采用文字和数字描述相结合的方式披露报表重要项目的说明。报表重要项目的明细金额合计，应当与报表项目金额相衔接。

7）其他需要说明的重要事项。主要包括：或有和承诺事项、资产负债表日后非调整事项、关联方关系及其交易等。

8）有助于财务报表使用者评价企业管理资本的目标、政策及程序的信息。

7. 关于资金集中管理的披露

当前集团公司资金集中管理的普遍做法可以分为两种类型，一是集中到集团公司总部账户，二是集中到集团公司所属财务公司账户。按照《企业会计准则解释第15号》，这两种资金集中管理方式在财务列报方面存在区别。

（1）集中到集团公司总部账户

该类型的主要特征就是将成员企业的资金集中到集团公司总部开立的账户，而与通过资金结算中心集中，还是通过所属财务公司集中，亦或是其他可行的方式集中无关。这实质上是将集团公司与所属成员企业之间的资金集中管理行为视为企业之间的资金往来。因此，在进行列报和披露时，遵循企业之间资金往来的原则。

1）成员单位归集至集团公司账户的资金。

成员单位应当在资产负债表"其他应收款"项目中列示，或者根据重要性原则并结合本企的实际情况，在"其他应收款"项目之上增设"应收资金集中管理款"项目单独列示。

集团公司公司应在资产负债表"其他应付款"项目中列示。

2）成员单位从集团公司账户拆借的资金。

成员单位应当在资产负债表"其他应付款"项目中列示。

母公司应当在资产负债表"其他应收款"项目中列示。

（2）集中到财务公司账户

财务公司，是指依法接受金融监管部门的监督管理，以加强企业集团资金集中管理和提高企业集团资金使用效率为目的，为企业集团成员单位提供财务管理服务的非银行金融机构。在日常经营活动中应持有金融监管部门颁发的牌照。当成员单位将资金集中至财务公司的账户时，这实质上是与金融机构之间的资金往来。因此，在进行列报和披露时，应遵循企业与金融机构之间资金往来的原则。

1）成员单位归集至财务公司的账户资金。

成员单位应当在资产负债表"货币资金"项目中列示，根据重要性原则并结合本企业的实际情况，成员单位还可以在"货币资金"项目之下增设"其中：存放财务公司款项"项目单独列示。

财务公司应当在资产负债表"吸收存款"项目中列示。

2）成员单位从财务公司拆借的资金。

成员单位应当在资产负债表"短期借款"项目中列示。

财务公司应当在资产负债表"发放贷款和垫款"项目列示。

（3）其他列示要求

资金集中管理涉及非流动项目的，企业应按照《企业会计准则第30号——财务报表列报》关于流动性列示的要求，分别在流动资产和非流动资产、流动负债和非流动负债列示。

在集团母公司、成员单位和财务公司的资产负债表中，除符合《企业会计准则第37号——金融工具列报》中有关金融资产和金融负债抵销的规定外，资金集中管理相关金融资产和金融负债项目不得相互抵销。

（4）披露

企业应当在附注中披露企业实行资金集中管理的事实，作为"货币资金"列示但因资金集中管理支取受限的资金的金额和情况，作为"货币资金"列示、存入财务公司的资金金额和情况，以及与资金集中管理相关的"其他应收款""应收资金集中管理款""其他应付款"等列报项目、金额及减值有关信息。

（三十一）现金流量表准则（Cash Flow Statements）

现金流量表是反映企业在一定会计期间现金和现金等价物流入和流出的报表。现金流量表按照收付实现制编制，需将权责发生制下的盈利信息调整为收付实现制下的现金流量信息，便于信息使用者了解企业净利润的质量。通过现金流量表，使用者能够理解现金流量的影响因素，评价企业的支付能力、偿债能力和周转能力，预测企业未来现金流量，为其决策提供有力依据。

根据企业业务活动的性质和现金流量的来源，现金流量表在结构上将企业在一定期间产生的现金流量分为经营活动产生的现金流量、投资活动产生的现金流量和筹资活动产生的现金流量三类。

1. 现金及现金等价物

现金，是指企业库存现金以及可以随时用于支付的存款。不能随时用于支取的存款不属于现金。

现金等价物，是指企业持有的期限短、流动性强、易于转换为已知金额现金、价值变动风险很小的投资。期限短，一般是指从购买日起三个月内到期。现金等价物通常包括三个月内到期的债券投资。权益性投资变现的金额通常不确定，因而不属于现金等价物。企业应当根据具体情况，确定现金等价物的范围，一经确定不得随意变更。

现金流量，是指现金和现金等价物的流入和流出。在现金流量表中，现金及现金等价物被视为一个整体，企业现金形式的转换不会产生现金的流入和流出，现金之间、现金等价物之间，以及现金与现金等价物之间的相互转换不属于现金流量。企业从银行提取现金、用现金购买短期到期的国库券等现金和现金等价物之间的转换不属于现金流量。

2. 编制方法及程序

（1）直接法与间接法

一是直接法。以利润表中的营业收入为起算点，调节与经济活动有关的项目的增减变动，然后计算出经营活动产生的现金流量。采用直接法编制的现金流量便于分析企业经营活动产生的现金流量的来源和用途，预测企业现金流量的未来前景。

二是间接法。以利润表中的净利润为起算点，将净利润调节为经营活动现金流量。实际上就是将按权责发生制原则确定的净利润调整为现金净流入，并剔除投资活动和筹资活动对现金流量的影响。采用间接法编制的现金流量，便于将利润与经营活动产生的现金流量净额进行比较，了解净利润与经济活动产生的现金流量差异的原因，从现金流量角度分析净利润的质量。

我国企业会计准则规定，企业应采用直接法编制现金流量表，同时要求在附注中提供以净利润为基础调节到经营活动现金流的信息。

（2）工作底稿法

这是以工作底稿为手段，以资产负债表和利润表为基础，对每一项目进行分析并编制调整分录，从而编制现金流量的方法。具体程序为：

1）将资产负债表的期初数和期末数过入工作底稿的期初数栏和期末数栏。

2）对当期业务进行分析并编制调整会计分录。以利润表为基础，从营业收入开始，结合资产负债表项目逐一进行分析，有关现金和现金等价物的事项，分别计入经营活动产生的现金流量、投资活动产生的现金流量和筹资活动产生的现金流量有关项目，借记现金流入，贷记现金流出。

3）将调整分录过入工作底稿的相应部分。

4）核对调整分录，借方、贷方合计数均已相等，资产负债表项目期初数加减调整分录中的借贷金额后，应等于期末数。

（3）T型账户法

这是以T型账户为手段，以资产负债表和利润表为基础，对每一项目进行分析并编制调整分录，从而编制现金流量表的方法。具体程序流程为：

1）为所有非现金项目分别开设T型账户，将各自的期末期初变动数过入各该账户。项目的期末数大于期初数，则其差额过入和该项目余额相同的方向；反之，过去相反方向。

2）开设一个大的"现金及现金等价物"T型账户，每边分为经营活动、投资活动和筹资活动三个部分，现金流入计入左边，现金流出计入右边。与其他账户一样，过入期末期初变动数。

3）以利润表为基础，结合资产负债表分析每一个非现金项目的增减变动，据此编制调整分录。

4）将调整分录过入各T型账户，进行核对，该账户借贷相抵后的余额与原先过入的期末期初变动数应一致。

（4）分析填列法

直接根据资产负债表、利润表和有关会计科目明细账的记录，分析计算出现金流量表各项目的金额，并据以编制现金流量表。

3. 列报方法

（1）经营活动产生的现金流量

工商企业的经营活动主要包括销售商品、提供劳务、购买商品、接受劳务、支付职工薪酬和水电及燃料动力费等。商业银行经营活动主要包括吸收存款、发放贷款、同业存放、同业拆借等。保险公司的经营活动主要包括原保险业务和再保险业务。证券公司的经营活动主要包括自营证券、代理承销证券、代理兑付证券、代理购买证券等。经营活动产生的现金流量采用直接法填列。就工商企业而言：

1）"销售商品、提供劳务收到的现金"项目，反映企业本期销售商品、提供劳务收到的现金，以及前期销售商品、提供劳务本期收到的现金（包括销售收入和应向购买者收取的增值税销项税额）和本期预收的款项，减去本期销售本期退回商品和前期销售本期退回商品支付的现金。企业销售材料和代购代销业务收到的现金，也在本项目反映。

2）"收到的税费返还"项目，反映企业收到返还的所得税、增值税、营业税、消费税、关税和教育费附加等各种税费返还款。

3）"收到其他与经营活动有关的现金"项目，反映企业经营租赁收到的租金、实际收到的政府补助等其他与经营活动有关的现金流入，金额较大的应当单独列示。

4）"购买商品、接受劳务支付的现金"项目，反映企业本期购买商品、接受劳务实际支付的现金（包括增值税进项税额），以及本期支付前期购买商品、接受劳务的未付款项和本期预付款项，减去本期发生的购货退回收到的现金。企业购买材料和代购代销业务支付的现金，也在本项目反映。

5）"支付给职工以及为职工支付的现金"项目，反映企业本期实际支付给职工的工资、奖金、各种津贴和补贴等职工薪酬（包括代扣代缴的职工个人所得税）。

6）"支付的各项税费"项目，反映企业本期发生并支付、以前各期发生本期支付以及预交的各项税费，包括所得税、增值税、营业税、消费税、印花税、房产税、土地增值税、车船使用税、教育费附加等。

7）"支付其他与经营活动有关的现金"项目，反映企业经营租赁支付的租金、支付的差旅费、业务招待费、保险费、罚款支出等其他与经营活动有关的现金流出，金额较大的应当单独列示。

（2）投资活动产生的现金流量

投资活动指企业长期资产的购建和不包括在现金等价物范围内的投资及其处置活动。长期资产指固定资产、无形资产、在建工程、其他资产等持有期限在一年或一个营业周期以上的资产。投资活动包括实物资产投资和金融资产投资。不同企业所处行业不同，对投资活动的认定存在差异，如交易性金融资产所产生的现金流量，对工商企业属于投资活动现金流量，对证券公司则属于经营活动现金流量。就工商企业来说：

1）"收回投资收到的现金"项目，反映企业出售、转让或到期收回除现金等价物以外的对其他企业的权益工具、债务工具和合营中的权益所受到的现金。

2）"取得投资收益收到的现金"项目，反映企业除现金等价物以外的对其他企业的权益工具、债务工具和合营中的权益投资分回的现金股利和利息等。

3）"处置固定资产、无形资产和其他长期资产收回的现金净额"项目，反映企业出售、报废固定资产、无形资产和其他长期资产所取得的现金（包括因资产毁损而收到的保险赔偿收入），减去为处置这些资产而支付的有关费用后的净额。

4）"处置子公司及其他营业单位收到的现金净额"项目，反映企业处置子公司及其他营业单位所取得的现金减去相关处置费用，以及子公司及其他营业单位持有的现金和现金等价物后的净额。

5)"购建固定资产、无形资产和其他长期资产支付的现金"项目，反映企业购买、建造固定资产、取得无形资产和其他长期资产所支付的现金（含增值税款等），以及用现金支付的应由在建工程和无形资产负担的职工薪酬。

6)"投资支付的现金"项目，反映企业取得除现金等价物以外的对其他企业的权益工具、债务工具和合营中的权益所支付的现金以及支付的佣金、手续费等附加费用。

7)"取得子公司及其他营业单位支付的现金净额"项目，反映企业购买子公司及其他营业单位对价中以现金支付的部分，减去子公司及其他营业单位持有的现金和现金等价物后的净额。

8)"收到其他与投资活动有关的现金""支付其他与投资活动有关的现金"项目，反映企业除上述七个项目外，收到或支付的其他与投资活动有关的现金流入或流出，金额较大的应当单独列示。

（3）筹资活动产生的现金流量

筹资活动指导致企业资本及债务规模和构成发生变化的活动。其中，资本包括实收资本和资本溢价；债务指对外举债，包括银行借款、发行债券，以及偿还债务等。通常，应付票据、应付账款等商业应付款等属于经营活动，不属于筹资活动。对于工商企业：

1)"吸收投资收到的现金"项目，反映企业以发行股票、债券等方式筹集资金实际收到的款项，减去直接支付给金融企业的佣金、手续费、宣传费、咨询费、印刷费等发行费用后的净额。

2)"取得借款收到的现金"项目，反映企业举借各种短期、长期借款而收到的现金。

3)"偿还债务支付的现金"项目，反映企业以现金偿还债务的本金。

4)"分配股利、利润或偿付利息支付的现金"项目，反映企业实际支付的现金股利、支付给其他投资单位的利润或用现金支付的借款利息、债券利息。

5)"收到其他与筹资活动有关的现金""支付其他与筹资活动有关的现金"项目，反映企业除上述四项外，收到或支付的其他与筹资活动有关的现金流入或流出，金额较大的应当单独列示。

（4）汇率变动对现金及现金等价物的影响

企业外币现金流量，以及境外子公司的现金流量折算成记账本位币时，所采用的是现金流量发生日的即期汇率（或近似汇率），而现金流量表"现金及现金等价物净增加额"项目中的外币现金净增加额是按照资产负债表日的即期汇率进行折算，二者之间的差额即为汇率变动对现金的影响。编制现金流量表时，对当期发生的外币业务，可不必逐笔计算汇率变动对现金的影响，可以通过现金流量表补充资料中"现金及现金等价物净增加额"与现金流量中"经营活动产生的现金流量净额""投资活动产生的现金流量净额""筹资活动产生的现金流量净额"三项之和比较,其差额即为"汇率变动对现金的影响"。

4. 现金流量表补充资料

企业应在附注中披露采用间接法将净利润调节为经营活动现金流量、不涉及现金收支的重大投资和筹资活动、现金及现金等价物净变动情况等信息,适用于一般企业、商业银行、保险公司、证券公司等各类企业。

(1)"将净利润调节为经营活动的现金流量"项目

1)"资产减值准备"项目,反映企业本期计提的坏账准备、存货跌价准备、长期股权投资减值准备、持有至到期投资减值准备、投资性房地产减值准备、固定资产减值准备、在建工程减值准备、无形资产减值准备、商誉减值准备、生产性生物资产减值准备、油气资产减值准备等资产减值准备。

2)"固定资产折旧""油气资产折耗""生产性生物资产折旧"项目,分别反映企业本期计提的固定资产折旧、油气资产折耗、生产性生物资产折旧。

3)"无形资产摊销""长期待摊费用摊销"项目,分别反映企业本期计提的无形资产摊销、长期待摊费用摊销。

4)"处置固定资产、无形资产和其他长期资产的损失"项目,反映企业本期处置固定资产、无形资产和其他长期资产发生的损失。

5)"固定资产报废损失"项目,反映企业本期固定资产盘亏发生的损失。

6)"公允价值变动损失"项目,反映企业持有的采用公允价值计量且其变动计入当期损益的金融资产、金融负债等的公允价值变动损益。

7)"财务费用"项目,反映企业本期发生的应属于投资活动或筹资活动的财务费用。

8)"投资损失"项目,反映企业本期投资所发生的损失减去收益后的净损失。

9)"递延所得税资产减少""递延所得税负债增加""存货的减少""经营性应收项目的减少""经营性应付项目的增加"项目,分别反映企业资产负债表相应项目的期初余额与期末余额的差额。其中,经营性应收项目包括应收票据、应收账款、预付款项、长期应收款和其他应收款中与经营活动有关的部分及应收的增值税销项税额等;经营性应付项目包括应付票据、应付账款、预收款项、应付职工薪酬、应交税费、应付利息、应付股利、长期应付款、其他应付款中与经营活动有关的部分及应付的增值税进项税额等。

(2)"不涉及现金收支的重大投资和筹资活动"项目

这是反映企业一定期间内影响资产或负债,但不形成该期现金收支的所有投资和筹资活动的信息。

1)"债务转为资本"项目,反映企业本期转为资本的债务金额。

2)"一年内到期的可转换公司债券"项目,反映企业一年内到期的可转换公司债券的本息。

3)"融资租入固定资产"项目,反映企业本期融资租入固定资产的最低租赁付款额扣除应分期计入利息费用的未确认融资费用的净额。

(3)"现金及现金等价物净增加额"项目

与现金流量表中的"现金及现金等价物净增加额"项目的金额应当相等。应披露现金及现金等价物构成的信息,包括:

1)现金及现金等价物的构成及其在资产负债表中的相应金额。

2)企业持有但不能由母公司或集团内其他子公司使用的大额现金及现金等价物金额。

(三十二)中期财务报告准则(Interim Financial Reporting)

中期财务报告是指以中期为基础编制的财务报告。包括月度财务报告、季度财务报告、半年度财务报告,以及年初至本中期末的财务报告。中期财务报告至少应包括资产负债表、利润表、现金流量表和附注。

1. 编制要求

(1)应遵循的原则

中期财务报告编制应遵循以下原则:一是与年度财务报告相一致的会计政策。二是重要性。包括重要性程度的判断应以中期财务数据为基础,不得以预计的年度财务报告数据为基础;重要性原则的运用应保证中期财务报告包括了与理解企业中期末财务状况和经营成果及其现金流量相关的信息;应根据具体情况具体分析和职业判断开展重要性程度判断。三是及时性。企业应确保所提供的中期财务报告包括了相关重要信息,以提升因计量需要进行估计的可靠度。

(2)编报要求

企业上年度编制合并财务报表的,中期期末应编制合并报表。具体来说:

1)上年度编报合并报表的企业,其中期财务报告应编制合并财务报表,且合并报表的合并范围、合并原则、编制方法和合并财务报表的格式与内容等应与上年度合并财务报表相一致。

2)上年度财务报告包括了合并财务报表,但报告中期内处置了所有应纳入合并范围的子公司的,中期财务报告应包括当年子公司处置前的相关信息。

3)企业在报告中期内新增加了子公司的,在中期期末应将该子公司财务报表纳入合并范围。

4)应编制合并财务报表的企业,如果上年度财务报告同时提供了母公司财务报表的，中期财务报告亦应提供母公司财务报表。

（3）比较财务报表编制要求

中期财务报告应按准则规定提供比较财务报表：

1）本中期末的资产负债和上年度末的资产负债表。

2）本中期的利润表、年初至本中期的利润表及上年度可比中期的利润表、上年度年初至上年可比中期末的利润表。

3）年初至本中期末的现金流量表和上年度年初至上年可比中期的现金流量表。

2. 确认与计量

（1）基本原则

1）中期财务报告中各会计要素的确认和计量原则应与年度财务报表一致。

2）中期会计计量应以年初至本中期末为基础，财务报告的频率不应影响年度结果的计量。即中期会计计量的结果最终应与年度财务报表中的会计计量结果相一致。

3）在中期不得随意变更会计政策，应采用与年度财务报表相一致的会计政策。如果上年度资产负债表日后按规定变更了会计政策，且该变更将在本年度财务报表中采用，中期财务报告应采用该变更后的会计政策。

同一会计年度内，以前中期财务报表项目在以后中期发生了会计估计变更，以后中期财务报表应反映该会计变更后的金额，但对以前中期财务报表项目金额不作调整。

（2）季节性、周期性或偶然性取得的收入

应在发生时予以确认和计量，不应在中期财务报表中预计或递延。

（3）会计年度中不均匀发生的费用

应在发生时预计确认和计量，不应在中期财务报告中预提或者待摊。如果会计年度末允许预提或待摊，则在中期末也允许。

3. 中期会计政策变更的处理

会计政策变更累积影响数能够合理确定，且涉及本会计年度以前中期财务报表相关项目数字的，应予以追溯调整，视同该会计政策在整个会计年度一贯采用；同时，上年度可比财务报表应作相应调整。会计政策变更累积影响数不能合理确定，以及不涉及本会计年度以前中期财务报表相关项目数字的，应采用未来适用法。会计政策变更，应在财务报表附注中说明会计政策变更的性质、内容、原因及其影响数，如果累积影响数不能合理确定的，也应说明理由。

1）会计政策变更发生在会计年度内第1季度。企业除了应计算变更的累积影响数，并作相应账务处理外，在财务报表列报方面，只需根据变更后的会计政策编制第1季度和当年度以后季度财务报表，并对准则要求提供的以前年度比较财务报表最早期间的期初留存收益和比较财务报表的其他相关项目数字作相应调整。在附注中，应披露变更对以前年度的累积影响数和对第1季度损益的影响数，在之后其他季度报表附注中，应披露第1季度发生的变更对季度损益的影响数和年初至本季度末损益的影响数。

2）会计政策变更发生在会计年度内第1季度之外的其他季度。企业除了应计算变更的累积影响数，并作相应账务处理外，在财务报表列报方面，还需要调整以前年度比较财务报表最早期间的期初留存数和比较财务报表其他相关项目的数字，以及在变更季度财务报告中或变更以后季度财务报告中涉及的本会计年度内发生变更之前季度财务报表相关项目的数字。同时，应披露报告对以前年度的累积影响数，包括：对比较财务报表最早期间留存收益的影响数；以前年度可比中期损益的影响数；对当年度变更季度、年初至变更季末损益的影响数；变更前各季度损益的影响数。在变更以后季度财务报表附注中也需作相应披露。

这实际上要求，以会计政策变更时的季度为基础，需要对本季度、以前年度、本季度之前的累积影响数进行计算、调整和披露，并对相应比较财务报表的期初留存收益和相关报表项目进行调整和披露。在变更后的本年度的其他季度，直至年度财务报告，均应作相应披露。

4. 附注的编制

（1）基本要求

1）应以年初至本中期末为基础披露。即不应仅仅披露本中期所发生的重要交易或事项，应涵盖自年初至本中期末的整个期间。

2）应对上年度资产负债表日后发生的重要交易或事项进行披露。

（2）附注的主要内容

1）中期财务报表所采用的会计政策与上年度财务报表相一致的声明。会计政策发生变更的，应当说明会计政策变更的性质、内容、原因及其影响数；无法进行追溯调整的，应当说明原因。

2）会计估计变更的内容、原因及其影响数；影响数不能确定的，应当说明原因。

3）前期差错的性质及其更正金额；无法进行追溯重述的，应当说明原因。

4）企业经营的季节性或者周期性特征。

5）存在控制关系的关联方发生变化的情况；关联方之间发生交易的，应当披露关联方关系的性质、交易类型和交易要素。

6）合并财务报表的合并范围发生变化的情况。

7）对性质特别或者金额异常的财务报表项目的说明。

8）证券发行、回购和偿还情况。

9）向所有者分配利润的情况，包括在中期内实施的利润分配和已提出或者已批准但尚未实施的利润分配情况。

10）根据《企业会计准则第35号——分部报告》规定披露分部报告信息的，应当披露主要报告形式的分部收入与分部利润（亏损）。

11）中期资产负债表日至中期财务报告批准报出日之间发生的非调整事项。

12）上年度资产负债表日以后所发生的或有负债和或有资产的变化情况。

13）企业结构变化情况，包括企业合并，对被投资单位具有重大影响、共同控制或者控制关系的长期股权投资的购买或者处置，终止经营等。

14）其他重大交易或者事项，包括重大的长期资产转让及其出售情况、重大的固定资产和无形资产取得情况、重大的研究和开发支出、重大的资产减值损失情况等。

在提供上述第5）和第10）有关关联方交易、分部收入与分部利润（亏损）信息时，应当同时提供本中期（或者本中期末）和本年度年初至本中期末的数据，以及上年度可比本中期（或者可比期末）和可比年初至本中期末的比较数据。

（三十三）合并财务报表准则（Consolidated Financial Statements）

1. 合并财务报表

合并财务报表是反映母公司和其全部子公司形成的企业集团整体财务状况、经营成果和现金流量的财务报表。与个别财务报表相比，合并财务报表具有下列特点：

1）合并会计报表以企业集团为会计主体编制。即合并财务报表反映的对象是由母公司和其全部子公司组成的会计主体。

2）合并财务报表的编制者是母公司。

3）合并财务报表是站在企业集团的立场，以纳入合并范围的企业个别财务报表为基础，根据其他有关资料，抵销母公司与子公司、子公司相互之间发生的内部交易，考虑特殊交易事项对合并财务报表的影响后编制的，旨在反映合并财务报表主体作为一个整体的财务状况、经营成果和现金流量。

2. 合并范围的确定

合并财务报表的合并范围应当以控制为基础予以确定，包括根据表决权（或类似权利）本身或者结合其他安排确定的子公司，以及基于一项或多项合同安排决定的结构化主体。

控制，是指投资方拥有对被投资方的权力，通过参与被投资方的相关活动而享有可变回报，并且有能力运用对被投资方的权力影响其回报金额。包含三项基本要素：一是投资方拥有对被投资方的权力；二是因参与被投资方的相关活动而享有可变回报；三是有能力运用对被投资方的权力影响其回报金额。在判断投资方是否能够控制被投资方时，当且仅当投资方具备上述三要素时，才能表明投资方能够控制被投资方。

投资方在判断是否控制被投资方时，应以是否满足以上三个要素为核心，综合考虑所有相关事实和情况。具体为：

1) 被投资方的设立目的。

2) 判断通过涉入被投资方的活动享受的是否为可变回报。可变回报是不固定且可能随着被投资方业绩变化而变化的回报，主要表现形式有三种：一是股利、被投资方经济利益的其他分配、投资方对被投资方的投资的价值变动；二是因向被投资方的资产或负债提供服务而得到的报酬、因提供信用支持或流动性支持收取的费用或承担的损失、被投资方清算时在其剩余净资产中所享有的权益、税务利益、因参与被投资方而获得的未来流动性；三是其他利益持有方无法得到的回报。对是否可变回报及其可变程度的判断应基于合同安排，而不是法律形式。

3) 判断投资方是否对被投资方拥有权力，并能够运用此权力影响回报金额。当投资方能够主导被投资方的相关活动时，即投资方拥有或享有对被投资方的权力。通常表现为表决权。

表决权是对被投资方经营计划、投资方案、财务预算和决算、利润分配方案和弥补亏损方案、内部管理机构设置、聘任或解聘公司经理及其确定其报酬、公司基本管理制度等事项进行表决而持有的权利。

表决权比例通常与其出资比例或持股比例一致。投资方可以通过直接或间接拥有半数以上表决权而拥有权利，但仍然需要结合公司章程、董事会构成、董事会或股东会表决约定等情况，以及股权投资协议、与其他表决权持有人之间的协议、经营合同安排等有关合同协议具体判断。

4) 控制的持续评估。投资方需要对是否拥有权力而使控制满足三个基本要素进行持续评估。但不能满足控制的三个基本要素时，被投资方应不再纳入合并报表范围。

5) 纳入合并范围的特殊情况。

对被投资方可分割部分的控制属于合并的特殊情况。正常情况下，应对是否控制被投资方整体进行判断。但是，在同时满足下列条件且符合法律规定时，投资方应将被投资方的一部分视为被投资方可分割的部分，判断是否控制该部分。

①可分割部分资产负债和利益具有独立性，即该部分的资产是偿付该部分负债或该部分其他利益方的唯一来源，不能用于偿还该部分以外的被投资方的其他负债；

②与可分割部分相关的权利具有独享性，即除与该部分相关的各方外，其他方不享有与该部分资产相关的权利，也不享有与该部分资产剩余现金流量相关的权利。

6) 合并范围的豁免（投资性主体）。

①豁免规定。母公司应当将其全部子公司（包括母公司所控制的被投资单位可分割部分、结构化主体）纳入合并范围。如果母公司是投资性主体，则只应将那些为投资性主体的投资活动提供相关服务的子公司纳入合并范围，其他子公司不应予以合并，应按照公允价值计量且其变动计入当期损益。

一个投资性主体的母公司如果其本身不是投资性主体，则应当将其控制的全部主体，包括投资性主体，以及通过投资性主体间接控制的主体，纳入合并财务报表范围。

②投资性主体。当母公司同时满足以下三个条件时，则属于投资性主体：一是该公司以向投资方提供投资管理服务为目的，从一个或多个投资者获取资金；二是该公司的唯一经营目的，是通过资本增值、投资收益或两者兼有而让投资者获得回报；三是该公司按照公允价值对几乎所有投资的业绩进行计量和评价。

③投资主体的特征。其通常应符合下列四个特征：一是拥有一个以上投资；二是拥有一个以上投资者；三是投资者不是该主体的关联方；四是该主体的所有者权益以股权或类似权益存在。

④投资性主体的转换。投资性主体的判断需要持续进行，当有事实和情况表明构成投资性主体定义的三项要素发生变化，或者任何典型特征发生变化时，应当重新评估其是否符合投资性主体。

当母公司由非投资性主体转变为投资性主体时，除仅将为其投资活动提供相关服务的子公司纳入合并财务报表范围编制合并财务报表外，企业自转变日起对其他子公司不应予以合并，其会计处理参照部分处置子公司股权但不丧失控制权处理。

当母公司由投资性主体转变为非投资性主体时，应将原未纳入合并财务报表范围的子公司于转变日纳入合并财务报表范围，将转变日视为购买日，原未纳入合并财务报表范围的子公司于转变日的公允价值视为购买的交易对价，按照非同一控制下企业合并的会计处理方法行会计处理。

3.合并财务报表编制

（1）编制原则

合并财务报表作为财务报表，必须符合财务报表编制的一般原则和基本要求，包括真实可靠、内容完整、重要性等。此外，还应遵循以个别财务报表为基础、一体性原则和重要性原则。在编制合并财务报表时将母公司和所有子公司作为整体，对于母公司与子公司、子公司相互之间发生的经济业务，应当视为同一会计主体的内部业务处理，对合并财务报表的财务状况、经营成果和现金流量不产生影响，对整个集团财务状况和经营成果影响不大的，可不编制抵销分录而直接编制合并财务报表。

（2）合并财务报表构成

合并财务报表至少包括合并资产负债表、合并利润表、合并所有者权益变动表、合并现金流量表，以及相应的附注。

（3）编制合并报表的前期准备

编制合并财务报表的前期准备工作，主要包括：

1) 统一母子公司的会计政策。

2) 统一母子公司的资产负债表日及会计期间。

3) 对子公司以外币表示的财务报表进行折算。

4) 收集编制合并财务报表的相关资料。为编制合并财务报表，母公司应当要求子公司及时提供下列有关资料：

①子公司相应期间的财务报表；

②采用的与母公司不一致的会计政策及其影响金额；

③与母公司不一致的会计期间的说明；

④与母公司及与其他子公司之间发生的所有内部交易的相关资料，包括但不限于内部购销交易、债权债务、投资及其产生的现金流量和未实现内部销售损益的期初、期末余额及变动情况等资料；

⑤子公司所有者权益变动和利润分配的有关资料；

⑥编制合并财务报表所需要的其他资料。

（4）编制程序

合并财务报表编制的一般程序如下：

1) 设置合并工作底稿。在合并工作底稿中，对母公司和纳入合并范围的子公司的个别财务报表各项目的数据进行汇总、调整和抵销处理，最终计算得出合并财务报表各项目的合并数。

2) 将个别财务报表的数据过入合并工作底稿。将母公司和纳入合并范围的子公司的个别资产负债表、个别利润表、个别现金流量表及个别所有者权益变动表各项目的数据过入合并工作底稿，并在合并工作底稿中对母公司和子公司个别财务报表各项目的数据进行加总，计算得出各项目合计数额。

3) 编制调整分录和抵销分录。将母公司与子公司、子公司相互之间的经济业务对个别财务报表有关项目的影响进行调整抵销处理，将因会计政策及计量基础的差异对个别财务报表的影响进行调整，以及将个别财务报表各项目的加总数据中重复的因素等予以抵销或调整等。

4) 计算合并财务报表各项目的合并金额。在母公司和纳入合并范围的子公司个别财务报表项目加总金额的基础上,分别计算合并财务报表中各资产项目、负债项目、所有者权益项目、收入项目和费用项目等的合并金额。其计算方法如下:

①资产类项目,其合并金额根据该项目加总的金额,加上该项目调整分录与抵销分录有关的借方发生额,减去该项目调整分录与抵销分录有关的贷方发生额计算确定。

②负债类和所有者权益类项目,其合并金额根据该项目加总的金额,减去该项目调整分录与抵销分录有关的借方发生额,加上该项目调整分录与抵销分录有关的贷方发生额计算确定。

③有关收入、收益、利得等损益类项目,其合并金额根据该项目加总的金额,减去该项目调整分录与抵销分录的借方发生额,加上该项目调整分录与抵销分录的贷方发生额计算确定。

④有关成本费用、损失类项目和有关利润分配的项目,其合并金额根据该项目加总的金额,加上该项目调整分录与抵销分录的借方发生额,减去该项目调整分录与抵销分录的贷方发生额计算确定。

⑤"专项储备"和"一般风险准备"项目,在长期股权投资与子公司所有者权益相互抵销后,应当按归属于母公司所有者的份额予以恢复。

5)填列合并财务报表。根据合并工作底稿中计算出的资产、负债、所有者权益、收入、成本费用类以及现金流量表中各项目的合并金额,填列正式的合并财务报表。合并所有者权益变动表也可以根据合并资产负债表和合并利润表进行编制。

4. 编制合并财务报表需要调整抵销的项目

(1)合并资产负债表

编制合并资产负债表需要进行抵销处理的主要项目包括:

1)母公司对子公司股权投资项目与子公司所有者权益(股权权益)项目;

2)母公司与子公司、子公司相互之间未结算的内部债权债务项目;

3)存货项目、固定资产项目(包括固定资产原价和累计折旧项目)和无形资产项目,内部购进价值中包含的未实现内部销售损益。

(2)合并利润表和合并所有者权益变动表

编制合并利润表和合并所有者权益变动表需要进行抵销处理的项目主要有:

1)内部销售收入和内部销售成本项目;

2)内部投资收益项目,包括内部利息收入与利息支出项目、内部股权投资收益项目;

3)资产减值损失项目,即内部交易相关的内部应收账款、存货、固定资产、无形资产等项目的资产减值损失;

4)纳入合并范围的子公司利润分配项目。

（3）合并现金流量表

编制合并现金流量表需要进行抵销的内容主要是母公司与子公司、子公司相互之间的以下事项：

1）当期以现金投资或收购股权增加的投资所产生的现金流量。

2）当期取得投资收益收到的现金与分配股利、利润或偿付利息支付的现金。

3）以现金结算债权与债务所产生的现金流量。

4）当期销售商品所产生的现金流量。

5）处置固定资产、无形资产和其他长期资产收回的现金净额与购建固定资产、无形资产和其他长期资产支付的现金。

6）当前发生的其他内部交易所产生的现金流量。

5. 报告期内增减子公司

（1）增加子公司

母公司因追加投资等原因控制了另一个企业即实现了企业合并，应当根据《企业会计准则第20号——企业合并》的规定编制合并日或购买日的合并财务报表。

在企业合并发生当期的期末和以后会计期间，母公司应分别情况进行处理：

1）同一控制下企业合并增加的子公司或业务。视同合并后形成的企业集团报告主体自最终控制方开始实施控制时一直是一体化存续下来的。编制合并资产负债表时，应当调整合并资产负债表的期初数，合并资产负债表的留存收益项目应当反映母子公司视同一直作为一个整体运行至合并日应实现的盈余公积和未分配利润的情况，同时应当对比较报表的相关项目进行调整；编制合并利润表时，应当将该子公司或业务自合并当期期初至报告期末的收入、费用、利润纳入合并利润表，同时应当对比较报表的相关项目进行调整；在编制合并现金流量表时，应当将该子公司或业务自合并当期期初到报告期末的现金流量纳入合并现金流量表，同时应当对比较报表的相关项目进行调整。

2）非同一控制下企业合并或其他方式增加的子公司或业务。应当从购买日开始编制合并财务报表，在编制合并资产负债表时，不调整合并资产负债表的期初数，企业以非货币性资产出资设立子公司或对子公司增资的，需要将该非货币性资产调整恢复至原账面价值，并在此基础上持续编制合并财务报表；在编制合并利润表时，应当将该子公司或业务自购买日至报告期末的收入、费用、利润纳入合并利润表；在编制合并现金流量表时，应当将该子公司购买日至报告期期末的现金流量纳入合并现金流量表。

（2）处置子公司

在报告期内，如果母公司处置子公司或业务，失去对子公司或业务的控制，被投资方从处置日开始不再是母公司的子公司，不应继续将其纳入合并财务报表的合并范围。

在编制合并资产负债表时，不应当调整合并资产负债表的期初数；在编制合并利润表时，应当将该子公司或业务自当期期初至处置日的收入、费用、利润纳入合并利润表；在编制合并现金流量表时，应将该子公司或业务自当期期初至处置日的现金流量纳入合并现金流量表。

6. 特殊交易的会计处理

（1）追加投资的会计处理

追加投资的会计处理应分别个别财务报表和合并财务报表进行会计处理，个别财务报表的会计处理遵循《企业会计准则第 2 号——长期股权投资》，合并财务报表中的会计处理为：

1）母公司购买子公司少数股东股权。

因购买少数股权新取得的长期股权投资与按照新增持股比例计算应享有子公司自购买日（或合并日）开始持续计算的净资产份额之间的差额，应调整母公司个别报表中的资本公积（资本溢价或股本溢价），资本公积不足冲减的，调整留存收益。

2）企业因追加投资等原因能够对非同一控制下的被投资方实施控制。

企业通过多次交易分步实现非同一控制下企业合并的，在合并财务报表上，应首先判断是否属于"一揽子交易"。其中：

属于"一揽子交易"，应当将各项交易作为一项取得子公司控制权的交易进行会计处理。

不属于"一揽子交易"，在合并财务报表中，购买日之前持有的被购买方的股权，应按照该股权在购买日的公允价值进行重新计量，公允价值与其账面价值的差额计入当期投资收益；购买日之前持有的被购买方的股权涉及权益法核算下的其他综合收益、其他所有者权益变动的，应当转为购买日所属当期收益，由于被投资方重新计量设定受益计划净负债或净资产变动而产生的其他综合收益除外。

3）通过多次交易分步实现的同一控制下企业合并。

对于分步实现的同一控制下企业合并，在编制合并财务报表时，应视同参与合并的各方在最终控制方开始控制时即以目前的状态存在进行调整，在编制比较报表时，以不早于合并方和被合并方同处于最终控制方的控制之下的时点为限，将被合并方的有关资产、负债并入合并方合并财务报表的比较报表中，并将合并而增加的净资产在比较报表中调整所有者权益项下的相关项目。

合并方在取得被合并方控制权之前持有的股权投资，在取得原股权之日与合并方和被合并方同处于同一方最终控制之日孰晚日起至合并日之间已确认有关损益、其他综合收益以及其他净资产变动，应分别冲减比较报表期间的期初留存收益或当期损益。

(2)处置对子公司投资的会计处理

处置子公司的会计处理应分别个别财务报表和合并财务报表进行会计处理,个别财务报表的会计处理,参见长期股权投资准则的相关内容,合并财务报表中的会计处理应当分别以下情况:

1)母公司在不丧失控制权的情况下部分处置对子公司的长期股权投资的,处置价款与处置长期股权投资相对应享有子公司自购买日或合并日开始持续计算的净资产份额之间的差额,应当调整资本公积(资本溢价或股本溢价),资本公积不足冲减的,调整留存收益。

2)母公司因处置对子公司长期股权投资而丧失控制权的,分以下情况:

①一次交易处置的情况下,在合并财务报表中,对于剩余股权,应当按照丧失控制权日的公允价值进行重新计量。处置股权取得的对价和剩余股权公允价值之和,减去按原持股比例计算应享有原有子公司自购买日开始持续计算的净资产的份额与商誉之和的差额,计入丧失控制权当期的投资收益。

②多次交易分步处置的情况下,在合并财务报表中,首先,应结合分步交易的各个步骤的交易协议条款、分别取得的处置对价、出售股权的对象、处置方式、处置时点等信息来判断分步交易是否属于"一揽子交易"。其中:

不属于"一揽子交易"的,则在丧失对子公司控制权以前的各项交易,按照上述1)进行会计处理。

属于"一揽子交易",则应将各项交易作为一项处置原有子公司并丧失控制权的交易进行会计处理。其中,对于丧失控制权之前的每一次交易,处置价款与处置投资对应的享有该子公司自购买日开始持续计算的净资产账面价值的份额之间的差额,在合并财务报表中应当计入其他综合收益,在丧失控制权时一并转入丧失控制权当期的损益。

(3)因子公司的少数股东增资而稀释母公司拥有的股权比例

应首先按照增资前的母公司股权比例计算其在增资前子公司账面净资产中的份额。该份额与增资后按母公司持股比例计算的在增资后子公司账面净资产份额之间的差额计入资本公积,资本公积不足冲减的,调整留存收益。

(4)交叉持股

母公司持有的子公司股权,应将母公司长期股权投资与子公司所有者权益合并抵销。

子公司持有的母公司股权,应按照子公司取得母公司股权日所确认的长期股权投资的初始投资成本,将其转为合并财务报表中的库存股,作为所有者权益的减项;所确认的投资收益,做抵销处理。其中,分类为以公允价值计量且其变动计入其他综合收益的金融资产,按照公允价值计量,同时冲销子公司累计确认的公允价值变动。

子公司相互之间持有的长期股权投资，应将长期股权投资与其对应的子公司所有者权益中所享有的份额相互抵销。

（5）逆流交易

即子公司向母公司出售资产，应将所发生的未实现收益，按照母公司对子公司的分配比例，在"归属母公司所有者的净利润"和"少数股东损益"之间分配抵销。

（6）其他特殊交易

对于站在企业集团合并财务报表角度的确认和计量结果与其所属的母公司或子公司的个别财务报表层面的确认和计量结果不一致的，在编制合并财务报表时，应站在企业集团角度对该特殊交易事项予以调整。

（三十四）每股收益准则（Earnings Per Share）

每股收益是指普通股股东每持有1股普通股所能享有的企业净利润或需要承担的企业净亏损。该指标反映了企业的经营成果，可以衡量普通股的获利水平与投资风险，是投资者、债权人等据以评价企业盈利能力和预测企业成长潜力，并进一步作出相关经济决策的重要财务指标之一。每股收益包括基本每股收益和稀释每股收益。

1. 基本每股收益

基本每股收益是只考虑当期实际发行在外的普通股股份，按照归属于普通股股东的当期净利润除以当期实际发行在外的普通股加权平均数计算确定。

每股收益 = 归属普通股股东的净利润 ÷ 发行在外普通股加权平均数

其中：以合并报表为基础计算的每股收益，应为扣除少数股东损益后的余额，即归属于母公司普通股股东的当期合并净利润。

发行在外普通股加权平均数 = 期初发行在外普通股股数 + 当期新发行普通股股数 × 已发行时间 ÷ 报告期时间 – 当期回购普通股股数 × 已回购时间 ÷ 报告期时间

新发行普通股股数应根据发行合同的具体条款，从应收对价之日起计算确定。通常：

1）为收取现金而发行的，从应收现金日起计算。

2）因债务转资本而发行的，从停止债务利息之日或结算日起计算。

3）非同一控制下的企业合并，作为对价发行的，从购买日起计算；同一控制下的企业合并，作为对价发行的，应计入各列报期间普通股的加权平均数。

4）为收购非现金资产而发行的，从确认收购之日起计算。

2. 稀释每股收益

稀释每股收益是以基本每股收益为基础，假设企业所有发行在外的稀释性潜在普通股均已转换为普通股，从而分别调整归属于普通股股东的当期净利润，以及发行在外普通股的加权平均数计算确定。

稀释性潜在普通股是指假设当期转换为普通股后将减少每股收益的潜在普通股。如果某金融工具在转为普通股后，不能减少持续经营每股收益或增加持续经营每股亏损，则不具有稀释性，在计算稀释每股收益时不予考虑。

（1）归属于普通股股东的当期净利润

在计算稀释每股收益时，应根据不同金融工具转股时的具体情况对归属于普通股股东的当期净利润进行相应调整。主要考虑：一是当期已确认为费用的稀释性潜在普通股的利息，二是其在转股时产生的收益或费用；三是应考虑以上利息、收益或费用的所得税影响。需要注意的是，对于包含负债和权益成分的金融工具，仅需调整金融负债部分的相关利息、利得或损失。

（2）当期发行在外普通股加权平均数

在计算稀释每股收益时：

当期发行在外普通股加权平均数 = 计算基本每股收益时普通股的加权平均数 + 假定稀释性潜在普通股转换为已发行普通股而增加的普通股加权平均数

假定稀释性潜在普通股转换为已发行普通股而增加的普通股加权平均数，应按照其发行在外时间进行加权平均。其中：

1）以前期间发行的，应假设在当期期初转换为普通股。

2）当期发行的，应假设在发行日转换为普通股。

3）当期被注销或终止的，应按照当期发行在外的时间加权平均，即应将从当期期初至被注销日或终止日的时间假定为发行在外的时间，之后不再计入稀释每股收益。

4）当期被转换或行权的，应从当期期初至转换日（行权日）作为假设的发行在外时间，计入稀释每股收益，自转换日（行权日）起所转换的普通股计入基本每股收益。

（3）可转换公司债券

可以采用假设转换法判断其稀释性，并计算稀释每股收益。即假定可转换公司债券在当期期初（或发行日）已经转换为普通股，从而增加了发行在外普通股股数，并同时不再发生债券的利息费用而增加了归属于普通股股东的当期净利润。其计算的一般程序为：

第一步，计算基本每股收益。

第二步，计算年应付利息。

年应付利息 = 债券面值 × 面利率

第三步，计算负债成分的公允价值。

负债成分的公允价值 = 年应付利息的现值 + 债券本金的现值

一般情况下，以市场利率为折现率。

第四步，计算假设转换应增加的利润。

假设转换增加的利润＝负债成分的公允价值 × 市场利率 ×（1－适用企业所得税税率）

第五步，计算假设转换增加的普通股股数。

假设转换增加的普通股股数＝债券发行数量 ÷ 转股价格

第六步，计算增量股的每股收益。

增量股每股收益＝假设转换增加的利润 ÷ 假设转换增加的普通股股数

第七步，比较增量股每股收益与基本每股收益。当增量股每股收益小于基本每股收益时，具有稀释作用；否则，不具有稀释作用。

第八步，计算稀释每股收益。

稀释每股收益＝（归属普通股股东的净利润＋假设转换增加的利润）÷（计算基本每股收益时普通股的加权平均数＋假定转换后增加的普通股加权平均数）

（4）认股权证和股份期权

认股权证是公司发行的、约定持有人有权在履约期间内或特定到期日按约定价格向本公司购买新股的有价证券。股份期权是公司授予持有人在未来一定期限内以预先确定的价格和条件购买本公司一定数量股份的权利，其持有人可以按约定行使该权利，也可以放弃该权利。

持有人行使（或假定行使）认股权证和股份期权，将增加公司发行在外的普通股数量。但是，对于盈利企业，持有人的行权价格低于当期普通股平均价格时，具有稀释性；对于亏损企业，假设行权一般不影响净亏损，但具有反稀释作用，将减少每股亏损金额，故不计算稀释每股收益。

对于稀释性认股权证和股份期权，计算稀释每股收益时，一般不需要调整归属普通股股东的净利润，但需要按下列步骤确定普通股的加权平均数：

1）假定在当期期初（或发行日）已经行权，计算按约定行权价格发行普通股将获得的股款金额。

拟行权获得的股款金额＝拟行权时转换的普通股数量 × 约定行权价格

2）假设按当期普通股平均市场价格发行股票，计算按1）中获得的股款金额可以发行的普通股数量。

按市场价格可以发行的普通股数量＝拟行权获得的股款金额 ÷ 当期普通股平均市场价格

3）计算发行在外普通股股数的净增加。

净增加的普通股股数＝拟行权时转换的普通股数量－按市场价格可以发行的普通股数量

4）将净增加的普通股股数乘以其假设发行在外的时间权数，据此调整计算稀释每股收益。

稀释每股收益＝归属普通股股东的净利润÷（计算基本每股收益时普通股的加权平均数＋净增加的普通股股数×已发行时间÷报告期时间）

（5）限制性股票

这是上市公司采取的一种股权激励方式，在限制性股票等待期内按下列原则计算每股收益：

1）等待期内基本每股收益的计算。

限制性股票在未来可能被回购，性质上属于或有可发行股票，在计算基本每股收益时不应包括在内。但在其等待期内应视发放的现金股利是否可撤销采取不同的计算方法。

一是现金股利可撤销。即未达到解锁条件时，被回购限制性股票的持有者将无法获得（或需退回）在等待期内应收（或已收）的现金股利。因此，应考虑未来解锁时发放现金股利对净利润的影响。

基本每股收益＝（归属普通股股东的净利润－当期分配给预计未来可解锁限制性股票持有者的现金股利）÷发行在外普通股加权平均数（不包含限制性股票的股数）

二是现金股利不可撤销。即无论是否达到解锁条件，其持有人都有权获得等待期内的现金股利，已收的部分不需要退回。因此，应将其全部作为未来解锁时需发放的现金股利。其计算基本每股收益的公式同上。

2）等待期内稀释每股收益的计算。

应视解锁条件不同采取不同的计算方法：

一是解锁条件仅为服务期限条件的。应假设资产负债表日尚未解锁的限制性股票已于当期期初全部解锁，当行权价格低于公司当期普通股平均市场价格时，具有稀释性，计算稀释每股收益。否则，不具有稀释性。

稀释每股收益＝归属普通股股东的当期净利润÷（普通股加权平均数＋调整增加的普通股加权平均数）

调整增加的普通股加权平均数＝限制性股票股数－行权价格×限制性股票股数÷当期普通股平均市场价格

行权价格＝限制性股票发行价格＋资产负债表日尚未取得的职工服务的公允价值

二是解锁条件包含业绩条件的。应假设资产负债表日即为解锁日，并据此判断实际业绩是否满足解锁业绩条件。满足解锁业绩条件的，参照上述解锁条件仅为服务期限条件的稀释性每股收益计算方法；不满足的，不必考虑此限制性股票的影响。

（6）企业承诺将回购其股份的合同

当回购合同规定的回购价格高于当期普通股平均市场价格时，应考虑其稀释性。其计算步骤为：

第一，假设企业与期初按照当期普通股平均市场价格发现普通股，以募集足够资金履行回购合同。合同日晚于期初的，则按照自合同日至期末的普通股平均市场价格发行。

第二，假设回购合同已于当期期初（或合同日）履行，按约定行权价格回购股票。

第三，比价假设发行与假设回购的普通股股数的差额，并将其作为净增加的发行在外的普通股股数，再乘以时间权重，据此调整计算稀释每股收益。

增加的普通股股数 = 回购价格 × 承诺回购的普通股股数 ÷ 当期普通股平均市场价格 - 承诺回购的普通股股数

（7）多项潜在普通股

企业应将每次发行每一项的潜在普通股作为不同的单一潜在普通股，并根据其性质和形式，按照上述（3）（4）（5）（6）的类别分别判断其稀释性，按照对净利润的影响和净增加的普通股数量分别相应计算增量股的每股收益，并按照增量股每股收益从低到高排队。增量股每股收益越低，其稀释程度越高。在此基础上，按照排队顺序，依次计入稀释每股收益，直至所计算的稀释每股收益高于上一步计算得到的稀释每股收益，则此时得到的最小每股收益即为稀释每股收益。

（8）子公司、合营企业或联营企业发行的潜在普通股

在对其稀释性进行判断的基础上，对于稀释性潜在普通股，应包括在这些公司自身层面的稀缺每股收益计算中，同时还应包括在合并层面稀释每股收益以及投资者稀释每股收益的计算中。

3. 每股收益的重新计算

（1）派发股票股利、公积金转增资本、拆股和并股

这类事项将导致增加或减少其发行在外普通股或潜在普通股的数量，但对所有者权益金额没有影响。为了保持会计指标前后期的可比性，企业应在报批手续全部完成后，按调整后的股数重新计算各列报期间的每股收益。

（2）配股

每股理论除权价格 =（行权前发行在外普通股的公允价值总额 + 配股收到的款项）÷ 行权后发行在外的普通股股数

调整系数 = 行权前发行在外普通股的每股公允价值 ÷ 每股理论除权价格

因配股重新计算的上年度基本每股收益 = 上年度基本每股收益 ÷ 调整系数

本年度基本每股收益 = 归属于普通股股东的当期净利润 ÷（配股前发行在外普通股股数

×调整系数×配股前普通股发行在外的时间权重+配股后发行在外普通股加权平均数）

（3）以前年度损益追溯调整或追溯重述的

应重新计算各列报期间的每股收益。

4. 列报

企业应当在利润表中单独列示基本每股收益和稀释每股收益，并应在附注中披露与每股收益有关的下列信息：

1）基本每股收益和稀释每股收益分子、分母的计算过程。

2）列报期间不具有稀释性，但以后期间很可能具有稀释性的潜在普通股。

3）在资产负债表日至财务报告批准报出日之间，企业发行在外普通股或潜在普通股股数发生重大变化的情况。

（三十五）分部报告准则（Segment Reporting）

企业存在多种业务经营或跨地区经营的，应当以对外提供的财务报表为基础披露分部信息，但法律、行政法规另有规定的除外。企业披露分部信息，应当区分业务分部和地区分部。

1. 业务分部（经营分部）

经营分部是企业内同时满足下列条件的组成部分：一是该组成部分能够在日常活动中产生收入、发生费用；二是企业管理层能够定期评价该组成部分的经营成果，以决定向其配置资源、评价其业绩；三是企业能够取得该组成部分的财务状况、经营成果和现金流量等有关会计信息。

企业应以内部组织结构、管理要求、内部报告制度为依据确定经营分部。在满足下列条件时，可以合并为一个经营分部：

1）各单项产品或劳务的性质相同或相似，包括规格、型号、最终用途等；

2）生产过程的性质相同或相似，包括采用劳动密集或资本密集方式组织生产、使用相同或者相似设备和原材料、采用委托生产或加工方式等；

3）产品或劳务的客户类型相同或相似，包括大宗客户、零散客户等；

4）销售产品或提供劳务的方式相同或相似，包括批发、零售、自产自销、委托销售、承包等；

5）生产产品或提供劳务受法律、行政法规的影响，包括经营范围或交易定价限制等。

2. 地区分部

地区分部是企业内可区分的、能够在一个特定的经济环境内提供产品或劳务的组成部分。该组成部分承担了不同于在其他经济环境内提供产品或劳务的组成部分的风险和报酬。企业在确定地区分部时，应当结合企业内部管理要求，并考虑下列因素，判断是否具有相近的长期财务业绩，包括具有相近的长期平均毛利率、资金回报率、未来现金流量等。

1）所处经济、政治环境的相似性，包括境外经营所在地区经济和政治的稳定程度等；

2）在不同地区经营之间的关系，包括在某地区进行产品生产，而在其他地区进行销售等；

3）经营的接近程度大小，包括在某地区生产的产品是否需在其他地区进一步加工生产等；

4）与某一特定地区经营相关的特别风险，包括气候异常变化等；

5）外汇管理规定，即境外经营所在地区是否实行外汇管制；

6）外汇风险。

3. 报告分部

企业应当以经营分部或地区分部为基础确定报告分部。确定时应遵循以下原则和规定：

（1）10%重要性标准

经营分部或地区分部的大部分收入是对外交易收入，且满足下列条件之一的，应将其确定为报告分部：

1）该分部的分部收入占所有分部收入合计的10%或者以上。

2）该分部的分部利润（亏损）的绝对额，占所有盈利分部利润合计额或者所有亏损分部亏损合计额的绝对额两者中较大者的10%或者以上。

3）该分部的分部资产占所有分部资产合计额的10%或者以上。

分部资产是分部经营活动使用的可归属于该分部的资产，不包括递延所得税资产。分部利润是分部收入减去分部费用后的余额。其中：

分部收入包括可归属于分部的对外交易收入和对其他分部交易收入。分部收入主要由对外交易收入构成的，通常为营业收入，但下列项目不包括在内：

①利息收入和股利收入。如采用成本法核算的长期股权投资的股利收入（投资收益）、债券投资的利息收入、对其他分部贷款的利息收入等。但分部的日常活动是金融性质的除外。

②采用权益法核算的长期股权投资在被投资单位实现的净利润中应享有的份额，以及处置投资产生的净收益。但分部的日常活动是金融性质的除外。

③营业外收入。如处置固定资产、无形资产等产生的净收益。

分部费用是包括可归属于分部的对外交易费用和对其他分部交易费用。分部费用主

要由对外交易费用构成的,通常包括营业成本、营业税费及附加、销售费用等,下列项目不包括在内:

①利息费用。如发行债券、向其他分部借款的利息费用等。但分部的日常活动是金融性质的除外。

②采用权益法核算的长期股权投资在被投资单位发生的净损失中应承担的份额以及处置投资发生的净损失。但分部的日常活动是金融性质的除外。

③与企业整体相关的管理费用和其他费用。但企业代所属分部支付的、与分部经营活动相关的,且能直接归属于或按合理的基础分配给该分部的费用,属于分部费用。

④营业外支出。如处置固定资产、无形资产等发生的净损失。

⑤所得税费用。

需要注意的一种特殊情形是,企业的内部管理按照垂直一体化经营的不同层次划分的,即使其大部分收入不通过对外交易取得,仍可将垂直一体化经营的不同层次确定为独立的报告业务分部。

(2)不满足10%重要性标准的处理

可以按照下列规定确定报告分部:

1)企业管理层认为披露该经营分部信息对会计信息使用者有用的,可以不考虑该分部的规模,直接将其指定为报告分部;

2)可将该分部与一个或一个以上类似的、未满足10%重要性标准的其他分部合并为一个报告分部;

3)不将该分部指定为报告分部,且不与其他分部合并的,应在披露分部信息时,将其作为其他项目单独披露。

(3)占总收入比重75%标准

在满足10%重要性标准确定为报告分部后,所有确定为报告分部的各经营分部(或地区分部)的对外交易收入合计额占合并总收入或企业总收入的比重应达到75%的比例。未达到75%的,应增加报告分部的数量,将其他不满足条件未作为报告分部的经营分部纳入报告分部的范围,直到该比重达到75%。

(4)报告分部的数量

报告分部的数量通常不应超过10个。超过10个的,应进行合并,直至不超过10个。

(5)为提供可比信息确定报告分部

在确定报告分部时,企业还应考虑不同会计期间分部信息的可比性和一致性。对于上期满足报告分部确定条件,但本期不再满足的,企业认为该分部仍然重要的,则可以继续确定为本期报告分部。对于本期满足报告分部确认条件,但上期不满足的,则以前会计期间的发布信息应重述,将其作为一个报告分部。

3. 分部信息披露

企业应区分主要报告形式和次要报告形式披露分部信息。

(1)主要报告形式和次要报告形式的区分

在确定分部信息的主要报告形式和次要报告形式时,应以企业的风险和报酬的主要来源和性质为依据,同时结合企业的内部组织结构、管理结构以及向董事会或类似机构的内部报告制度。其中:

1)风险和报酬主要受企业的产品和劳务差异影响的,披露分部信息的主要形式应当是业务分部,次要形式是地区分部。

2)风险和报酬主要受企业在不同的国家或地区经营活动影响的,披露分部信息的主要形式应当是地区分部,次要形式是业务分部。

3)风险和报酬同时较大地受企业产品和劳务的差异,以及经营活动所在国家或地区差异影响的,披露分部信息的主要形式应当是业务分部,次要形式是地区分部。

(2)主要报告形式应披露的信息

对于主要报告形式,企业应当在附注中披露分部收入、分部费用、分部利润(亏损)、分部资产总额和分部负债总额等信息。其中:

1)分部收入,应区分对外交易收入和对其他分部交易收入分别披露。

2)分部费用,应分别折旧费用、摊销费用以及其他重大的非现金费用等分别披露。

3)分部利润(亏损),应当在调整少数股东损益前确定。

4)分部资产的披露金额应当按照扣除相关累计折旧或摊销额以及累计减值准备后的金额确定。披露分部资产总额时,当期发生的在建工程成本总额、购置的固定资产和无形资产的成本总额,应当单独披露。不包括递延所得税资产。

5)分部负债不包括递延所得税负债。

企业应在附注中披露将相关资产或负债分配给报告分部的基础。

(3)次要报告分部形式应披露的信息

1)分部信息的主要报告形式是业务分部的,应当就次要报告形式披露下列信息:

①对外交易收入占企业对外交易收入总额10%或者以上的地区分部,以外部客户所在地为基础披露对外交易收入。

②分部资产占所有地区分部资产总额10%或者以上的地区分部,以资产所在地为基础披露分部资产总额。

2)分部信息的主要报告形式是地区分部的,应当就次要报告形式披露下列信息:

①对外交易收入占企业对外交易收入总额10%或者以上的业务分部,应当披露对外

交易收入。

②分部资产占所有业务分部资产总额10%或者以上的业务分部,应当披露分部资产总额。

(4)信息披露的其他要求

1)分部的日常活动是金融性质的,利息收入和利息费用应当作为分部收入和分部费用进行披露。

2)披露的分部信息,应与合并财务报表或企业财务报表中的总额信息相衔接。其中:

①分部收入总额应与企业的对外交易收入总额相衔接;

②分部利润(亏损)总额应与企业营业利润(亏损)总额和净利润或净亏损总额相衔接;

③分部资产总额应与企业资产总额相衔接;

④分部负债总额应与企业负债总额相衔接。

3)企业应当披露分部会计政策及其重大变更,但分部会计政策与合并财务报表或企业财务报表一致的除外。

4)企业应提供前期比较数据,但提供比较数据不切实可行的除外。

5)企业应披露确定报告分部考虑的因素,及其产品和劳务类型等基本描述性信息。

(三十六)关联方披露准则(Disclosure of Affiliated Parties)

企业财务报表中应当披露所有关联方关系及其交易的相关信息。对外提供合并财务报表的,对于已经包括在合并范围内各企业之间的交易不予披露,但应披露与合并范围外各关联方的关系及其交易。

1. 关联方

一方控制、共同控制另一方或对另一方施加重大影响,以及两方或两方以上同受一方控制、共同控制或重大影响的,构成关联方。其中:

控制,是指有权决定一个企业的财务和经营政策,并能据以从该企业的经营活动中获取利益。

共同控制,是指按照合同约定对某项经济活动所共有的控制,仅在与该项经济活动相关的重要财务和经营决策需要分享控制权的投资方一致同意时存在。

重大影响,是指对一个企业的财务和经营政策有参与决策的权力,但并不能够控制或者与其他方一起共同控制这些政策的制定。

2. 关联方关系的认定

关联方关系的存在是以控制、共同控制或重大影响为前提条件的。在进行判断时,应遵循实质重于形式的原则。从一个企业的角度考察,与其构成关联方关系的各方包括:

1)该企业的母公司。包括直接或间接控制该企业的其他企业,以及能够对该企业实施直接或间接控制的单位等。

2）该企业的子公司。包括直接或间接被该企业控制的其他企业，以及直接或间接被该企业控制的企业、单位、基金等特殊目的实体。

3）与该企业受同一母公司控制的其他企业。

4）对该企业实施共同控制的投资方。包括共同直接控制和间接共同控制，但共同控制的各方相互之间一般不构成关联方关系。

5）对该企业施加重大影响的投资方。

6）该企业的合营企业。包括合营企业的子公司。

7）该企业的联营企业。包括联营企业的子公司。

8）该企业的主要投资者个人及与其关系密切的家庭成员。主要投资者个人，是能够控制、共同控制一个企业或者对一个企业施加重大影响的个人投资者。

9）该企业或其母公司的关键管理人员及与其关系密切的家庭成员。关键管理人员，是有权力并负责计划、指挥和控制企业活动的人员，通常包括董事长、董事、董事会秘书、总经理、总会计师、财务总监、主管各项事务的副总经理以及行使类似决策职能的人员等。与主要投资者个人或关键管理人员关系密切的家庭成员，是指在处理与企业的交易时可能影响该个人或受该个人影响的家庭成员。

10）该企业主要投资者个人、关键管理人员或与其关系密切的家庭成员控制、共同控制或施加重大影响的其他企业。

11）该企业与其所属企业集团的其他成员单位（包括母公司和子公司）的合营企业或联营企业。

12）该企业的关键管理人员提供服务的提供方与服务接受方，需根据具体实际情况进行判断。

3. 不构成关联方关系的情形

下列关系的各方不构成企业的关联方：

1）与该企业发生日常往来的资金提供者、公用事业部门、政府部门和机构。

2）与该企业发生大量交易而存在经济依存关系的单个客户、供应商、特许商、经销商或代理商。

3）与该企业共同控制合营企业的合营者。

4）仅仅同受国家控制而不存在控制、共同控制或重大影响关系的企业。

5）受同一方重大影响的企业之间。

4. 关联方交易

关联方交易，是关联方之间转移资源、劳务或义务的行为，而不论是否收取价款。

关联方交易的类型通常包括下列各项：

1）购买或销售商品，以及购买或销售商品以外的其他资产。

2）提供或接受劳务。

3）担保。

4）提供资金（贷款或股权投资）。

5）租赁。

6）代理。

7）研究与开发项目的转移。

8）许可协议。

9）代表企业或由企业代表另一方进行债务结算。

10）关键管理人员薪酬。

5. 关联方披露

1）企业无论是否发生关联方交易，均应当在附注中披露与母公司和子公司有关的下列信息：

①母公司和子公司的名称。母公司不是最终控制方的，还应披露最终控制方名称。母公司和最终控制方均不对外提供财务报表的，还应披露母公司之上与其最相近的对外提供财务报表的母公司名称。

②母公司和子公司的业务性质、注册地、注册资本（或实收资本、股本）及其变化。

③母公司对该企业或者该企业对子公司的持股比例和表决权比例。

2）企业与关联方发生关联方交易的，应当在附注中披露该关联方关系的性质、交易类型及交易要素。交易要素至少应当包括：交易的金额；未结算项目的金额、条款和条件，以及有关提供或取得担保的信息；未结算应收项目的坏账准备金额；定价政策。

关联方交易应当分别关联方以及交易类型予以披露。类型相似的关联方交易，在不影响财务报表阅读者正确理解关联方交易对财务报表影响的情况下，可以合并披露。企业只有在提供确凿证据的情况下，才能披露关联方交易是公平交易。

（三十七）金融工具列报准则（Presentation of Financial Instruments）

金融工具列报，包括金融工具列示和金融工具披露。

1. 金融工具列示

（1）总体要求

1）金融工具分类。

企业应根据所发行金融工具的合同条款及其所反映的经济实质而非仅以法律形式，

结合金融资产、金融负债和权益工具的定义，在初始确认时将该金融工具或其组成部分分类为金融资产、金融负债或权益工具。

企业在对金融工具各项目进行列报时，应当根据金融工具的特点及相关信息的性质对金融工具进行归类，并充分披露相关信息，使财务报表附注中的披露与财务报表列示的各项目相互对应。

2）列报类型。

在确定金融工具的列报类型时，企业至少应将金融工具区分为以摊余成本计量和以公允价值计量的类型。

3）详细程度。

企业应根据自身实际情况，按照准则要求，合理确定列报金融工具的详细程度。

（2）资产负债表列示

1）列示的基本要求。

金融资产和金融负债应当在资产负债表内分别列示，不得相互抵销。但同时满足下列条件的，应以相互抵销后的净额在资产负债表内列示：一是企业具有抵销已确认金额的法定权利，且该种法定权利是当前可执行的；二是企业计划以净额结算，或同时变现该金融资产和清偿该金融负债。

企业应当区分金融资产和金融负债的抵销与终止确认。抵销金融资产和金融负债并在资产负债表中以净额列示，不应当产生利得或损失；终止确认是从资产负债表列示的项目中移除相关金融资产或金融负债，有可能产生利得或损失。

不满足终止确认条件的金融资产转移，转出方不得将已转移的金融资产和相关负债进行抵销。

2）具体列示。

应在资产负债表或相关附注中列报下列金融资产或金融负债的账面价值：

①以公允价值计量且其变动计入当期损益的金融资产，并分别反映交易性金融资产和在初始确认时指定为以公允价值计量且其变动计入当期损益的金融资产；

②持有至到期投资；

③贷款和应收款项；

④可供出售金融资产；

⑤以公允价值计量且其变动计入当期损益的金融负债，并分别反映交易性金融负债和在初始确认时指定为以公允价值计量且其变动计入当期损益的金融负债；

⑥其他金融负债。

2. 金融工具披露

（1）一般信息披露要求

企业应披露编制财务报表时对金融工具所采用的重要会计政策、计量基础，以及与理解财务报表相关的其他会计政策等信息，主要包括：

1）对指定为以公允价值计量且其变动计入当期损益的金融资产或金融负债，应当披露指定的金融资产或金融负债的性质、初始确认时做出指定的标准，以及如何满足运用指定的标准。

2）指定金融资产为可供出售金融资产的标准。

3）金融资产常规购买和出售的会计政策。

4）核销减值准备并减记金融资产账面价值的原则。

5）如何确定每类金融工具的利得或损失。

6）存在客观证据表明金融资产已发生减值的适用标准。

7）为避免金融资产逾期或减值而重新议定条款的金融资产所适用的会计政策。

（2）资产负债表相关信息的披露

主要包括：一是金融资产和金融负债的账面价值。二是金融资产重分类的情况。三是金融工具指定的情况。四是金融资产转移和终止确认的情况。五是金融资产与金融负债的抵销情况。六是权益工具，以及符合金融工具的相关情况。

（3）利润表相关信息的披露

应披露与金融工具有关的收入、费用、利得或损失的情况，主要包括：

1）当期各类金融资产和金融负债所产生的利得或损失。其中，指定为以公允价值计量且其变动计入当期损益的金融资产和金融负债以及交易性金融资产和金融负债的利得或损失应当分别披露。对于可供出售金融资产，应当分别披露当期在其他综合收益中确认的以及当期从权益转入损益的利得或损失。

2）除以公允价值计量且其变动计入当期损益的金融资产或金融负债外，按实际利率法计算的金融资产或金融负债产生的利息收入或利息费用总额，以及直接计入当期损益但在确定实际利率时未包括的手续费收入或支出。

3）企业通过信托和其他托管活动代他人持有资产或进行投资而形成的，直接计入当期损益的手续费收入或支出。

4）已发生减值的金融资产产生的利息收入。

5）每类金融资产本期发生的减值损失。

（4）套期保值相关信息的披露

1）每类套期信息。包括每类套期的描述、对套期工具的描述及其期末公允价值、被套期风险的性质。

2）与现金流量套期有关列信息。包括现金流量预期发生期间及其预期影响损益的期间、对于前期运用套期会计方法但预期不再发生的交易的描述、本期在其他综合收益中确认的金额、本期从所有者权益中转出至利润表各项目的金额、本期预期交易形成的非金融资产或非金融负债在初始确认时从所有者权益转入的金额。

3）应单独披露的套期会计的信息。包括：一是在公允价值套期中，套期工具本期形成的利得或损失，以及被套期项目因被套期风险形成的利得或损失。二是在现金流量套期中，本期套期无效部分形成的利得或损失。三是在境外经营净投资套期中，本期套期无效部分形成的利得或损失。

（5）公允价值相关信息的披露

企业应当披露每一类金融资产和金融负债的公允价值，并与账面价值进行比较。对于在资产负债表中相互抵销的金融资产和金融负债，其公允价值应当以抵销后的金额披露。

金融资产或金融负债初始确认的公允价值与交易价格存在差异时，如果其公允价值并非基于相同资产或负债在活跃市场中的报价，也非基于仅使用可观察市场数据的估值技术，企业在初始确认金融资产或金融负债时不应确认利得或损失。在此情况下，企业应当按金融资产或金融负债的类型披露下列信息：

1）企业在损益中确认交易价格与初始确认的公允价值之间差额时所采用的会计政策，以反映市场参与者对资产或负债进行定价时所考虑的因素（包括时间因素）的变动。

2）该项差异期初和期末尚未在损益中确认的金额和本期变动额。

3）企业如何认定交易价格并非公允价值的最佳证据，以及确定公允价值的证据。

（6）金融工具风险信息披露

企业应披露与金融工具相关的信用风险、流动性风险、市场风险，以及相应的定性和定量信息。

（三十八）首次执行企业会计准则（First Time Adoption of ASBE）

首次执行企业会计准则，是指企业第一次执行企业会计准则体系，包括基本准则、具体准则和会计准则应用指南。首次执行企业会计准则后发生的会计政策变更，适用《企业会计准则第 28 号——会计政策、会计估计变更和差错更正》。

1. 总体要求

在首次执行日，企业应当对所有资产、负债和所有者权益按照企业会计准则的规定进行重新分类、确认和计量，编制期初资产负债表，并按照规定进行追溯调整。对规定追溯调整之外的项目采用未来适用法。

在首次执行日后按照企业会计准则编制的首份年度财务报表期间，企业应当按照财务报表列报准则、现金流量表准则的规定，编报资产负债表、利润表、现金流量表和所有者权益变动表及附注。对外提供合并财务报表的，应遵循合并财务报表准则的规定。在首份年度财务报表涵盖的期间内对外提供中期财务报告的，应遵循中期财务报告准则的规定。企业应在附注中披露首次执行企业会计准则财务报表项目金额的变动情况。首份年度财务报表至少应当包括上年度按照企业会计准则列报的比较信息。财务报表项目的列报发生变更的，应当对上年度比较数据按照企业会计准则的列报要求进行调整，但不切实可行的除外。

2. 首次执行日采用追溯调整法有关项目的处理

（1）长期股权投资

属于同一控制下企业合并产生的长期股权投资，尚未摊销完毕的股权投资差额应全额冲销，并调整留存收益，以冲销股权投资差额后的长期股权投资账面余额作为认定成本。

其他采用权益法核算的长期股权投资，存在股权投资贷方差额的，应冲销贷方差额，调整留存收益，并以冲销贷方差额后的长期股权投资账面余额作为认定成本；存在借方差额的，应将长期股权投资的账面余额作为认定成本。

（2）投资性房地产

对于有确凿证据表明可以采用公允价值模式计量的投资性房地产，可以按公允价值进行计量，并将账面价值与公允价值的差额调整留存收益。

（3）或有负债

满足预计负债确认条件的重组义务，确认为负债，并调整留存收益。其中，对满足预计负债确认条件且首次执行日之前尚未计入资产成本的弃置费用，应选择该项资产初始确认时适用的折现率，以该项预计负债折现后的金额增加相应资产成本，并确认相应的负债；同时，据此计算确认应补提的折旧（折耗），调整期初留存收益。

（4）解除劳动关系计划

对首次执行日存在的解除与职工的劳动关系计划，满足预计负债确认条件的，应确认因解除与职工的劳动关系给予补偿而产生的负债，并调整留存收益。

（5）年金基金投资

企业年金基金在运营中所形成的投资，应按照公允价值进行计量，并将账面价值与公允价值的差额调整留存收益。

（6）股份支付

可行权日在首次执行日或之后的股份支付，应按照权益工具、其他方服务或承担的以权益工具为基础计算确定的负债的公允价值,将应计入首次执行日之前等待期的成本费用金额调整留存收益,相应增加所有者权益或负债。其中:

1)授予职工以权益结算的股份支付,应按照权益工具在授予日的公允价值调整期初留存收益,相应增加资本公积;授予日的公允价值不能可靠计量的,应当按照权益工具在首次执行日的公允价值计量。

2)授予职工以现金结算的股份支付,应按权益工具在等待期内首次执行日之前各资产负债表日的公允价值调整期初留存收益,相应增加应付职工薪酬。各资产负债表日的公允价值不能可靠计量的,应当按照权益工具在首次执行日的公允价值计量。

3)授予其他方的股份支付,比照授予职工的股份支付处理。

首次执行日之前可行权的股份支付,不应追溯调整。

(7)所得税

在首次执行日对资产、负债的账面价值与计税基础不同形成的暂时性差异的所得税影响金额调整留存收益。在具体处理上,应停止采用应付税款法或原纳税影响会计法,改按资产负债表债务法对所得税进行处理。其中:

原采用应付税款法核算所得税费用的,应按照企业会计准则相关规定调整后的资产、负债账面价值与其计税基础进行比较,确定应纳税暂时性差异和可抵扣暂时性差异,采用适用的税率计算递延所得税负债和递延所得税资产的金额,相应调整期初留存收益。

原采用纳税影响会计法核算所得税费用的,应按所得税准则规定,计算递延所得税负债和递延所得税资产的金额,同时冲销递延税款余额,根据上述两项金额之间的差额调整期初留存收益。

在首次执行日,对于能够结转以后年度的可抵扣亏损和税款抵减,应以很可能获得用来抵扣可抵扣亏损和税款抵减的未来应纳税所得额为限,确认相应的递延所得税资产,同时调整期初留存收益。

(8)企业合并

属于同一控制下企业合并,原已确认商誉的摊余价值应全额冲销,并调整留存收益;属于非同一控制下企业合并的,应将商誉在首次执行日的摊余价值作为认定成本,不再进行摊销。

首次执行日之前发生的企业合并,合并合同或协议中约定根据未来事项的发生对合并成本进行调整的,如果首次执行日预计未来事项很可能发生并对合并成本的影响金额能够可靠计量的,应当按照该影响金额调整已确认商誉的账面价值。

企业应按资产减值准则规定,在首次执行日对商誉进行减值测试,发生减值的,应以计提减值准备后的金额确认,并调整留存收益。

(9) 金融工具

1) 金融资产。

企业应将所持有的金融资产划分为以公允价值计量且其变动计入当期损益的金融资产、持有至到期投资、贷款和应收款项、可供出售金融资产。其中：

划分为以公允价值计量且其变动计入当期损益或可供出售金融资产的，应按照公允价值计量，并将账面价值与公允价值的差额调整留存收益；

划分为持有至到期投资、贷款和应收款项的，应改按实际利率法，在随后的会计期间采用摊余成本计量。

2) 金融负债。

对于指定为以公允价值计量且其变动计入当期损益的金融负债，应按照公允价值计量，并将账面价值与公允价值的差额调整留存收益。

3) 衍生金融工具。

对于未在资产负债表内确认或已按成本计量的衍生金融工具（不包括套期工具），按照公允价值计量，同时调整留存收益。

对于嵌入衍生金融工具，按照金融工具确认和计量准则规定应从混合工具分拆的，应在首次执行日按其在该日的公允价值，将其从混合工具中分拆并单独处理。公允价值难以合理确定的，应将其整体指定为以公允价值计量且其变动计入当期损益的金融资产或金融负债。

4) 非衍生金融工具。

企业发行的包含负债和权益成分的非衍生金融工具，按照金融工具列报准则分拆时，应先按该项负债在首次执行日的公允价值作为其初始确认金额，再按其账面价值扣除负债公允价值后的金额，作为权益成分的初始确认金额。首次执行日负债成分的公允价值难以合理确定的，不应对其进行分拆，仍作为负债处理。

(10) 套期保值

对于不符合套期保值准则规定的套期会计方法运用条件的套期保值，应终止采用原套期会计方法。

(11) 再保险分出业务

发生再保险分出业务的企业，应按照再保险合同准则规定，将应向再保险接受人摊回的相应准备金确认为资产，并调整各项准备金的账面价值。

3. 首次执行日采用未来适用法有关项目的处理

(1) 借款费用

首次执行日之前未予资本化的借款费用，不应追溯调整。首次执行日及以后发生的借款费用，符合借款费用准则规定的资本化条件的部分，应当予以资本化。

（2）超过正常信用条件延期付款（或收款）

实质上具有融资性质的购销业务，分别情况进行处理：

1）延期收款。首次执行日处于收款过程中的采用递延收款方式、实质上具有融资性质的销售商品或提供劳务收入，首次执行日之前已确认的收入和结转的成本不再追溯调整。首次执行日后的第一个会计期间，企业应将尚未确认但符合收入确认条件的合同或协议剩余价款部分确认为长期应收款，按其公允价值确认为营业收入，两者的差额作为未实现融资收益，在剩余收款期限内采用实际利率法进行摊销。在确认收入的同时，应当相应地结转成本。

2）延期付款。首次执行日之前购买的固定资产、无形资产在超过正常信用条件的期限内延期付款、实质上具有融资性质的，首次执行日之前已计提的折旧和摊销额，不再追溯调整。在首次执行日，企业应以尚未支付的款项与其现值之间的差额，减少资产的账面价值，同时确认为未确认融资费用。首次执行日后，企业应以调整后的资产账面价值作为认定成本，并以此为基础计提折旧，未确认融资费用应当在剩余付款期限内采用实际利率法进行摊销。

（3）无形资产

处于开发阶段的内部开发项目，首次执行日之前已经费用化的开发支出，不应追溯调整；首次执行日及以后发生的开发支出，符合无形资产确认条件的，应当予以资本化。

企业持有的无形资产，应以首次执行日的摊余价值作为认定成本，对于使用寿命有限的无形资产，应当在剩余使用寿命内摊销。使用寿命不确定的，应停止摊销。

已计入在建工程和固定资产的土地使用权，符合无形资产准则规定，应单独确认为无形资产的，首次执行日应进行重分类，将归属于土地使用权的部分从原资产账面价值中分离，作为土地使用权的认定成本。

（4）开办费

首次执行日的开办费余额，应在首次执行日后第一个会计期间内全部确认为管理费用。

（5）职工福利费

职工福利费余额，应全部转入应付职工薪酬（职工福利）。首次执行日后第一个会计期间，根据企业实际情况和职工福利计划确认应付职工薪酬（职工福利），该项金额与原转入的应付职工薪酬（职工福利）之间的差额调整管理费用。

（三十九）公允价值计量准则（Fair Value Measurement）

1. 概述

公允价值，是指市场参与者在计量日发生的有序交易中，出售一项资产所能收到或者转移一项负债所需支付的价格，即脱手价格。企业应严格按照公允价值定义对相关资产或负债进行公允价值计量。在计量日，公允价值计量的目标应当保持一致。

公允价值计量的相关要求适用于相关资产或负债的初始计量和后续计量。企业应从市场参与者角度计量相关资产或负债的公允价值，而不应考虑企业自身持有资产、清偿或者以其他方式履行负债的意图和能力。企业以公允价值计量，应假定计量日出售资产或转移负债的有序交易发生在主要市场（或者最有利市场）中，并使用在当前情况下适用且有足够可利用数据和其他信息支持的估值技术，如市场法、收益法和成本法等。企业应按在活跃市场的公开报价（第一层次输入值）、可观察输入值、不可观察输入值的顺序选定使用相同资产或负债的价格。

企业披露相关资产或负债的公允价值信息，应对资产或负债进行恰当分组，区分持续的公允价值计量和非持续的公允价值计量，并按照公允价值计量的三个层次进行披露。同时，应披露公允价值计量所使用的估值技术和输入值，以及重大不可观察输入值在持续的公允价值计量中对当期损益或其他综合收益的影响。

2. 基本要求

（1）相关资产或负债

以公允价值计量相关资产或负债，应考虑该资产或负债的特征，以及该资产或负债是以单项还是以组合的方式进行计量等因素。这些特征包括资产的状况及所在位置、出售或使用资产的限制等。

（2）有序交易

以公允价值计量，应假定市场参与者在计量日出售资产或者转移负债的交易，是当前市场情况下的有序交易，即在计量日前一段时期内该资产或负债具有惯常市场活动的交易，不包括被迫清算和抛售。

当遇到下列情况时，通常不应作为有序交易：

1）在当前市场情况下，市场在计量日之前一段时间内不存在惯常市场交易活动，以及虽存在惯常市场交易，但资产出售方或负债转移方仅与单一的市场参与者进行交易。

2）资产出售方或负债转移方处于或者接近于破产或托管状态，即其已陷入财务困境。

3）为满足法律或者监管规定而被要求出售资产，即被迫出售。

4）与相同或类似资产或负债近期发生的其他交易相比，出售价格是一个异常值。

（3）主要市场或最有利市场

以公允价值计量，应假定有序交易在该资产或负债的主要市场进行。不存在主要市场的，企业应假定在其最有利市场进行。

主要市场，是指相关资产或负债交易量最大和交易活跃程度最高的市场。最有利市场，是指在考虑交易费用和运输费用后，能够以最高金额出售相关资产或者以最低金额转移相关负债的市场。

主要市场（或最有利市场）应是企业可进入的市场，但不要求企业于计量日在该市场上实际出售资产或者转移负债。同时，企业应从自身角度，而非市场参与者角度进行判断。此外，不同企业可以进入不同的市场，对相同资产或负债而言，不同企业可能具有不同的主要市场。

（4）市场参与者

以公允价值计量，应充分考虑市场参与者之间的交易，采用市场参与者在定价时为实现其经济利益最大化所使用的假设。

市场参与者，是在相关资产或负债的主要市场中，相互独立的、熟悉资产或负债情况的、能够且愿意进行资产或负债交易的买方和卖方。其应当具备下列特征：一是相互独立，不存关联方关系。二是熟悉情况，根据可获得的信息，对相关资产或负债以及交易具备合理认知。三是有能力并自愿进行交易，而非被迫或以其他强制方式进行交易。

企业在确定市场参与者时至少应当考虑：一是所计量的相关资产或负债。二是基于企业角度确定的主要市场。三是企业将在主要市场或最有利市场进行交易的市场参与者。

3. 公允价值的确定

（1）公允价值初始计量

企业应当根据交易性质和相关资产或负债的特征等，判断初始确认时的公允价值是否与其交易价格相等。交易价格是取得该资产所实际支付或者承担该负债所实际收到的价格，即进入价格。而其公允价值是脱手价格，即出售该资产所能应该收到的价格或者转移该负债所需应该支付的价格。

在下列情况下，企业以公允价值进行初始计量的，不应将交易价格作为公允价值：

1）关联方之间的交易。但有证据表明该交易是按照市场条款进行除外。

2）被迫进行的交易，或者资产出售方（或负债转移方）在交易中被迫接受价格的交易。

3）交易价格所代表的计量单元不同于以公允价值计量的相关资产或负债的计量单元。

4）进行交易的市场不是该资产或负债的主要市场或最有利市场。

其他相关会计准则要求或允许以公允价值进行初始计量，且交易价格与公允价值不相等的，该差额应按相关准则要求进行处理；相关准则未作出明确规定的，应计入当期损益。

（2）估值技术

估值技术通常包括市场法、收益法和成本法。企业应根据实际情况从中选择一种或多种用于估计公允价值。相关资产或负债存在活跃市场公开报价的，企业应优先使用该报价确定公允价值。企业应根据可观察的市场信息定期校准估值模型，确保其能够反映当前市场状况，并识别估值模型本身可能存在的潜在缺陷。

1）市场法。是利用相同或类似的资产、负债或资产和负债组合的价格以及其他相关市场交易信息进行估值的技术。在使用市场法时，应以市场参与者在相同或类似资产出售中能够收到或者转移相同或类似负债需要支付的公开报价为基础，根据该资产或负债的特征对相应的市场价格进行调整，以确定公允价值。

除直接使用公开报价外，还可以使用上市公司比较法、交易案例比较法等市场乘数法估值方法。采用上市公司比较法时，可使用的市场乘数包括市盈率、市净率、企业价值/税息折旧及摊销前利润乘数等。

2）收益法。是企业将未来金额转换成单一现值的估值技术，包括现金流量折现法、多期超额收益折现法、期权定价模型等估值方法。使用收益法时，应反映市场参与者在计量日对未来现金流量或收入费用等金额的预期情况。

3）成本法。是反映当前重置相关资产服务能力所需金额的估值技术，通常指现行重置成本法。企业应根据实体性损耗、功能性贬值以及经济性贬值等折旧贬值情况，对市场参与者获得或构建具有相同服务能力的替代资产的成本进行调整。

企业在公允价值计量中使用的估值技术一经确定，不得随意变更。除非变更估值技术或其应用方法能使计量结果在当前情况下同样或者更能代表公允价值，包括但不限于下列情况：一是出现新的市场；二是可以取得新的信息；三是无法再取得以前使用的信息；四是改进了估值技术；五是市场状况发生变化等。

企业变更估值技术及其应用方法的，应作为会计估计变更处理，并对估值技术及其应用方法的变更进行披露。企业无论使用何种估值技术，都应考虑当前市场状况并作出市场参与者可能进行的风险调整，如对信用风险和流动性风险的调整。

（3）输入值

企业以公允价值计量，应考虑市场参与者在进行定价时所使用的假设，包括有关风险的假设。市场参与者所使用的假设即为输入值，可分为可观察输入值和不可观察输入值。企业应优先使用可观察输入值，仅当相关可观察输入值无法取得或取得不切实可行时才使用不可观察输入值。通常可以从交易所市场、做市商市场、经纪人市场、直接交易市场获得可观察输入值。在交易所市场上，企业可直接获得相关资产或负债的收盘价。

企业应选择与市场参与者在相关资产或负债交易中会考虑的，并且与该资产或负债特征相一致的输入值。在企业能够获得相同或类似资产或负债在活跃市场的报价、市场参与者将考虑与相关资产或负债的特征相关的溢价或折价的情况下，企业应当根据这些溢价或折价，如控制权溢价、少数股东权益折价、流动性折价等，对相同或类似资产或负债的市场交易价格进行调整。

当相关资产或负债具有出价和要价时，企业可以使用出价与要价价差中在当前市场情况下最能代表该资产或负债公允价值的价格计量该资产或负债。可使用出价计量资产头寸、要价计量负债头寸，也可使用市场参与者在实务中使用的在出价和要价之间的中间价或其他定价惯例计量相关资产或负债。

（4）公允价值层次

企业应将估值技术所使用的输入值划分为三个层次，最优先使用在活跃市场上相同资产或负债未经调整的报价（第一层次输入值），其次使用直接或间接可观察的输入值（第二层输入值），最后使用不可观察输入值（第三层次输入值）。

第二层次输入值包括：一是活跃市场中类似资产或负债的报价。二是非活跃市场中相同或类似资产或负债的报价。三是除报价以外的包括在正常报价间隔期间可观察的利率和收益率曲线等其他可观察输入值。四是市场验证的输入值等。

第三层次输入值包括不能直接观察和无法由可观察市场数据验证的利率、股票波动率、企业合并中承担的弃置义务的未来现金流量、企业使用自身数据作出的财务预测等。

4. 具体应用

（1）非金融资产的公允价值计量

以公允价值计量非金融资产，应考虑市场参与者通过直接将该资产用于最佳用途产生经济利益的能力，或者通过将该资产出售给能够用于最佳用途的其他市场参与者产生经济利益的能力。企业应从市场参与者的角度确定非金融资产的最佳用途，通常情况下，企业对非金融资产的当前用途可视为最佳用途。不同市场参与者对同一资产的不同使用，决定了不同市场参与者对各项资产具有不同定价。

以公允价值计量非金融资产，企业应在最佳用途的基础上确定该非金融资产的估值前提，即单独使用该非金融资产，还是将其与其他资产或负债组合使用。其中：

通过单独使用实现非金融资产最佳用途的，其公允价值应是将该资产出售给同样单独使用该资产的市场参与者的当前交易价格。

通过与其他资产或负债组合使用实现非金融资产最佳用途的，其公允价值应是将该资产出售给以同样组合方式使用资产的市场参与者的当前交易价格，并且假定市场参与者可以取得组合中的其他资产或负债。

（2）负债和企业自身权益工具的公允价值计量

在确定其公允价值时，在任何情况下，都应最优先使用可观察输入值，只有在无法取得或取得不切实可行的情况下，才可以使用不可观察输入值。

如果存在相同或类似负债或企业自身权益工具可观察市场报价，企业应当以该报价为基础确定负债或企业自身权益工具的公允价值。由于各种原因，无法获得公开报价的，企业应确定该负债或自身权益工具是否被其他方作为资产持有，并进行相应处理。其中：

1）相关负债或企业自身权益工具被其他方作为资产持有的。企业应在计量日从持有对应资产的市场参与者角度，以对应资产的公允价值为基础，确定该负债或企业自身权益工具的公允价值。企业应当根据下列方法估计其公允价值：

①可使用其他可观察的输入值，例如对应资产在非活跃市场中的报价。

②使用收益法、市场法等估值技术。

2）相关负债或企业自身权益工具没有被其他方作为资产持有的。企业应从承担负债或者发行权益工具的市场参与者角度，采用估值技术确定该负债或企业自身权益工具的公允价值。

企业以公允价值计量相关负债，应当考虑不履约风险，并假定不履约风险在负债转移前后保持不变，并基于该负债计量单元考虑不履约风险对负债公允价值的影响。

企业以公允价值计量负债或自身权益工具，并且存在限制转移因素的，如果在公允价值计量的输入值中已经考虑了这些因素，则不应再单独设置相关输入值，也不应对其他输入值进行相关调整。但对于负债转移的限制未反映在交易价格或用于计量公允价值的其他输入值中的，应对输入值进行调整，以反映该限制。

对于具有可随时要求偿还特征的金融负债的公允价值，不应低于债权人要求偿还时的应付金额，即从可要求偿还的第一天起折现的现值。

（3）市场风险或信用风险可抵销的金融资产和金融负债的公允价值计量

企业基于其市场风险（包括利率风险、货币风险和其他价格风险等）或特定交易对于信用风险的净敞口来管理其金融资产和金融负债时，在满足下列条件的情况下，可以在当前市场情况下市场参与者之间在计量日进行的有序交易中，以出售特定风险敞口的净多头（资产）所能收到的价格或转移特定风险敞口的净空头（负债）所需支付的价格为基础，计量该组金融资产和金融负债的公允价值。企业应当以与市场参与者在计量日对净风险敞口定价相一致的方式，计量一组金融资产和金融负债的公允价值。需同时满足的这些条件是：

1）企业在风险管理或投资策略的正式书面文件中已载明，以特定市场风险或特定对于信用风险的净敞口为基础，管理金融资产和金融负债的组合。企业应提供证据，以证明其一致地基于市场风险或信用风险的净敞口管理金融工具。

2）企业以特定市场风险或特定对于信用风险的净敞口为基础，向企业关键管理人员报告金融资产和金融负债组合的信息。

3）企业在每个资产负债表日持续以公允价值计量组合中的金融资产和金融负债。

企业以公允价值计量基于特定市场风险的净敞口管理的金融资产和金融负债的，金融资产和金融负债应具有实质上相同的特定市场风险敞口，对该净敞口应使用价差（出价－要价）内最能代表当前市场环境下公允价值的价格作为其公允价值进行计量。类似地，该金融资产和金融负债应具有实质上相同的特定市场风险的期限，因期限不同而导致在一段时期市场风险未被抵销的，应分别计量其在市场风险被抵销时期的市场风险净敞口，以及在未被抵销时期的市场风险总敞口。

企业以公允价值计量相关资产或负债，如已经与交易对手达成了在出现违约情况下将考虑所有能够缓释信用风险敞口的安排，则应在公允价值计量中考虑该交易对于信用风险的净敞口或者该交易对于对企业信用风险的净敞口。

5. 披露

企业应披露在公允价值计量中所使用的估值技术和输入值，以及在持续的公允价值计量中使用的重大不可观察输入值及其对当期损益或其他综合收益的影响，以使财务报表使用者能够作出合理评价。

企业在进行公允价值披露时，应当区分持续的公允价值计量和非持续的公允价值计量，并适用不同的披露要求。

企业以公允价值计量市场风险或信用风险可抵销的金融资产和金融负债组合的，应当披露该事实。对于以公允价值计量且附有不可分割的第三方信用增级的负债，企业应披露该信用增级，并说明该负债的公允价值计量中是否已反映该信用增级。

（四十）合营安排准则（Joint Venture Arrangements）

1. 合营安排

合营安排是一项由两个或两个以上的参与方共同控制的安排，分为共同经营和合营企业。其有两个特征：

（1）各参与方均受到该安排的约束

合营安排通过相关约定对各参与方予以约束。在形式上，相关约定通常包括合营安排各参与方达成的合同安排，如合同、协议、会议纪要、契约等，以及对该安排构成约束的法律形式本身。

在内容上，相关约定包括但不限于对以下内容的约定：

1）对合营安排的目的、业务活动及期限的约定；

2）对合营安排的治理机构（如董事会或类似机构）成员任命方式的约定；

3）对合营安排相关事项决策方式的约定，包括哪些事项需要参与方决策、参与方的表决权情况、决策事项所需的表决权比例等内容，合营安排相关事项的决策方式是否存在共同控制的重要因素；

4）对参与方需要提供的资本或其他投入的约定；

5）对合营安排的资产、负债、收入、费用、损益在参与方之间分配方式的约定。

（2）两个或两个以上的参与方对该安排实施共同控制

即任何一个参与方都不能够单独控制该安排，对该安排具有共同控制的任何一个参与方均能够阻止其他参与方或参与方组合单独控制该安排。

2. 合营安排的认定

是否存在共同控制是判断一项安排是否为合营安排的关键。

共同控制是按照相关约定等分享对一项安排的控制权，并且仅在对相关活动的决策要求分享控制权的参与方一致同意时才存在。在判断是否存在共同控制时，应首先判断是否由所有参与方或参与方组合集体控制该安排，其次再判断该安排相关活动的决策是否必须经过这些参与方一致同意。

相关活动，是指对某项安排的回报产生重大影响的活动。通常包括商品或劳务的销售和购买、金融资产的管理、资产的购买和处置、研究与开发活动以及融资活动等。

如果存在两个或两个以上的参与方组合能够集体控制某项安排的，不构成共同控制。仅享有保护性权利的参与方不享有共同控制。

需要指出的是，并不要求所有参与方都对该安排享有共同控制，只要两个或两个以上的参与方对该安排实施共同控制，一项安排就可以被认定为合营安排。对合营安排享有共同控制的参与方（分享控制权的参与方）被称为"合营方"，对合营安排不享有共同控制的参与方被称为"非合营方"。

3. 合营安排的分类

合营安排分为共同经营和合营企业。其中，共同经营是指合营方享有该安排相关资产且承担该安排相关负债的合营安排。合营企业是指合营方仅对该安排的净资产享有权利的合营安排。合营方应当根据其在合营安排的正常经营中享有的权利和承担的义务，来确定合营安排的分类。对权利和义务进行评价时，应当考虑该合营安排的结构、法律形式以及合营安排中约定的条款、其他相关事实和情况等因素。在实务中，可以从合营安排是否通过单独主体达成作为起点，判断一项合营安排是共同经营还是合营企业。

单独主体是指具有单独可辨认的财务架构的主体，包括单独的法人主体和不具备法人主体资格但法律所认可的主体。具有可单独辨认的资产、负债、收入、费用、财务安排和会计记录，并且具有一定法律形式的主体，构成法律认可的单独可辨认的财务架构。合营安排最常见的形式包括有限责任公司、合伙企业、合作企业等。某些情况下，信托、基金也可被视为单独主体。

当合营安排未通过单独主体达成时，该合营安排为共同经营。在这种情况下，合营方通常通过相关约定享有与该安排相关资产的权利，并承担与该安排相关负债的义务，同时，享有相应收入的权利，并承担相应费用的责任。

通过单独主体达成的合营安排，通常应当划分为合营企业。但有确凿证据表明满足下列任一条件，并且符合相关法律法规规定的应划分为共同经营：

1）合营安排的法律形式表明，合营方对该安排中的相关资产和负债分别享有权利和承担义务。

2）合营安排的合同条款约定，合营方对该安排中的相关资产和负债分别享有权利和承担义务。

3）其他相关事实和情况表明，合营方对该安排中的相关资产和负债分别享有权利和承担义务，如合营方享有与合营安排相关的几乎所有产出，并且该安排中负债的清偿持续依赖于合营方的支持。

在区分合营安排的类型时，需要了解该安排的目的和设计。如果合营安排同时具有以下特征，则表明该安排是共同经营：

1）各参与方实质上有权享有，并有义务接受由该安排资产产生的几乎所有经济利益（从而承担了该经济利益的相关风险，如价格风险、存货风险、需求风险等），如该安排所从事的活动主要是向合营方提供产出等；

2）持续依赖于合营方清偿该安排活动产生的负债，并维持该安排的运营。

如果法律形式、合同条款等相关事实和情况发生变化，合营安排参与方应当对合营安排进行重新评估：一是评估原合营方是否仍对该安排拥有共同控制权；二是评估合营安排的类型是否发生变化。

4. 共同经营参与方的会计处理

（1）基本原则

合营方应当确认其与共同经营中利益份额相关的下列项目，并按照相关企业会计准则的规定进行会计处理：

一是确认单独所持有的资产，以及按其份额确认共同持有的资产；

二是确认单独所承担的负债，以及按其份额确认共同承担的负债；

三是确认出售其享有的共同经营产出份额所产生的收入；

四是按其份额确认共同经营因出售产出所产生的收入；

五是确认单独所发生的费用，以及按其份额确认共同经营发生的费用。

（2）自有资产用于共同经营

合营方将自有资产用于共同经营，如果保留了对这些资产的全部所有权或控制权，则作为自有资产进行会计处理。

（3）共同购买资产

合营方与其他合营方共同购买资产投入共同经营，并共同承担共同经营的负债，合营方应按相关准则规定确认在这些资产和负债中的利益份额，进行相应会计处理。

（4）合营方向共同经营投出或者出售不构成业务的资产

在共同经营将相关资产出售给第三方或相关资产消耗之前（即未实现内部利润仍包括在共同经营持有的资产账面价值中时），应仅确认归属于共同经营其他参与方的利得或损失。交易表明投出或出售的资产发生符合资产减值准则等规定的资产减值损失的，合营方应当全额确认该损失。

（5）合营方从共同经营购买不构成业务的资产

在将该资产出售给第三方之前（未实现内部利润仍包括在合营方持有的资产账面价值中时），不应确认因该交易产生的损益中该合营方应享有的部分，而仅确认因该交易产生的损益中归属于共同经营其他参与方的部分。

（6）对共同经营不享有共同控制的参与方的会计处理原则

对共同经营中的非合营方，如果享有该共同经营相关资产且承担该共同经营相关负债的，比照合营方进行会计处理。否则，应按照相关准则的规定对其利益份额进行会计处理，其中：

该参与方对于合营安排的净资产享有权利并且具有重大影响的，按长期股权投资准则等进行会计处理。

该参与方对于合营安排的净资产享有权利并且无重大影响，按金融工具确认和计量准则等进行会计处理。

向共同经营投出构成业务的资产的，以及取得共同经营的利益份额的，按合并财务报表及企业合并等相关准则进行会计处理。

5. 合营企业参与方的会计处理

合营企业中，合营方应按照长期股权投资准则的规定核算其对合营企业的投资。

对合营企业不享有共同控制的参与方（非合营方）应根据其对该合营企业的影响程度进行相关会计处理：

具有重大影响的，应按照长期股权投资准则的规定核算；

不具有重大影响的，应按照金融工具确认和计量准则的规定核算。

（四十一）在其他主体中权益的披露准则（Disclosure of Interests in Other Entities）

1. 概述

企业应在财务报表附注中对其在子公司、合营安排、联营企业，以及未纳入合并财务报表范围的结构化主体中的权益进行信息披露，使财务报表使用者更好地了解企业在确定能够对其他主体实施控制、共同控制或重大影响时所作的重大判断和假设，以及企业集团的少数股东权益对企业集团业务活动和现金流量的影响，并有助其对下列五种情形进行评估：

一是使用企业集团资产和清偿企业集团债务存在重大限制的，该重大限制的性质和程度；

二是企业存在纳入合并财务报表范围的结构化主体的，与企业在该主体中的权益相关的风险；

三是企业在未纳入合并财务报表范围的结构化主体中有权益的，该权益的性质和风险；

四是企业在合营安排或联营企业中的权益的性质和风险；

五是企业在其子公司所有者权益份额发生变化的，该变化的财务影响。

企业应充分运用重要性原则，从定性和定量两个方面综合考虑各项权益的风险特征和回报特征，判断各项信息披露的详细程度。对企业或企业集团而言重要的权益，应单独且详尽披露；重要性程度不足以单独披露的权益，可以汇总披露，但需明确分类汇总的依据。

2. 重大判断和假设的披露

（1）对控制、共同控制、重大影响的判断

企业应当披露对其他主体实施控制、共同控制或重大影响的重大判断和假设，以及这些判断和假设变更的情况。包括但不限于下列各项：

1）企业持有其他主体半数或以下的表决权但仍控制该主体的判断和假设，或者持有其他主体半数以上的表决权但并不控制该主体的判断和假设。

2）企业持有其他主体20%以下的表决权但对该主体具有重大影响的判断和假设，或者持有其他主体20%或以上的表决权但对该主体不具有重大影响的判断和假设。

3）企业通过单独主体达成合营安排的，确定该合营安排是共同经营还是合营企业的判断和假设。

4）确定企业是代理人还是委托人的判断和假设。企业应当根据合并财务报表准则的规定，判断企业是代理人还是委托人。

（2）对投资性主体的判断及主体身份的转换

企业应当披露按照合并财务报表准则被确定为投资性主体的重大判断和假设，以及虽然不符合合并财务报表准则有关投资性主体的一项或多项特征但仍被确定为投资性主体的原因。

企业（母公司）由非投资性主体转变为投资性主体的，应当披露该变化及其原因，并披露该变化对财务报表的影响。针对这项变化，企业应当在变化当期的财务报表附注中披露主体身份变化情况及其原因的说明，以及对变化当日不再纳入合并财务报表范围子公司的投资的公允价值和按照公允价值重新计量产生的利得或损失等信息。

企业（母公司）由投资性主体转变为非投资性主体的，应当披露该变化及其原因。

3. 在子公司中权益的披露

（1）企业集团构成

企业应在合并财务报表附注中披露企业集团的构成，包括子公司的名称、主要经营地及注册地、业务性质、企业的持股比例（或类似权益比例）等。

（2）重要的子公司少数股东权益

子公司少数股东持有的权益对企业集团重要的，企业应当在合并财务报表附注中披露：一是子公司少数股东的持股比例。二是当期归属于子公司少数股东的损益以及向少数股东支付的股利。三是子公司在当期期末累计的少数股东权益余额。四是子公司的主要财务信息。

（3）重大限制

使用企业集团资产和清偿企业集团债务存在重大限制的，企业应在合并财务报表附注中披露：

1）该限制的内容。包括对母公司或其子公司与企业集团内其他主体相互转移现金或其他资产的限制，以及对企业集团内主体之间发放股利或进行利润分配、发放或收回贷款或垫款等的限制。

2）子公司少数股东享有保护性权利，且该保护性权利对企业使用企业集团资产或清偿企业集团负债的能力存在重大限制的，该限制的性质和程度。

3）该限制涉及的资产和负债在合并财务报表中的金额。

（4）结构化主体

存在纳入合并财务报表范围的结构化主体的，应披露：

1）合同约定向该结构化主体提供财务支持的合同条款，以及可能导致企业承担损失的事项或情况。

2）在没有合同约定情况下，当期向该结构化主体提供财务支持或其他支持的类型、金额及原因。

3）存在向该结构化主体提供财务支持或其他支持的意图的相关情况。

（5）企业在其子公司所有者权益份额发生变化的情况

丧失对子公司控制权的，应就丧失控制权而产生的利得或损失和相应的列报项目，以及剩余股权在丧失控制权日按照公允价值重新计量而产生的利得或损失等信息进行披露。

未丧失对子公司控制权的，应披露该变化对本企业所有者权益的影响。

（6）投资性主体

企业是投资性主体，且存在未纳入合并财务报表范围的子公司、并对该子公司权益按照公允价值计量且其变动计入当期损益的，应当在财务报表附注中对该情况予以说明。同时，对于未纳入合并财务报表范围的子公司，企业应当披露子公司的名称、主要经营地及注册地，以及企业对子公司的持股比例等基础信息、与权益相关的风险信息。这些风险信息包括：

1）该子公司以发放现金股利、归还贷款或垫款等形式向企业转移资金的能力存在重大限制的性质和程度。

2）企业向该子公司提供财务或其他支持的承诺或意图情况。

3）合同约定提供财务支持的相关合同条款，以及可能导致企业承担损失的事项或情况。没有合同约定而提供支持的，应披露决定提供支持的原因及相关支持情况。

4. 在合营安排或联营企业中权益的披露

存在重要的合营安排或联营企业的，企业应当披露其基本情况，包括：合营安排或联营企业的名称、主要经营地及注册地；企业与合营安排或联营企业的关系的性质；企业的持股比例等，以及对合营企业或联营企业投资的会计处理方法，从合营企业或联营企业收到的股利，以及合营企业或联营企业在其自身财务报表中的主要财务信息。

企业在单个合营企业或联营企业中的权益不重要的，应就合营企业和联营企业分别披露按照权益法进行会计处理的长期股权投资的账面价值合计数，以及对净利润、终止经营的净利润、其他综合收益、综合收益等项目按照其持股比例计算的金额的合计数。

合营企业或联营企业以发放现金股利、归还贷款或垫款等形式向企业转移资金的能力存在重大限制的，企业应当披露该限制的性质和程度。

企业对合营企业或联营企业投资采用权益法进行会计处理，被投资方发生超额亏损且投资方不再确认其应分担损失份额的，应当披露未确认的损失份额，包括当期份额和累积份额。

企业应单独披露对合营企业投资相关的未确认承诺,以及对合营企业或联营企业投资相关的或有负债。

5. 在未纳入合并财务报表范围的结构化主体中权益的披露

对于未纳入合并财务报表范围的结构化主体,企业应披露下列信息:

1) 该结构化主体的性质、目的、规模、活动及融资方式。

2) 在财务报表中确认的与企业在该结构化主体中权益相关的资产和负债的账面价值及其在资产负债表中的列报项目。

3) 在该结构化主体中权益的最大损失敞口及其确定方法。企业不能量化最大损失敞口的,应当披露这一事实及其原因。

4) 在财务报表中确认的与企业在该结构化主体中权益相关的资产和负债的账面价值与其最大损失敞口的比较。

5) 企业向该结构化主体提供或帮助财务支持或其他支持的意图。没有合同约定而向其提供或帮助提供财务支持或其他支持的,还应进一步披露提供支持的类型、金额及原因。

此外,企业发起设立未纳入合并财务报表范围的结构化主体,但资产负债表日在该结构化主体中没有权益的,企业应披露作为该结构化主体发起人的认定依据,并分类披露企业当期从该结构化主体获得的收益及其类型,以及转移至该结构化主体的所有资产在转移时的账面价值。

(四十二)持有待售的非流动资产、处置组和终止经营准则(Holding Non-current Assets for Sale, Disposal Groups and Termination Operating)

1. 概述

本准则规范了持有待售的非流动资产或处置组的分类、计量和列报,以及终止经营的列报。

在分类上,按照本准则明确的基本划分原则,如果企业主要通过出售而非持续使用一项非流动资产或处置组收回其账面价值,应当将其划分为持有待售类别。

在计量上,应遵循账面价值与其公允价值减去出售费用后的净额孰低的原则:

账面价值高于公允价值减去出售费用后的净额的,应将账面价值减记至该净额,同时确认资产减值损失和计提持有待售资产减值准备。后续计量时,该净额增加的,应恢复以前减记的金额,但已抵减的商誉账面价值和在分类为持有待售类别前非流动资产已经确认的资产减值损失不得转回。持有待售的非流动资产或处置组中的非流动资产不应计提折旧或摊销。

账面价值低于公允价值减去出售费用后的净额的,以账面价值计量。

在列报上,企业应在资产负债表中单独列示持有待售资产和持有待售负债,两者不能抵销;在利润表中分别列示持续经营损益和终止经营损益;在附注中进一步披露有关持有待售的非流动资产、处置组和终止经营的详尽信息。

在本准则的适用范围上,本准则的计量规定适用于所有非流动资产,但下列各项的计量适用其他相关会计准则:

1)采用公允价值模式进行后续计量的投资性房地产,适用《企业会计准则第3号——投资性房地产》;

2)采用公允价值减去出售费用后的净额计量的生物资产,适用《企业会计准则第5号——生物资产》;

3)职工薪酬形成的资产,适用《企业会计准则第9号——职工薪酬》;

4)递延所得税资产,适用《企业会计准则第18号——所得税》;

5)由金融工具相关会计准则规范的金融资产,适用金融工具相关会计准则;

6)由保险合同相关会计准则规范的保险合同所产生的权利,适用保险合同相关会计准则。

处置组中只要包含了适用本准则计量规定的非流动资产的,本准则的计量规定就适用于整个处置组。处置组中负债的计量适用相关会计准则。

2. 会计科目设置

企业应设置以下科目,正确记录和反映持有待售的非流动资产和处置组的相关交易或事项:

(1)"持有待售资产"科目

核算持有待售的非流动资产和持有待售的处置组中的资产,按照资产类别进行明细核算。将相关非流动资产或处置组划分为持有待售类别时,按各类资产的账面价值或账面余额,借记本科目;按已计提的累计折旧、累计摊销等,借记"累计折旧""累计摊销"等科目;按各项资产账面余额,贷记"固定资产""无形资产""长期股权投资""应收账款""商誉"等科目。适用本准则计量规定的非流动资产已计提减值准备的,应同时结转已计提的减值准备。本科目期末借方余额,反映企业持有待售的非流动资产和持有待售的处置组中资产的账面余额。

(2)"持有待售资产减值准备"科目

核算适用本准则计量规定的持有待售的非流动资产和持有待售的处置组计提的允许转回的资产减值准备和商誉的减值准备,按照资产类别进行明细核算。初始计量或资产负债表日，持有待售的非流动资产或处置组中的资产发生减值的，按应减记的金额，借记"资产减值损失"科目，贷记本科目。后续资产负债表日发生资产减值转回的，按允许转回的金额，借记本科目，贷记"资产减值损失"科目。本科目期末贷方余额，反映企业已计提但尚未转销的持有待售资产减值准备。

（3）"持有待售负债"科目

核算持有待售的处置组中的负债，按照负债类别进行明细核算。企业将相关处置组划分为持有待售类别时，按相关负债的账面余额，借记"应付账款""预收账款""应付职工薪酬"等科目，贷记本科目。本科目期末贷方余额，反映企业持有待售的处置组中负债的账面余额。

（4）"资产处置损益"科目

核算企业出售划分为持有待售的非流动资产（金融工具、长期股权投资和投资性房地产除外）或处置组（子公司和业务除外）时确认的处置利得或损失，以及处置未划分为持有待售的固定资产、在建工程、生产性生物资产及无形资产而产生的处置利得或损失，按照处置的资产类别或处置组进行明细核算。

债务重组中因处置非流动资产产生的利得或损失和非货币性资产交换中换出非流动资产产生的利得或损失也在本科目核算。

企业处置持有待售的非流动资产或处置组时，按处置过程中收到的价款，借记"银行存款"等科目；按相关负债的账面余额，借记"持有待售负债"科目，按相关资产的账面余额，贷记"持有待售资产"科目；按其差额借记或贷记本科目。已计提减值准备的，应同时结转已计提的减值准备。按处置过程中发生的相关税费，借记本科目，贷记"银行存款""应交税费"等科目。

期末，应将本科目余额转入"本年利润"科目，本科目结转后应无余额。

3. 持有待售类别的分类

（1）基本要求

将非流动资产划分为持有待售类别的基本原则是主要通过出售而非持续使用一项非流动资产或处置组收回其账面价值。因此，企业即使持有待售的非流动资产或处置组仍在产生零星收入，也应将其划分为持有待售类别。在具体划分持有待售类别时，应同时满足两个条件。

一是可立即出售。即根据类似交易中出售此类资产或处置组的惯例，在当前状况下即可立即出售。为此，企业应具有在当前状态下出售该非流动资产或处置组的意图和能力，做好了出售前的相关准备工作。需要特别指出的是，此处所述"出售"包括具有商业实质的非货币性资产交换。

二是出售极可能发生。即企业已经就一项出售计划作出决议且获得确定的购买承诺，预计出售将在一年内完成。具体而言，包含以下三层含义：

一是企业出售非流动资产或处置组的决议一般需要由企业相应级别的管理层作出。如果有关规定要求企业相关权力机构或者监管部门批准后方可出售，应已经获得批准。

二是企业已经获得确定的购买承诺，即企业与其他方签订了具有法律约束力的购买协议。该协议包含交易价格、时间和足够严厉的违约惩罚等重要条款，使协议出现重大调整或者撤销的可能性极小。

三是预计自划分为持有待售类别起一年内，出售交易能够完成。

（2）延长一年期限的例外条款

在划分为持有待售类别后，在出售协议的执行过程中，可能由于发生一些企业无法控制的原因导致出售未能在一年内完成。此时，如果涉及的出售不是关联方交易，且有充分证据表明企业仍然承诺出售非流动资产或处置组，则允许放松一年期限条件。在此延长期限内，企业可以继续将非流动资产或处置组划分为持有待售类别。但是，如果涉及的出售是关联方交易，则不允许放松一年期限条件。

企业无法控制的原因包括意外设定条件和发生罕见情况。其中：

1）意外设定条件。是指买方或其他方意外设定导致出售延期的条件，企业针对这些条件已经及时采取行动，且预计能够自设定导致出售延期的条件起一年内顺利化解延期因素并完成出售。

2）发生罕见情况。主要指因不可抗力引发的情况、宏观经济形势发生急剧变化等不可控情况，导致出售交易未能在一年内完成，企业在最初一年内已经针对这些罕见的新情况采取必要措施且重新满足了持有待售类别的划分条件。

（3）持有待分配给所有者类别

持有待出售类别的一种特殊情况是，非流动资产或处置组划分为持有待分配给所有者类别。按照以上基本要求，其应同时满足下列条件：①在当前状况下即可立即分配；②分配很可能发生，即企业已经开展与分配相关的工作，分配出现重大调整或撤销的可能性极小，预计分配将在一年内完成。有关规定要求企业相关权力机构或者监管部门批准后方可分配的，应当已经获得批准。

（4）不再继续满足划分条件的处理

持有待售的非流动资产或处置组不再继续满足持有待售类别划分条件的，不应继续将其划分为持有待售类别。部分资产或负债从持有待售的处置组中移除后，如果处置组中剩余资产或负债新组成的处置组仍满足持有待售类别划分条件，应将新组成的处置组划分为持有待售类别，否则应将满足持有待售类别划分条件的非流动资产单独划分为持有待售类别。

（5）具体应用

1）专为转售而取得的非流动资产或处置组。

如果在取得日满足"预计出售将在一年内完成"的规定条件，且短期内（通常为三个月）很可能满足划分为持有待售类别的其他条件，应在取得日划分为持有待售类别。

2）持有待售的长期股权投资。

①企业出售对子公司投资但并不丧失对其的控制权。不应将拟出售部分的对子公司投资或对子公司投资整体划分为持有待售类别。

②企业因出售对子公司的投资等原因导致其丧失对子公司的控制权。无论出售部分投资，还是出售全部投资，企业应在拟出售的对子公司投资满足持有待售类别划分条件时，在母公司个别财务报表中，将对子公司投资整体划分为持有待售类别；在合并财务报表中，将子公司所有资产和负债划分为持有待售类别。但是，无论是否划分为持有待售类别，企业应始终按照合并财务报表准则的规定确定合并范围、编制合并财务报表。

在具体处理上，出售投资后仍然保留部分权益性投资的，应当区分以下情况处理：

一是如果企业对被投资单位施加共同控制或重大影响，在编制母公司个别财务报表时，应按照长期股权投资准则有关成本法转权益法的规定进行会计处理，并按照合并财务报表准则编制合并财务报表。

二是如果企业对被投资单位不具有控制、共同控制或重大影响，在编制母公司个别财务报表时，应按照金融工具确认和计量准则进行会计处理，并按照合并财务报表准则编制合并财务报表

③对联营企业或合营企业的权益性投资全部或部分分类为持有待售类别的，应停止权益法核算；对于未划分为持有待售类别的剩余权益性投资，应在划分为持有待售的那部分权益性投资出售前继续采用权益法核算。原权益法核算的相关其他综合收益等应在持有待售资产终止确认时，按照长期股权投资准则有关处置长期股权投资的规定进行会计处理。

3）拟结束使用而非出售的非流动资产或处置组。

对于拟结束使用而非出售的非流动资产或处置组，企业不应划分为持有待售类别。对于拟结束使用而非出售的非流动资产，不论在停止使用之前或之后，不应作为终止经营列报；处置组在停止使用后，如果满足终止经营中有关单独区分的组成部分的条件，应作为终止经营列报。

对于暂时停止使用的非流动资产，不应划分为持有待售类别。

4. 持有待售类别的计量

（1）初始计量

1）首次划分。

企业将非流动资产或处置组首次划分为持有待售类别前，应按照相关会计准则规定计量非流动资产或处置组中各项资产和负债的账面价值，并计提折旧或摊销，以及进行减值测试。

在首次划分为持有待售类别时，应按以下原则进行初始计量。如果其账面价值低于其公允价值减去出售费用后的净额，不需要对账面价值进行调整；如果账面价值高于其公允价值减去出售费用后的净额，应将账面价值减记至该就净额，减记的金额确认为资产减值损失，计入当期损益，同时计提持有待售资产减值准备，但不应重复确认不适用本准则计量规定的资产和负债按照相关准则规定已经确认的损失。

公允价值减去出售费用后的净额为负值的，持有待售的非流动资产或处置组中资产的账面价值应当以减记至零为限，并按照或有事项准则的规定判断是否需要确认预计负债。

公允价值应按照公允价值计量准则的规定确定。如果企业已经获得确定的购买承诺，应当参考交易价格，考虑可变对价、非现金对价、应付客户对价等因素影响确定公允价值；否则，应对其公允价值作出估计，优先使用市场报价等可观察输入值。

出售费用是直接由出售引起，并且企业进行出售所必需的费用，通常包括为出售发生的特定法律服务、评估咨询等中介费用，以及相关的消费税、城市维护建设税、土地增值税和印花税等，但不包括财务费用和所得税费用。

2）专为转售而取得。

对于取得日划分为持有待售类别的非流动资产或处置组，企业应在初始计量时比较假定其不划分为持有待售类别情况下的初始计量金额和公允价值减去出售费用后的净额，以两者孰低计量。

①合并中取得。在合并报表中，非同一控制下的企业合并中新取得的非流动资产或处置组划分为持有待售类别的，应按照公允价值减去出售费用后的净额计量；同一控制下的企业合并中新取得的非流动资产或处置组划分为持有待售类别的，应按照合并日在被合并方的账面价值与公允价值减去出售费用后的净额孰低计量。

②非合并取得。除企业合并中取得的非流动资产或处置组外，由以公允价值减去出售费用后的净额作为初始计量金额，二者之间的差额，计入当期损益。

（2）后续计量

1）持有待售的非流动资产。

在资产负债表日重新计量时，如果其账面价值高于公允价值减去出售费用后的净额，应将账面价值减记至该净额，减记的金额确认为资产减值损失，计入当期损益，同时计提持有待售资产减值准备。如果后续资产负债表日其公允价值减去出售费用后的净额增加，应恢复以前减记的金额，并以划分为持有待售类别后确认的资产减值损失金额为限转回，转回的金额计入当期损益。划分为持有待售类别前确认的资产减值损失不得转回。

持有待售的非流动资产不计提折旧或摊销。

2）持有待售的处置组。

在资产负债表日重新计量时：

第一步，按照相关会计准则规定计量处置组中不适用本准则计量规定的资产和负债的账面价值。这些资产和负债可能包括采用公允价值模式进行后续计量的投资性房地产、采用公允价值减去出售费用后的净额计量的生物资产、金融工具等不适用本准则计量规定的非流动资产，也可能包括流动资产、流动负债和非流动负债。

第二步，比较持有待售处置组的整体账面价值与公允价值减去出售费用后的净额。分两种情况进行处理：

①如果账面价值高于其公允价值减去出售费用后的净额。应将账面价值减记至该净额，减记的金额确认为资产减值损失，计入当期损益，同时计提持有待售资产减值准备。但是，不应包括第一步中相关资产和负债已经确认的损失。

对于确认的资产减值损失金额，应首先抵减处置组中包含的商誉的账面价值。然后，再根据处置组中适用本准则计量规定的各项非流动资产账面价值所占比重，按比例抵减其账面价值。确认的资产减值损失金额应当以适用本准则计量规定的各项资产的账面价值为限，不应分摊至处置组中不适用本准则计量规定的其他资产。

②如果后续资产负债表日公允价值减去出售费用后的净额增加。应恢复以前减记的金额，并在划分为持有待售类别后适用本准则计量规定的非流动资产确认的资产减值损失金额内转回，转回金额计入当期损益，且不应重复确认不适用本准则计量规定的资产和负债按照相关准则规定已经确认的利得。

已抵减的商誉账面价值，以及适用本准则计量规定的非流动资产在划分为持有待售类别前确认的资产减值损失不得转回。

对于持有待售的处置组确认的资产减值损失后续转回金额，应当根据处置组中除商誉外适用本准则计量规定的各项非流动资产账面价值所占比重，按比例增加其账面价值。

（3）不再继续划分为持有待售类别的计量

因不再满足持有待售类别划分条件而不再继续划分为持有待售类别的，或者非流动资产从持有待售的处置组中移除时，应当按照以下两者孰低计量：

1）划分为持有待售类别前的账面价值，按照假定不划分为持有待售类别情况下本应确认的折旧、摊销或减值等进行调整后的金额。即这些非流动资产从来没有被划分为持有待售类别，而按照其原有资产类别计提折旧、摊销和减值，此时所应有的账面价值。

2）可收回金额。

由此产生的差额，计入当期损益，通过"资产减值损失"科目进行会计处理。这样处理的结果是，原来划分为持有待售的非流动资产或处置组重新分类后的账面价值，与其从未划分为持有待售类别情况下的账面价值相一致。

还有一种情况是，企业将非流动资产或处置组由持有待售类别重分类为持有待分配给所有者类别，或者由持有待分配给所有者类别重分类为持有待售类别，原处置计划没有发生本质改变，不按照上述不再继续划分为持有待售类别的计量要求进行处理，而应按照重分类后所属类别的计量要求处理。分类为持有待售类别或持有待分配给所有者类别的日期不因重分类而发生改变，在适用延长一年期的例外条款时，应以该最初分类日期为准。

（4）终止确认

出售完成后终止确认时，应将尚未确认的利得或损失计入当期损益。按收到的价款借记"银行存款"，按计提的累计减值损失金额借记"持有待售资产减值准备"，按持有待售处置组中包含的负债，借记"持有待售负债"，按账面价值贷记"持有待售资产"，按处置利得贷记"资产处置损益"（按处置损失借记该科目）；按支付的出售费用，借记"资产处置损益"，贷记"银行存款"；结转其他综合收益，借记"资产处置损益"，贷记"其他综合收益"；在资产负债表日将"资产处置损益"科目余额结转至本年利润。

按照外币折算准则的规定，在处置持有待售的境外经营时，应将与该境外经营相关的外币财务报表折算差额，自其他综合收益转入处置当期损益。部分处置的，应按处置比例计算处置部分的外币财务报表折算差额，转入处置当期损益。

5. 终止经营

终止经营是指企业满足下列条件之一的、能够单独区分的组成部分，且该组成部分已经处置或划分为持有待售类别：1）该组成部分代表一项独立的主要业务或一个单独的主要经营地区；2）该组成部分是拟对一项独立的主要业务或一个单独的主要经营地区进行处置的一项相关联计划的一部分；3）该组成部分是专为转售而取得的子公司。

终止经营的定义包含以下三方面含义：

一是终止经营是企业能够单独区分的组成部分。即该组成部分的经营和现金流量在企业经营和编制财务报表时能够与企业的其他部分清楚区分。企业组成部分可能是一个资产组，也可能是一组资产组组合，通常是企业的一个子公司、一个事业部或事业群。

二是终止经营具有一定的规模。终止经营代表一项独立的主要业务或一个单独的主要经营地区，或者是拟对一项独立的主要业务或一个单独的主要经营地区进行处置的一项相关联计划的一部分。企业需要运用职业判断确定处置组是否符合终止经营定义中的规模条件。通常，如果企业主要经营一项业务或主要在一个地理区域内开展经营，企业的一个主要产品或服务线就可能满足终止经营定义中的规模条件。对于专为转售而取得的子公司，准则对其规模不做要求，只要是单独区分的组成部分且满足时点要求，即构成终止经营。专为转售而取得的重要的合营企业或联营企业，在符合终止经营定义中的规模等条件时，构成终止经营。

三是终止经营应满足一定的时点要求。符合终止经营定义的组成部分应当属于以下两种情况之一：

1）该组成部分在资产负债表日之前已经处置，包括已经出售和结束使用（如关停或报废等）。其判断标准为产生收入和发生成本的来源已经消失。但是，并不排除后续发生零星支出或取得零星收入。

2）该组成部分在资产负债表日之前已经划分为持有待售类别。组成部分中的资产组或资产组组合无法同时满足持有待售类别划分条件的，应按照具体处置进程，及时区分满足条件部分，在满足终止经营条件时，将其作为终止经营处理。

需要指出的是，不是所有划分为持有待售类别的处置组都符合终止经营的定义，因为有些处置组可能不是"能够单独区分的组成部分"或不符合终止经营定义中的规模条件；也不是所有终止经营都划分为持有待售类别，因为有些终止经营在资产负债表日前已经处置。

6. 列报

（1）资产负债表列示

1）持有待售的非流动资产或处置组的列示。

"持有待售资产"和"持有待售负债"应当分别作为流动资产和流动负债列示，不应相互抵销。具体来说，企业应在资产负债表资产项下"一年内到期的非流动资产"项目之上增设"持有待售资产"项目，反映资产负债表日划分为持有待售类别的非流动资产及划分为持有待售类别的处置组中的流动资产和非流动资产的期末账面价值。"持有待售资产"项目根据"持有待售资产"科目的期末余额，减去"持有待售资产减值准备"科目的期末余额后的金额填列。在资产负债表负债项下"一年内到期的非流动负债"项目之上增设"持有待售负债"项目，反映资产负债表日处置组中与划分为持有待售类别的资产直接相关的负债的期末账面价值。"持有待售负债"项目根据"持有待售负债"科目的期末余额填列。

不对符合持有待售类别划分条件前各个会计期间的资产负债表进行项目的分类调整

或重新列报。

2）终止经营的列示。

如果终止经营划分为持有待售类别，按照上述持有待售类别的列报要求处理。如果终止经营没有划分为持有待售类别，而是被处置，无论当期或是可比会计期间的资产负债表中都不列报与之相关的持有待售资产或负债。

（2）利润表列示

在利润表中"营业利润"项目之上单设"资产处置收益"项目，反映企业出售划分为持有待售的非流动资产（金融工具、长期股权投资和投资性房地产除外）或处置组（子公司和业务除外）时确认的处置利得或损失。"资产处置收益"项目根据"资产处置损益"科目的发生额分析填列；如为处置损失，以"-"号填列。

在利润表"净利润"项下增设"持续经营净利润"和"终止经营净利润"项目，以税后净额分别反映持续经营相关损益和终止经营相关损益。

1）持有待售的非流动资产或处置组的列示。

不符合终止经营定义的持有待售的非流动资产或处置组所产生的下列相关损益，在利润表中作为持续经营损益列报：

①企业初始计量或在资产负债表日重新计量持有待售的非流动资产或处置组时，因账面价值高于其公允价值减去出售费用后的净额而确认的资产减值损失。

②后续资产负债表日持有待售的非流动资产或处置组公允价值减去出售费用后的净额增加，因恢复以前减记的金额而转回的资产减值损失。

③持有待售的非流动资产或处置组的处置损益。

2）终止经营的列示。

终止经营的相关损益作为终止经营损益列报。列报的终止经营损益包含整个报告期间，而不仅包含认定为终止经营后的报告期间。相关损益具体包括：

①终止经营的经营活动损益，如销售商品、提供服务的收入、相关成本和费用等。

②企业初始计量或在资产负债表日重新计量符合终止经营定义的持有待售的处置组时，因账面价值高于其公允价值减去出售费用后的净额而确认的资产减值损失。

③后续资产负债表日符合终止经营定义的持有待售处置组的公允价值减去出售费用后的净额增加，因恢复以前减记的金额而转回的资产减值损失。

④终止经营的处置损益。

⑤终止经营处置损益的调整金额。可能引起调整的情形包括：最终确定处置条款，如与买方商定交易价格调整额和补偿金；消除与处置相关的不确定因素，如确定卖方保留的环保义务或产品质量保证义务；履行与处置相关的职工薪酬支付义务等。

⑥企业在处置终止经营的过程中可能附带产生的增量费用。

拟结束使用而非出售的处置组，满足终止经营定义中有关组成部分的条件的，自停止使用日起作为终止经营列报。因出售对子公司的投资等原因导致企业丧失对子公司的控制权，且该子公司符合终止经营定义的，应当在合并利润表中列报相关终止经营损益。

从财务报表可比性出发，对于当期列报的终止经营，在当期财务报表中，应将原来作为持续经营损益列报的信息重新作为可比会计期间的终止经营损益列报。即对于可比会计期间的利润表，作为终止经营列报的包括两个部分：一是在可比会计期间即符合终止经营定义的处置组，二是在当期首次符合终止经营定义的处置组。

（3）附注

1）持有待售的非流动资产或处置组的披露。

应披露的信息包括：

①出售费用和主要类别，以及每个类别的账面价值和公允价值；

②出售原因、方式和时间安排；

③列报持有待售的非流动资产或处置组的分部；

④确认的资产减值损失及其转回金额；

⑤有关的其他综合收益累计金额。

非流动资产或处置组在资产负债表日至财务报告批准报出日之间满足持有待售类别划分条件的，应作为资产负债表日后非调整事项进行会计处理，并在附注中披露上述①②③的信息。

2）终止经营的披露。

应披露以下信息：

①终止经营的收入、费用、利润总额、所得税费用（收益）和净利润等利润表中"终止经营净利润"项目信息的进一步分解；

②终止经营的资产或处置组确认的减值损失及其转回金额；

③终止经营的处置损益总额、所得税费用（收益）和处置净损益；

④终止经营的经营活动、投资活动和筹资活动现金流量净额；

⑤归属于母公司所有者的持续经营损益和终止经营损益；

⑥终止经营处置损益调整的性质和金额。

企业因出售对子公司的投资等原因导致其丧失对子公司的控制权，且该子公司符合终止经营定义，应在附注中披露上述信息。

对于当期首次列报的终止经营，企业应在附注中披露可比会计期间与该终止经营有关的上述①②④⑤四项信息。

（4）不再继续划分为持有待售类别的列报

1）对于非流动资产或处置组，如果其不再继续划分为持有待售类别，或者非流动资产从持有待售的处置组中移除：

在资产负债表中，应将原来分类为持有待售类别的非流动资产或处置组重新作为固定资产、无形资产等列报，并调整其账面价值。

在当期利润表中，应将账面价值调整金额作为持续经营损益列报。

在附注中，应披露①企业改变非流动资产或处置组出售计划的原因；②可比会计期间财务报表中受影响的项目名称和影响金额。

2）持有待售的对联营企业或合营企业，以及对子公司、共同经营的权益性投资，不再符合持有待售类别划分条件的，应自划分为持有待售类别日起采用权益法进行追溯调整。

3）终止经营不再满足持有待售类别划分条件的，在当期财务报表中，应将原来作为终止经营损益列报的信息重新作为可比会计期间的持续经营损益列报，并在附注中说明。

（四十三）企业数据资源会计处理

为适应数字化经济的发展，财政部印发了《企业数据资源相关会计处理暂行规定》（财会〔2023〕11号），将企业的数据资源按照是否符合资产要素的确认条件进行划分，其中，符合资产确认条件的，可以根据实际情况分别确认为存货或无形资产；不符合资产确认条件的，不确认为资产，但在出售时应按照收入准则的规定确认收入。同时，规定企业应当采用未来适用法，即在本规定施行前已经费用化计入损益的数据资源相关支出不再调整。

企业应根据数据资源的持有目的、形成方式、业务模式，以及与数据资源有关的经济利益的预期消耗方式等，对数据资源相关交易和事项进行会计确认、计量和报告。

1. 存货

企业日常活动中持有、最终目的用于出售的数据资源，符合存货准则规定的定义和确认条件的，应当确认为存货，并进行初始计量、后续计量等相关会计处理。

（1）外购取得

企业通过外购方式取得的，其采购成本包括购买价款、相关税费、保险费，以及数据权属鉴证、质量评估、登记结算、安全管理等所发生的其他可归属于存货采购成本的费用。

（2）自行加工取得

企业通过数据加工取得的，其成本包括采购成本，数据采集、脱敏、清洗、标注、整合、分析、可视化等加工成本和使存货达到目前场所和状态所发生的其他支出。

（3）存货跌价准备

企业应按照存货准则的规定，确定发出数据存货成本所采用的方法，并按照可变现净值与账面价值孰低的原则进行后续计量，可变现净值低于账面价值的，应按与账面价值的差额计提存货跌价准备。

（4）出售

企业出售确认为存货的数据资源，应当按照存货准则将其成本结转为当期损益；同时，按照收入准则等规定确认相关收入。

（5）列示与披露

在资产负债表的"存货"项目下增设"其中：数据资源"项目，反映资产负债表日确认为存货的数据资源的期末账面价值，并在报表附注中披露以下事项：

1）数据存货取得的方式，包括外购、自行加工、其他方式等。

2）发出数据存货成本所采用的方法。

3）计提的数据存货跌价准备。包括存货可变现净值的确定依据、存货跌价准备的计提方法、当期计提的存货跌价准备的金额、当期转回的存货跌价准备的金额，以及计提和转回的有关情况。

4）对财务报表具有重要影响的单项数据资源存货的内容、账面价值和可变现净值。

5）受到限制的情况。应披露数据存货所有权或使用权受到限制，以及用于担保的数据资源存货的账面价值等情况。

2. 无形资产

企业使用的数据资源，符合无形资产准则规定的定义和确认条件的，应当确认为无形资产，并进行初始计量、后续计量、处置和报废等相关会计处理。

（1）外购取得

企业通过外购方式取得的，其成本包括购买价款、相关税费，直接归属于使该项无形资产达到预定用途所发生的数据脱敏、清洗、标注、整合、分析、可视化等加工过程所发生的有关支出，以及数据权属鉴证、质量评估、登记结算、安全管理等费用。

企业通过外购方式取得数据采集、脱敏、清洗、标注、整合、分析、可视化等服务所发生的有关支出，不符合无形资产准则规定的无形资产定义和确认条件的，应当根据用途计入当期损益。

（2）自行加工取得

企业内部数据资源研究开发项目的支出，应当区分研究阶段支出与开发阶段支出。

研究阶段的支出，应当于发生时计入当期损益。

开发阶段的支出，满足无形资产准则第九条规定的有关条件的，才能确认为无形资产。

（3）摊销

企业在持有确认为无形资产的数据资源期间，利用数据资源对客户提供服务的，应当按照无形资产准则规定进行摊销，将摊销金额计入当期损益或相关资产成本；同时，按照收入准规定确认相关收入。除上述情形外，企业利用数据资源对客户提供服务的，应按照收入准则等规定确认相关收入，符合有关条件的应确认合同履约成本。

企业在对确认为无形资产的数据资源的使用寿命进行估计时，应考虑无形资产准则应用指南规定的因素，并重点关注数据资源相关业务模式、权利限制、更新频率和时效性、有关产品或技术迭代、同类竞品等因素。

（4）计提无形资产减值准备

应按照资产减值准则的规定对确认为无形资产的数据资源进行减值测试，存在减值迹象的，应计提无形资产减值准备。

（5）列示与披露

在资产负债表的"无形资产"项目下增设"其中：数据资源"项目，反映资产负债表日确认为无形资产的数据资源的期末账面价值；在"开发支出"项目下增设"其中：数据资源"项目，反映资产负债表日正在进行数据资源研究开发项目满足资本化条件的支出金额。同时，应在报表中对以下事项进行披露：

1）数据无形资产取得的方式，包括外购、自行开发、其他方式等。

2）摊销情况。使用寿命有限的应披露其使用寿命的估计情况及摊销方法；使用寿命不确定的，应披露其账面价值及使用寿命不确定的判断依据。同时，应按会计政策、会计估计变更和差错更正准则披露摊销期、摊销方法或残值的变更内容、原因以及对当期和未来期间的影响数。

3）应单独披露对财务报表具有重要影响的单项数据资源的内容、账面价值和剩余摊销期限。

4）受到限制的情况。数据无形资产所有权或使用权受到限制、用于担保的账面价值、当期摊销额等情况。

5）计入当期损益和确认为无形资产的数据资源研究开发支出金额。

6）数据资源无形资产计提减值的有关信息。

7）划分为持有待售类别的数据资源无形资产有关信息。

第四章 税收政策

一、国家税收

(一)税收(Taxation)

税收是国家(政府)公共财政最主要的收入形式和来源。税收的本质是国家为满足社会公共需要,凭借公共权力,按照法律所规定的标准和程序,参与国民收入分配,强制取得财政收入所形成的一种特殊分配关系。它体现了一定社会制度下国家与纳税人在征收、纳税的利益分配上的一种特定分配关系。

马克思指出,"赋税是政府机关的经济基础,而不是其他任何东西""国家存在的经济体现就是捐税"。恩格斯指出,"为了维持这种公共权力,就需要公民缴纳费用——捐税"。19世纪美国法官霍尔姆斯说,"税收是我们为文明社会付出的代价"。这些都说明了税收对于国家经济生活和社会文明的重要作用。

(二)税收的基本职能

税收主要用于国防和军队建设、国家公务员工资发放、道路交通和城市基础设施建设、科学研究、医疗卫生防疫、文化教育、救灾赈济、环境保护等领域。税收实质上是国家为了行使其职能,维持国家运转,取得财政收入的一种方式。没有税收,国家就失去了有效运转的经济基础。

税收的基本职能包括:

组织财政收入。就是政府凭借国家强制力参与社会收入分配、集中一部分剩余产品(不论货币形式或者是实物形式)用于政府支出。组织国家财政收入是税收原生的最基本职能。

调节经济发展。政府凭借国家强制力参与社会分配,必然会改变社会各集团及其成员在国民收入分配中占有的份额,减少了他们可支配的收入,但是这种减少不是均等的,这种利益得失将影响纳税人的经济活动能力和行为,进而对社会经济结构产生影响。政府可以充分利用这种影响,有目的地对社会经济活动进行引导,从而合理调整社会经济结构。

监督经济运行。国家通过征税取得税收收入，需要建立在日常深入细致的税务管理基础上，掌握税源，了解经济运行，发现问题，监督纳税人依法纳税，并同违反税收法令的行为进行斗争，从而监督社会经济活动方向，维护社会生活秩序。

（三）税收的基本作用

税收的作用就是税收职能在一定经济条件下，具体表现出来的效果。税收的作用具体表现为体现公平税负，促进平等竞争；调节经济总量，保持经济稳定；体现产业政策，促进结构调整；合理调节分配，促进共同富裕；维护国家权益，促进对外开放等。

（四）税收的基本特征

税收具有强制性、无偿性和固定性的特征，习惯上称为税收的"三性"。

强制性：税收的强制性是指税收是国家以社会管理者的身份，凭借政权力量，依据政治权力，通过颁布法律或政令来进行强制征收。负有纳税义务的任何组织和个人，都必须遵守国家强制性的税收法令，在国家税法规定的限度内必须依法纳税，否则就要受到法律的制裁。这是税收具有法律地位的体现。强制性特征体现在：一是税收分配关系的建立具有强制性，即税收征收完全是凭借国家拥有的政治权力；二是税收的征收过程具有强制性，即如果出现了税务违法行为，国家可以依法进行处罚。

无偿性：税收的无偿性是指通过征税，社会组织或个人作为纳税人的一部分收入转归国家所有，国家不向其支付任何报酬或代价。税收这种无偿性是与国家凭借政治权力进行收入分配的本质相联系的。无偿性体现在，一方面政府获得税收收入后无须向纳税人直接支付任何报酬；另一方面政府征得的税收收入不再直接返还给纳税人。在实践中，政府会依照税法或行政法规的规定，对符合条件的纳税人或特定的纳税行为给予税收部分或全部已征收税款的返还，这体现的是一种税收激励或税收优惠政策，并不违背税收无偿性的特征。

固定性：税收的固定性是指税收按照国家税法规定的标准征收，不得随意变更。纳税人、课税对象、税目、税率、计征办法和期限等，都是税收法律预先进行了规定，同样的纳税行为税收征收标准一致，对社会组织或个人而言是一个固定连续的资金流出，对国家或政府而言，是一个固定连续的资金流入。在对税法进行修订和确定新的征收标准之前，征纳双方都不得随意违背或改变。

总之，税收的三个基本特征是统一的整体。其中，强制性是实现税收无偿征收的强有力保证，无偿性是税收本质的体现，固定性是强制性和无偿性的必然要求。

（五）税收的基本原则

税收的原则就是政府制定税法并征税所应遵守的基本准则。从社会、经济、财政、管理四个方面可以将税收原则归纳为公平、效率、适度和法治。

公平原则（Principle of Tax Equity）。它是关于税收负担公平地分配于各纳税人的原则，即国家征税要使每个纳税人的负担与其经济状况相适当，并使各纳税人之间的负担水平保持平衡。公平税负原则曾被亚当·斯密列于税收四大原则之首。公平包括公正、平等、合理，以及横向公平和纵向公平两重含义。横向公平要求经济条件相同的纳税人负担数额相同的税收，即"水平公平"；纵向公平要求经济条件不同的人负担不同数额的税收，经济能力强的人多纳税，经济能力的弱的人少纳税，没有经济能力的人不纳税，即"垂直公平"。

效率原则（Efficiency Principle of Taxation）。税收活动要有利于经济效率的提高，以最小的费用获得最大的税收收入，并利用税收的经济调控作用最大限度地促进经济的发展，或者最大限度地减轻对经济发展的妨碍。税收效率主要包括一是提高税务行政效率，使征税费用最少；二是对经济活动的干预最小，使税收的超额负担尽可能小；三是要有利于资源的最佳配置，达到帕累托最优。这涵盖了税收的经济效率和税收本身的效率两个方面，要防止产生资源配置方面的超额负担和经济机制运行方面的超额负担。

适度原则（Principle of tax moderation）。在税收制度建立过程中，社会整体税收负担的确定，要以国民经济为基础，既基本满足国家的财政需要，又不使税负伤及经济发展与人民生活。这反映了税收量度与社会经济之间的辩证关系。一方面，经济决定税收，经济发展的一定阶段与水平及社会产品总量等，决定了可供税收分配并形成税收收入的社会产品总量；另一方面，税收分配的量度要合理，即税收在经济所能负担的范围内恰当地分配，不仅要考虑能够基本满足国家建设的资金需要，有利于宏观经济和社会的稳定发展，而且要考虑兼顾社会组织和个人的经济负担能力，有利于其自我发展和生活水平的适当提高，不能"杀鸡取卵"，而要"放水养鱼"，注重营造"水涨船高"的税收环境。

法治原则（Principles of the rule of law in taxation）。国家税收要通过税法来规范，有法可依，有法必依，依法办事，依率计税，依法纳税。因此，坚持税收法治原则就是要完善税收法律制度、促进公民依法纳税、税务机关依法行政依法征税，以及促进有效履行税收司法。

（六）税收的分类

按照不同的分类标准可以对税收进行不同的分类。一般情况下，经常按照课税对象、计税依据、与价格的关系，以及纳税人的某些特定行为等进行分类。

1. 按照课税对象不同分类

按照课税对象不同，可以分为流转税、所得税、财产和行为税、资源税和环境保护税，以及特定目的的税类。其中：

流转税是以商品（货物）和劳务的流转额为课税对象的一类税，主要在生产、流通或者服务业中发挥调解作用，包括增值税、消费税和关税等税种。具有四个方面的特点：一是以商品交换为前提，与商品生产和商品流通关系密切，课征面广泛，由消费者或购买者实际承担；二是以流转额为计税依据；三是普遍实行比例税率，个别实行定额税率；四是计算税额简便。

所得税也称收益税，是指以各种所得额为课税对象的一类税，主要是在国民收入形成后，对生产经营者的利润和个人的纯收入发挥调解作用，包括企业所得税、个人所得税、土地增值税。其主要特点：一是以取得的收益为基础进行征税，没有应税收益不征税；二是课税对象是纳税人的真实收入，属于直接税，不易进行税负转嫁；三是容易受经济波动、企业管理水平等因素影响，随着纳税人获得收益多少的变化而变化，不易保证财政收入的稳定性；四是征管工作和计税复杂，一般存在较多扣除项目，经常需要专业人员进行计算和验证。

财产和行为税是以纳税人所拥有或支配的财产，以及某些特定行为为课税对象的一类税，包括房产税、契税、车船税、印花税等。财产税的主要功能是调节财产所有人的收入、缩小贫富差距的同时，增加财政收入。

资源税是对在我国境内从事资源开发的单位和个人征收的一类税，包括资源税和城镇土地使用税等。资源税的主要作用是调节级差收入，促使企业平等竞争，以及促进自然资源的合理开发和有效利用，杜绝和限制自然资源严重浪费的现象。

环境保护税是对直接向环境排放应税污染物的单位征收的一种税，其目的在于保护和改善环境，减少污染物排放，推进生态文明建设。

特定目的税类是为了达到特定目的，对特定对象和特定行为征收的一类税，包括城市维护建设税、车辆购置税、耕地占用税、船舶吨税和烟叶税。

2. 按税收的计算依据不同分类

按税收的计算依据不同，可以分为从量税和从价税。其中：

从量税是指以课税对象的数量（重量、面积、件数）为依据，按固定税额计征的一类税。从量税实行定额税率，具有计算简便等优点。如我国现行的资源税、车船使用税和土地使用税等。

从价税是指以课税对象的价格为依据，按一定比例计征的一类税。从价税实行比例税率和累进税率，税收负担比较合理。如我国现行的增值税、关税和各种所得税等税种。

3. 按税收与价格的关系不同分类

按税收与价格的关系不同，可以分为价内税和价外税。其中：

价内税是指税款在应税商品价格内，作为商品价格一个组成部分的一类税。如我国现行的消费税和关税等税种。价内税的优点一是税费包含在商品价格内，容易为人们所接受；二是税费随商品价格的实现而实现，有利于及时组织财政收入；三是税额随商品价格的变化而变化，使财政收入具有一定的弹性；四是计税简便，征收费用低。

价外税是指税款不在商品价格之内，不作为商品价格的一个组成部分的一类税。如我国现行的增值税。需要注意的是，我国目前实行商品价税合一，但并不能否认增值税的价外税性质。价外税的优点是：税价分离，税负透明，税额不受价格变动的限制，收入较稳定。

4. 按税收负担能否转嫁为标准分类

按照税收负担能否转嫁，可以分为直接税和间接税。

直接税是指纳税人本身承担税负，不发生税负转嫁关系的一类税。如所得税和财产税等。

间接税是指纳税人本身不是负税人，可将税负转嫁与他人的一类税。如流转税和资源税等。

二、税法

（一）税法

税法即税收法律制度，是国家制定的用以调整国家与纳税人之间在征纳税方面的权利与义务等税收关系的法律规范的总称，是国家法律的重要组成部分。它是以宪法为依据，调整税收关系，维护社会经济秩序和税收秩序，保障国家利益和纳税人合法权益的一种法律规范，是国家税务机关依法征税、一切纳税组织和个人依法纳税的行为规则。

税法与税收密不可分。税法是税收的法律表现形式，税收则是税法所确定的内容。

（二）税法构成要素

税法构成要素是税收课征制度构成的基本因素，具体体现在国家制定的各种税收法律制度中。这些要素主要包括纳税人、征税对象、纳税地点、税率、税收优惠、纳税环节、纳税期限、违法处理等。其中纳税人、课税对象、税率是一种税收课征制度或一种税收构成的最基本要素。

(三)税法的作用

由于税法调整的对象涉及社会经济活动的各个方面,与国家的整体利益及企业、单位、个人的直接利益有着密切的关系,国家经常通过制定并实施税法加强对国民经济的宏观调控和优化国民收入分配。因此,税法的地位越来越重要。其作用主要体现为:

税法是国家组织财政收入的法律保证。

税法是国家调控经济的法律手段。

税法是国家调节国民收入的法律工具。

税法是维护经济秩序的重要杠杆。

税法是有效地保护纳税人合法权益的重要法律依据。

税法是维护国家权益,促进国际经济交往的可靠保证。

三、税收制度

税收制度,简称税制,是指一个国家或者地区在一定的历史时期,根据社会、经济和政治的具体情况,以法律、法规形式规定的各种税收法规的总称。税收制度包括税收法规、征收管理制度、税收管理体制。其中,税收法规是国家按照一定的立法程序制定的各项税收法律、法规、规章和规范性文件,这是税收征收机关和纳税人据以分别办理征税、纳税事项的法律依据。税收管理制度是指在税收征收管理方面制定的税务登记、账簿和凭证管理、纳税申报、税款征纳、税务检查、法律责任等制度。税收管理体制是指在中央和地方政府之间划分税收管理权限的行政规范。

我国现行税收制度有 18 个税种(如图 4-1 所示),分别是:增值税、消费税、企业所得税、个人所得税、资源税、城市维护建设税、房产税、印花税、城镇土地使用税、土地增值税、车船使用税、船舶吨税、车辆购置税、关税、耕地占用税、契税、烟叶税、环保税。其中进口环节的增值税和消费税、关税和船舶吨税由海关负责征收管理,其他税种由税务机关负责征收管理。

在现行 18 个税种中,以国家法律形式发布实施的有企业所得税、个人所得税、车船税、环境保护税、烟叶税、船舶吨税、车辆购置税、耕地占用税和资源税共 9 个,其余 9 个税种,均是经全国人民代表大会授权,由国务院以暂行条例的形式发布实施。目前,《中华人民共和国增值税法》,正在制定过程中,已经完成向社会公开征求意见。

按照财政部公布的数据,2022 年全国税收收入 16.66 万亿元(扣减出口退税),同比下降 3.5%,扣除留抵退税因素后增长 6.6%。其中:国内增值税 48717 亿元,国内消费税 16699 亿元，进出口货物增值税、消费税 19995 亿元，关税 2860 亿元，企业所得税 43690 亿元，个人所得税 14923 亿元，城市维护建设税 5075 亿元，车辆购置税 2398 亿元，印花税 4390 亿元（其中，证券交易印花税 2759 亿元），资源税 3389 亿元，土地和房地产相关税收中，契税 5794 亿元、土地增值税 6349 亿元、房产税 3590 亿元、耕地占用税 1257 亿元、城镇土地使用税 2226 亿元，环境保护税 211 亿元，车船税、船舶吨税、烟叶税等其他各项税收收入合计 1309 亿元。

在税收收入中，流转税收入 88271 亿元，扣除出口退税 16258 亿元后，净收入 72013 亿元，占全部税收收入的 43.22%；所得税收入 58613 亿元，占比 35.18%。流转税和所得税合计占比 78.4%，是我国税收收入的主要来源。

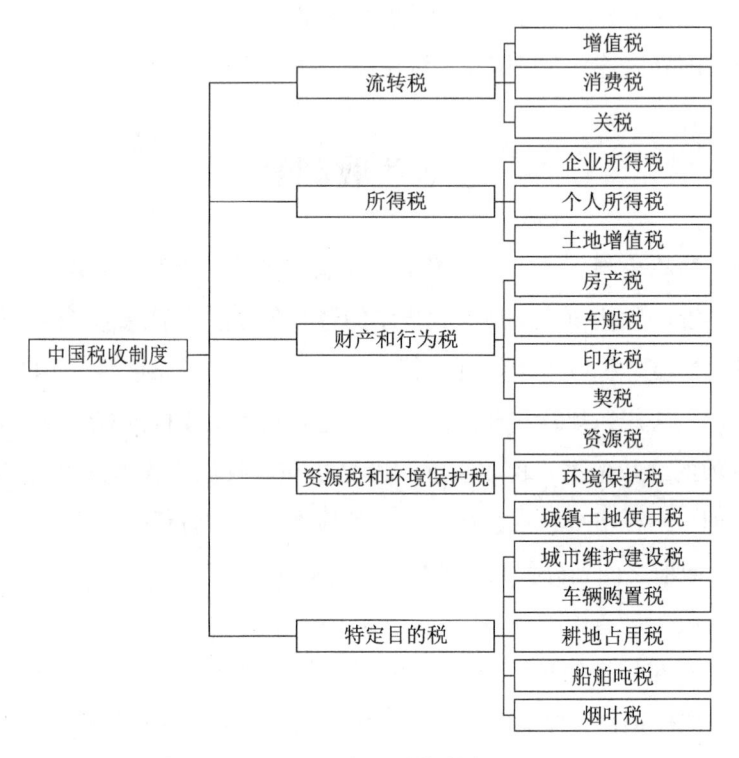

图 4-1 中国税收制度

四、油气企业的税费

我国石油公司的税费由增值税、消费税、所得税、资源税、环境保护税、城市维护建设税等主要应税支出，以及需要缴纳的石油特别收益金、教育费附加与地方教育费附加等主要非税费用构成。

(一)增值税(Value Added Tax,VAT)

增值税是国际上普遍采用的一个税种。我国境内的单位和个人在生产、销售商品或提供劳务过程中实现的增值额应缴纳增值税。增值税是价外税,应税交易的计税价格不包括增值税额。按照外购固定资产所含税费扣除方式的不同,可以分为生产型增值税、收入型增值税和消费型增值税。我国从2009年1月1日起,在全国所有地区实施消费型增值税,即在征收增值税时,允许将固定资产价值中所含的税款全部一次性扣除。

为进一步加快财税体制改革,完善增值税税制,消除重复征税,减轻企业赋税,调动各方积极性,推动服务业尤其是科技等高端服务业的发展,促进产业和消费升级、培育新动能、深化供给侧结构性改革,经国务院批准,财政部、国家税务总局联合下发营业税改增值税试点方案,从2012年1月1日起,在上海交通运输业和部分现代服务业开展营业税改增值税试点。自2012年8月1日起至2012年年底,国务院将扩大营改增试点至北京、天津、江苏、浙江、安徽、福建、湖北、广东和厦门、深圳等10省市。2013年8月1日,"营改增"范围已推广到全国试行,选择部分行业在全国进行试点,将广播影视服务业纳入试点范围。2014年1月1日起,将铁路运输和邮政服务业纳入营业税改征增值税试点,至此交通运输业已全部纳入营改增范围。2016年3月18日召开的国务院常务会议决定,自2016年5月1日起,中国将全面推开营改增试点,将建筑业、房地产业、金融业、生活服务业全部纳入营改增试点。至此,营业税退出历史舞台,增值税制度将更加规范。目前,国家已经启动增值税法立法工作,并对草案向全社会征求了意见。

1. 税率

增值税基本税率为17%和13%,小规模纳税人适用3%的征收率。营业税改征增值税试点后,增加了11%和6%两档税率,分别适用于交通运输业和部分现代服务业。2017年4月28日,财政部和国家税务总局发布了《关于简并增值税税率有关政策的通知》(财税〔2017〕37号),为继续推进营改增,简化增值税税率结构,从2017年1月1日起,增值税税率由四档减至17%、11%和6%三挡,取消13%这一档税率,天然气增值税税率从13%降至11%。

2018年4月4日,财政部和国家税务总局发布了《关于调整增值税税率的通知》(财税〔2018〕32号),为完善增值税制度,从2018年5月1日起,纳税人发生增值税应税销售行为或者进口货物,原适用17%和11%税率的,税率分别调整为16%、10%。

2019年3月20日,财政部、国家税务总局、海关总署联合发布公告第39号《关于深化增值税改革有关政策的公告》,自2019年4月1日起,增值税一般纳税人发生增值税应税销售行为或者进口货物,原适用16%和10%税率的,税率分别调整为13%、9%。

同时规定，纳税人购进农产品，原适用 10% 扣除率的，扣除率调整为 9%；纳税人购进用于生产或者委托加工 13% 税率货物的农产品，按照 10% 的扣除率计算进项税额。出口退税调整为，原适用 16% 税率且出口退税率为 16% 的出口货物劳务，出口退税率调整为 13%；原适用 10% 税率且出口退税率为 10% 的出口货物、跨境应税行为，出口退税率调整为 9%。

按此规定，目前，增值税的税率分别为 13%、9%、6% 和零税率，兼营行为从高适用税率。对于石油企业而言，石油液化气、天然气、化肥、农药、农膜适用 9% 税率；提供管道运输服务、建筑服务、生活服务，以及贷款服务、保险服务等销售服务和境内无形资产销售适用 6% 税率；出口货物、向境外销售服务或转让无形资产适用于零税率；其他的销售货物、劳务、有形动产租赁服务或者进口货物适用 13% 税率。

2. 增值税计算

一般纳税人增值税的计算公式为：

$$应纳税额 = 当期销项税额 - 当期进项税额$$

其中：

销项税额是指纳税人提供应税服务按照销售额和增值税税率计算的增值税额；

进项税额是指纳税人购进货物或者接受加工修理修配劳务和应税服务，支付或者负担的增值税税额。

$$销项税额 = 销售额 \times 适用税率 = 销售数量 \times 销售价格 \times 适用税率$$

如果销售额或者销售价格是含增值税的，需要换算为不含税额进行计算。换算公式为：

$$不含税销售额 = 含税销售额 \div (1 + 适用税率) = 销售数量 \times [含税价格 \div (1 + 适用税率)]$$

例如，F 公司 5 月份购买甲产品支付货款 10000 元，增值税进项税额 1300 元，取得增值税专用发票。销售甲产品含税销售额为 22600 元。甲产品适用增值税税率为 13%。则：

进项税额 =1300 元

销项税额 =22600÷（1+13%）×13%=2600 元

应纳税额 =2600-1300=1300 元

进口货物增值税按照组成计税价格和适用税率计算：

应纳税额 = 组成计税价格 × 税率

组成计税价格 = 关税完税价格 + 关税 + 消费税

3. 增值税退税

为鼓励货物出口，我国采取出口退税与免税相结合的政策。出口免税是指对货物、劳务和跨境应税行为在出口销售环节免征增值税，将出口环节与出口前的销售环节都同样视为一个征税环节；出口退税是指对货物、劳务和跨境应税行为在出口前实际承担的税收负担，按规定的退税率计算后予以退还。主要有三种形式，即出口免税并退税、出口免税不退税和出口不免税也不退税。汽油、柴油和航空煤油，以及化工产品出口的出口退税率为13%。

4. 增值税优惠政策

在税收政策优惠方面，有免征增值税、增值税即征即退、增值税先征后退、扣减增值税等规定。其中，一般纳税人提供管道运输服务，增值税实际税负超过3%的部分实行增值税即征即退政策；按照财政部、海关总署、国家税务总局《2011—2020年期间进口天然气及2010年底前"中亚气"项目进口天然气按比例返还进口环节增值税有关问题的通知》（财税〔2011〕39号），在经国家准许的进口天然气项目进口天然气价格高于国家天然气销售定价的情况下，进口天然气（包括液化天然气）的进口环节增值税按该项目进口天然气价格和国家天然气销售定价的倒挂比例予以返还。

5. 纳税义务发生时间

纳税人发生应税销售行为的纳税发生时间为收讫销售款项或者取得索取销售款项凭据的当天，先开具发票的，为开具发票的当天；进口货物为报关进口的当天；增值税扣缴义务发生时间为纳税人增值税纳税义务发生的当天。

6. 纳税地点

按照税收属地管辖原则，一般情况下应向机构所在地主管税务机关申报纳税，总机构和分支机构不在同一县（市）的，应分别向各自所在地的主管税务机关申报纳税，但经财政部和国家税务总局或者其授权的财政和税务机关批准，可以由总机构汇总向总机构所在地的主管税务机关申报纳税；进口货物应向报关地海关申报纳税；扣缴义务人应向其机构所在地主管税务机关申报缴纳扣缴的税款。

目前，跨省区作业的油气田企业，其增值税税额按不同省区的产量比例进行分配，向油气田企业所在地缴纳。

营业税改增值税后，关于大型企业集团实施资金集中管理所导致的集团总部与所属各分、子公司之间的资金上收和下拨适用增值税问题，一是应尊重增值税的设计原理，理顺销项税和进项税的关系，允许销项税抵扣；二是研究企业集团资金集中管理的业务性质和特点，特别是总部与分公司之间的资金池上收和下拨，应视同同一税收主体的内部交易，给予相应豁免。但是，按照现行增值税征管政策有关规定，成员单位资金归集至集团总部账户的，集团总部与所属各成员单位的资金上收和下拨应缴纳增值税；资金归集至所属财务公司的账户的，财务公司与所属成员单位之间的资金往来，执行金融企业增值税管理规定，存款利息收入免征增值税。

（二）消费税（Excise Tax）

消费税是对消费品和特定的消费行为按流转额征收的一种商品税。消费税主要以消费品为课税对象，属于间接税，税收随价格转嫁给消费者负担，消费者是税款的实际负担者。消费税具有四个方面的主要特点：一是征收范围具有选择性，仅对特定的消费品，而不是对所有的消费品征税；二是征税环节单一，国际上一般在最终消费环节征收，我国主要在生产销售和进口环节征收；三是平均税率水平比较高且不同应税项目之间的税负差异比较大；四是计税方法比较灵活，可以采用定额税率以消费品的数量为基础实行从量定额征收，也可以采用比例税率以消费品的价格为基础实行从价定率征收。

1. 税目与税率

在我国境内生产、委托加工和进口应税消费品的单位和个人应当缴纳消费税。目前，我国消费税税目包括烟、酒、高档化妆品、贵重首饰及珠宝玉石、鞭炮及烟火、成品油、小汽车、摩托车、高尔夫球及球具、高档手表、游艇、木制一次性筷子、实木地板、电池、涂料等15种商品，部分税目还进一步划分为若干子目。其中，烟、酒、成品油采用定额税率实行从量定额征收，其他应税商品采用比例税率实行从价定率征收。

成品油税目包括汽油、柴油、石脑油、溶剂油、航空煤油、润滑油和燃料油7个子目。但是，经国务院批准，从2009年1月1日起对同时符合生产原料中废弃的动物油和植物油用量所占比重不低于70%、生产的纯生物柴油符合国家《柴油机燃料调合生物柴油（BD100）》标准这两个条件的纯生物柴油免征消费税；根据财税〔2013〕105号文件，纳税人利用废矿物油为原料生产的润滑油基础油、汽油、柴油等工业油料免征消费税，按照财税〔2018〕144号文件的规定，该政策实施期限延长至2023年10月31日。

目前，从2015年1月13日起执行的成品油的消费税额是：汽油、石脑油、溶剂油、润滑油为1.52元/升；柴油、航空煤油、燃料油为1.2元/升。按照吨升比折合之后为：汽油2109.76元/吨、柴油1411.20元/吨、石脑油2105.20元/吨、溶剂油1948.64元/吨、润滑油1711.52元/吨、燃料油1218.00元/吨、航空煤油1495.20元/吨。

财政部、海关总署、税务总局发布2021年第19号《关于对部分成品油征收进口环节消费税的公告》，从2021年6月12日起，对进口混合芳烃和轻循环油视同石脑油按1.52元/升、对进口的稀释沥青视同燃料油按1.2元/升的单位税额征收进口环节消费税。

2023年6月30日，财政部、税务总局发布《关于部分成品油消费税政策执行口径的公告》（2023年第11号），明确：

一是将烷基化油（异辛烷）按汽油征收消费税；

二是对石油醚、粗白油、轻质白油、部分工业白油（5号、7号、10号、15号、22号、

32 号、46 号）按溶剂油征收消费税；

三是对混合芳烃、重芳烃、混合碳八、稳定轻烃、轻油、轻质煤焦油按石脑油征收消费税；

四是对航天煤油参照航空煤油缓征消费税。

这进一步强化了应税成品油的征收管理，堵塞了通过变票等不法方式偷逃成品油消费税的漏洞，有利于促进炼厂和成品油销售企业之间的公平竞争，维护良好的市场环境。

2. 计税依据

（1）从价定率计征

在从价定率计征方式下，应纳税额等于应税消费品的销售额乘以适用税率。应纳税额取决于应税消费品的销售额和适用税率两个因素。其中销售额是纳税人销售应税消费品向购买方收取的全部价款和价外费用。价外费用是指在商品价格以外向购买方收取的手续费、补贴、基金、集资费、返还利润、奖励费、违约金、滞纳金、延期付款利息、赔偿金、代收款项、代垫款项、包装费、包装物租金、储备费、优质费、运输装卸费以及其他各种性质的价外收费。

$$应纳税额 = 应税消费品的销售额 \times 适用税率$$

按照《消费税暂行条例实施细则》的规定，应税消费品的销售额，不包括应向购买方收取的增值税款。因此，如果纳税人应税消费品的销售额中未扣除增值税税款或者因不得开具增值税专用发票而发生价款和增值税税款合并收取的，在计算消费税时，应将含增值税的销售额换算为不含增值税的销售额，再以此销售额作为计算消费税的基数。换算公式为：

$$应税消费品销售额 = 含增值税的销售额 \div (1+ 增值税税率或征收率)$$

（2）从量定额计征

在从量定额计算方法下，应纳税额等于应税消费品的销售数量乘以单位税额。应纳税额取决于应税消费品的销售数量和单位税额两个因素。其中，销售数量是指纳税人生产、加工和进口应税消费品的数量。即：

销售的应税消费品，为实际销售的数量；

自产自用的应税消费品，为实际移送使用的数量；

委托加工的应税消费品，为纳税人收回的数量；

进口的应税消费品，为海关核定的进口征税数量。

$$应纳税额 = 应税消费品的销售数量 \times 定额税率$$

企业自产自用的应税消费品，用于连续生产应税消费品的，不纳税。但是，用于非应税消费品生产的，比如以福利或者奖励等形式发给本厂职工等，应缴纳消费税。就石油石化企业而言，应税消费品用作燃料、动力及原材料等连续生产其他应税消费品的，不纳税，但需就生产的最终应税消费品纳税；成品油用于在建工程项目、非应税消费品生产，以及管理部门、销售部门等仍然需要纳税。按现行规定，生产企业自产石脑油、燃料油用于生产乙烯、芳烃类化工产品的，按实际耗用数量暂免征消费税。

按照《关于成品油消费税征收管理有关问题的公告》（国家税务总局公告2018年第1号），外购、进口和委托加工收回的汽油、柴油、石脑油、燃料油、润滑油用于连续生产应税成品油的，应凭通过增值税发票选择确认平台确认的成品油专用发票、海关进口消费税专用缴款书，以及税收缴款书（代扣代收专用），按规定计算扣除已纳消费税税款，其他凭证不得作为消费税扣除凭证。外购石脑油、燃料油用于生产乙烯、芳烃类化工产品的，应凭取得的成品油专用发票所载明的石脑油、燃料油的数量，按规定计算退还消费税，其他发票或凭证不得作为计算退还消费税的凭证。

3. 消费税退税

纳税人出口应税消费品，免征消费税。在实际操作中，有出口经营权的外贸企业购进应税消费品直接出口，以及外贸企业受其他外贸企业委托代理出口应税消费品，可以享受出口免税并退税，即可以把购进时已缴纳的消费税在出口环节退回；有出口经营权的生产性企业自营出口或者生产企业委托外贸企业代理出口自产应税消费品，依据实际出口数量免征消费税，不予办理退还消费税，即生产企业是直接的消费税纳税人，因出口产品不用于国内消费，出厂直接出口时不征收消费品，也就不存在退税，这就是出口免税但不退税；除以上两种方式的出口外，其他企业的出口，一律不免税也不退税。

因此，成品油生产企业自营出口或者委托外贸企业代理出口的自产成品油可以享受出口免税但不退税的政策。

（三）关税（Customs Duties）

关税是依法对进出境货物、物品征收的一种税，其实质属于消费税，分为进口关税和出口关税，依据进出口税则具体征收。

进出口税则是一国政府根据国家关税政策和经济政策，通过一定的立法程序制定公布实施的进出口货物和物品应税的关税税率表，通常还包括实施税则的法令、使用税则的有关说明和附录等。

目前，我国进口税则设有最惠国税率、协定税率、特惠税率、普通税率、关税配额税率等税率。按征收关税的标准不同，分为从价税、从量税、选择税、复合税、滑准税。其中，从价税是以货物的价格或者价值为征税标准，以应征税额占货物价格或者价值的百分比为税率征收，价格越高，税额越高；从量税是以货物的数量、重量、体积、容积等计量单位为计税标准,以每计量单位货物的应征税额为税率征收,原油、啤酒和胶卷等进口商品征收从量税;复合税即订立从价、从量两种税率,随着完税价格和进口数量而变化,征收时两种税率合并计征,摄像机、数字照相机、摄录一体机等进口商品征收复合税;选择税是对一种进口商品同时定有从价税和从量税两种税率,但征税时选择其税额较高的一种征税;滑准税是根据货物的不同价格适用不同税率的一类特殊的从价关税,进口货物的价格越高,进口关税税率越低,价格越低,税率越高。

我国出口税则为一栏税率,即出口税率,仅对少数资源性产品及易于竞相杀价、盲目出口、需要规范出口秩序的半制成品征收出口关税。

特别关税包括报复性关税、反倾销税与反补贴税、保障性关税。

(四)企业所得税(Corporate Income Tax)

企业所得税是对我国境内的企业和其他取得收入的组织的生产经营所得和其他所得征收的一种税。现行企业所得税法是2007年3月16日第十届全国人民代表大会第五次全体会议通过的《中华人民共和国所得税法》和2007年11月28日国务院第197次常务会议通过的《中华人民共和国企业所得税法实施条例》。企业所得税有三个方面的作用:一是促进企业改善经营管理活动,提升企业的盈利能力;二是调节产业结构,促进经济发展;三是为国家建设筹集财政资金。

1. 纳税义务人

企业所得税的纳税义务人,是在中华人民共和国境内的企业和其他取得收入的组织,包括居民企业和非居民企业。

居民企业是指依法注册在境内成立,或者依照外国(地区)法律成立,但实际管理机构在中国境内的企业。其中,实际管理是对企业的生产经营、人员、财务、资产等实施实质性全面管理和控制的机构。居民企业承担无限纳税义务,就其来源于中国境内和境外的全部所得缴纳企业所得税。

非居民企业是指依照外国(地区)法律成立且实际管理机构不在中国境内,但在中国境内设立机构、场所的,或者在中国境内没有设立机构、场所,但有来源于中国境内所得的企业。非居民企业就其来源于中国境内的所得缴纳企业所得税。

总体上来说,只要在中国境内取得企业所得税应税所得,或者通过在中国境内设立的机构实施实际管理取得境外应税所得,就应在中国缴纳企业所得税。

2. 征税对象与税率

企业所得税的征税对象,是指企业的生产经营所得、其他所得和清算所得,具体包括:销售货物所得、提供劳务所得、转让财产所得、利息与红利等权益性投资所得,以及利息、租金、特许权使用费所得。

企业所得税实行比例税率。现行规定的基本税率为25%、低税率为20%。其中：基本税率适用于居民企业和在中国境内设有机构、场所且所得与机构、场所有关联的非居民企业；低税率适用于在中国境内未设立机构、场所，或者虽设立机构、场所但取得的所得与其没有实际联系的非居民企业，但实际征收税时适用10%的优惠税率。

3. 应纳税所得额

应纳税所得额是企业所得税的计税依据。按照企业所得税法的规定，应纳税所得额为企业每一个纳税年度的收入总额，减除不征税收入、免税收入、各项扣除，以及允许弥补的以前年度亏损后的余额。即

应纳税所得额 = 收入总额 − 不征税收入 − 各项扣除 − 允许弥补的以前年度亏损

应纳税所得额的计算应遵循权责发生制原则。收入总额包括以货币形式和非货币形式从各种来源取得的收入，即销售货物收入，提供劳务收入，转让财产收入，股息、红利等权益性投资收益，利息收入，租金收入，特许权使用费收入，接受捐赠收入，以及其他收入。其中，非货币形式的收入额应按照有关资产的市场价格作为公允价值确定。

不征税收入包括财政拨款，依法收取并纳入财政管理的行政事业性收费、政府性基金，以及国务院规定的其他不征税收入。其中，未按照有关规定进行管理的，不作为不征税收入，而应作为企业应税收入计入应纳税所得额，依法缴纳企业所得税。

免税收入包括国债利息收入；居民企业直接投资于其他居民企业取得的股息、红利等权益性投资收益；在中国境内设立机构、场所的非居民企业取得的与其有实际联系的股息、红利等权益性投资收益，但连续持有居民企业公开发行上市流通股票不足12个月的除外；符合条件的非盈利组织接受捐赠的收入、按规定收取的会费、不征税收入和免税收入滋生的银行存款利息收入，但非盈利组织从事营利性活动取得的收入除外。

各项扣除应真实、合法，在申报时，税前扣除遵循权责发生制、配比、相关性、确定性和合理性等五个原则，注重区分收益性支出和资本性支出，收益性支出在发生当期直接扣除，资本性支出应按会计准则和选定的分摊方法分期扣除或计入资产成本，不得在发生当期直接扣除。同时，企业的不征税收入用于支出形成的费用或者财产，也不得扣除或者计算对应的折旧、摊销扣除，以及企业实际发生的成本、费用、税费、损失和其他支出，不得重复扣除。此外，扣除项目的金额应符合有关规定的标准，超过标准部分不得扣除。例如，国有企业的工资薪金不能超过政府有关部门核定的工资总额限定数额，职工福利费、工会经费、职工教育经费分别不得超过工资薪金总额的14%、2%、8%。企业所得税扣除涉及的项目较多、标准设置均有相应的前置条件，在进行申报时应按扣除项目分析确定和填报。

不得扣除项目包括向投资者支付的股息、红利等权益性投资收益款项；企业所得税税款；税收滞纳金；罚金、罚款和被没收财物的损失；超过规定标准的捐赠支出；赞助支出；不符合国务院财政、税务主管部门规定的各项资产减值准备、风险准备等准备金支出；企业之间支付的管理费（如集团总部向成员企业分摊的管理费）、企业内营业机构之间支付的租金和特许权使用费，以及非银行企业内营业机构之间支付的利息；与取得收入无关的其他支出。

亏损弥补是指企业某一纳税年度发生的亏损可以用于下一年度的所得弥补，下一年度的所得不足以弥补的，可以逐年延续弥补，但最长不得超过 5 年，但企业在汇总计算缴纳企业所得税时，其境外营业机构的亏损不得抵减境内营业机构的盈利。企业筹办期间不计算为亏损年度，自开始生产经营的年度开始计算企业损益的年度，筹办期间发生的筹办费用不得计算为当期亏损，可以在开始经营之日的当年一次性扣除或者作为长期待摊费用分期扣除。

4. 税收优惠

税收优惠是国家对某一部分特定企业和课税对象给予减轻或免除税收负担的一种措施。我国税法规定的企业所得税的税收优惠方式包括免税、减税、加计扣除、加速折旧、减计收入、税额抵免等。

免征与减征优惠主要包括从事农林牧渔项目的所得，从事国家重点扶持的公共基础设施项目投资经营的所得，从事符合条件的环境保护、节能节水项目的所得，以及符合条件的技术转让所得。对高新技术企业、技术先进型服务企业、小型微利企业有不同的优惠政策，符合规定条件的，分别适用减按 15%、15% 和 20% 的税率征收企业所得税。

加计扣除优惠是指对企业支出项目按规定的比例给予税前扣除的基础上再给予追加扣除，主要包括一般企业研究开发费用、高科技型中小企业研发费用、企业委托境外研究开发费用、企业安置残疾人员所支付的工资四项。创业投资企业从事国家需要重点扶持和鼓励的创业投资，采取股权投资方式直接投资于初创科技型企业满 2 年的，可以按照其投资额的 70% 在股权持有满 2 年的当年抵扣该创业投资企业的应纳税所得额，当年不足抵扣的，可以在以后纳税年度结转抵扣。2023 年 9 月 18 日，财政部等四部门发布《关于提高集成电路和工业母机企业研发费用加计扣除比例的公告》（2023 年第 44 号），集成电路企业和工业母机企业开展研发活动中实际发生的研发费用，未形成无形资产计入当期损益的，在按规定据实扣除的基础上，在 2023 年 1 月 1 日至 2027 年 12 月 31 日期间，再按实际发生额的 120% 在税前扣除；形成无形资产的，在上述期间按照无形资产成本的 220% 在税前摊销。

加速折旧优惠是对符合条件的特定固定资产可以采取缩短折旧年限或者采取双倍余

额递减法、年数总和法等加速折旧的方法计提折旧，并准予在计算应纳税所得额时扣除的优惠政策。主要适用于由于技术进步产品更新换代较快的固定资产，常年处于强震动、高腐蚀状态的固定资产，以及生物药品制造业，专用设备制造业，铁路、船舶、航空航天和其他运输设备制造业，计算机、通信和其他电子设备制造业，仪器仪表制造业，信息传输、软件和信息技术服务业六个行业的企业2014年1月1日后新购进的固定资产，轻工、纺织、机械、汽车四个领域重点行业企业2015年1月1日后新购进的固定资产。按照财政部和税务总局2019年4月23日发布的公告，自2019年1月1日起，适用财税〔2014〕75号和财税〔2015〕106号规定的固定资产加速折旧优惠的行业范围，扩大至全部制造业领域。

减计收入优惠是指企业综合利用资源，生产符合国家产业政策规定的产品所取得的收入，可以在计算应纳税所得额时减计收入。

税额抵免优惠，是指企业购置并实际使用《环境保护专用设备企业所得税优惠目录（2017版）》《节能节水专用设备企业所得税优惠目录（2017版）》和《安全生产专用设备企业所得税优惠目录》规定的环境保护、节能节水、安全生产等专用设备的，该专用设备投资额的10%可以从企业当年应纳税额中抵免；当年不足抵免的，可以在以后5个纳税年度结转抵免。自2019年1月1日起，增值税一般纳税人购进固定资产发生的进项税额可从其销项税额中抵扣。

非居民企业减按10%的税率征收企业所得税。但是，外国政府向中国政府提供贷款取得的利息所得、国际金融组织向中国政府和居民企业提供优惠贷款取得的利息所得，以及经国务院批准的其他所得免征企业所得税。

国家对一些特殊行业、民族自治地方、西部大开发等也有相应的税收优惠。例如，软件产业和集成电路产业、证券投资基金、节能服务公司、电网企业电网新建项目、从事污染防治的第三方企业等特殊行业实行不同的企业所得税税收优惠。

5. 税收征管

居民企业以企业登记注册地为纳税地点，但登记注册地在境外的，以实际管理机构所在地为纳税地点；居民企业在中国境内设立不具备法人资格的营业机构的，应当汇总计算并缴纳企业所得税；非居民企业以在中国境内设立机构、场所的所在地为纳税地点；非居民企业在中国未设立机构、场所，或者取得的收入与设立的机构、场所没有实际联系的，以扣缴义务人所在地为纳税地点，实行源泉扣缴，由支付人作为扣缴义务人。

企业所得税按年计征，分月或分季预缴，年终汇算清缴，多退少补。

对跨地区经营汇总缴纳企业所得税的基本原则是，属于中央和地方共享范围的跨省市总分机构企业缴纳的企业所得税，按照统一规范、兼顾总机构和分支机构所在地利益的原则，实行"统一计算、分级管理、就地预缴、财政调库"的处理办法，总分机构统一计算的当期应纳税额的地方分享部分中，25%由总机构所在地分享，50%由各分支机构所在地分享，25%按一定比例在各地间进行分配。总机构和分支机构适用税率不一致的，应分别按适用税率计算缴纳所得税额。这一原则适用于跨省市设立不具有法人资格分支机构的居民企业，总机构和具有主体生产经营职能的二级分支机构就地预缴企业所得税，三级及三级以下分支机构，其营业收入、职工薪酬和资产总额等统一并入二级分支机构计算。

国家税务总局2012年第57号关于印发《跨地区经营汇总纳税企业所得税征收管理办法》的公告明确，按现在财政体制的规定，国有邮政企业、中国工商银行股份有限公司、中国农业银行股份有限公司、中国银行股份有限公司、国家开发银行股份有限公司、中国农业发展银行、中国进出口银行、中国投资有限责任公司、中国建设银行股份有限公司、中国建银投资有限责任公司、中国信达资产管理股份有限公司、中国石油天然气股份有限公司、中国石油化工股份有限公司、海洋石油天然气企业、中国长江电力股份有限公司等企业总分机构缴纳的企业所得税为中央收入，全额上缴中央国库，不实行以上总分机构汇总缴纳的办法规定。

按照国家税务总局《关于中国石油天然气股份有限公司、中国石油化工股份有限公司企业所得税征管问题的通知》（国税函〔2010〕623号）的规定。中国石油、中国石化下属具有独立法人资格的子公司应向所在地主管税务机关申报并计算缴纳企业所得税，该子公司下设的不具有法人资格的分支机构，由该子公司汇总申报并计算缴纳企业所得税，不就地预缴；下属不具有法人资格的二级分支机构的企业所得税按规定办理就地预缴和申报，三级以下分支机构不就地申报和预缴企业所得税。中国石油、中国石化下属二级以下分支机构发生的需要在税务机关备案或由税务机关审批的研发费用、财产损失等事项，由其二级分支机构所在省、自治区、直辖市和计划单列市国税机关按照相关规定的权限予以备案或审批；实行就地预缴的二级分支机构购置用于环境保护、节能节水、安全生产等专用设备的投资额，符合企业所得税法规定的抵免企业所得税条件的，应先用该分支机构就地预缴的税款进行抵免，不足部分在总部抵免。

（五）资源税（Resource Tax）

资源税是对在我国境内从事应税矿产品开采和生产盐的单位和个人课征的一种税，属于对自然资源占用征税的范畴，从公平的角度对资源条件差异形成的资源级差收入进行调节，并从资源稀缺性的角度促进提升资源开采的效率。资源税从1986年10月1日开始按照《矿产资源法》进行征收，规定开采矿产资源，必须按照国家有关规定缴纳资源税和资源补偿费。1993年12月国务院发布《资源税暂行条例》，将盐税并到资源税中，并将资源税征收范围扩大为原油、天然气、煤炭、其他非金属矿原矿、黑色金属矿原矿、有色金属矿原矿和盐7种，于1994年1月1日起不再按超额利润征税，而是按矿产品销售量征税。2010年6月1日，在新疆对原油、天然气进行资源税从价计征改革试点工作，2014年12月又对煤炭的资源税由从量计征改为从价计征。2016年全面推进资源税改革，对绝大部分应税产品实行从价计征。2019年8月26日第十三届全国人民代表大会常务委员会第十二次会议通过《中华人民共和国资源税法》，于2020年9月1日起施行。

资源税的主要作用一是调节资源级差收入，促进企业之间开展平等竞争；二是通过对开发、利用应税资源的行为征收资源税，促进对自然资源的合理开发利用；三是为国家筹集财政资金。

在中华人民共和国领域及管辖的其他海域开发应税资源的单位和个人是资源税的纳税义务人，进口的矿产品和盐不征收资源税，出口应税产品不免征或退还已缴纳的资源税。单位和个人以应税产品投资、分配、抵债、赠予、以物易物等，视同销售，应按规定计算缴纳资源税。开采海洋或陆上油气资源的中外合作油气田，在2011年11月1日前已签订的合同在合同有效期内继续缴纳矿产使用费，合同期满后，依法缴纳资源税。

资源税税目包括能源矿产、金属矿产、非金属矿产、水气矿产、盐五大类164个税目。其中，石油企业常见的应税产品包括原油（不含人造石油）、天然气、页岩气、天然气水合物、煤层气、油页岩、油砂、天然沥青、地热、二氧化碳、硫化氢气、矿泉水等。原油、天然气、页岩气、天然气水合物的税率为6%；煤层气的税率为1%～2%；油页岩、油砂、天然沥青的税率为1%～4%；地热、矿泉水的税率为1%～20%或者每立方米1～30元；二氧化碳、硫化氢气的税率为2%～5%。实行幅度税率的，由省（自治区、直辖市）人民政府提出具体税率，报同级人民代表大会常务委员会决定，并报全国人大常委会和国务院备案。

资源税的计税依据为应税产品的销售额或销售量。实行从价定率征收的计税依据为销售额，实行从量定额征收的计税依据为销售量。计税销售额是指纳税人销售应税产品向购买方收取的全部价款和价外费用，不包括增值税销项税额。计税销售量包括纳税人开采或者生产应税产品的实际销售数量和视同销售的自用量。视同销售包括：纳税人以自采原矿直接加工为非应税产品的，视同原矿销售；以自采原矿洗选（加工）后的精矿连续生产非应税产品的，视同精矿销售；以应税产品投资、分配、抵债、赠予、以物易物等，视同应税产品销售。

资源税的应纳税额，按照从价定率（或从量定额）的办法，分别以应税产品的销售额（或销售量）乘以具体适用的比例税率（或定额税率）计算。其公式为：

应纳税额 = 应税销售额（或销售量）× 适用税率（或税额）

石油行业按税法或国家有关规定享受资源税减免。其中：开采原油以及油田范围内运输原油过程中用于加热的原油、天然气免征资源税；从低丰度油气田开采的原油、天然气减征 20% 资源税；高含硫天然气、三次采油和从深水油气田开采的原油、天然气，减征 30% 资源税；稠油、高凝油减征 40% 资源税；为促进页岩气开发利用，有效增加天然气供给，经国务院批准，自 2018 年 4 月 1 日至 2021 年 3 月 31 日，对页岩气资源税减征 30%。

资源税在应税产品的销售或自用环节计算缴纳，向应税产品开采地或生产地税务机关申报缴纳。

（六）环境保护税

环境保护税是我国首个以环境保护为目标的独立型环境税税种，有利于解决排污费制度存在的执法刚性不足等问题，有利于提高纳税人环境保护意识和强化企业治污减排的责任，是作为落实生态文明建设的重要税制改革举措而推出的。

为加强保护和改善环境，减少污染物排放，推进生态文明建设，2016 年 12 月 25 日，第十二届全国人民代表大会常务委员会第二十五次会议通过了《中华人民共和国环境保护税法》，自 2018 年 1 月 1 日起正式实施。环境保护税是对在我国领域以及管辖的其他海域直接向环境排放应税污染物的企事业单位和其他生产经营者征收的一种税，具有七个方面的基本特点。即：一是属于调节型税种，首要功能是减少污染排放，而不是增加财政收入。二是环境保护税的渊源是排污收费制度，环境保护税开征后，原有的排污费同时停征。三是属于综合型环境税，征收范围包括大气污染物、水污染物、固体废物和噪声四大类。四是属于直接排放税，向排放应税污染物的企业、事业单位和其他生产经营者征收，如果其向依法设立的污水集中处理、生活垃圾集中处理场所排放应税污染物，不属于直接排放，不征收环境保护税。五是对大气污染物、水污染物规定了幅度定额税率，由省、自治区、直辖市人民政府在规定税额幅度内提出，报同级人大常委会决定，并报全国人大常委会备案。六是采取税务、环保部门紧密结合的征收方式，高度依赖彼此之间的配合与协作。七是环境保护税收入纳入一般预算收入，全部划归地方财政。

环境保护税税目包括大气污染物、水污染物、固体废物和噪声四大类。其中，大气污染物的税额为 1.2 ~ 12 元 / 污染当量；水污染物的税额为 1.4 ~ 14 元 / 污染当量；固定废物中的煤矸石为 5 元 / 吨，尾矿为 15 元 / 吨，危险废物为 1000 元 / 吨，冶炼渣、粉煤灰、炉渣、其他固体废物为 25 元 / 吨；工业噪声按照超标分贝情况以不同的规定税额按月征收。

按照税法规定，对农业生产（不含规模化养殖），以及机动车、铁路机车、非道路移动机械、船舶、航空器等流动污染源排放的应税污染物暂免征环境保护税；依法设立的城乡污水集中处理、生活垃圾集中处理场所排放相应应税污染物不超过国家和地方规定排放标准的，以及纳税人综合利用的固体废物符合国家和地方环境保护标准的，暂免征环境保护税。纳税人排放应税大气污染物或水污染物的浓度值低于国家和地方规定的污染物排放标准 30% 的，减按 75% 征收；低于 50% 的，减按 50% 征收。

纳税人应向应税污染物排放地的税务机关申报缴纳环境保护税。排放地是指大气污染物和水污染物的排放口所在地，以及固体废物和噪声的产生地。

（七）城市维护建设税

城市维护建设税是对从事工商经营，缴纳增值税、消费税的单位和个人征收的一种附加税。1985 年 2 月 8 日国务院正式颁布《城市维护建设税暂行条例》，并于当年 1 月 1 日在全国范围内施行。该税种的征收首先弥补了城市维护建设资金的不足，以增值税、消费税应纳税额作为计税依据保证了税源的充足。

按照纳税人所在地的不同，执行不同的税率。其中：纳税人所在地为市区的，税率为 7%；所在地在县城、镇的，税率为 5%，撤县建市后为 7%；所在地不在市区、县城或者镇的，税率为 1%；开采海洋石油资源的中外合作油（气）田所在地在海上的，适用 1% 的税率。

城市维护建设税以增值税、消费税税额为计税依据并同时征收。如果免征或者减征的，也要同时免征或者减征城市维护建设税。但是，对出口产品退还增值税、消费税的，不退还已缴纳的城市维护建设税。其公式为：

$$应纳税额 = 纳税人实际缴纳的增值税和消费税税额 \times 适用税率$$

在税收优惠政策上，城市维护建设税按减免后实际缴纳的增值税、消费税税额计征，即随增值税、消费税减免而减免；对与因减免税而进行增值税、消费税退库的，城市维护建设税同时退库；海关对进口产品代征的增值税、消费税，不征收城市维护建设税；对增值税、消费税实行先征后返、先征后退、即征即退办法的，除另有规定外，对随征的城市维护建设税和教育费附加，一律不退（返）还；对实行增值税期末留抵退税的纳税人，允许其从城市维护建设税、教育费附加和地方教育费附加的计税依据中扣除退还的增值税税额。

由于城市维护建设税是增值税和消费税的附加税，纳税人只要发生增值税、消费税纳税义务，就要在同样的环节，分别计算缴纳城市维护建设税，并在增值税、消费税的缴纳地，同时缴纳城市维护建设税。但是，跨省开采的油田，下属生产单位与核算单位不在一个省内的,其生产的原油,在油井所在地缴纳增值税,其应纳税款由核算单位按照各油井的产量和规定税率,计算汇拨各油井缴纳,各油井应纳的城市维护建设税,应由核算单位计算,随同增值税一并汇拨油井所在地,由油井在缴纳增值税的同时,一并缴纳城市维护建设税。即油气田企业按油井所在地和油井产量及适用税率计算并缴纳。

(八)房产税

房产税是以房屋为征税对象,按照房屋的计税余值或租金收入,向产权所有人征收的一种财产税。房产税的征税范围为城市、县城、建制镇和工矿区,不包括农村。房屋产权属于国家所有的,由经营管理单位纳税,属于集体和个人所得,由集体和个人纳税;产权出典(典当)的,由承典人纳税;产权所有人、承典人不在房屋所在地的,或者产权未确定及存在纠纷的,由房产代管人或者使用人纳税。

房产税采用比例税率,实行从价计征和从租计征。从价计征的,按照房产原值一次减除10%~30%后的余值和1.2%的税率计征;从租计征的,按照房产出租的租金收入的12%计征。对个人出租住房,不区分用途,按4%的税率征收。

(九)印花税

印花税是以经济活动和经济交往中,书立、领受应税凭证的行为为征税对象征收的一种税。印花税因其采用在应税凭证上粘贴印花税税票的方法缴纳税款而得名。印花税纳税义务人,按照书立、使用、领受应税凭证的不同,可以分别确定为立合同人、立据人、立账簿人、领受人、使用人、各类电子应税凭证的签订人。凡是由两方或两方以上当事人共同书立应税凭证的,其当事人各方都是印花税的纳税人,应各就其所持凭证的计税费额履行纳税义务。

印花税共有购销合同、加工承揽合同、建设安装工程承包合同、财产租赁合同、货物运输合同、仓储保管合同、借款合同、财产保险合同、技术合同、产权转移书据、营业账簿、权利及许可执照13个税目,未列入税目的不征税。

印花税的税率设计遵循税负从轻、共同负担的原则,有比例税率和定额税率两种形式。其中,各类合同以及具有合同性质的凭证(含以电子形式签订的各类应税凭证)、产权转移书据、营业账簿中记载资金的账簿,适用比例税率,借款合同适用0.05‰的税率,购销合同、建筑安装工程承包合同、技术合同,适用0.3‰的税率,加工承揽合同、建筑过程勘察设计合同、货物运输合同、产权转移书据、营业账簿税目中记载资金的账簿适用0.5‰的税率,财产租赁合同、仓储保管合同、财产保险合同适用1‰的税率;权利及许可证照和营业账簿税目中的其他账簿适用定额税率,均按件贴花,税额为5元。

在减免税方面，对已缴纳印花税凭证的副本或者抄本、无息与贴息贷款合同、房地产管理部门与个人签订的用于生活居住的租赁合同、农牧业保险合同实行免税，对按万分之五税率贴花的资金账簿减半征收印花税，对按贴花五元的其他账簿免征印花税。

根据税额大小、贴花次数以及税收征管的需要，分别采用自行贴花、汇贴或汇缴，以及委托代征的办法，应当在书立或者领受时就地贴花。

鉴于中国石油和中国石化两大集团使用的"成品油配置计划表"是根据国家宏观调控要求、落实原国家经贸委管理规定而下达的石油和石油制品配置计划，根据国务院就两大集团重组改制有关税收的指示精神，本着支持企业改革、不增加企业税收负担的原则，明确：

按照国家税务总局《关于中国石油天然气集团和中国石油化工集团使用的"成品油配置计划表"有关印花税问题的通知》（国税函〔2002〕424号）和《关于中国海洋石油总公司使用的"成品油配置计划表"有关印花税问题的公告》（国家税务总局公告2012年第58号），对两大集团之间、两大集团内部各子公司之间、中国石油天然气股份公司的各子公司之间、中国石油化工股份公司的各子公司之间、中国石油天然气股份公司的分公司与子公司之间、中国石油化工股份公司的分公司与子公司之间，以及中国海油集团内部各子公司之间、中国海油集团的各分公司和子公司之间互供石油和石油制品所使用的"成品油配置计划表"（或其他名称的表、证、单、书），暂不征收印花税。

（十）车船税

车船税是以车船为征税对象，向拥有车船的单位和个人征收的一种税。在我国境内的车辆、船舶的所有人或者管理人是车船税的纳税义务人。车船税实行定额税率，乘用车按发动机气缸容量（排气量，每辆）、商用客车按照核定载客人数（每辆）、商用货车及专用作业车和轮式专用机械车按照整备质量（每吨）、机动船舶按照净吨位（每吨艇）、游艇按照艇身长度（每米）确定具体使用税额。

新购置的车船，以购买车辆的发票或其他证明文件所载日期的当月为准，自该月起计算缴纳车船税。节能汽车减半征收，新能源车船免征车船税。车船税在车船登记地或者车船税扣缴义务人所在地缴纳。

（十一）城镇土地使用税

城镇土地使用税是以国有土地为征税对象，对拥有土地使用权的单位和个人征收的一种税。在城市、县城、建制镇、工矿区范围内使用土地的单位和个人应缴纳城镇土地使用税。

城镇土地使用税采用定额税率，采用有幅度的差别税额，按大、中、小城市和县城、建制镇、工矿区分别规定每平方米城镇土地使用税的年应纳税额。其中：大城市（人口50万人以上）为1.5～30元，中等城市（人口20万～50万人）为1.2～24元，小城市（人口20万人以下）为0.9～18元，城镇、建制镇、工矿区为0.6～12元。

城镇土地使用税以纳税人实际占用的土地面积为计税依据，乘以适用税额，计算确定应纳税额，实行按年计算、分期缴纳的征收方法。纳税人购置新建商品房，自房屋交付使用的次月起缴纳；购置存量房，自办理服务权属转移、变更登记手续，房地产权属登记机关签发房屋权属证书的次月起缴纳；以出让或转让方式有偿取得土地使用权的，由受让方从合同约定交付土地时间的次月起缴纳，合同未约定交付时间的，由受让人从合同签订的次月起缴纳；新征用的耕地，自批准征用之日起满一年时开始缴纳；新征用非耕地，自批准征用次月起缴纳。自2009年1月1日起，纳税人因土地的权利发生变化而依法终止城镇土地使用税纳税义务的，自土地权利发生变化的次月起停止缴纳，但其应纳税款应计算至权利发生变化的当月末。

企业办的学校、医院、托儿所、幼儿园，其用地能与企业其他用地明确区分的，免征城镇土地使用税。以下事项暂免征城镇土地使用税，一是对石油天然气生产建设中用于地质勘探、钻井、井下作业、油气田地面工程等施工临时用地，以及企业厂区以外的输油（气、水）管道用地和油气长输管线用地；二是企业的铁路专用线、公路等用地，在厂区以外、与社会公用地段未加隔离的；三是对企业厂区以外的公共绿化用地和向社会开放的公园用地。

（十二）耕地占用税

耕地占用税是对占用耕地建房或从事其他非农业建设的单位和个人，就其实际占用的耕地面积征收的一种税，属于对特定土地资源占用课税。经批准占用耕地的，纳税人为农用地转用审批文件中表明的建设用地人，未标明建设用地人的，为用地申请人。未经批准占用耕地的，其实际用地人为纳税人。

耕地占用税采用地区差别定额税率，其中：人均耕地不超过1亩的地区（以县、自治县、不设区的市、市辖区为单位，下同）为每平方米10～50元；人均耕地超过1亩但不超过2亩的地区，每平方米8～40元；人均耕地超过2亩但不超过3亩的地区，每平方米6～30元；人均耕地超过3亩的地区，每平方米5～25元。在人均耕地低于0.5亩的地区，可以根据当地经济发展情况，适当提高适用税额，但提高的部分不得超过上述规定的适用税额的50%。占用基本农田的，应当按照适用税额加征150%。

目前，全国各地的平均税额为：上海45元/平方米，北京40元/平方米，天津35

元/平方米，江苏、浙江、福建、广东 30 元/平方米，辽宁、湖北、湖南 25 元/平方米，河北、安徽、江西、山东、河南、重庆、四川 22.5 元/平方米，广西、海南、贵州、云南、陕西 20 元/平方米，山西、吉林、黑龙江 17.5 元/平方米，内蒙古、西藏、甘肃、青海、宁夏、新疆为 12.5 元/平方米。

耕地占用税实行一次性征收，对生产经营单位和个人不设立减免税，仅对公益性单位和需照顾群体设立减免税。

（十三）教育费附加

教育费附加是以增值税、消费税的税额为计征依据，为扩大地方教育经费的资金来源而征收的一种附加费，教育费附加率为 3%。

教育费附加与城市维护建设税相同，随增值税和消费税的征收而征收，增值税、消费税的纳税义务人同时负有缴纳教育费附加的义务，纳税人享受减免税或退税政策的，在征收教育费附加时同时享受相关的优惠政策。

（十四）石油特别收益金

2006 年 3 月 15 日，国务院印发《关于开征石油特别收益金的决定》（国发〔2006〕13 号），为有效应对 2004 年以来由于国际市场石油价格持续大幅度上涨，国内原油采掘业利润增加较多，其他行业和社会用油成本加大，造成各行业利益分配不平衡而对经济平稳运行的影响，妥善处理各方面利益关系，推进石油价格形成机制改革，加强国家调控，促进国民经济持续健康协调发展，国务院决定对石油开采企业销售国产原油因油价上涨获得的超额收入征收石油特别收益金。石油特别收益金属中央财政非税收入，纳入中央财政预算管理。2006 年 3 月 25 日，财政部下发了《关于印发〈石油特别收益金征收管理办法〉的通知》（财企〔2006〕72 号）。

石油特别收益金，是指国家对石油开采企业销售国产原油因价格超过一定水平所获得的超额收入按比例征收的收益金。凡在中华人民共和国陆地领域和所辖海域独立开采并销售原油的企业，以及在上述领域以合资、合作等方式开采并销售原油的其他企业，均应当缴纳石油特别收益金。

财政部负责石油特别收益金的征收管理工作。中央石油开采企业向财政部申报缴纳石油特别收益金；地方石油开采企业向财政部驻所在地财政监察专员办事处申报缴纳；合资合作企业应当缴纳的石油特别收益金由合资合作的中方企业代扣代缴。

石油特别收益金实行 5 级超额累进从价定率计征，按月计算、按季缴纳。石油特别收益金征收比率按石油开采企业销售原油的月加权平均价格确定。为便于参照国际市场油价水平，原油价格按美元/桶计价，起征点为40美元/桶。

2014年12月25日，财政部发布《关于提高石油特别收益金起征点的通知》（财税〔2014〕115号），经国务院批准，财政部决定从2015年1月1日起，将石油特别收益金起征点提高至65美元/桶，原油价格65～70（含）美元/桶时，征收率为20%；70～75（含）美元/桶时，征收率为25%；75～80（含）美元/桶时，征收率为30%；80～85（含）美元/桶时，征收率为35%；85美元/桶以上时，征收率为40%。计算石油特别收益金时，原油吨桶比按石油开采企业实际执行或挂靠油种的吨桶比计算；美元兑换人民币汇率以中国人民银行当月每日公布的中间价按月平均计算。

石油开采企业集团公司下属多家石油开采企业的，石油特别收益金以石油开采企业集团公司为单位汇总缴纳。石油特别收益金列入企业成本费用，准予在企业所得税税前扣除。

（十五）油价调控风险准备金

2016年1月13日，国家发展改革委《关于进一步完善成品油价格形成机制有关问题的通知》（发改价格〔2016〕64号）规定，设定成品油价格调控下限，当国内成品油价格挂靠的国际市场原油价格低于每桶40美元时，国内成品油价格不再下调（被业界称为"地板价"）。同时，文件规定建立油价调控风险准备金，当国际市场原油价格低于每桶40美元调控下限时，成品油价格未调金额全部纳入风险准备金，设立专项账户存储，经国家批准后使用，主要用于节能减排、提升油品质量及保障石油供应安全等方面。

2016年12月15日，财政部和国家发展改革委联合发布《关于印发〈油价调控风险准备金征收管理办法〉的通知》（财税〔2016〕137号），对油价调控风险准备金的征收进行了规定。

中华人民共和国境内生产、委托加工和进口汽、柴油的成品油生产经营企业是风险准备金的缴纳义务人，当国际市场原油价格低于国家规定的成品油价格调控下限时，缴纳义务人应按照汽油、柴油的销售数量和规定的征收标准缴纳风险准备金。汽油、柴油销售数量是指缴纳义务人于相邻两个调价窗口期之间实际销售数量；风险准备金征收标准按照成品油价格未调金额确定，该未调金额由国家发展改革委、财政部根据国际原油价格变动情况，按照现行成品油价格形成机制计算核定，于每季度前10个工作日内，将上季度每次调价窗口期的征收标准，书面告知征收机关。风险准备金计入缴纳义务人财务报表的"其他应付款"科目核算，不得计入企业当期收入。

风险准备金由缴纳义务人在注册登记地申报并缴纳。其中，缴纳义务人有两个及以上从事成品油生产经营企业的，可由征收机关指定集团公司或其他公司实行汇总缴纳。

中国石油天然气集团公司、中国石油化工集团公司、中国海洋石油总公司等中央企业应当缴纳的风险准备金，由财政部驻北京市专员办负责征收；地方企业应当缴纳的风险准备金，由所在省（区、市）征收机关负责征收。

缴纳义务人可以选择按季度或者按年度缴纳风险准备金，缴纳方式一经确定，不得随意变更。对于按季缴纳的，征收机关根据缴纳义务人实际销售的汽油、柴油数量，在次年3月底完成对缴纳义务人全年风险准备金的汇算清缴工作。

第五章　管理会计与企业预算

改革开放以来,特别是近年来,我国正在大力推行建立和完善现代企业制度,增强价值创造能力业已成为企业的内在需求。如何充分利用会计核算过程中收集的大力信息,以及对这些信息加工之后生成的会计报告,紧紧围绕企业生产经营需要做好决策支持,并推动企业各项管理工作的提升显得尤为重要。这使得管理会计的作用日益突出,而预算管理更是推动企业高质量发展的重要抓手。

一、管理会计（Management Accounting）

管理会计是会计的重要分支,主要服务于单位（包括企业和行政事业单位）内部管理需要,是通过利用相关信息,有机融合财务与业务活动,在单位规划、决策、控制和评价等方面发挥重要作用的管理活动。管理会计工作是会计工作的重要组成部分。

（一）管理会计的意义

管理会计是为强化企业内部经营管理,提高经济效益,运用一系列专门的方式方法,收集汇总、分析和报告各种经济信息,借以进行预测和决策,制订计划,对经营业务进行控制,并对业绩进行评价,以保证企业改善经营管理,提高经济效益。

从管理会计的对象来说,"它是为企业内部决策者服务的会计",是以使用价值为基础的价值管理;从实质上讲,管理会计的对象是企业的生产经营活动;从管理体现经济效益角度看,管理会计的对象是企业生产经营活动中的价值运动;从实践角度看,管理会计是作业管理和价值管理的复合。管理会计的最终目标是提高企业的经济效益,具体目标包括为管理和决策提供信息,以及参与企业的经营管理和决策。

（二）管理会计的内容

管理会计的内容包括：预测分析、决策分析、全面预算、成本控制和责任会计等方面。其中,前两项内容合称为预测决策会计;全面预算和成本控制合称为规划控制会计。

预测决策会计、规划控制会计和责任会计,三者既相对独立,又相辅相成,共同构成了现代管理会计的基本内容。近年来,随着对风险管理和企业内部控制的重视,风险管理也逐渐被归入了管理会计的范畴。同时,在现代企业制度建设的过程中,激励约束机制的作用显得越来越重要,绩效管理纳入了管理会计的基本内容。

规划与决策会计是以企业经营目标为依据,在预测分析的基础上,运用一系列现代管理技术和方法,分析评价各种决策的经济效果,为各级管理人员提供所需信息的会计方法。主要包括预测分析、短期经营决策、长期投资决策和全面预算。

控制与业绩评价会计是以全面预算为依据,通过标准成本制度,实施有效的成本控制;通过划分责任建立责任会计,对企业内部各单位实施控制考核和评价,以保证企业的各个环节和各项经营活动朝着既定的目标前进。主要包括标准成本系统和责任会计。

因此,从管理会计的主要内容来说,"管理会计就是决策会计",体现了预测、决策、规划(预算)、控制、评价等基本职能作用。管理会计是会计与管理的直接结合,它是利用财务会计资料和其他资料,采取会计的、统计的和数学的方法,对未来的经营管理进行预测和决策,确定目标,编制计划(预算),在执行过程中加以控制和考核,目的是调动积极因素,取得最佳的经济效益,为公司高质量发展提供决策信息。

(三)管理会计的工作程序

管理会计的工作程序包括确认、计量、归集、分析、编报与解释、传递六个方面。其中:

确认,是将企业的经济活动及其他经济事项作为适当的管理会计业务予以辨认。

计量,是以货币或者其他度量单位对已发生或可能发生的经营活动予以数量上的确定。

归集,是对企业的经营活动及其他经济事项,按严格、一贯的方法进行记录和分类。

分析,是对经济事项发生的内外环境及各影响因素之间的内在联系进行评价和确认。

编报与解释,是以适当的形式反映各信息需求者需要的信息。

传递,是将相关信息提供给各级管理者、决策者或其他信息使用者。

管理会计从预测开始,根据短期预测和长期预测的资料,做出经营决策和投资决策。经营决策包括销售定价决策、产品生产决策、产品成本决策等内容。在经营决策中,主要运用本量利分析的方法,而投资决策则以净现值法为基础,根据经营决策和投资决策的资料做出判断。

(四)我国的管理会计体系

为了深入推进会计强国战略,全面提升会计工作总体水平,推动经济更有效率、更加公平、更可持续发展,促进单位(包括企业和行政事业单位)加强管理会计工作,提升内部管理水平，推进经济转型升级，我国正在有条不紊地加快管理会计体系建设（如图 5-1 所示）。2014 年财政部发布了《关于全面推进管理会计体系建设的指导意见》，2016 年印发了《管理会计基本指引》，明确我国的管理会计指引体系包括基本指引、应用指引和案例库，随后发布了 34 项应用指引，并逐年公开征集管理会计案例。

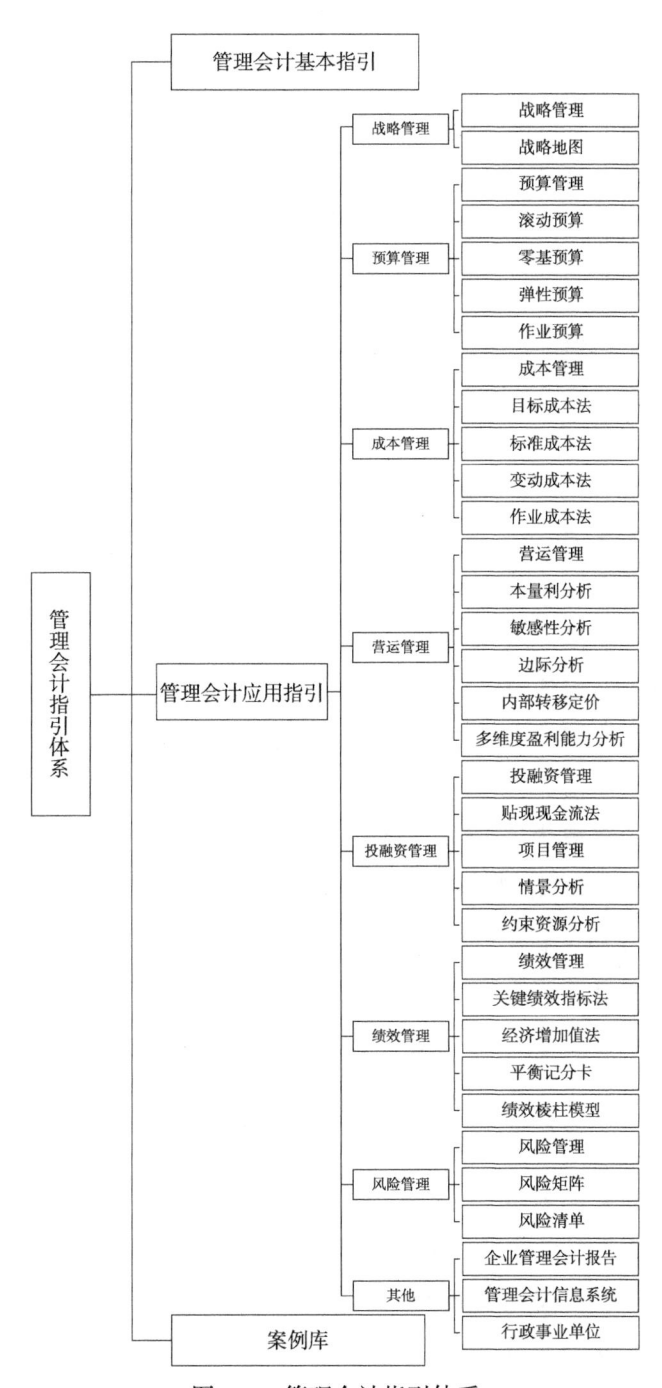

图 5-1　管理会计指引体系

1. 基本指引

2016年6月财政部发布了《管理会计基本指引》，这是财政部在2014年发布了《关于全面推进管理会计体系建设的指导意见》后制定发布的第一个管理会计指引。基本指引在管理会计指引体系中起统领作用，是制定应用指引和建设案例库的基础。按照发布的基本指引，管理会计指引体系包括基本指引、应用指引和案例库，用以指导单位管理会计实践。这标志着财政部已经为管理会计体系建设搭建了基础框架，明确了管理会计体系建设的基本目标、原则和内容。

（1）管理会计的目标与原则

管理会计的目标是通过运用管理会计工具方法，参与单位规划、决策、控制、评价活动并为之提供有用信息，推动单位实现战略规划。单位应用管理会计，应遵循战略导向、融合性、适应性和成本效益四个原则。这四个原则强调了管理会计应用应以为企业持续创造价值为核心，服务于企业的战略规划和发展目标，将财务工作与企业生产经营管理各领域、各环节紧密融合在一起，不断适应企业的内外部环境和自身发展的不同阶段特征，权衡好实施成本与预期效益，保证管理会计应用工作的有效开展。

（2）管理会计的要素

管理会计的应用和工作开展，包括应用环境、管理会计活动、工具方法、信息与报告等四要素。其中：

应用环境是基础，包括内外部环境。内部环境主要包括与管理会计建设和实施相关的价值创造模式、组织架构、管理模式、资源保障、信息系统等因素。外部环境主要包括国内外经济、市场、法律、行业等因素。同时，应与业务有机融合，准确分析和把握价值创造和价值提升的模式，积极通过信息系统整合、改造或新建等途径，扩展开展管理会计工作所需的信息和基础数据、资料的途径，增强管理会计工作的针对性和有效性。

管理会计活动是单位利用管理会计信息，运用管理会计工具方法，在规划、决策、控制、评价等方面服务于单位管理需要的相关活动。在开展管理会计活动时，应融合好财务和业务等活动，设定定量定性标准，强化分析、沟通、协调、反馈等控制机制，支持和引导战略规划的实施，并通过合理设计评价体系，基于管理会计信息等，评价单位战略规划实施情况，并以此为基础进行考核，完善激励机制。

管理会计工具方法是实现管理会计目标的具体手段。它是应用管理会计时所采用的战略地图、滚动预算管理、作业成本管理、本量利分析、平衡计分卡等模型、技术、流程的统称，具有开放性，随着实践发展不断丰富完善。管理会计工具方法主要应用于战略管理、预算管理、成本管理、营运管理、投融资管理、绩效管理、风险管理等领域，且不同的领域有不同的有针对性的工具方法。一些主要的工具方法在应用指引中进行了详细的描述说明。但在具体管理会计活动中，采用什么样的工具方法应因地制宜，一厂一策、一业一策，力求与企业的管理特点、业务特点和管理需求实现有效结合，不断强化工具方法的系统化和集成化应用。

信息与报告包括管理会计信息和管理会计报告两个方面。管理会计信息是有效应用管理会计工具开展管理会计活动的重要基础，包括企业各类财务信息和非财务信息，这些信息的生产、收集和使用应遵守相关、可靠、及时、可理解的原则。管理会计报告则是管理会计活动成果的重要表现形式，旨在为报告使用者提供满足管理需要的信息，可以根据企业的实际需要采取定期报告和不定期报告的方式发布综合性报告或专项报告。

2. 应用指引

在借鉴管理会计国际最佳实践指南和总结提炼我国企业普遍应用且较为成熟的部分管理会计工具的基础上，2017年10月，财政部印发了《财政部关于印发〈管理会计应用指引第100号——战略管理〉等22项管理会计应用指引的通知》（财会〔2017〕24号），随文发布了首批22项管理会计应用指引，并分两批后续发布了12个管理会计应用指引，完成了涵盖战略管理、预算管理、成本管理、营运管理、投融资管理、绩效管理等不同应用领域在内的34个应用指引的体系构建。

应用指引是我国管理会计指引体系建设的重要组成部分，是对单位管理会计工作的具体指导。我国的管理会计应用指引体系是一套立足于管理会计实践、服务单位管理会计应用的指导性文件，该体系通过分领域、分工具方法构建，注重指导性、应用性、开放性、操作性。在每个应用领域，包括概括性指引和具体应用指引两个部分，其中概况性指引主要介绍该领域的相关管理程序，概括总结本领域内相关管理会计工具方法的共性内容；具体应用指引对该工具方法的应用环境、应用程序、工具方法评价等方面进行了描述说明。

（五）管理会计中的主要术语

在开展管理会计的工作中，需要熟练掌握资金的时间价值、汇率、变动成本、固定成本、边际贡献、边际贡献率、保本点销售量与销售额、标准成本等基本术语，才能较好地运用各种财务会计的成果和生产经营管理的资料进行分析，为决策提供科学依据。

1. 资金的时间价值（Time Value of Money）

资金随着时间的变化而引起资金价值的变化，也就是说，不同时间发生的等额资金在价值上存在差别（如图5-2所示）。这种价值的不同体现了不同时间点的货币购买力存在差异，以及可以通过一定的投资途径获取投资收益。从经济学的角度而言，当前的一单位货币与未来的一单位货币的购买力之所以不同，就在于存在通货膨胀。一般情况下，在未来需要支付高于现在的一单位货币才能买到同样的东西(不考虑科学技术进步等其他因素),即需要对延迟消费进行弥补。

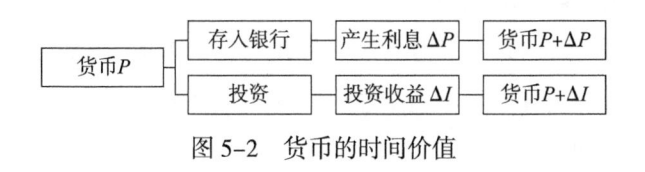

```
                ┌─ 存入银行 ─ 产生利息 ΔP ─ 货币 P+ΔP
    货币 P ──┤
                └─ 投资 ───── 投资收益 ΔI ─ 货币 P+ΔI
```

图 5-2 货币的时间价值

在企业的生产经营过程中,资金不间断地循环周转。经过一定时间后,一般来说资金要按一定比例增加一个数值。例如,企业有 10 万元的资金,如果投入生产经营活动,年回报率为 20%,那么一年以后就变为 12 万元,两年后变为 14.4 万元。同样,把 10 万元资金存入银行,假定年利率为 6%,一年后变为 10.6 万元,两年后变为 11.236 万元。因此,企业应充分理解和树立"资金时间价值"的资金管理和资金运营理念,并将其贯穿应用于企业的生产经营管理决策之中,以及可以尝试将其纳入绩效考核体系,对相关业绩指标进行调整考核。

资金时间价值的度量方式有两种,一种是由现在的价值推算其若干时间以后的价值,即终值:

$$终值 = 现值 \times (1 + 年利率)^{年数}$$

另一种是它的逆运算,由将来的价值推算其现在的价值,即现值:

$$现值 = \frac{终值}{(1 + 年利率)^{年数}}$$

计算终值、现值采用的都是复利的计算方法。它告诉我们,随着时间的变化,不仅本金要发生变化,而且在这段时间里产生的利润(或利息)在下一段时间里也要按与本金的变化相同的比例发生变化。如果考察经营资金在比较长的时间里的价值变化,它的意义是十分明显的。例如,100 万元资金,在年利润率为 20% 的情况下,如果不考虑利润(或利息)的时间价值,只计算本金的利润,即按单利计算,10 年后 100 万元变为:

$$100 \times (1 + 0.2 \times 10) = 300(万元)$$

按复利计算则为:

$$100 \times (1 + 0.2)^{10} = 619(万元)$$

因此,研究资金的时间价值,不仅是个计算方法问题,更重要的是观念的改变。投资决策一定要考虑资金的时间价值。有了资金时间价值的观念,就不能再仅仅满足于资金不丢失、不浪费,而是要求我们把资金管活,使之在不断的运动中增值。

2. 变动成本（Variable Cost）和固定成本（Fixed Cost）

按照成本与产量的关系，即成本习性，可将成本分为变动成本和固定成本。如果产量增加（或减少），成本也随之增加（或减少），并成正比例变动，则这种成本称为变动成本。如生产产品所消耗的原材料、辅助材料、燃料动力等。如果在一定时期、一定产量范围内，产量发生增减变动而成本仍保持不变，则这种成本称为固定成本。例如，固定资产折旧、房屋租金、劳动者工资等。

同样的道理，按成本习性，可以将成本总额分为变动成本总额和固定成本总额。显然，变动成本总额加上固定成本总额构成了产成品总成本（如图 5-3 所示）。这种划分，可以用下述公式进行表示：

$$y = a + bx$$

式中：y——总成本；

a——固定成本总额；

b——单位变动成本；

x——产量（或业务量）。

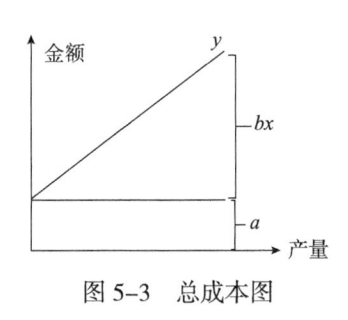

图 5-3　总成本图

3. 本量利分析（Cost Volume Profit Analysis）

本量利分析是成本—产量（或销售量）—利润依存关系分析的简称，也称为 CVP 分析、损益平衡分析、保本分析等。它是指在变动成本计算模式的基础上，以数学化的会计模型与图示来揭示固定成本、变动成本、销售量、单价、销售额、利润等变量之间的内在规律性的联系，为会计预测决策和规划提供必要的财务信息的一种定量分析方法。

确定盈亏临界点，是进行本量利分析的关键。所谓盈亏临界点，又称为损益平衡点、保本点等，是指使得贡献毛益与固定成本恰好相等时的销售量。此时，企业处于不盈不亏的状态。也就是说，达到损益平衡点的销售数量（或产量）时，企业的销售收入与销售成本相等，利润为零。一般情况下，超过该平衡点后，企业实现的利润将逐渐增加，而在未达到该平衡点的产量时，企业处于亏损状态。如果一个企业能够事先知道销售多少产品才能保本，就可以通过采取加大销售或降低成本的措施使企业实现预期利润，这对于企业经营决策具有很高的使用价值。

4. 边际贡献（Marginal Contribution）和边际贡献率（Marginal Contribution Ratio）

边际贡献或边际收益、贡献毛益、创利额，既单位产品销售收入减去变动成本后的余额，也就是每增加一个单位产品销售可提供的毛益。计算公式如下：

$$单位产品边际贡献 = 销售单价 - 单位变动成本$$

有时候产品的销售收入总额减去产品的变动成本总额，所计算出来的边际贡献总额也简称边际贡献。以边际贡献与销售收入相比，即为边际贡献率。它表示每增加一元销售收入能够提供的毛益额。计算公式如下：

$$边际贡献率 = \frac{单位产品边际贡献}{销售单价} \times 100\%$$

例如，某企业生产汽油 100 吨，每吨售价 3000 元，每吨预计消耗原油以及其他变动物耗等变动成本 2100 元，固定成本为 81000 元，则边际贡献和边际贡献率计算如下：

$$单位产品边际贡献 = 3000 - 2100 = 900（元）$$

$$单位产品边际贡献率 = \frac{900}{3000} \times 100\% = 30\%$$

5. 保本点（Break-even Point）

企业销售产品获得的边际贡献首先用来弥补企业的固定成本。当企业销售产品的边际贡献恰好弥补全部的固定成本时，这个点就是保本点。在这个点以后，每增加销售一单位产品的边际贡献将全部是企业的利润。保本点包括保本点销售量和保本点销售金额。保本点损益平衡图如图 5-4 所示。

下面仍以上例中列举的数字进行计算：

$$保本点销售量 = \frac{固定成本}{单位产品边际贡献}$$

$$= \frac{固定成本}{销售单价 - 单位变动成本}$$

$$= \frac{81000}{3000 - 2100}$$

$$= 90（吨）$$

$$保本点销售金额 = \frac{固定成本}{边际贡献率}$$

$$= \frac{固定成本}{1 - \dfrac{单位变动成本}{销售单价}}$$

$$= \frac{81000}{1 - \dfrac{2100}{3000}}$$

$$= 270000（元）$$

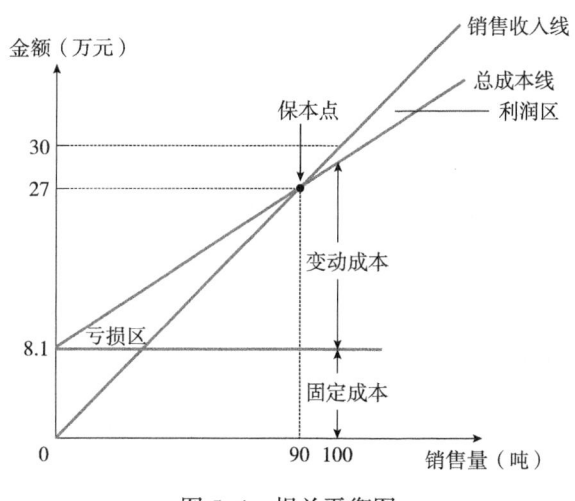

图 5-4 损益平衡图

从销售第 91 吨汽油时，每吨边际贡献 900 元就可以转化为实现利润 900 元。因此，当预计销售 100 吨时，可实现利润 9000 元。即（100-90）×900=9000（元）。

$$\text{预计利润} = (\text{预计销售量} - \text{保本点销售量}) \times \text{单位产品边际贡献}$$
$$= (100 - 90) \times 900$$
$$= 9000（元）$$

或

$$\text{预计利润} = (\text{预计销售额} - \text{保本点销售额}) \times \text{边际贡献率}$$
$$= (3000 \times 100 - 3000 \times 90) \times 0.3$$
$$= 9000（元）$$

这样可以迅速预计各种不同销售量情况下的利润数，大大方便了计划平衡工作。

6. 标准成本（Standard Cost）

为提高生产率，增强竞争力，根据要达到的作业标准，事先定出一种成本尺度，用于控制日常成本，并与实际成本进行比较，以衡量生产效率的高低和寻求降低成本的途径，这种成本尺度就叫标准成本。

标准成本通过单位产品的标准用量和标准价格表示，以正常（效率、经营能力、价格水平）标准为基础，参考长时期的实际平均数值，消除企业经营异常情况，并估计未来的生产趋势进行制定。标准成本根据原材料的用量标准、加工的工时标准，以及标准原材料价格、标准工资率和制造费用的标准分配率计算，反映产品的目标成本水平。各成本项目的实际成本与标准成本的差异，分别计算其"量差"和"价差"。

标准成本差异的会计处理，主要有以下两种方法：

1）各种产品成本分别按标准成本列账，实际成本与标准成本的差异科目余额直接转入损益科目（不计入产品成本），在损益表中反映。

2）各种产品成本先按标准成本列账，在月末、季末或年末结账时，将成本差异科目余额，按数量、产值、工时或成本比重进行分配，分别转入在产品和产成品等科目，使这些科目的余额由标准成本调整为实际成本。标准成本差异计算：

标准成本差异计算是标准成本分析的基础，也是标准成本控制中的一个重要环节。标准成本差异有直接材料成本差异、直接人工成本差异和制造费用差异。其计算公式如下：

$$\text{标准成本差异} = \text{直接材料成本差异} + \text{直接人工成本差异} + \text{制造费用成本差异}$$

$$\text{直接材料成本差异} = \text{实际用量} \times \text{实际价格} - \text{标准用量} \times \text{标准价格}$$

$$\text{直接人工成本差异} = \text{实际工时} \times \text{实际工资率} - \text{标准工时} \times \text{标准工资率}$$

由于制造费用包括固定费用和变动费用，所以：

$$\text{制造费用成本差异} = \text{固定费用差异} + \text{变动费用差异}$$

$$\text{固定费用差异} = \text{实际固定费用总额} - \text{标准产量应耗标准工时} \times \text{标准固定费用分配率}$$

$$\text{变动费用差异} = \text{实际变动费用总额} - \text{标准产量应耗标准工时} \times \text{标准变动费用分配率}$$

下面举例说明标准成本差异计算的方法（见表5-1、表5-2）。

表 5-1　标准成本计算方法

项　目	实际成本	标准成本
直接材料	用量 1600（吨）× 单价 1.30（元）	用量 1500（吨）× 单价 1.20（元）
直接人工	工时 1100（小时）× 工资率 0.95（元/小时）	工时 1000（小时）× 工资率 1.00（元/小时）
固定费用	费用 660（元）× 分配率 0.60	费用 500（元）× 分配率 0.50
变动费用	费用 1210（元）× 分配率 1.10	费用 1000（元）× 分配率 1.00

表 5-2　标准成本差异计算方法　　　　　　　　　　单位：元

项　目	计算公式	差异
直接材料	1600×1.30−1500×1.20	280
直接人工	1100×0.95−1000×1.00	45
固定费用	660−1000×0.50	160
变动费用	1210−1000×1.00	210
总　计	4995−4300	695

7. 汇率（Exchange Rate）

外汇通常是指以外国货币表示的国际支付手段。根据我国外汇管理条例的规定，外汇具体包括：外国货币；外币存款；外币有价证券（政府公债、国库券、公司债券、股票等）；外币支付凭证（票据、银行存款凭证、邮政储蓄凭证等）。

汇率全称为外汇汇率，又称为汇价。它是指一个国家货币兑换为另一个国家货币的比率，或者说是两种不同货币之间的比价。有直接标价法和间接标价法两种表示方法。

（1）直接标价法

直接标价法也称直接汇率。它是以一定数量的外国货币来表示可以兑换多少本国货币的金额作为计价标准的汇率。如 1 美元兑 7.0235 元人民币。

（2）间接标价法

间接标价法也称间接汇率。它是以一定数量的本国货币来表示可以兑换多少外国货币的金额作为计价标准的汇率。如 1 欧元兑 1.0546 美元。

8. 投资决策

（1）投资回报率比较法和投资回收期法

投资回报率法直接用投资项目运行期间年平均实现利润与投资总额相比。计算公式为：

$$投资回报率 = \frac{回收期内年平均实现利润}{投资总额} \times 100\%$$

投资回收期法是投资回报率的倒数，涉及的因素相同。计算公式是：

$$投资回收期 = \frac{投资总额}{回收期年平均实现利润}$$

显然，在进行方案比较时，应该选择投资回报率率高、回收期短的方案。这样，可以加快资金周转，创造更多的盈利。另外，回收期短，风险也比较小。

（2）净现值法

这种方法是考虑到贷款利息等因素，利用复利公式把未来各期的净现金流量折算成现值。计算公式为：

$$净现值 = \sum_{t=1}^{n} \frac{C_t}{(1+k)^t} - 投资总额$$

$$(n = 1, 2, 3, 4 \cdots)$$

式中　C_t——预计未来各期的净现金流量；

k——规定的标准收益率；

t——预计的年数。

例：某项目一次投入1000万元，经营期3年。投产后第1年实现现金净流量390万元、第2年676万元、第3年659万元，假设企业规定对外投资项目必须达到标准投资回报率10%。

则该项目的净现值（NPV）

$$= \frac{390}{1+0.1} + \frac{676}{(1+0.1)^2} + \frac{659}{(1+0.1)^3} - 1000$$
$$= 354.55 + 558.68 + 495.12 - 1000$$
$$= 408.35（万元）$$

由上例可见，净现值是指投资方案未来的现金净流入的现值，即354.55 + 558.68 + 495.12 = 1408.35（万元），同它的原投资额（1000万元）相比的差额408.35万元。净现值为正数，说明该方案的投资回报率大于所采用的标准收益率，表示方案可取；反之，则不可取。净现值越大，说明投资的经济效益越好，在投资额相同的条件下，净现值最大的方案就是最佳方案。因此，净现值法的决策规则是：

净现值 ≥ 0 ················· 采用方案

净现值 < 0 ················· 否决方案

显然，如果有几个方案的投资额相同，且净现值都 ≥ 0，则选择净现值最大的方案。在实际工作中可以编制经济评价模型运作。

二、企业预算

（一）预算的含义

预算是以数量化的方式，用数字编制未来一个时期的计划。也就是用财务数字（如在财务预算和投资中）或非财务数字（如在销售计划预算、产品生产计划预算中等）来表明所从事的经营管理活动投入与产出、收入与支出的预计和预期的结果。因此，虽然一般情况我们谈到预算时经常专门指向了财务预算，特别是利润预算，但实际上，预算并不仅仅是财务预算，还包括了企业生产经营的业务计划安排，只不过从企业预算的最终结果看，都要体现出企业对生产经营未来预期的成果，即利润总额或者净利润是多少，并以此作为企业奋斗的目标和经营业绩考核的重要指标（如图5-5所示）。

预算是一种计划，编制预算的工作是一种计划工作（如企业的生产方案）。

预算是一种预测，它是对未来一段时期内（年度、季度或者月度，甚至更小的预算周期，如周、日）的收支情况的预计。

预算是一种控制、约束手段。编制预算实际上就是拟定标准，是开始实施控制过程的第一步，也是使企业按照预期安排开展生产经营活动的重要基础，促进企业有条不紊运行，增强企业生产经营运行的稳定性。

预算本身是用数字量化生产经营管理工作的标准，具有可考核性，根据标准（预算目标）评定绩效，找出差距，这是控制的第二步。这是一个对照预算检查实际运行的过程，更是一个找出偏差和存在问题的过程。

预算控制的第三步就是消除偏差。即对第二步中发现的偏差和存在的问题制定相应的改进措施，进行偏差纠正。

预算控制的第四步就是进行预算考核。这是对预算执行的最终结果按照既定的激励约束机制和政策、办法进行考核兑现的过程。完成预算情况好的，给予奖励；完成情况不好的，进行惩罚。当然，在预算考核的过程中，还应做好预算执行情况的分析，对影响预算完成的各有关因素进行全面的分析，区分可控因素和非可控因素，以及预算外事项，进行妥善处理，避免因真实、客观的非可控因素影响考核结果的公正性和公平性，维护责任中心的积极性。

```
        目标
       预算内容
    编制、控制、调整
    分析、报告、沟通
    考核、评价、激励
     信息化支撑
   组织体系与制度保障
```

图 5-5 预算体系图

（二）预算的目的

为了使公司及其所属单位（责任中心）的预算管理工作科学化、制度化、规范化、程序化，实现追求经济效益最佳化的目的，推进公司高质量发展，编制预算最大的价值就在于能使确定的目标和拟定标准的计划工作得到改进、协调和控制，特别是为生产、经营、管理等有效地提供控制和约束的基础资料。更为细致地说，预算的目的表现在以下五个方面：

1）引导企业发展。预算可以引导管理层向前看，并通过将预算层层分解，明确每个部门、每项业务，甚至每个经理的工作目标和业绩目标，促使公司的各层面制定详细的工作计划和措施，有效应对可能出现的计划外变数。

2）统一员工认识。编制预算的过程是一个公司内部各层面、各环节双向深入交流的过程，有利于对公司面临的内外部环境进行深入分析，统一思想和行动，凝聚公司发展的动力和全体员工的智慧，增强不同部门、不同业务、不同层级及其内部之间工作的协同。

3）优化资源配置。编制预算需要充分识别公司将来需要以及能够获得的资源，并遵循效益性和风险性匹配的原则，根据公司预算目标对所掌握的资源在活动层级或业务单元进行分配，优化企业资源配置，以便最好地加以利用。

4）完善授权管控。预算实质上是划定了"责任田"，促进公司内部围绕着预算的良好执行建立授权管理制度，对预算内外事项按照既定授权进行管控，使被授权人能够真正地履行好自己的职责。

5）强化绩效评估。对预算执行情况考核是一种有效的绩效评估手段。预算执行的好，就应受到奖励，从而对员工起到正向激励的作用，鼓励其关注预算的编制和执行，便于将来更好地将预算与其实际工作措施结合起来；预算执行得不好，就应受到惩罚，刺激其不断地改进工作方式方法，制定更多的改进措施，纠正以前工作中的偏差，提高生产经营管理的效果。

总之，预算的目的就是凝聚公司上下共识，优化企业资源分配，强化企业运行管控，引导企业把员工的利益与企业的利益实现有机统一，处理好企业短期利益与长远发展的关系，更加关注企业未来的长期发展，不断推动企业高质量的发展。

（三）预算的内容

预算包括实现计划目标的各种管理工作。例如：预计收入（或产出）与支出（或投入）各是多少；回答为什么必须收入（或产出）这么多数量，以及为什么需要支出（或投入）这么多数量；要求什么时候实现一定的收入（或产出），什么时候支出（或投入）一定数量的耗费，收入与支出是平衡、盈余还是亏损。

总体而言，预算的内容囊括了企业投入与产出的方方面面。从投入的角度，预算的内容是对企业掌握资源能力和分配运用资源能力的总体评估和安排，如人力资源、设备更新、工艺改进、新建与扩建、融资能力等；从产出的角度，预算的内容是对企业未来产出能力和实现资金回收能力的总体评估和安排，如产品产量与结构、营销策略、市场占有率、资金占用与回收、利润水平等；在投入与产出的中间，预算的内容也包括了对企业生产运行组织、经营管理架构、企业运行机制、管理制度建设、风险管理、科技创新等方面的评估和安排。预算的核心内容要与企业的发展战略目标及措施相匹配，对实现战略发展目标应起到积极的保障作用。

（四）预算的分类

从预算主体看，对于一个国家而言有财政预算；对于一个家庭而言，有家庭预算；对于企业而言，则是企业预算。就同一个预算主体而言，又可以按照引起资金收入或支出的项目不同而划分为收入预算或支出预算。对于收入或支出预算，还可以根据收入或支出的具体项目而分类为相应的项目（或分类）预算。如销售收入预算、应收账款预算、生产成本预算、制造费用预算、原材料采购预算等；更进一步，对于销售收入预算可以按产品品种类型分解为产品收入预算等。

从企业的角度考察，其作为一个以营利为目的的经济组织，预算在形式上是一整套预计的财务报表和其他具有相关性的附表。一般情况下，按照预算内容的不同，可以分为经营预算、专门决策预算和财务预算三个大类。

1. 经营预算（Operational Budget）

经营预算又称业务预算，是指与企业日常发生的各种经营活动直接相关的预算。包括销售预算、生产预算、材料采购预算、直接材料消耗预算、直接人工预算、制造费用预算、产品生产成本预算、经营费用和管理费用预算等。其中最基本和最关键的是销售预算和生产预算。

销售预算是企业制定经营计划的基础。在市场经济条件下，企业主要是通过销售产品和劳务获得营业收入和实现资金回收，扣除维持生产经营耗费的支出后获得利润或净现金流入，以维护企业的良性循环和健康发展。

生产预算是企业组织生产运行的基础。在销售预算中预计安排的产品销售数量、种类等，都需要通过生产预算落实，按销售预算完成相应产品的生产。在生产预算的基础上，进一步编制生产成本预算、制造费用预算、原材料采购预算、人工预算、设备更新改造预算，以及基本建设项目投资预算等。

2. 专门决策预算

专门决策预算是指企业重大的或不经常发生的、一次性的、需要根据特定决策编制的预算。如资本支出预算、筹融资预算等。

资本支出预算又称投资预算（Investment Budget），是对企业的固定资产购置、扩建、改建、更新等在可行性研究的基础上编制的预算。随着市场经济的发展，通过参股、控股等股权投资方式发挥资本的放大功能已经成为企业寻求快速发展的重要方式，股权投资也渐渐引起了企业的重视，其相应的也属于投资预算的重要内容之一。因此，投资预算包括基本建设项目投资预算和股权投资预算。

投资预算具体反映在何时进行投资，投多少、资金从何处来、何时获得投资收益，以及每年的现金流量是多少、投资回收期多长等等。投资预算应当力求与企业的发展战略和发展目标紧密衔接。

筹融资预算（Financing Budget）是关于企业资金来源的预期安排，反映了企业根据未来资金需求情况、资金成本承受能力等采取不同融资方式筹集资金的情况。一般情况下，筹融资预算包括什么时间、以什么样的融资方式、融资期限和融资成本获取资金，以及及时偿还预算期间内到期融资的安排。如在一月份以3%的利率发行180天中票50亿元，四月份以3.6%的利率发行3年期公司债券40亿元，8月份增发股票融资60亿元等；10月份偿还到期银行借款50亿元等。编制筹融资预算的基础是企业经营活动资金预算和投资预算。

3. 财务预算（Financial Budget）

财务预算指企业在计划期内反映有关预计现金收支、财务状况和经营成果的预算（如图5-6所示）。包括资金流预算、收益预算、管理费用预算、营销费用预算、财务费用预算、预计利润表和预计资产负债表等内容。财务预算是各项经营业务和投资预算总价值的集中体现，故也称总预算。各项业务预算和专项决策预算是编制财务预算的基础，其编制的质量如何直接决定了财务预算的总质量，而财务预算根据执行情况所需做出的调整必须通过调整业务预算和专项决策预算才能落实。

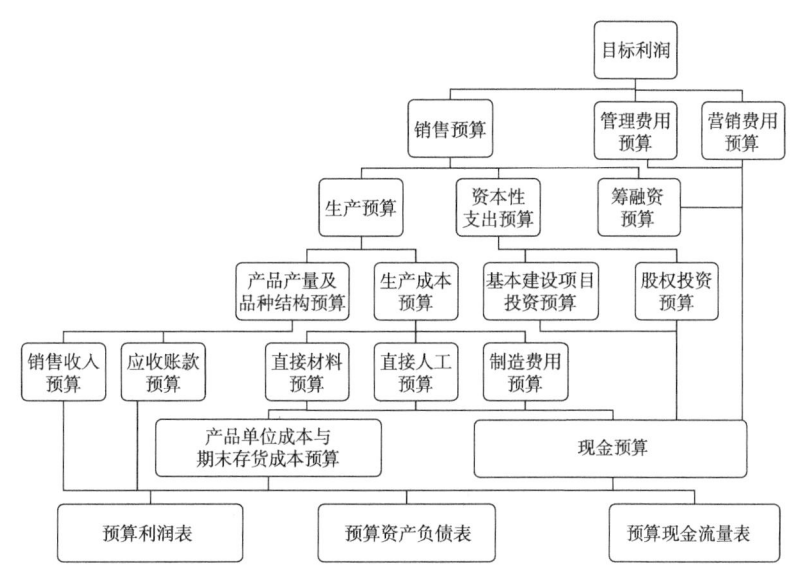

图 5-6 预算内容体系

（五）预算的编制方法

根据企业所掌握的预算资源情况和不同的业务特征，通常采用的预算编制方法有滚动预算、零基预算、弹性预算、作业预算、项目预算等。

1. 滚动预算（Budget Rollover）

滚动预算是指企业根据上一期预算执行情况和新的预测结果，按既定的预算编制周期和滚动频率，对原有的预算方案进行调整和补充，逐期滚动，持续推进的预算编制方法。滚动预算一般分为中期滚动预算和短期滚动预算。中期滚动预算的预算编制周期通常为 3 年或 5 年，以年度作为预算滚动频率。短期滚动预算通常以 1 年为预算编制周期，以月度、季度作为预算滚动频率。

滚动预算的主要优点是通过持续滚动预算编制、逐期滚动管理，实现动态反映市场、建立跨期综合平衡，从而有效指导企业营运，强化预算的决策与控制职能；主要缺点一是预算滚动的频率越高，对预算沟通的要求越高，预算编制的工作量越大；二是过高的滚动频率容易增加管理层的不稳定感，导致预算执行者无所适从。

在实践中，编制滚动预算实施预算管理的主要目的是要确保预算目标的合理性和预算管理措施的时效性和有效性，更加积极、准确地根据实际情况的变化和预算执行的实际效果，对相邻下一个滚动周期的预算目标做出科学的适当调整。但是不应因实施滚动预算管理而对预算执行结果的考核进行变通，仍应坚持严考核。

图 5-7 滚动预算示例

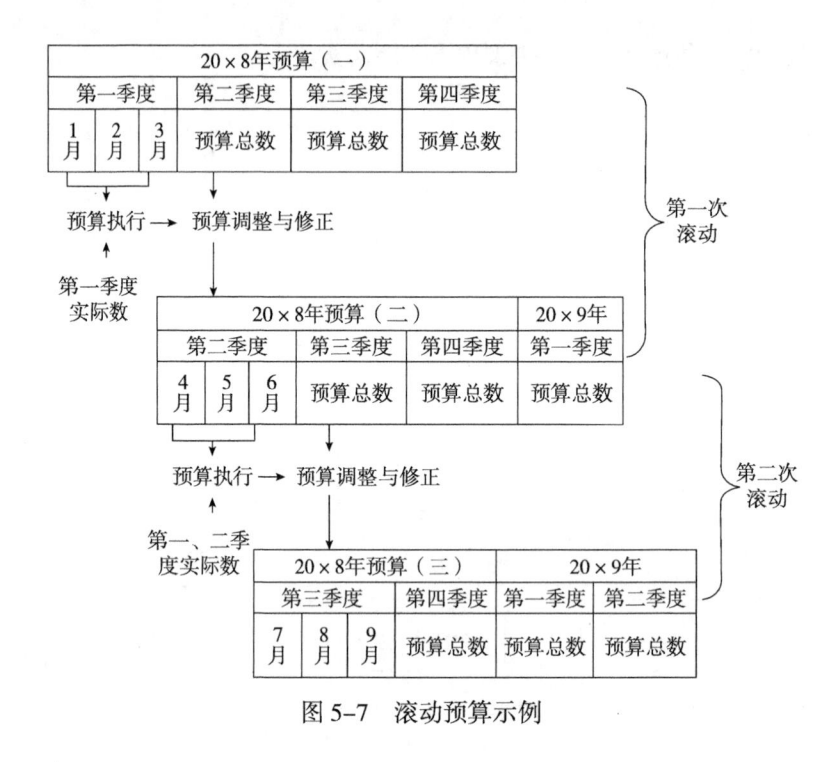

某企业按以 12 个月为预算周期、以季度为滚动频率的滚动预算安排如图 5-7 所示。当第一季度预算执行完毕后,对预算执行情况进行分析,并根据下一个 12 个月面临形势的判断,调整编制第二、三、四季度的预算,新编制下个年度第一季度的预算。以后期间的滚动预算以此类推。

2. 零基预算(Zero-base Budget)

零基预算是指企业不以历史期经济活动及其预算为基础,以零为起点,从实际需要出发分析预算期经济活动的合理性,经综合平衡,形成预算的编制方法。零基预算是相对于增量预算的一种预算编制方法。增量预算,是指以历史期实际经济活动及其预算为基础,结合预算期经济活动及相关影响因素的变动情况,通过调整历史期经济活动项目及金额形成预算的编制方法。企业应用零基预算工具方法编制预算,一般按照明确预算编制标准、制定业务计划、编制预算草案、审定预算方案等程序进行。

零基预算的主要优点:一是以零为起点编制预算,不受历史期经济活动中的不合理因素影响,能够灵活应对内外环境的变化,预算编制更贴近预算期企业经济活动需要;二是有助于增加预算编制透明度,有利于进行预算控制。其主要缺点:一是预算编制工作量较大、成本较高;二是预算编制的准确性受企业管理水平和相关数据的准确性影响较大。

零基预算适用于企业各项预算的编制,特别是不经常发生的预算项目或预算编制基础变化较大的预算项目。实际上,在企业的预算管理实践中,特别是在推行全面预算管理的企业，普遍采用了零基预算的编制方法，而用增量预算可以检验零基预算编制成果的可行性。

3. 弹性预算（Flexible Budget）

弹性预算是指企业在分析业务量与预算项目之间数量依存关系的基础上，分别确定不同业务量及其相应预算项目所消耗资源的预算编制方法。弹性预算是相对于固定预算的一种编制方法。固定预算，是指以预算期内正常的、最可能实现的某一业务量水平为固定基础，不考虑可能发生的变动而开展预算编制的方法。

编制弹性预算，需要确定企业销售量、产量、作业量等业务量与预算项目之间的相关性和弹性，这些业务量就是弹性变量。正因为如此，在编制弹性预算时，应注重收集、整理和深入分析长期跟踪、完整记录预算项目与业务量的变化情况和数量依存关系，长期积累一定的分析数据。例如，在选择成本费用类弹性预算适用项目时，要考虑该预算项目是否具备较好的成本性态分析基础。

一般情况下，按以下程序编制弹性预算：确定弹性预算适用项目，识别相关的业务量并预测业务量在预算期内可能存在的不同水平和弹性幅度；分析预算项目与业务量之间的数量依存关系，确定弹性定额；构建弹性预算模型，形成预算方案；审定预算方案。企业通常采用公式法或列表法构建具体的弹性预算模型，形成基于不同业务量的多套预算方案。

公式法下弹性预算的基本公式为：

$$\text{预算总额} = \text{固定基数} + \Sigma（\text{与业务量相关的弹性定额} \times \text{预计业务量}）$$

应用公式法编制预算时，相关弹性定额可能仅适用于一定业务量范围内。当业务量变动超出该适用范围时，应及时修正、更新弹性定额，或改为列表法编制。

列表法是指企业通过列表的方式，在业务量范围内依据已划分出的若干个不同等级，分别计算并列示该预算项目与业务量相关的不同可能预算方案的方法。

弹性预算的主要优点是考虑了预算期可能的不同业务量水平，更贴近企业经营管理实际情况。其主要缺点：一是编制工作量大；二是市场及其变动趋势预测的准确性、预算项目与业务量之间依存关系的判断等可能对弹性预算的合理性造成较大影响。

弹性预算适用于企业各项预算的编制，特别是市场、产能等存在较大不确定性，且其预算项目与业务量之间存在明显的数量依存关系的预算项目。但在预算管理实践中，弹性预算经常作为零基预算结果的敏感性分析方法使用，即以零基预算结果为基础（也可以看作是固定预算），对产品价格、销售量、原材料用量等主要业务量进行敏感性分析，确定不同业务量或价格水平对预算结果的影响，以分析预算结果的可实现性，并提前制定应对措施。

假设某公司各年的产品销售量一般在15000件与30000件之间波动，预计在预算期内的产品价格为50元/件。对这一相关范围内的成本性态模式分析显示，该企业变动成本水平为直接材料14元/件、直接人工6元/件、变动性制造费用3元/件、变动性销售及管理费用1元/件。根据上述资料，该企业的弹性预算见表5-3。

表5-3 弹性预算表

行号	产品销量（件）	15000	20000	25000	30000
1	销售收入	750000	1000000	1250000	1500000
2	直接材料	210000	280000	350000	420000
3	直接人工	90000	120000	150000	180000
4	变动性制造费用	45000	60000	75000	90000
5	变动性销售及管理费用	15000	20000	25000	30000
6	变动成本合计（=2+3+4+5）	360000	480000	600000	720000
7	贡献毛利（=1-6）	390000	520000	650000	780000
8	固定性制造费用	300000	300000	300000	300000
9	固定性销售及管理费用	150000	150000	150000	150000
10	利润总额（=7-8-9）	-60000	70000	200000	330000

因此，该企业如果完成15000件的销售量，将亏损6万元；如果能够完成20000件的销售量，将盈利7万元。随着销售量的增加，企业可实现利润相应增长。

4. 作业预算（Activity-based budget）

作业预算是指基于"作业消耗资源、产出消耗作业"的原理，以作业管理为基础的预算管理方法。作业预算主要适用于具有作业类型较多且作业链较长、管理层对预算编制的准确性要求较高、生产过程多样化程度较高，以及间接或辅助资源费用所占比重较大等特点的企业。企业编制作业预算一般按照确定作业需求量、确定资源费用需求量、平衡资源费用需求量与供给量、审核最终预算等程序进行。

企业应根据预测期销售量和销售收入预测各相关作业中心的产出量（或服务量），进而按照作业与产出量（或服务量）之间的关系，分别按产量级作业、批别级作业、品种级作业、客户级作业、设施级作业等计算各类作业的需求量。一般应先计算主要作业的需求量，再计算次要作业的需求量。

1）产量级作业：该类作业的需求量一般与产品（或服务）的数量成正比例变动，有关计算公式如下：

产量级作业需求量 = Σ 各产品（或服务）预测的产出量（或服务量）× 该产品（或服务）作业消耗率

2)批别级作业：该类作业的需求量一般与产品（或服务）的批次数成正比例变动，有关计算公式如下：

批别级作业需求量 = Σ 各产品（或服务）预测的批次数 × 该批次作业消耗率

3)品种级作业：该类作业的需求量一般与品种类别的数量成正比例变动，有关计算公式如下：

品种级作业需求量 = Σ 各产品（或服务）预测的品种类别数 × 该品种类别作业消耗率

4)客户级作业：该类作业的需求量一般与特定类别客户的数量成正比例变动，有关计算公式如下：

客户级作业需求量 = Σ 预测的每类特定客户数 × 该类客户作业消耗率

5)设施级作业：该类作业的需求量在一定产出量（或服务量）规模范围内一般与每类设施投入量成正比例变动，有关计算公式如下：

设施级作业需求量 = Σ 预测的每类设施能力投入量 × 该类设施作业消耗率

作业消耗率，是指单位产品（或服务）、批次、品种类别、客户、设施等消耗的作业数量。

企业应依据作业消耗资源的因果关系确定作业对资源费用的需求量，检查资源费用需求量与供给量是否平衡，如果没有达到基本平衡，需要通过增加或减少资源费用供给量或降低资源消耗率等方式，使两者的差额处于可接受的区间内。企业应具有满足作业管理、资源费用管理要求的信息系统，能通过外部市场和企业内部可靠、完整、及时地获取作业消耗标准、资源费用标准等基础数据。有关计算公式如下：

资源费用需求量 = Σ 各类作业需求量 × 资源消耗率

资源消耗率，是指单位作业消耗的资源费用数量。

在确定资源费用需求量基础上，以作业中心为对象，按照作业类别编制资源费用预算。有关计算公式如下：

资源费用预算 = Σ 各类资源需求量 × 该资源费用预算价格

资源费用的预算价格一般来源于企业建立的资源费用价格库。企业应收集、积累多个历史期间的资源费用成本价、行业标杆价、预期市场价等，建立企业的资源价格库。

在预算控制上，企业应按照作业中心和作业进度进行作业预算控制，通过把预算执行的过程控制精细化到作业管理层次，把控制重点放在作业活动驱动的资源上，实现生产经营全过程的预算控制。

在作业分析上，主要包括资源动因分析和作业动因分析。资源动因分析主要揭示作业消耗资源的必要性和合理性，发现减少资源浪费、降低资源消耗成本的机会，提高资源利用效率；作业动因分析主要揭示作业的有效性和增值性，减少无效作业和不增值作业，不断地进行作业改进和流程优化，提高作业产出效果。

作业预算的主要优点一是基于作业需求量配置资源，避免了资源配置的盲目性；二是通过总体作业优化实现最低的资源费用耗费，创造最大的产出成果；三是作业预算可以促进员工对业务和预算的支持，有利于预算的执行。主要缺点是预算的建立过程复杂，需要详细地估算生产和销售对作业和资源费用的需求量，并测定作业消耗率和资源消耗率，数据收集成本较高。

通常情况下，可以将作业预算看作企业编制总预算的基础，或者作为企业总预算分解的结果。之所以这么说，就在于作业预算以每一个作业单元为基础，将其视为责任中心分别根据业务量和消耗量编制确定其相应的预算，该过程与企业的生产工艺和业务流程紧密相关。但是作业预算仅仅是企业预算的一部分，其反映的是对企业生产消耗性资源需求和资源分配的结果，是与企业生产作业紧密相关的部分，并不能适合企业管理、销售等业务部门。

5. 项目预算（Project Budget）

项目预算法是寻求有效的资源调配以实现目标的系统方法。它强调选取实现目标的最佳途径，也就是要对各种可能的方案进行效果分析。即对不同方案实现目标的效果和所需的费用进行综合对比分析，然后根据一定的标准来选取最佳方案，以有效的费用，优化现有资源以获得效益最大化。通常，费用效果分析选择的标准可能是：以最少的费用实现一个既定的目标，或者以现有的资源实现最大的效果。为了得到效用分析的结果，经常需要采用数学模型对费用和效果的变化模式以及费用和效果的关系进行描述分析。

三、企业预算管理

预算管理是企业生产经营的重要手段和工具，也是执行和落实企业发展战略目标的重要途径和方式。在预算管理领域，财政部发布了5个管理会计应用指引，即第200号预算管理、第201号滚动预算、第202号零基预算、第203号弹性预算和第204号作业预算。其中，第200号预算管理总括性概述了预算管理的概念、主要内容、遵循的原则，以及预算编制、执行和考核的主要内容，其他四个应用指引则提供了开展预算管理的主要工具方法。

预算管理的含义，是指企业以战略目标为导向，通过对未来一定期间内的经营活动和相应的财务结果进行全面预测和筹划，科学、合理配置企业各项财务和非财务资源，并对执行过程进行监督和分析，对执行结果进行评价和反馈，指导经营活动的改善和调整，进而推动实现企业战略目标的管理活动。预算管理的内容主要包括预算环境、预算编制、预算控制和预算考核四个方面（如图 5-8 所示）。

在开展预算管理时应遵循战略导向、过程控制、融合性、平衡管理、权变性五个原则，使预算管理紧紧围绕企业的战略目标，以业务为先导、以财务为协同，平衡好长期目标与短期目标、整体利益与局部利益、收入与支出、结果与动因等关系，通过及时监控、分析等把握预算目标实现的进度，强化预算对经营管理的刚性约束，根据内外部环境的重大变化做出科学调整，妥善处理例外特殊事项。

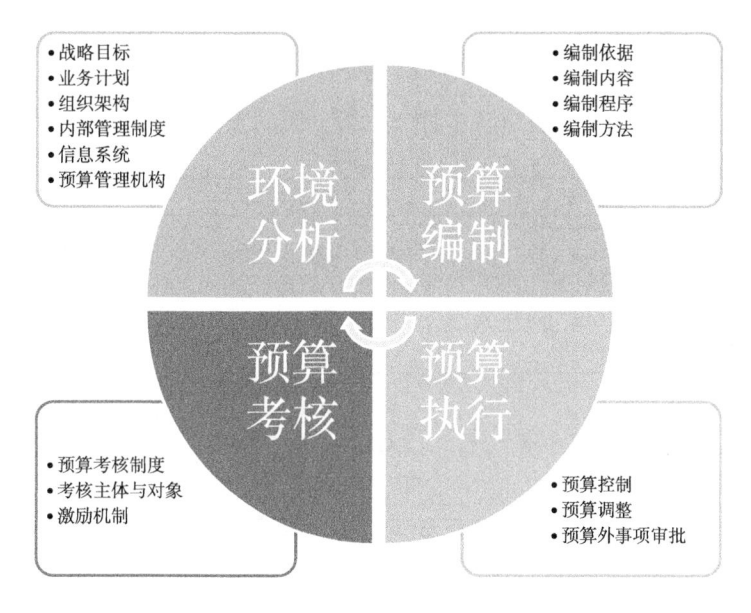

图 5-8　预算管理

（一）预算环境

企业实施预算管理的基础环境包括战略目标、业务计划、组织架构、内部管理制度、信息系统等。企业及其所属单位应设置预算管理委员会等专门机构、监督预算管理工作，建立健全预算管理制度，利用现代化信息技术，规范预算管理流程，组织做好预算编制、执行和考核工作。

在进行预算环境分析、判断的基础上，预算管理部门应科学、合理地编制预算的参数，特别是要设定好市场占有率、产品销售数量及结构、原材料采购数量及结构、产品销售及物资采购价格，以及净资产收益率、总资产回报率、融资成本、主要货币汇率等重要参数，使之务必反映对预算期的总体判断，避免因主观因素干扰使其设置不当造成预算编制和实际执行出现"两张皮"现象，在实际执行中出现过大的偏差，而使预算指标和预算成果仅仅体现出"编制"的效果，这将使预算管理失去科学性和可执行性，也将失去预算管理对企业良好运行和科学发展的引领作用，导致企业资源的浪费。

在确定预算参数体系后，预算管理部门应向公司预算管理委员会报告，并根据其意见对参数进行修改完善。同时，预算管理部门应科学确定预算报表格式及报表体系。然后，应将这些信息通过预算管理信息系统固化到预算编制流程中，下达所属分（子）公司作为编制预算的依据。

（二）预算编制

在预算编制的过程中一般按照分级编制、逐级汇总的方式，采用自上而下、自下而上、上下结合的流程进行编制。企业可以采取滚动预算、零基预算、弹性预算和作业预算、项目预算等其中的一种方法或者多种方法组合编制预算（如图5-9所示）。

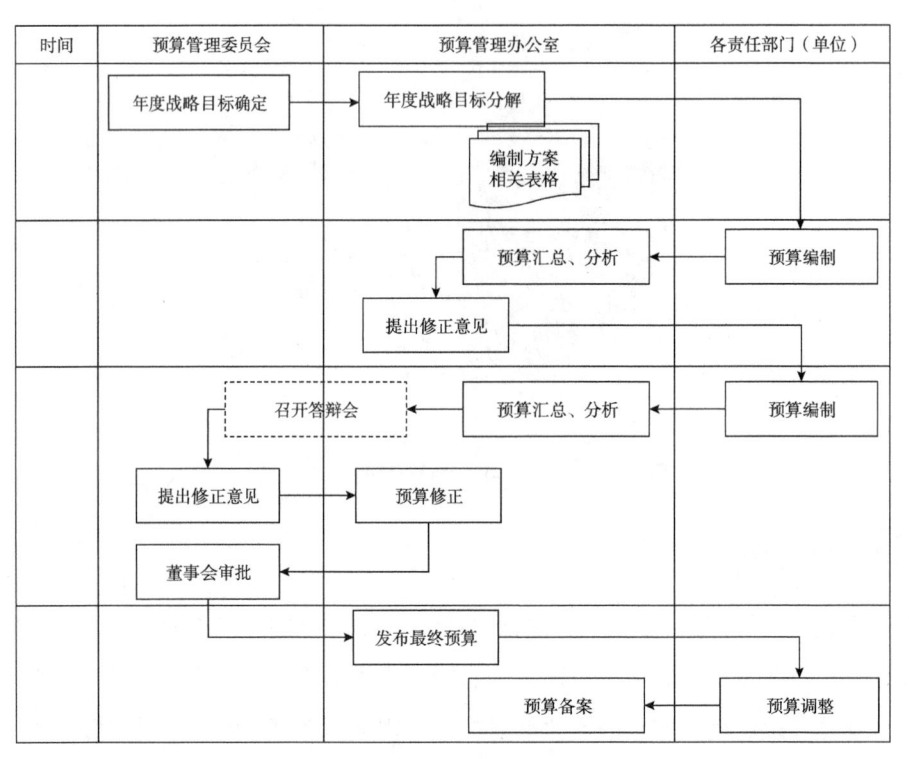

时间	预算管理委员会	预算管理办公室	各责任部门（单位）
	年度战略目标确定 →	年度战略目标分解 编制方案相关表格	
		预算汇总、分析 ←	预算编制
		提出修正意见	
		召开答辩会 ← 预算汇总、分析 ←	预算编制
	提出修正意见 → 预算修正		
	董事会审批 ←		
		发布最终预算 预算备案 ←	预算调整

图 5-9　预算编制过程示意图

1. 分级编制、逐级汇总

分级编制、逐级汇总就是要按照企业级次分别编制预算，然后从最低层级开始逐级向上汇总，最后形成企业的总预算。在此过程中，强调的是纵向到底、横向到边，企业纵向的各个层级、横向的各个业务单元都要按照企业预算管理委员会确定的参数为依据编制本级机构、本业务单元的预算。

由于企业的层级和业务单元比较多，而总部下达的预算参数可能偏于宏观，使基层机构或业务单元难以找到一一对应的预算参数。此时，一是要保持总体适用的参数（比如，油气田企业的原油价格、天然气价格等）不变，二是其上一级机构或业务单元应以总部下达的预算参数及确定参数的原则为基础，考虑本级及所属层级业务结构、产品结构、市场结构、地域特点等不同的业务和经营特征，确定自身适用的预算参数，并下达所属机构作为编制预算的依据，力求使编制的预算与面临的实际情况实现紧密衔接。

2. 自上而下、自下而上、上下结合

第一步，在开启预算编制程序后，企业总部要确定预算编制参数，并依据这些参数初步测算出预算期可实现的目标利润（在具体表现形式上，可以是利润总额、净利润等总量指标，也可以是净资产收益率、总资产收益率、每股收益等相对量化指标），经预算管理委员会批准之后成为企业的框架预算。然后将框架预算指标按照企业的层级和业务单元自上而下逐级向下分解。这是第一次自上而下的过程，也称"一下"。

第二步，在接收到企业总部下达的预算参数和框架预算指标之后，企业所属各级机构或业务单元将启动本级及所属下级机构的预算编制工作。当各级机构按要求完成本级机构或业务单元的预算编制之后，将向上一级机构报告预算编制的成果，直至按照企业组织机构的级次自下而上最终报到总部，由总部预算管理部门汇总、分析后，形成企业的总预算。这是第一次自下而上的过程，也称"一上"。

第三步，完成企业预算汇总之后，总部预算管理部门应对汇总的总体情况对照预算管理委员会批准的框架预算进行分析，找出所属单位上报情况与框架预算存在的差异，拟定相应的调整措施，以及对所属下一级机构或业务单元预算目标分解的具体建议，并将"一上"后情况向预算管理委员会报告，由其决定是否调整预算框架指标，并确定企业预算目标和分解目标。然后，预算管理部门将分解后的目标向下级机构下达，下级机构再次组织预算编制调整，直至最基层单位。这是第二次自上而下的过程，也称"二下"。

第四步，各级机构按照"二下"的安排调整编制本级预算，然后再按自下而上逐级报告汇总，直至保送到总部预算管理部门汇总完成企业的总预算。这是第二次自上而下的过程，也称"二上"。

第五步，企业预算管理部门应将汇总的预算成果再次进行分析，并向预算管理委员会报告汇总情况及分析、预算目标分解情况，经其批准后成为总部与所属机构签订业绩合同重要依据，再经过层层分解之后，完成预算编制工作，进入到预算执行的控制阶段。

在上述描述的五步骤预算编制，是一个较为完善系统的"三下两上"的编制过程。不同的企业具有不同的业务单元结构和机构层级，可以依据自身情况简化一些步骤和过程。如果企业的层级较少、业务比较单一，可以采取"一下"的方式；如果稍微复杂一些，则可以采取"两下一上"的方式。

有条件的企业应该建立预算模型，根据不同的预算参数测算相应的预算结果，开展敏感性分析，并制定相应的应对方案，提高预算的可执行性和符合率。

（三）预算控制

预算控制是将确定的预算进行层层分解落实到各责任中心的基础上，建立预算授权审批控制制度，对预算内事项实施有效管控，并对预算的执行情况进行跟踪检查和差异分析，及时根据实际情况的变化对预算做出调整或不予调整的决策，以及制定相应的改进措施建议。对于预算外事项应实施严格管理，一般情况下应按照预算编制流程进行处置，并报经预算管理委员会批准后实施。

预算控制的核心：一是要建立授权审批制度，明确需要审批的预算事项，以及相应的有权审批人、审批权限、审批流程，做到事事有人管；二是要做好预算执行情况分析，对产生预算差异的原因和存在的问题要及时分析，并制定改进措施，对差异较大的单位或业务单元发出警示；三是要审慎对待预算环境出现的重大变化，确实属于所属单位不可控因素的影响，应本着实事求是的精神予以适当调整，涉及公司预算总目标的，应相应调整公司总预算目标；四是预算期内难免发生预算外事项，一般情况下，应区分对预算目标的影响程度进行相应的处理，对预算影响比较小的，应由所属单位或业务单元自行消化，影响比较重大的，应按照预算确定的程序进行报告，履行相应的审批程序后列入预算内事项后再行执行，并相应调整预算考核目标，但无论影响大小，都应明确相应的预算外事项审批权限，由有权人批准后执行。

在预算控制的过程中，应遵循以下原则：

1. 经济性原则

也称为成本效益原则。就是说，预算控制实施的成本不应超过因缺少控制而丧失的收益，对于所采取的控制手段、控制程序等需要平衡增加的成本和所获取的收益，只有潜在收益大于潜在成本的控制才可以实施。否则，就应该取消相应的控制。

用我们日常生活中的例子来说，就是"拣芝麻"的成本，一定要小于拣到的"芝麻"的价值。同样，"抱西瓜"的成本，也不能大于所抱到的"西瓜"的价值。

经济性原则是在企业生产经营领域中选择关键因素加以控制，要求纠正偏差，降低成本，提高预算执行度，是在不影响企业持续经营的健康发展的前提下进行控制。经济性原则还要求贯彻重要性原则，抓大放小。控制无效用功，激励有效用功，调动一切积极性。

2. 因地制宜原则

预算控制的程序、流程、方法和手段应因企施策，不能搞一刀切，必须结合每个单位的实际情况采取有效的方式进行控制。对大型企业和小型企业、老企业和新企业、发展快和相对稳定的企业，以及不同地区、不同行业、不同业务，特别是同一企业的不同发展阶段，在业务特点、组织结构、管理风格、预算环境、员工认知等方面都存在一定的差异，应充分尊重并针对这些差异制定相应的控制方式，采取不同的激励机制，以保证预算控制的有效性。

例如，新企业的重点是销售和制造，而不是成本，应将预算控制侧重在销售预算和制造预算的业务控制上，保证按业务预算生产出相应的产品，并实现销售，打开产品市场；企业正常经营后，管理重点是经营效率，此时应将成本费用预算和利润预算的控制放在突出位置，建立标准成本计划考核机制，引导企业实施有效的成本控制，不断提高经济效益；扩大规模后的企业管理重点转为扩充市场，要建立收入中心和正式的业绩报告系统，将市场营销业务预算，包括市场占有率、营销费用、营销布局等作为预算控制的重点，使扩大规模后的企业规模优势转化企业的市场优势和效益优势；规模庞大的老企业，管理重点是组织的巩固，需要周密的计划和建立责任中心，适时组织研发技术更新，改善经营策略，以求持续发展，相应的预算控制应转向各业务领域预算的相互衔接，促进彼此之间的主动协调配合，通过预算减少企业运行的"摩擦力"，始终保持企业的高效运营；销售企业重点是要开发市场，完善储运设施，突出存货管理、物流优化、营销费用等，以适当的价格完成产品销售，及时收回货款，加速资金周转，预算控制的措施应主要放在市场占有率、价格控制率、销售回款率、存货占用等预算内容上。

以西方经济学的观点论证亦然。亚当·斯密在《论各国财富增长的不同途径》中，强调财富的自然增长，指出各国生产力要素优劣不同，财富增长的途径也不同。落后国家、发展中国家和发达国家财富增长的途径不可能相同。制定政策、法规，采取的举措也迥然不同。这也是因地制宜原则的很好体现。

3. 全过程控制原则

在全面预算管理体系下，预算是一个系统工程，涉及从决策、设计、施工、生产、销售等生产经营和管理的全过程，每一个环节、每一个业务、每一个部门都编制预算，承担相应的预算控制指标。而总预算的完成必然有赖于各个分预算的完成，否则总预算就成为"无根之水"。因此，在预算的控制上也要深入到预算的全过程，针对不同的预算内容和业务特点实施有针对性的控制，以促进各个预算的全面完成，为完成总预算打下坚实基础。

4. 成本费用与收入配比原则

这是会计核算的基本原则。配比原则是指将收入与对应的成本、费用进行对比，结出损益。它要求一个会计期间内的各项收入和与其相关联的成本、费用，应当在同一个会计期间内予以确认、计量。

配比原则由两层含义：一是因果配比，将收入与对应的成本相配比，比如，销售一吨汽油，其相应的库存成本、发生的营销费用、运输费用等都要一并结转；二是时间配比，将一定时间的收入与同时期的费用相配比，例如，还是上述销售的一吨汽油，其同时结转的成本费用必须是完成销售时的库存成本，以及完成销售时同步发生的营销费用、运输费用等，既不能按上期的库存成本结转，也不能把下期发生的运输费用等预先计入。因此，如果成本费用与收入不匹配，将造成预算完成情况失真。例如，在完成本期预算目标有难度的情况下，将本期发生的成本费用通过调高库存成本、不计已发生成本等方式递延到以后预算期进行结转，或者在完成本期预算目标比较容易的情况下，通过虚列成本费用项目、不计营业收入等方式将相应的收益递延到下一个预算期。这都违背了配比原则，不利于正确计算和考核企业经常的真实成果。在预算控制上，应对此实施严格的控制，对发现违背配比原则的单位做出处罚。

5. 一贯性原则

企业的会计核算方法应当前后各期保持一致，不得随意变更。如有必要变更，应当按会计准则和企业会计制度的要求，将变更的内容和理由、变更的累积影响数，以及累积影响数不能合理确定的理由等，在会计报表附注中予以说明。

一般而言，变更会计政策理由：一是有关法规发生变化，要求企业改变会计政策；二是改变会计政策后能够更恰当、更真实地反映企业的财务状况和经营成果。不能因为完成预算而改变会计政策。例如：在原材料成本上升时，将存货成本的计算方法由后进先出法改变为平均成本法，将增加存货成本，降低计入本期经营成果的成本，造成实现利润增加；将固定资产使用年限由8年改为10年，也将降低本期的折旧费用，有利于完成预算利润指标，等等。

6. 权责发生制原则

权责发生制原则是指在收入和费用实际发生时进行确认，不必等到实际收到现金或者支付现金时才确认。凡是当期取得的收入或应当承担的费用，不论款项是否已经收付，都应当作为当期的收入或费用；凡是不属于当期的收入或费用，即使款项已在当期收付，都不能作为当期的收入或费用。

权责发生制的核心是根据权责关系的实际发生和影响期间来确认企业的收支和损益，能够更加准确地反映特定会计期间真实的财务状况及经营成果。

但是需要注意的是，权责发生制是对资产、负债、所有者权益、收入、成本和利润等会计六要素进行确认、报告、计量时适用的原则，相应的，预算项目和预算内容也同样适用这一原则。与之相对应的是收付实现制，适用于资金流入、资金流出等资金预算项目和预算内容。在编制预算和开展预算控制时，必须分清预算项目和预算内容，选用适当的原则。也就是说，不能对涉及资金收支的预算选用权责发生制，而必须遵循收付实现制；而对于涉及会计六要素的预算，则必须遵循权责发生制原则，不能使用收付实现制原则。

总之，预算控制必须结合企业的实际情况，包括业务特点、管理特点、机构层级等情况，制定相应的预算控制政策和制度，使之符合企业发展的客观规律，要"道法自然"。

（四）预算考核

预算考核是预算管理的最终环节，也是最重要环节。预算考核的实施情况决定着企业预算管理水平的高低。没有考核的预算，或者不严格实施考核的预算，都会使预算管理失去应有的作用和效果，只能造成企业资源的浪费。

预算考核就是对企业预算的实际执行情况进行评估和评价，并按照确定的考核管理办法进行激励和惩罚的过程，是企业激励约束机制得以实施和有效运行的具体体现。表面上看，预算考核是对预算指标完成情况的考核，但实质上是对预算执行者的考核，即对预算责任人的考核，对其经营管理业绩完成情况进行的考核，考核结果的好坏直接影响到预算责任人及预算责任单位全体员工的薪酬待遇。完成好的会得到提升奖金、增加工资等奖励，完成不好的会受到扣除奖金、降低工资等惩罚。预算考核包含两个方面的含义。

一是对于预算执行结果的考核。就是将各项预算指标的实际完成值与预算值进行对比，并进行量化打分，最后得出考核的总分数，据此对各预算责任单位及其负责人进行业绩兑现。这也是一个经营业绩考核兑现的过程。在考核时，应突出预算指标的导向性，即考核指标的完成情况必须与编制预算确定的预算指标内容、含义保持一致。如不能下达预算收入指标而考核利润完成情况等。

二是对预算管理工作的考核。就是对企业预算管理工作的开展情况、完成情况的效果进行评价。这包括预算管理工作的组织情况、预算控制的实施情况、预算考核执行的严格情况，以及围绕预算执行所安排的具体措施的实施情况和完成情况等。预算管理工作考核的核心就是要避免出现完成了预算考核指标，但不知道为什么完成的现象，是为了促进真正发挥预算管理对企业各项工作安排的引导作用，使预算管理真正成为企业管理的核心。但是，在预算管理考核的实践中，一般都比较重视对预算管理指标完成情况的考核，而经常忽悠对预算管理工作本身的考核。

在预算考核实施的过程中，应遵守以下六个方面的原则：

1. 目标性原则

预算考核的目的是更好地实现企业战略和预算目标，所以，在企业预算考核体系的设计中，应遵循目标性原则，以考核引导各预算执行单位的行为，避免各责任中心发生只顾局部利益、不顾全局利益，甚至损害全局利益的行为。因此，预算考核要突出目标导向，首先根据企业战略目标，在编制预算时确定科学、合理的预算考核指标体系。考核什么样的指标，就制定什么样的预算目标，或者说，预算怎么确定，就怎么考核，要始终保持二者之间的一致性，切忌不按照下达的预算指标进行考核。

2. 可控性原则

预算指标的确定和对其完成结果的考核应该在被考核单位控制范围之内，以体现预算考核的公开、公正和公平。所谓控制范围之内，就是预算指标要与被考核单位的业务具有紧密联系，对于预算中可能出现的差异，有能力通过采取积极有效的措施进行消化。如果下达考核指标与其业务无关，或者超出了其管理能力范畴或者业务弹性，也就不再具有可控性，相关的被考核对象会认为这样的指标已经与其工作努力没有关系，也不会再关心指标完成与否。

3. 动态性原则

一般情况下，在预算期结束后才进行考核。但是预算考核要讲究时效性，一方面，应在预算期结束后立即组织开展考核，并根据考核结果进行奖惩兑现，保持激励约束及时性。另一方面，也可以在预算期内划分不同的考核时点，对预算指标进行科学分解，在每个时点结束后进行考核。例如，将年度预算可以分解为四个季度，在每个季度结束之后进行相应的考核。这样便于实施预算控制，使被考核对象能够根据内外部环境的变化进行及时调整，以促进年度预算目标的完成。需要注意的是，在分解为不同考核时点时，要赋予时点考核相应的考核权重，但仍应为预算期末的考核保留更大的权重，以调动被考核对象的积极性保证整体目标的完成。

4. 例外性原则

在企业预算管理中，可能会出现一些不可控的例外事件，如市场变化、产业环境变化、国家政策变化、重大自然灾害和意外损失，以及原材料价格、产品价格出现的巨大变化等，这将完全超出被考核对象的控制范围，在考核时应特殊处理。如果在预算初期发生例外事项，应及时按预算流程对预算目标进行调整；如果在预算末期发生，或者对例外事项影响的程度难以做出测算，应在考核时对相关影响进行剔除，以剔除影响后的完成情况进行考核。

对例外事项的确认：首先要确定是本业务面临的单独事项，还是同类业务面临的共同形势；其次要确定是否在被考核对象的控制范围内；再次要确定例外事项对预算指标产生的影响程度是否足够大，以至于通过努力无法消化。对于例外事项发生后产生的影响，在考核机制上，要鼓励被考核对象做出积极努力，通过生产经营方案优化、营销方案调整，以及相应的管理措施进行消化。

5. 公平公开原则

预算考核要保证客观、公正、公开、公平地进行，使被考核对象能够按照考核办法和预算完成情况自己算出考核得分，以及应受到的激励或惩罚，使考核的结果易于被接受。同时，要充分尊重考核的结果，使相同的绩效得到相同的评价，避免造成被考核对象之间的相互攀比。考核的最终结果应在必要的范围内进行公开发布，使完成好的受到激励和奖励，使完成不好的受到惩罚，以起到奖优罚劣的效果，发挥考核机制的激励约束作用。

6. 总体优化原则

预算管理的目的是通过调动各责任预算主体的积极性、主动性来实现企业预算管理的总目标。在预算考核体系和政策的设计上，要注重分目标与总目标之间的有效衔接，鼓励业务之间的相互协同，避免因局部利益损坏他人利益或整体利益，始终围绕提升企业整体利益调动各业务、各环节的积极性。

在预算考核的过程中，应建立健全预算考核制度，按照责任中心确定考核主体和考核对象，严格执行预算考核制度，按既定的激励机制进行奖惩。在预算考核的实施上，企业应建立考核委员会，确定承担考核职能的机构，以及预算指标完成情况的提供部门。在考核结果确定之后，应与被考核对象进行沟通，分析预算结果存在的偏差，以及工作开展中存在的优点和缺点，使其能够接受考核结果。在此基础上，应将最终考核结果提交考核委员会进行审定，审定之后进行公开发布，并完成奖惩兑现。

第六章 主要财务指标

主要经济指标包括关键业绩指标（KPI）和对外披露的主要财务指标。企业可以根据自身实际情况选用，并可作适当修正，以促进提高财务管理水平。

关键业绩指标主要包括投资资本回报率（ROIC）、资产负债率（Debt to asset ratio）、资本负债率（Leverage Ratio）、已获利息倍数（Interest Coverage）、自由现金流（FCF）、净资产收益率（ROE）、税息前利润（EBIT）、净利润（NetProfit）、人工成本占总成本的比例（Labor Costs）、总部管理费用率、事故率和客户满意度等指标。

对外披露的主要财务指标包括每股盈利（EPS）、每股股息（DPS）、销售毛利率、销售净利率、总资产报酬率（ROA）、净资产收益率（ROE）、营运资本、派息率、股息保障倍数、净债权益比、资产负债率、流动比率、资本支出EBITDA倍数、应收账款周转天数、存货周转天数、总资产周转率、市盈率（P/E）、市净率（P/A）、企业价值（EV）、企业价值息税前利润倍数（EV/EBIT）、股息收益率等指标。

近年来，国资委持续完善央企业绩考核指标体系，从2023年开始，调整为由利润总额、资产负债率、营业现金比率、净资产收益率、研发经费投入强度和全员劳动生产率组成的"一利五率"考核指标体系。

一、关键业绩指标

（一）投资资本回报率（ROIC）

定义：投资资本回报率用来考核在经营活动中有效利用营运性资本创造回报的能力，衡量利用资产盈利的综合效果，即投入资本的盈利能力。

经济含义：投资者进行各种投资活动，是预期通过这种行为获得回报，取得收益。预期获得的回报率即为投资回报率。如果投资回报率高于企业各类资本的加权平均资本成本，能够为公司创造新的增量价值，这种投资行为就是可行的，一般也要高于银行同期贷款利率。

计算公式：

$$投资资本回报率 = \frac{利息前利润 \times (1-所得税率)}{平均固定资产余额 + 平均营运资本余额} \times 100\%$$

投资资本回报率图示见图6-1。

税息前利润是指企业在缴纳所得税和付息前的利润总额。其含义是用来衡量企业主营业务经营业绩，考核企业经营行为的财务成果。该指标不考虑不同融资方式和所得税的影响，计算该指标时把财务费用视同利润。

$$税息前利润 = 利润总额 + 财务费用$$

一般企业所得税税率为25%。

$$平均固定资产余额 = \frac{期初固定资产余额 + 期末固定资产余额}{2}$$

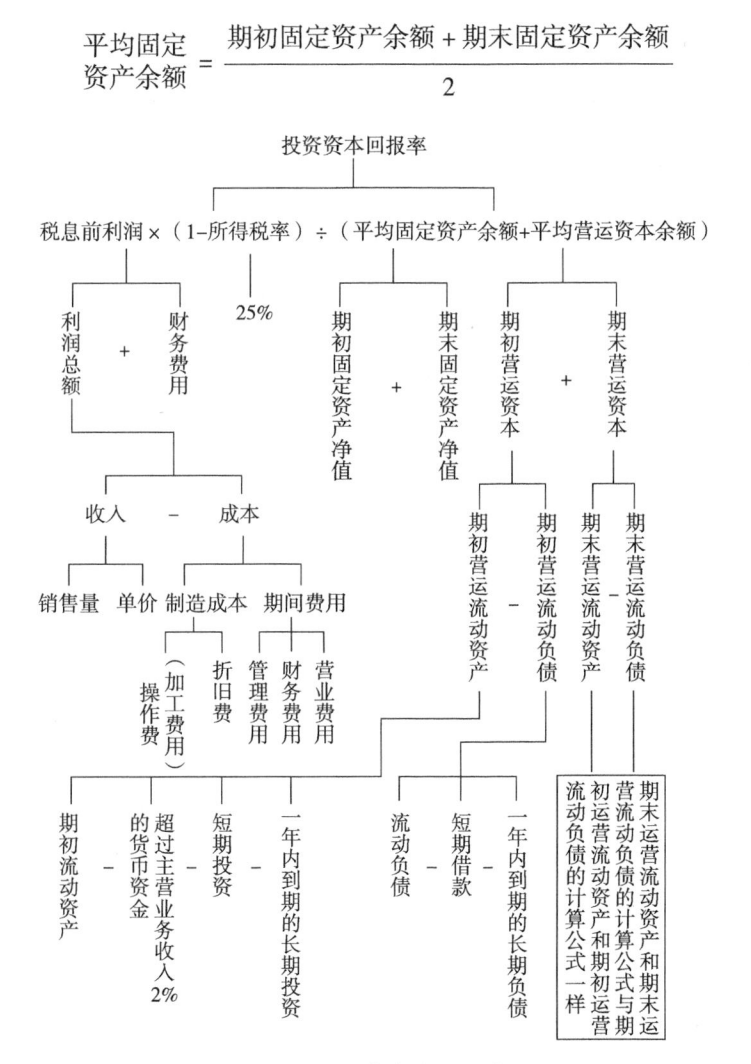

图6-1 投资资本回报率

固定资产余额指公司合并资产负债表"固定资产合计数"，是其原值减去累计折旧折耗摊销和计提的资产减值之后的余额。包括固定资产、油气资产、在建工程、地质勘探支出、油气开发支出等各项长期资产。

$$平均营运资本 = \frac{期初营运资本 + 期末营运资本}{2}$$

$$营运资本 = \left(流动资产 - 短期投资 - 一年内到期的长期投资 - 超过前推12个月主营业务收入净额2\%的货币资金\right) - \left(流动负债 - 短期借款 - 一年内到期的长期负债\right)$$

期初货币资金如果小于前推12个月的累计主营业务收入净额的2%，则计入期初营运资本的扣减额为零；如果大于2%，则以超出主营业务收入净额2%的部分作为计算期末货币资金的依据，并以此类推。

投融资活动所利用的资本、创造的收入与支出的相关费用不在本指标考核范围内，所以在计算平均营运资本时，把短期投资、短期借款等进行了扣除。

在实务中，通常将流动资产减去流动负债后的差额作为营运资本。

例1：E公司有关数据见表6-1，计算公司投资资本回报率。

表6-1　E公司有关投资资本回报率数据表　　　单位：元

名　称	数　值
投资资本回报率	16.58%
税息前利润	4449309
利润总额	3666259
财务费用	783050
所得税率	25%
平均固定资产余额	18530054
期初固定资产	17331096
期末固定资产	19729012
平均营运资本	1592352
期初营运资本	1510361
期初流动资产	6659332
期初短期投资	7164
期初一年内到期长期投资	0
期初货币资金	1610796

续表

名　　称	数　值
前期主营业务收入	13722824
期初流动负债	8325427
期初短期借款	2969331
期初一年内到期长期负债	1550629
期末营运资本	1674342
期末流动资产	7132151
期末短期投资	1093
期末一年内到期长期投资	0
期末货币资金	1646095
本期主营业务收入	15037239
期末流动负债	9624161
期末短期借款	3552374
期末一年内到期长期负债	1960421

$$平均固定资产余额 = \frac{期初固定资产余额 + 期末固定资产余额}{2}$$

$$= \frac{17331096 + 19729012}{2}$$

$$= 18530054（元）$$

$$期初营运资本 = （期初流动资产 - 期初短期投资 - 期初一年内到期的长期投资$$

$$- 超过前推12个月主营业务收入净额2\%的货币资金）-（期初流动负债$$

$$- 期初短期借款 - 期初一年内到期的长期负债）$$

$$= [6659332 - 7164 - 0 -（1610796 - 13722824 \times 2\%）]$$

$$-（8325427 - 2969331 - 1550629）$$

$$= 1510361（元）$$

同理，得期末营运资本 =1674342（元）

$$平均营运资本 = \frac{期初营运资本 + 期末营运资本}{2}$$

$$= \frac{1510361 + 1674342}{2}$$

$$= 1592352（元）$$

$$投资资本回报率 = \frac{税息前利润 \times (1-所得税率) \times 100\%}{平均固定资产余额 + 平均营运资本余额}$$

$$= \frac{4449309 \times (1-25\%) \times 100\%}{18530054 + 1592352}$$

$$= 16.58\%$$

（二）资本负债率（Leverage Ratio）

定义：资本负债率衡量企业偿债能力和资本结构优化能力。

经济含义：资本负债率，与资产负债率不同，其分子分母都不包括应付账款、应付职工薪酬等无息债务，无息债务基本上都是在经营活动中产生，有息债务和股东权益均产生于融资行为，资本负债率反映仅受融资行为影响的偿债能力和资本结构。资本负债率低，财务风险小，但过低的资本负债率会使公司无法充分利用借入资金利息率小于总资产收益率时所带来的财务杠杆利益，影响公司获利能力的提高；资本负债率高，公司扩大生产经营的能力和增加盈利的可能性就越大，但财务风险也会随之扩大。所以应使资本负债率保持在一个合理的水平。

计算公式：

$$资本负债率 = \frac{有息债务}{有息债务 + 多数股东权益} \times 100\%$$

$$有息债务 = 短期借款 + 一年内到期的长期负债 + 长期借款 + 应付债券 + 长期应付款中融资租赁$$

资本负债率衡量企业的偿债能力和资本结构优化能力，因此它主要考虑因筹融资产生的有息债务，因经营活动产生的无息债务不在本指标考核范围内。短期借款、一年内到期的长期负债、长期借款、应付债券分别对应公司合并资产负债表中的相应项目，长期应付款中融资租赁对应于融资性租赁承诺事项明细表中的"应付融资租赁款余额的合计数"。股东权益不包括少数股东权益。

例2：E公司有关数据见表6-2，计算公司资本负债率。

表 6-2　E 公司有关资本负债率数据表　　　　　　　　　　单位：元

名　　称	数　　值
资本负债率	69.78%
有息债务	16037993
短期借款	3552374
一年内到期长期负债	1960421
长期借款	10208675
应付债券	316023
融资租赁	500
股东权益	6946340

$$有息债务 = 短期借款 + 一年内到期的长期负债 + 长期借款 + 应付债券 + 长期应付款中融资租赁$$

$$= 3552374 + 1960421 + 10208675 + 316023 + 500$$

$$= 16037993（元）$$

$$资本负债率 = \frac{有息债务}{有息债务 + 股东权益} \times 100\%$$

$$= \frac{16037993}{16037993 + 6946340} \times 100\%$$

$$= 69.78\%$$

（三）已获利息倍数（Interest Coverage）

定义：已获利息倍数衡量企业支付利息的能力。

经济含义：已获利息倍数用来衡量企业利用经营利润支付利息的能力，该倍数越大，企业支付利息的能力越强，还不起债的可能性越小。若该倍数太小，财务风险就比较大，一旦经营不利时，企业有可能难以承受沉重的债务负担，甚至可能因资不抵债而导致公司破产。

计算公式：

$$已获利息倍数 = \frac{税息前利润}{应计利息}$$

应计利息为公司合并财务费用明细表中的"利息支出本年（期）实际数"，包含了国内长期借款利息（含内部长期付息资金利息支出）、外资长期借款利息、短期借款利息等利息支出。

例 3：E 公司有关数据见表 6-3，计算公司已获利息倍数。

表6-3 E公司有关已获利息倍数数据表　　　　　　　　单位：元

名称	数值
税息前利润	444309
应计利息	1086538
已获利息倍数	4

$$已获利息倍数 = \frac{税息前利润}{应计利息} = \frac{4449309}{1086538} = 4$$

（四）自由现金流（FCF）

定义：自由现金流衡量企业通过日常经营活动创造现金收入的能力。

经济含义：自由现金流反映了企业经营活动产生的现金净流入用于资本性支出的资金盈余状况。这些盈余资金可以用于偿付债务利息、支付股利，以及留存下来作为未来新一轮资本支出和流动资金的发展储备。

尽管从中长期看，一个运作良好的企业的自由现金流肯定是不断上升的，但也不排除在持续经营过程中某一年或某几年有所下降，甚至为负数，特别是在大规模投资购建固定资产进行业务扩张的时候，当年利润和折旧往往无法满足资本支出的需要，此时自由现金流很可能小于零，必须进行一定的融资活动，通过增加有息债务，以及推迟采购款支付等增加无息债务的方式，满足资本性支出的资金需求。但从长期看，未必对公司不利。所以对待这个指标，不能过于孤立地看，要结合前几年的情况，还要结合当年预算、资本支出、折旧摊销、营运资本等因素综合考虑分析，才会得到比较正确的结论。

计算公式：

自由现金流 = 经营活动现金净流入 − 当年资本性支出

资本性支出 = 勘探开发及固定资产总投资 − 核销的勘探投资 − 费用化的探井支出 + 本期增加无形资产 + 本期增加长期待摊费用

对于石油企业来说，勘探开发及固定资产总投资来源于勘探开发建设维护项目汇总表（表6-4）的"本年（期）实际支出中实际的总计数"扣除"评估增值的总计数"，即为表中的a−b。

$$核销的勘探投资 = 地质勘探投资 − 探井支出$$

地质勘探投资为"勘探开发建设维护项目汇总表"的"一、地质勘探支出（一）地质勘探本年（期）实际支出的实际数"扣除"评估增值"的部分，即为表中的c-d。探井支出为该表中"一、地质勘探支出（一）地质勘探4.探井本年（期）实际支出的实际数"扣除"评估增值"的部分，即为表中的e-f。

表6-4　勘探开发建设维护项目汇总表

编制单位：　　　　　　　　　　　　年　月　日

项　目	…	本年（期）实际支出			…	转作长期待摊	转本年利润	转入地质成果
		预算	实际	其中：评估增值				
一、地质勘探支出	…				…			
（一）地质勘探	…		c	d	…			
1.地质测量	…				…			
2.控制点及地形测量	…				…			
3.地球物理勘探	…				…			
4.探井	…		e	f	…		g	
5.探矿权使用费	…				…			
…	…	…	…	…	…	…	…	…
六、公用工程								
被合并报表单位								
总　　计			a	b				

费用化的探井支出为"勘探开发建设维护项目汇总表""一、地质勘探支出（一）地质勘探4.探井转本年利润"的部分，即为表中的g。

本期增加无形资产为无形资产明细表"本年（期）增加的原值"合计数。

本期增加长期待摊费用为长期待摊费用明细表"本年（期）增加的原值合计数"。

对于其他类型的企业来说，可以使用现金流量表中"购建固定资产、无形资产和其他长期资产支付的现金"的数据。但是，进行长期股权投资的资金支出，一般也属于资本性支出的范畴。

（五）净资产收益率（ROE）

定义：净资产收益率衡量企业为公司股东创造回报的能力。

经济含义：净资产收益率越高，投资者投入资本所获得的收益就越高，对投资者的吸引力就越大，企业就越容易进行权益融资。

计算公式：

$$净资产收益率 = \frac{净利润}{平均股东权益} \times 100\%$$

净利润为公司合并利润表中的"净利润"金额。

$$平均股东权益 = \frac{期初股东权益 + 期末股东权益}{2}$$

股东权益为公司合并资产负债表的"股东权益合计数"金额。

例4：E公司的有关数据见表6-5，计算股东回报率。

表6-5　E公司有关净资产收益率数据表　　　　　　　　　　单位：元

名　　称	数　　值
净资产收益率	14.12%
净利润	919524
平均股东权益	6514405
期初股东权益	6082469
期末股东权益	6946340

$$平均股东权益 = \frac{期初股东权益 + 期末股东权益}{2}$$

$$= \frac{6082469 + 6946340}{2}$$

$$= 6514405（元）$$

$$净资产收益率 = \frac{净利润}{平均股东权益} \times 100\%$$

$$= \frac{919524}{6514405} \times 100\%$$

$$= 14.12\%$$

（六）税息前利润（EBIT）

定义：企业在缴纳企业所得税和付息前的利润总额。可以用于评价企业日常经营活动创造利润的能力，以及进一步分析所得税和有息债务对利润的影响。

计算公式：

$$税息前利润 = 净利润 + 所得税费用 + 财务费用$$

$$= 利润总额 + 财务费用$$

（七）净利润（Net Profit）

定义：衡量企业产生纯利润的能力。

取自公司合并利润表中的净利润，即缴纳所得税后的利润。

计算公式：

$$净利润 = 利润总额 \times (1 - 所得税率)$$

例5：E公司有关数据见表6-6，计算公司净利润。

表6-6　E公司有关净利润数据表　　　　　　　　　　　单位：元

名　　称	数　　值
净利润	2753444
利润总额	3671259
所得税率	25%

$$\begin{aligned}净利润 &= 利润总额 \times (1 - 所得税率) \\ &= 3671259 \times (1 - 25\%) \\ &= 2753444（元）\end{aligned}$$

需要指出的是，企业综合所得税税率可能高于或低于法律规定的所得税税率。特别是在合并报表的情况下更是如此。

（八）人工成本占总成本的比例

定义：衡量人工成本的控制能力及利用人力资源的效率，又称人工成本费用率。

计算公式：

$$人工成本占总成本的比例 = \frac{总人工成本}{总成本} \times 100\%$$

总人工成本指当期发生的与人力资源使用有关的一切主要成本，包含工资、福利费、工会经费、职工教育经费、养老保险金、失业保险金、住房公积金以及其他给予员工的福利。

$$总成本 = 主营业务成本 + 营业费用 + 管理费用 + 地质勘探费用$$

主营业务成本、营业费用、管理费用、地质勘探费用分别对应于公司合并利润表各项目的"本年累计数"。

例6：E公司有关数据见表6-7，计算公司人工成本占总成本的比例。

表6-7　E公司有关劳动力占总成本的比例数据表　　　　　单位：元

名　　称	数　　值
人工成本费用率	9.26%
总人工成本	950000
总成本	10262612
主营业务成本	8449484
营业费用	333365
管理费用	1029763
地质勘探费用	450000

$$总成本 = 主营业务成本 + 营业费用 + 管理费用 + 地质勘探费用$$

$$= 8449484 + 333365 + 1029763 + 450000$$

$$= 10262612（元）$$

$$人工成本占总成本的比例 = \frac{总人工成本}{总成本} \times 100\%$$

$$= \frac{950000}{10262612} \times 100\%$$

$$= 9.26\%$$

（九）总部管理费用率

定义：衡量对管理成本的控制能力及效率。

计算公式：

$$总部管理费用率 = \frac{总部管理费用}{总成本} \times 100\%$$

总部管理费用为公司总部当年发生的管理费用。

例7：E公司有关数据见表6-8，计算公司总部管理费用率。

表6-8　E公司有关总部管理费用率数据表　　　　　单位：元

名　　称	数　　值
总部管理费用率	0.01%
总部管理费用	1300
总成本	10262612
主营业务成本	8449484
营业费用	333365
管理费用	1029763
地质勘探费用	450000

$$总部管理费用率 = \frac{总部管理费用}{总成本} \times 100\%$$

$$= \frac{1300}{10262612} \times 100\%$$

$$= 0.01\%$$

(十) 事故率

定义：衡量安全运营能力，即事故发生次数。

该指标为股份公司主要生产安全指标，来自质量安全部门。

(十一) 客户满意度

定义：衡量客户对企业的评价，是客户对企业生产经营状况、经济指标、财务状况等内容的综合评价。

该指标需要建立相应的标准与调查流程，是公司的主要业绩指标之一。

二、对外披露的主要财务指标

(一) 每股盈利（EPS）

定义：反映股份公司一定会计期间每股净利润水平，又称每股收益。

计算公式：

$$每股盈利 = \frac{净利润}{加权平均普通股股数}$$

(二) 每股股息（DPS）

定义：指公司一定会计期间分配给股东的每股股息。

计算公式：

$$每股股息 = \frac{普通股股息}{期末普通股股数}$$

(三) 人均净利润

定义：指公司一定会计期间平均每人创造的净利润。雇员人数采用期末数。

计算公式：

$$人均净利润 = \frac{净利润}{雇员人数}$$

(四) 销售净利率

定义：指公司一定会计期间净利润占销售收入的比例，反映企业各项活动的综合盈利水平。

计算公式：

$$销售净利率 = \frac{净利润}{销售收入} \times 100\%$$

(五) 总资产报酬率 (ROA)

定义：指公司一定会计期间取得的净利润占其所使用全部资产平均数的比例，反映公司全部资产的获利能力。

计算公式：

$$总资产报酬率 = \frac{净利润}{总资产期初期末平均余额} \times 100\%$$

(六) 净资产收益率 (ROE)

定义：指公司一定会计期间取得的净利润占其所使用净资产平均数的比例，反映公司净资产的获利能力。

计算公式：

$$净资产收益率 = \frac{净利润}{期初期末平均净资产} \times 100\%$$

其中：

$$净资产 = 股东权益 + 少数股东权益 = 总资产 - 总负债$$

(七) 营运资本

定义：也称"营运资金"，指股份公司（或各业务分公司）在某一会计期末流动资产减去流动负债的金额。营运资本反映公司有多少流动资本用于经营业务、投资发展并创造股东价值。

计算公式：

$$营运资本 = 流动资产 - 流动负债$$

（八）派息率

定义：指股份公司一定会计期间分派股息总额占净利润的比例，反映公司的股息政策，即公司实现净利润中有多少用于向股东分派股利。实务中，可以采用每股股息和每股收益进行计算。

计算公式：

$$派息率 = \frac{每股股息}{每股收益} \times 100\%$$

（九）股息保障倍数

定义：指公司一定会计期间净利润与股息相除的倍数，是派息率的倒数，反映公司支付股息的能力。

计算公式：

$$股息保障倍数 = \frac{1}{派息率} = \frac{每股收益}{每股股息}$$

（十）净债权益比

定义：指公司在某一会计期末净债占股东权益的比例，反映偿债能力和资本结构优化能力。

计算公式：

$$净债权益比 = \frac{净债}{股东权益} \times 100\%$$

其中：

$$净债 = 有息债务 - 货币资金$$

$$有息债务 = 短期借款 + 一年内到期的长期借款 + 长期借款 + 应付债券$$

（十一）资产负债率

定义：指公司在某一会计期末负债占总资产的比例。

计算公式：

$$资产负债率 = \frac{净债}{总资产} \times 100\%$$

（十二）流动比率

定义：指公司在某一会计期末流动资产与流动负债相除的倍数，反映公司的短期偿债能力。

计算公式：

$$流动比率 = \frac{流动资产}{流动负债}$$

（十三）资本支出折旧倍数

定义：指公司一定会计期间发生的资本支出与当期计提折旧相除的倍数，反映公司未来经营规模的变动趋势。

计算公式：

$$资本支出折旧倍数 = \frac{资本支出}{折旧额}$$

（十四）再投资比率

定义：指公司一定会计期间发生的资本支出占当期经营活动产生的净现金流量的比例，又称"资本支出经营现金流倍数"，反映公司的投资能力。

计算公式：

$$再投资比率 = \frac{资本支出}{经营活动产生的净现金流量} \times 100\%$$

（十五）资本支出 EBITDA 倍数

定义：指公司一定会计期间发生的资本支出与当期经营活动产生的息税折旧前利润（EBITDA）相除的倍数，反映公司的投资能力。

计算公式：

$$资本支出EBITDA倍数 = \frac{资本支出}{EBITDA}$$

（十六）应收账款周转天数

定义：指公司取得与应收账款余额相等的销售收入所需要的天数，反映公司的应收账款管理能力。

计算公式：

$$\frac{应收账款}{周转天数} = \frac{期初期末平均应收账款余额}{销售收入} \times 365 = \frac{365}{应收账款周转率}$$

（十七）存货周转天数

定义：指公司取得与存货余额相等的销售收入所需要的天数，反映公司的存货利用效率。

计算公式：

$$存货周转天数 = \frac{期初期末平均存货余额}{销售收入} \times 365 = \frac{365}{存货周转率}$$

（十八）总资产周转率

定义：指公司一定会计期间取得的销售收入对平均总资产的倍数，反映公司的总资产利用效率。

计算公式：

$$总资产周转率 = \frac{销售收入}{总资产平均余额}$$

（十九）市盈率（P/E）

定义：指股票市价与公司一定会计年度每股收益的比值。

计算公式：

$$市盈率 = \frac{当前股票市价}{每股收益}$$

（二十）企业价值（EV）

定义：指按照一个指定日期的公司股票市价计算的市值与公司净债务的总和。企业价值最大化是企业经营的重要目标。

计算公式：

$$企业价值 = 市值 + 优先股权益 + 少数股东权益 + 有息债务 - 现金及现金等价物$$

注：普通股股数、股票市价为计算市值时的时点数。

（二十一）企业价值息税前利润倍数（EV/EBIT）

定义：指公司企业价值与其一定会计期间息税前利润的比值。

计算公式：

$$企业价值息税前利润倍数 = \frac{企业价值}{息税前利润}$$

（二十二）股息收益率

定义：指公司股东得到的每股股息占披露时股票市价的比例，反映公司创造的股东收益水平。

$$股息收益率 = \frac{每股派息}{股票市价} \times 100\%$$

三、经济增加值

（一）企业考核指标的演变

长期以来，围绕企业目标的命题，有种种说法，如"总产值最大化""利润最大化""股东财富最大化""企业价值最大化""经济增加值（EVA）最大化""利益相关者价值最大化"和"利益相关者的利益均衡"等，经济发展的不同阶段和水平，采用不同的考核目标，都有一定道理。究竟哪个好，至今未能达成共识。

1984年以前的计划经济时期，商品匮乏，供不应求，企业生产出来的个别产品通过计划调拨就转变为社会产品，所以企业的目标很明确，就是要完成和超额完成国家下达的产品生产计划指标。以不变价格计算的总产值是反映企业总的产品生产数量多少的最直观的价值量指标，自然"总产值最大化"就是当时企业的考核指标。

1984—2003年，国家相继推行国企改革，实行政企分开，使得企业成为自主经营、自负盈亏的经济主体，商品日渐丰富，企业个别产品转变为社会产品所依赖的行政手段被淘汰，企业只有立足市场，找准自己在市场中的位置，生产适销对路的产品，努力降低产品生产成本，节约各项费用开支，才能提高企业的竞争力和经济效益。"利润最大化"也就演变为企业的考核指标。

2003年以来，我国进入完善社会主义市场经济体制时期，股份制成为公有制的主要实现形式，民营经济成为推动国家经济快速发展的重要力量。企业更加渴求公平竞争。利益相关者在评价企业个别产品转变为社会产品的能力的时候，考量资金占用成本及其使用价值、时间价值和风险报酬等就显得更为重要。

随着市场经济的发展，企业逐渐成为独立的市场主体，"利润最大化"也相应的发展演变为企业考核的主要经济指标。其表现形式的也相应的发生了变化，出现了诸如："股东财富最大化""企业价值最大化""经济增加值（EVA）最大化""利益相关者价值最大化"和"利益相关者的利益均衡"等。

为进一步增加价值创造和保护股东权益，2010年开始，国务院国资委要求所有中央企业引入 EVA 考核指标。

（二）经济增加值（EVA）含义

经济增加值（EVA）是 20 世纪 80 年代美国思腾思特咨询公司创立的业绩评价理论与操作体系，《财富》杂志称它是"当代最轰动的财务理念"。

EVA 是英文 Economic（经济的、合算的、有经济效益的）Value（价值、价格、实用性、有价值的、重要性、价值标准）Added（更多的附加的、额外的）的缩写，可译为：资本所增加的经济价值、附加经济价值或经济增加值等。

更具体地说，EVA 就是指企业税后营业净利润与全部投入资本（债务资本和权益资本之和）成本之间的差额。体现了企业的财务状况（资产和权益）和盈利（经营业绩，收入和费用的差额）能力。综合考量资本的使用效率，更能体现对股东的价值。EVA 指标的主要特点就是从股东角度重新考察企业的利润，在考虑了企业投入的所有资本成本后，它能全面衡量企业生产经营真正创造的价值，准确评价企业经济效益。

最大的优点，就是能够全面反映权益资本和债务资本的机会成本，有效促进企业经济规模的发展、提高经济效率，更加关注短期利益和长期利益的统一。

采用 EVA 指标考核的目的意义：

1）增强价值创造能力：考虑了所有资本的机会成本，弥补传统指标的缺陷，能够准确衡量企业为股东创造的价值。

2）提高企业发展质量：资本成本的导向作用，有利于企业避免盲目投资，提高资本使用效率。

3）注重企业长远发展：通过会计调整，鼓励经营者进行能给企业带来长远利益的投资决策，如将研发费用资本化等。

$$经济增加值（EVA） = 税后净营业利润 - 资本成本 = 税后净营业利润 - 资本占用 \times 加权平均资本成本率$$

税后净营业利润，等于税后净利润加上利息支出部分，也就是公司的销售收入减去（除利息支出以外的）全部经营成本和费用（包括所得税费用）后的净值。反映了公司运营管理资产的盈利能力。

资本占用（Capital），指所有投资者投入公司经营的全部资本的账面价值，包括债务资本和股本资本。

$$资本占用 = 股本资本 + 债务资本 = 总资产 - 无息流动负债 - 在建工程$$

加权平均资本成本率，是公司债权资本和股本资本的加权平均资本成本率。

$$\text{加权平均资本成本率} = \text{股本资本成本率} \times \text{股权占总资本比率} + \text{债务资本成本率} \times \text{债务占总资本比率}$$

（三）模拟计算与分析

A 企业经济增加值模拟计算数据如表 6-9 所示。

表 6-9　A 企业经济增加值模拟计算　　　　　　　　单位：万元

项　　目	金额／比率
利润总额	160
加：利息费用	25
减：应交所得税	50
税后净营业利润	135
减：资金总成本	106.24（830×12.8%）
总资产	830
乘：加权平均资本成本率	（70%×14%）+（30%×10%）=12.8%
股本资本：权数	70%
平均股本资本成本率	14%
债务资本：权数	30%
平均债务资本成本率	10%
经济增加价值	135-106.24=28.76

按表 6-9 给出的数据模拟计算分析结果：

$$\begin{aligned}
\text{A 企业经济增加值（EVA）} &= \text{税后净营业利润} - \text{资本成本} = \text{税后净营业利润} - \text{资本占用} \times \text{加权平均资本成本率} \\
&= (\text{利润} + \text{利息费用} - \text{应交所得税}) - \text{总资产} \times \text{加权平均资本成本率} \\
&= 160 + 25 - 50 - 830 \times 12.8\% \\
&= 135 - 106.24 \\
&\approx 28.76 \text{（万元）}
\end{aligned}$$

$$\text{经济增加值回报率} = \text{经济增加值} \div \text{股本资本总额}$$
$$= 28.76 \div 830 \times 70\%$$
$$= 4.95\%$$

A 企业的经济增加值回报率是比较好的。

按照德邦证券 2021 年发布的一项研究，2005—2020 年中国 A 股市场全部上市公司的税后加权平均资本成本为 6.14%。其中，权益资本权数为 75.5%，平均资本成本 11%；平均债权成本 4.19%。从分行业看，计算机工业 7.17%，家电工业 6.76%，建材业 6.58%，有色工业 6.48%，汽车工业 6.42%，采掘业、化工业为 6.39%，钢铁业 5.37%，房地产业 5.29%。

（四）国资委考核 EVA 的要求

国务院国有资产监督管理委员会参照三年银行贷款利率，结合央企实际的承担能力，中央企业资本成本率原则上定为 5.5%，承担国家政策性任务较重且资产通用性较差的企业，资本成本率定为 4.1%，资本成本率确定后，三年保持不变。截止目前，未进行调整。

要求加大研发投入（我国 1%～2%，日本大约 5%，美国大约 10%）、战略资源风险投入、可持续发展投入；限制非主业投入，对非经常性收益按减半计算。

要抓紧处理不良资产，不属于企业核心主业，长期回报过低的业务，坚决压缩、及时退出。

（五）考核方案及建议

1. 考核方案

（1）计算公式

$$\text{EVA} = \text{税后净营业利润} - \text{资本成本}$$

$$= \text{税后净营业利润} - \text{调整后资本} \times \text{平均资本成本率}$$

$$\text{税后净营业利润} = \text{净利润} + (\text{利息支出} + \text{研究开发费用调整项} + \text{培训费用调整项} + \text{勘探费用调整项} \times 50\% - \text{非经常性收益调整项} \times 50\%) \times (1 - \text{所得税率})$$

$$\text{调整后资本} = \text{平均所有者权益} + \text{平均负债合计} - \text{平均无息流动负债} - \text{在建工程等净额}$$

（2）会计调整

EVA 的会计调整，主要是消除一些不能真实衡量企业价值的部分。

主要包括：利息支出，研究与开发费，培训费用，勘探等费用以及非经常性损益（"变卖主业优质资产收益""主业优质资产以外的非流动资产转让收益""与主业发展无关的资产置换收益"以及"与经常活动无关的补贴收入"等），无息流动负债（"应付票据""应付账款""预收账款""应付职工薪酬""应交税费""应付利息""其他应付款"以及"其他流动负债"等），在建工程（"在建工程净额""工程物资净额""地质勘探支出净额"以及"油气开发支出净额"）等项目。

（3）资本成本率

通常情况下，以前三年平均值为基础，确定当年 EVA 指标的平均资本成本率，并应根据具体业务性质有所差别。例如，某企业将其所属包括勘探与生产、炼化、销售、贸易和管道在内的业务，统一设定为 7.6%；工程技术服务业务统一设定为 3.3%；工程建设、装备制造业务统一设定为 5.5%；金融业务设定为 2.3%。

（4）关于 EVA 指标权重

企业应在将 EVA 纳入业绩考核体系的同时，为 EVA 指标设定合适的考核权重，并保持权重的稳定性。

（5）考核剔除因素

在进行业绩考核时，应按照预算指标的口径和确定的调整因素对 EVA 完成情况进行相应调整。这些调整因素包括但不限于重大产品及原材料价格变化；重大政策变化；严重自然灾害等不可抗力因素；企业重组、合并、分立等不可比因素。

（6）关于 EVA 指标考核范围

应结合不同企业或业务的特点，相应确定考核范围。例如，海外业务应坚持投资有效原则和低成本战略，加快资金回收，考核时主要以现金流为核心，可暂不进行 EVA 指标考核；科研、事业单位主要是费用性质单位，矿区服务单位收支平衡、保本运作，不宜考核 EVA 指标。

（7）EVA 指标数据来源和计算方法

净利润：数据来源于企业"利润表"中的"净利润"。

利息支出：数据来源于企业财务报表中"财务费用表"中的"利息支出"。

研究开发费用调整项：数据来源于企业财务报表中"管理费用表"中的"研究与开发费"和当期确认为无形资产的研究开发支出。

培训费用调整项：数据来源于企业财务报表中"管理费用表"中的"员工教育培训费用"。

勘探费用调整项：是指为获取油气战略资源，保障国家油气稳定供应，油气田单位的勘探投入费用、战略并购费用，按50%比例予以加回，数据来源于"成本费用情况表"中的"勘探费用"；对部分炼化、销售单位承担的保障油气安全供应的储备库投资和运行费用，视同研究开发费用调整项，全额予以加回。

$$平均所有者权益 = \frac{期初所有者权益 + 期末所有者权益}{2}$$

$$平均负债合计 = \frac{期初负债 + 期末负债}{2}$$

$$平均无息流动负债 = \frac{期初无息流动负债 + 期末无息流动负债}{2}$$

$$平均在建项目 = \frac{期初在建项目 + 期末在建项目}{2}$$

变卖主业优质资产收益：指减持具有实质控制权的所属上市公司股权取得的收益。

主业优质资产以外的非流动资产转让收益：是指转让股权（产权）、资产（含土地）的收益。

"无息流动负债"和"在建项目"的数据均来源于"资产负债表"。

EVA是先进的，运作得好，会加速推动生产力的发展。因此，在执行过程中，对老企业和新企业，发展快的和相对稳定的企业，不同地区、不同行业以及同行业的不同发展阶段，管理重点、组织结构、管理风格、考核方法和激励机制都应当有所区别。例如，新企业的重点是制造和销售，而不是成本；要加快发展的产业，应适当加大投入，不可追求较高回报（有些产业发展后劲较大，投产初期不明显）；规模庞大的老企业，管理重点是组织的巩固，需要周密的计划加大技术改造力度以求持续发展；未上市企业维持和谐、稳定要支付成本，效益会很低，甚至亏损。

2. 提升公司EVA水平的相关建议

提升公司EVA水平，必须依靠不断创新的技术和管理，必须把增量"蛋糕"不断做大。

1）采用EVA考核，应考虑扣除企业承担的深化体制改革的成本和社会责任的成本。例如，社会捐赠、解决企业安全隐患、历史欠账、安排就业、社会稳定等问题（成品油价格不到位），是为国家支付的成本，政治意义大于经济意义，应予以单列，加总还原考核。

2）兼顾好"利益相关者的利益均衡","对经济增加值的增量的分配,将经营管理者和员工的报酬与其为股东创造财富的增量挂钩,有利于激励广大员工,更好地保护股东权益(《企业价值创造之路》第 237 页")。

3）应采用优惠支持政策,鼓励加快走出去战略,把要加快发展的产业,融入国际竞争,获取海外资源,切忌"鞭打快牛"。

4）公司应从战略投资、资产结构、生产特点、投资规模、盈利能力等不同角度出发,开展各类因素分析,使 EVA 成为优化公司投资决策、经营决策和经营管理的工具,规避油气行业所面临的能源政策变化、价格波动、成本控制、人才短缺等重大风险,进一步促进集团公司全面、可持续发展的同时兼顾好"三者利益"关系。

5）公司应在培训费用、研究与开发费、勘探等战略性投资、炼化及销售领域、承担的油气安全供应的储运投资和运行费用,这些领域（EVA 的调整项目）适当加大投入或支付,会促进公司的加快发展,增强后劲。特别是,对要加快发展的产业,后劲较大,投产初期不可追求较高回报。

四、从两利四率到一利五率

（一）两利四率

2021 年年初,国务院国资委提出在"十四五"开局之年,将推动中央企业净利润、利润总额增速高于国民经济增速,营业收入利润率、研发投入强度、全员劳动生产率明显提高,同时保持资产负债率稳健可控。这被称为国资委对中央企业的"两利四率"考核。"两利四率"考核指标体系的建立,是国资委更好履行出资人职责,落实国有资产保值增值、引导企业提质增效、推动国有资本和国有企业做强做优做大的考核"指挥棒",对推进过国有企业高质量发展具有重要意义。

其中,净利润和利润总额作为"两利"指标,属于总量考核,与企业的规模高度相关,反映了做强和做大的要求。这两个指标的实现情况都可以从"利润表"中的得到。另外,这两个指标虽然都是总量指标,且二者之间关系密切,但是考察利润表我们可以看出,从利润总额到净利润,需要扣除所得税费用。这从简单道理上,所得税费用应是按照实现的利润总额和适用的企业所得税税率所计算得到。但在企业的现实经营中,在合并报表层面,由于纳入合并范围的子公司等按照税法规定均属于企业所得税纳税主体,其经营所实现的盈亏情况不尽相同,需根据自身实现利润情况分别计算和缴纳企业所得税,而导致合并利润表中的利润总额是纳入合并范围的各会计主体实现利润总额的简单相加,是不同会计主体盈亏相抵后的结果。这样,合并报表所体现的所得税费用与利润总额之间的比例一般将高于税法规定的税率。因此，对利润总额和净利润同时进行考核，将促进企业从分子公司设立的源头做好筹划，并加大对亏损企业治理和压减法人数量工作的力度，力争使每一个分子公司都实现盈利，降低企业所得税税负。

在"四率"指标中，资产负债率是企业会计期末负债总额占资产总额的比例，是衡量企业偿债能力和财务风险的重要指标，也是体现企业利用债务杠杆提升为股东创造价值能力的指标。但是，在防范和化解重大风险的大环境下，控制好资产负债率水平将更加有利于企业健康可持续发展，引导企业从注重外延式规模扩张转变到内涵式高质量发展，落实好中央推进经济高质量发展的各项要求和措施。国资委在2018年推进降杠杆、减负债工作中，分不同行业划定了资产负债率管控线，具体分为三大类，工业企业为70%，非工业企业为75%，科研设计企业为65%。

营业收入利润率，是企业某一会计期间实现营业利润总额与营业收入总额的比例，是衡量企业盈利能力的重要指标，体现了日常经营业务或主营业务实现利润的能力。这将推动企业改变以往多种经营发展的模式，集中经济资源突出发展主营业务，打造特色产业、拳头业务，并在主营业务领域大力推进技术创新、改进生产经营组织方式、全面实施精细化管理，提升发展能力和市场竞争能力。

研发投入强度，是本年科技支出与营业总收入的比例，即企业实现的营业收入中，有多少用于科技研发投入。该指标是衡量企业科技投入现状的重要指标，体现了企业对科技创新的认知和认识，以及决策层在多大程度上认为企业的可持续发展与科技水平、科技能力相关。研发投入强度大的企业一般处于技术密集型行业，企业的可持续发展对技术创新具有较强的依赖性。对于同行业的企业而言，研发投入强度高，同样表明企业注重采用新的技术增强可持续发展能力。按照国务资发布的《企业绩效评价标准值2021》，全国国有企业研发投入强度平均值为2.1%，优秀值为3.6%；从企业规模看，大型企业平均值为2.6%、中型企业平均值为2.0%、小型企业为1.5%。普遍认为属于高科技技术行业的信息技术、电子工业、通信设备制造和医药等行业，其平均研发投入强度分别为4.1%、5%、5%和3%，而相应的优秀值分别为9%、6.2%、8.5%和6%，均明显高于全国平均值，但行业内部不同企业之间有明显差距。近年来备受瞩目的华为，从20世纪90年代开始就坚持10%以上的研发投入强度，2020年为16%，这正是其能够取得成功的关键所在。

全员劳动生产率，是一定时期内企业实现的工业增加值与全部职工平均人数的比值，用于衡量企业劳动力要素投入产出的效率，是评价企业使用人力资源创造价值能力和考核企业经济活动的重要指标。该指标是企业生产技术水平、经营管理水平、职工技术熟练程度和劳动积极性的综合表现，体现了企业综合运用经济资源创造价值的能力。全员劳动生产率越高，表明企业综合利用各生产要素创造价值的能力越强。需要注意的是，劳动力密集型行业的全员劳动生产率要低于技术密集型行业和资本密集型行业，同一行业内的老企业一般要低于新企业。提高全员劳动生产率是一个做大分子和控减分母的过程，但并不能仅仅依靠裁减企业用工提高，而必须着眼于做大分子，从更新技术条件、改善生产组织方式、提升经营管理水平、增强员工技能和熟练程度等多方面入手促进边际生产效率的提高。

（二）一利五率

为推进中央企业加快构建新发展格局，着力推动高质量发展，国资委将中央企业2023年主要经营指标由原来的"两利四率"调整为"一利五率"，以进一步促进中央企业聚集提高核心竞争力、聚焦实现高质量发展、聚焦建设世界一流企业。调整后，将净资产收益率替换了净利润、营业现金比率替换了营业收入利润率。

净资产收益率是企业净利润与平均净资产的比率，反映所有者权益所获报酬的水平，是衡量企业盈利能力的重要指标。又称股东权益报酬率、净值报酬率、权益报酬率。因此，净资产收益率是从股东角度评价企业运营权益资本的投入产出效率。相对于净利润而言，克服了净利润作为总量指标而易于受到行业属性、企业规模等因素的影响，可以将不同行业、不同类型、不同规模的企业放在同一个尺度下进行评价和考核，建立起了横向比较的标杆。这更加能够体现国资委履行保障出资人权益、防止国有资产损失的法定职责，以及作为出资人对中央企业资本回报质量的要求，符合以"管资本"为主的监管导向，推动企业加大亏损企业治理力度，加快"两非""两资"剥离处置，盘活存量资产，提高资产使用效率，提升净资产创利能力和收益水平。另外，从股东的角度看，在资本配置上应更加倾向于投资回报率高，而不是投资回报总额高的项目，如果在进行资本配置的过程中将不同企业的净资产收益率按从高到低进行排名，则未来的资本投入方向将变得非常清晰，更有利于提高资本配置的效率和效果，推进实现股东价值最大化。此外，净利润是利润总额减去所得税费用后的差额，同时考核利润总额和净利润存在一定程度的重复，而净资产收益率计算中的分子则是净利润，从考核指标体系考察，净资产收益率替换净利润进一步优化了考核体系的合理性。

营业现金比率是经营现金净流入与营业收入的比率，即企业实现1元营业收入能够带来多少经营活动现金净流入。该指标排除了不能回收的坏账损失的影响，反映企业销售质量的高低，以及从主营业务收入中获得现金的能力，可以用于评价企业实现营业收入的质量。通常情况下，该指标越高，说明企业主营业务收入对现金流量的支持程度也越高。反之，营业现金比率低，说明企业主营业务收入虽然高，但是实际上对现金流量的支持程度很低,很大一部分的当期收入形成了应收账款,不利于企业的良性发展,长此以往,必须依靠外部融资才能满足企业运转的基本资金需求,更难以实现业务扩张。另外,营业现金比率有利于更好地反映企业的实际经营状况,及时洞察和防止企业通过虚增营业收入等违规手段虚增利润粉饰财务报表,引导企业更加注重合规经营、科学运营,提升高质量发展能力,增强可持续发展能力。该指标替换营业收入利润率,可以更好地体现"要有利润的收入和要有现金的利润"这一高质量发展经营理念,推动企业从注重账面利润向注重现金流转变、从注重完成业绩指标向注重可持续发展转变、从注重日常经营向注重战略运营转变,全面提高企业经营业绩的"含金量"。

第七章 案例分析

一、财务报表分析与应用的要点

通过对企业财务报表的分析，可以评价企业过去的经营成果，衡量现在的财务状况，并通过财务状况和经营成果的变化分析、预测企业未来的发展趋势，便于企业对生产经营各个环节进行及时调整，使企业持续稳健发展。

（一）财务报表分析应注意的问题

财务分析的内容非常广泛。财务分析没有固定的程序，不同的人、不同的目的、不同的数据范围，应采用不同的方法，其目的就是满足使用者的需要。

1）收集企业内外部经济信息，综合分析财务报表的数据。资产负债表是静态报表，像一幅静态图画，对于了解和把握企业特定日期的基本财务结构和债务状况很有帮助。然而，它并不直接反映公司的财务业绩，也不反映它是否在某一时期中赚得足够的利润以承担其还债责任，并为公司的股东增加净资产。这就需要从利润表中获取信息，了解公司在一段时期内经营业绩（公司盈利能力）的记录。但是仅从利润表上只能反映盈利水平，不能准确计量公司赚得的可以用于经营的资金，因为并非所有的收入和费用项目都是现金发生额。例如，折旧尽管不要求马上有现金流出，但它还是被作为费用而影响公司经营业绩；又如赊销商品，商品转交给买主后，尽管销售收入形成并在当期损益中体现，但实际的收到现金是在一段时间后完成，这就需要从现金流量表中获取信息。现金流量表可以告诉我们在满足了同一时期所有现金费用支出后，公司究竟有多少超额的现金，可以用于增加公司的现金流，这一点对于公司来说是非常重要的。因此，不能单纯从某一张财务报表的数据来分析公司的经营状况，应综合分析相关的财务数据。

2）要从实际出发，实事求是，切忌结论先行，人为组织数据。

3）要注意经济事项的相关性，相互联系地进行分析。

4）要定量分析与定性分析相结合，先定量后定性。

5）作出综合评价，提出改进建议。

由于财务报表的编制是以会计核算的四个假设为条件的，同一经济事项的会计处理，有时存在多种处理方法，利用财务报表数据进行分析时，还要结合报表以外的实际情况，避免得出不恰当的结论。

（二）财务报表分析的步骤

财务报表分析的总体思路是：以财务报表数据为基础，通过计算同一企业不同时期或不同企业同一时期的 KPI 业绩指标，进行纵向和横向的分析，了解和把握企业财务状况、资金动态和经营成果，肯定成绩，找出生产经营中存在的问题，为制定改进和发展的目标提供科学依据，追求股东财富最大化。

财务报表分析一般有五个步骤：

1）指标理解。掌握各项指标的含义、计算公式及其意义。

2）收集资料。收集企业资产负债表、利润表和现金流量表以及相关资料。需要与其他企业对比分析的，还要收集同行业或先进目标的相关资料。

3）KPI 指标分析。

4）比较分析。计算出具体指标，并不能直接判断好坏，还必须进行必要的纵向和横向比较后，才能客观地分析企业的财务状况、盈利能力和资金动态。

5）提出措施和建议。根据分析结果，找出差距，提出解决问题的措施和建议。

本书选取具有代表性的企业，通过计算 KPI 指标，对企业的财务状况、经营成果和现金流量进行分析。并以案例分析加深对 KPI 指标的理解。案例分析是参照企业财务报告的实际，并适当进行模拟和虚构，揭示了盈利企业和亏损企业的生产经营活动，有关年份还保留历史轨迹。宗旨是掌握分析评价的方法，供读者在实际工作中参考。

二、财务报表分析

（一）资产负债表分析

利用资产负债表可以进行资本结构分析、资产结构分析、偿债能力分析和资产管理能力分析。下面以 M 公司的资产负债表为例（见表 7-1、表 7-2），分别说明上述四种分析方法。

表 7-1 M 公司资产负债表（左方）

编制单位：M 公司　　　　　　××年 12 月 31 日　　　　　　单位：元

项　目	行次	期初数	期末数
流动资产：	1		
货币资金	2	44497095.83	201077262.26
短期投资	4	612507.75	
应收票据	5		
应收账款	8	23001138.91	58220014.69
预付账款	9	45183490.63	132308730.50
其他应收款	12	36762468.67	42246301.58
存货	13	39157580.42	88335041.88
待摊费用	15	679836.43	2671478.11
流动资产合计	19	189894118.64	524858829.02
长期投资：	20		
长期股权投资	21	13315419.67	51541187.24
长期债权投资	22		
固定资产：	23		
固定资产原价	24	17402502.00	34237113.78
减：累计折旧	25	4439774.20	7557076.03
固定资产净值	26	12962727.80	26680037.75
减：固定资产减值准备			
固定资产净额	27		
在建工程	28	34204129.26	63594843.06
固定资产清理			
固定资产合计	31	47166857.06	90274880.81
无形资产及其他资产：	32		
无形资产	33	19368789.21	18077383.25
长期待摊费用	34	3098157.55	36589771.29
其他长期资产	35		134722.65
无形资产及其他资产合计	36	22466946.76	54801877.19
其他长期资产	37		
递延税项：	38		
递延税款借项	39		
资产总计	40	272843342.13	721476774.26

M公司资产负债表（右方）

编制单位：M公司　　　　　　　××年12月31日　　　　　　　　单位：元

项　目	行次	期初数	期末数
流动负债：	41		
短期借款	42	13000000.00	61400000.00
应付账款	44	6505188.91	17234452.12
预收账款	45	68507291.20	99531629.00
其他应付款	46	49010488.25	14185843.83
应付工资	47		
应付福利费	48	2539629.39	3357764.08
应交税费	49	6492310.54	3703197.12
应付股利	50		2796449.90
其他应交款	51	46021.67	97175.82
预提费用	52		216967.61
一年内到期的长期负债	53	3000000.00	
其他流动负债	54	8514066.06	
流动负债合计	55	157614996.02	202523479.48
长期负债：	56		
长期借款	57	14000000.00	4000000.00
应付债券	58		
长期应付款	59	201899.06	978580.98
长期负债合计	65	14201899.06	4978580.98
递延税项：	66		
递延税款贷项	67		
负债合计	68	171816195.08	207502060.46
股东权益：	70		
股　本	71	65700000.00	110700000.00
资本公积	72	35327147.05	333840425.65
盈余公积	73		
未分配利润	74		69434288.15
股东权益合计	76	101027147.05	513974713.80
负债及股东权益总计	77	272843342.13	721476774.26

表 7-2 M 公司负债及股东权益表

编制单位：M 公司　　　　　　　　　××年 12 月 31 日　　　　　　　　　单位：元

负债及股东权益项目	年初数	年末数
流动负债	157614996.02	202523479.48
长期负债	14201899.06	4978580.98
股东权益	101027147.05	513974713.80
负债及股东权益合计	272843342.13	721476774.26

1. 资本结构分析

所谓资本结构，是指公司资金来源的权益结构，即负债与股东权益两者各占的比重及其比例关系。通过资产负债表右方诸项目的分析，能准确地评价企业的资本结构。如资本结构的类别、资本结构的项目和资本结构的比重等。

（1）资本结构的类别分析

资本结构的类别分析就是对流动负债、长期负债和股东权益这三类融资的比重及其所揭示的公司承担的风险所做的分析。各项资本占权益总额的比重见表 7-3。

表 7-3 M 公司各项资本占权益总额的比重

负债及股东权益项目	年初比重	年末比重
流动负债	57.77%	28.07%
长期负债	5.20%	0.70%
股东权益	37.03%	71.23%
负债与股东权益合计	100%	100%

比较年初与年末该公司的资本结构，可以发现公司的资金来源发生了较大的变化。年初流动负债占权益的 57.77%，长期负债占 5.20%，股东权益占 37.03%；年末流动负债占 28.07%，长期负债占 0.70%，股东权益占 71.23%。

公司资本构成比重变化的信息表明：公司由主要依靠负债式经营，转向依靠自有资本经营，公司在该年中筹资方式发生了显著变化；公司的债务比例下降，自有资本比例大幅上升，说明公司的自身实力大大增强，财务风险降低；公司资本结构的调整，使公司的财务状况趋好。

通过对资本结构种类分析，能初步了解公司资本总额（包括负债和股东权益）的变化及其原因，了解公司筹资方式的变化及其影响。

（2）资本结构的项目分析

资本结构的项目分析是对负债和股东权益中所包含的各个项目向更深层次进行分析，以便了解资本结构的合理性。

流动负债与总负债比率是公司流动负债占负债总额的百分比。流动负债与总负债比率可以反映公司对短期债权人的依赖程度。比率越高说明公司对短期资金的依赖性越高，公司的短期偿债压力越大，财务风险也越大；反之，这个比率越低，说明公司对短期资金的依赖程度越小，公司面临的偿债压力越小，财务风险也越小。短期债权人希望这个比率维持在一个较低的水平，以保证其债权能如期收回；股东则愿意公司保持适度的流动负债比率，降低筹资成本。因此，公司应使该比率维持一个合理的水平，在公司不发生偿债风险的前提下，尽可能多地利用短期筹资，因为短期筹资的成本通常低于长期筹资的成本。

公积金与股东权益比率是指公司公积金占股东权益的百分比。公积金包括资本公积和盈余公积，公积金与股东权益比率是资本公积与盈余公积之和与股东权益的比率。在股东权益中，公积金的比重越大越好。对股东和债权人来说，公积金的比重越大，说明公司可长期使用无须支付筹资成本的资金越多，公司用于扩大再生产和弥补亏损的资金越多，从而公司抵御风险的能力越强。

（3）资本结构的百分比分析

资本结构的百分比分析是通过资产负债表中的负债及股东权益各项目占全部负债及股东权益百分比的变动，来反映有关流动负债、长期负债和股本、公积金在筹资中的比例发生变化的具体原因。

2. 资产结构的分析

与资本结构的分析相似，资产结构分析方法也以类别分析、项目分析和百分比分析为主。

（1）资产结构的类别分析

就是对构成资产的各大类别与总资产，以及各大类资产之间的比例关系进行的分析。

在资产负债表中，资产分为流动资产、长期投资、固定资产、无形资产及递延资产几大类。下面，我们仍以 M 公司的资产负债表所提供的数据加以具体分析和说明。表 7-4 列出了各类资产占资产总额的比重。

表 7-4 M 公司各类资产占资产总额的比重

项　　目	年初比重	年末比重	差　　异
流动资产	69.60%	72.75%	3.15%
长期投资	4.88%	7.14%	2.26%

续表

项　　目	年初比重	年末比重	差　　异
固定资产	17.29%	12.51%	−4.78%
无形资产及其他资产	8.23%	7.60%	−0.63%
资产合计	100%	100%	

从表 7-4 中可看出，流动资产比重维持在一个较高水平，并且年末较年初进一步提高。年初为 69.60%，年末为 72.75%，提高了 3.15 个百分点。这说明公司短期可运营现金增多，公司资产的流动性和变现能力增强。

长期投资比重有较大提高，说明公司在该年中对外投资活动较多，公司有可能采取一种扩张式的发展方式。

固定资产和无形资产及其他资产比重下降，有待进一步分析。

在无形资产及其他资产项目中，长期待摊费用大幅增加，说明公司用于资本性支出的比重大大提高。

M 公司资产结构的类别分析说明，该公司资产总规模迅速扩大，资产结构中的流动资产比重较高，表明资产的流动性增强。

（2）资产结构的项目分析

是指对各资产项目的结构比重的变化进行分析评价，也就是计算流动资产及固定资产各构成项目占资产总额的比例。

（3）资产结构的百分比分析

是为了说明资产结构的变化。

3. 偿债能力分析

由于偿债能力不仅取决于资本及债务总额及构成，还取决于资产总额和构成，因而偿债能力分析是将资产负债表两方结合起来进行的一种分析方法。包括短期偿债能力分析和长期偿债能力分析。

（1）短期偿债能力分析

是指公司流动资产对流动负债及时足额偿还的保证程度。主要指标包括：营运资本、流动比率、速动比率。

营运资本是流动资产减去流动负债后的差额（与 KPI 指标中"营运资本"的计算不尽相同）。在企业营运正常的情况下，营运资本应为正数，即公司的流动负债应有足够的流动资产作为偿还的保证。M 公司的营运资本计算见表 7-5。

表 7-5　M 公司的营运资本计算　　　　　　　　　　　　　　　单位：元

项　目	年初数	年末数	差　异
流动资产	189894118.64	524858829.02	334964710.38
流动负债	157614996.02	202523479.48	44908483.46
营运资本	32279122.62	322335349.54	290056226.92

该公司年初的营运资本为 3227 万元，年末的营运资本为 32233 万元，比年初增加 9 倍。这说明公司偿付短期债务的风险小。

流动比率是流动资产与流动负债的比率，它表明每 1 元流动负债有多少流动资产作为支付的保障。流动比率越高，短期偿债能力越强。通常认为，流动比率在 2 左右相宜。M 公司的流动比率计算见表 7-6。

表 7-6　M 公司的流动比率计算　　　　　　　　　　　　　　　单位：元

项　目	年初数	年末数
流动资产	189894118.64	524858829.02
流动负债	157614996.02	202523479.48
流动比率	1.20	2.59

公司年初的流动比率为 1.20，年末的为 2.59，年初时的短期偿债压力较大，年末时短期偿债能力显著提高，但又显偏高。对此有待进一步分析，以避免资金闲置，应加速流动资金周转，追求营运资本回报。

速动比率是指速动资产除以流动负债得到的比率。速动资产是流动资产减去存货、待摊费用后的余额。速动比率在 1 左右为宜。M 公司的速动比率见表 7-7。

表 7-7　M 公司的速动比率　　　　　　　　　　　　　　　　　单位：元

项　目	年初数	年末数
速动资产	150056701.79	433852309.03
流动负债	157614996.02	202523479.48
速动比率	0.95	2.14

公司年初的速动比率为 0.95，年末为 2.14，说明年初的速动比率较为正常，变现能力平和。年末偏高，要引起重视，在生产经营过程中应进行积极调整。图 7-1 说明流动比率、速动比率、现金对流动负债比率能客观地反映短期偿债能力。

$$\frac{流动资产}{流动负债} \boxed{流动比率} \quad \frac{流动资产-存货}{流动负债} \boxed{速动比率} \quad \frac{流动资产-存货-应收账款}{流动负债} \boxed{现金对流动负债比率}$$

客观地反映短期偿债能力

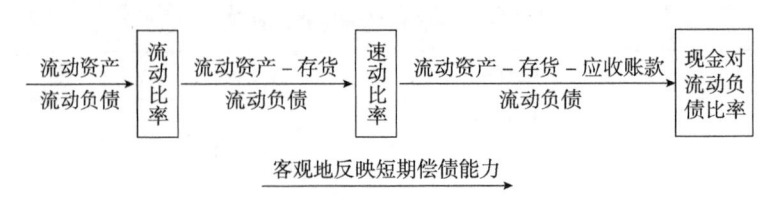

图 7-1 短期偿债能力比较

现金对流动负债比率将在现金流量分析中讨论。

（2）长期偿债能力分析

长期偿债能力是指公司负担长期债务的能力，体现长期债务人所承担的风险，它与短期偿债能力不同，短期偿债能力仅与流动资产相关，而长期偿债能力则与公司的全部资产有关，特别是与净资产相关性更强。主要指标有资产负债率、利息保障倍数。

资产负债率是指负债总额与资产总额的比率，它反映了公司全部资产由债权人承担的比重。负债比率越高，公司的债务包袱越重，债权人的风险就越大。

M公司年初资产负债率为62.97%，年末资产负债率为28.76%。这表明，年初债权人面临的风险较大，总资产的62.97%是由债权人提供的，但考虑到我国企业资金来源单一，负债比例一般均在60%～70%之间，年初的负债还是可以被接受的。年末负债比率为28.76%，较年初大大降低，说明债权人承担的风险剧减，而加大了股东所承担的风险。

利息保障倍数是反映公司支付利息能力的指标。长期债权人总是希望在其债权存续期间内，公司有足够的利润用于支付利息。

$$利息保障倍数 = \frac{净利润+所得税+利息费用}{利息费用}$$

4. 资产管理能力分析

反映公司管理当局资产管理效率的高低。其衡量的主要指标包括存货周转率、应收账款周转率和总资产周转率。分析资产管理能力要运用利润表。

假设M公司利润表中有关数据为：××年度主营业务收入282771110.67元，主营业务成本195999734.93元。其他数据见M公司资产负债表（见表7-1）。

存货周转率反映公司存货的周转速度。存货周转率低，表示销售不好，存货积压。存货周转率高，预示着公司有良好的现金流量、经营效率高，存货占用资金少。但过高的存货周转率表示公司可能因存货不足，可能减少销售收入，应根据市场情况适当扩大生产能力。

$$存货周转率 = \frac{主营业务成本}{存货平均余额}$$

$$= \frac{主营业务成本}{\dfrac{存货期初余额 + 存货期末余额}{2}}$$

$$存货周转天数 = \frac{360}{存货周转率}$$

M 公司的存货周转率计算如下：

$$存货周转率 = \frac{195999734.93}{\dfrac{39157580.42 + 88335041.88}{2}}$$

$$= 3.07（次）$$

$$存货周转天数 = \frac{360}{3.07} = 117（天）$$

存货周转速度越快，存货的占用水平越低，流动性越强，存货转换为现金或应收账款的速度越快。提高存货周转率可以提高企业的变现能力，而存货周转速度越慢则变现能力越差。存货周转分析的目的是从不同的角度和环节上找出存货管理中的问题，使存货管理在保证生产经营连续性的同时，尽可能少占用经营资金，提高资金的使用效率，增强企业短期偿债能力，促进企业管理水平的提高。M 公司存货周转了 3.07 次，存货周转率较高，说明公司经营效率高，产品较为畅销。

应收账款周转率反映公司应收账款的收款期。应收账款的周转率高，说明该公司应收账款占用的资金少，收款期短。

$$应收账款周转率 = \frac{主营业务收入}{应收账款平均余额}$$

$$应收账款平均余额 = \frac{应收账款期初余额 + 应收账款期末余额}{2}$$

$$应收账款周转天数 = \frac{360}{应收账款周转率}$$

M公司应收账款周转率

$$= \frac{282771110.67}{\dfrac{23001138.91 + 58220014.69}{2}} = 6.8（次）$$

$$应收账款周转天数 = \frac{360}{6.8} = 53（天）$$

M 公司应收账款周转率比较高，说明应收账款收回较快，平均收账期较短。如果应收账款周转率偏低，表明营运资金过多地停滞在应收账款上，影响正常的资金周转。

总资产周转率反映公司全部资产管理的效率。该比率越高，周转速度越快，反映销售能力越强。企业要力求促销快收，加快资产的周转，为企业带来收入乃至利润额的增加，促使公司管理资产的效率提高。

$$总资产周转率 = \frac{主营业务收入}{资产平均余额}$$

$$资产平均余额 = \frac{期初资产余额 + 期末资产余额}{2}$$

M公司2000年度总资产周转率

$$= \frac{282771110.67}{\dfrac{272843342.13 + 721476774.26}{2}} = 0.57（次）$$

（二）利润表分析

利润表分析是根据利润表和资产负债表，对公司的盈利能力作出全面的评价。下面以 JL 公司 2021—2022 年利润表为例来分析（见表 7-8）。

1. 利润表盈利能力指标分析

销售净利率：是指净利润与主营业务收入的百分比。如表 7-8 所示，JL 公司销售净利率如下。

$$2021年销售净利率 = \frac{981665}{28527000} \times 100\% = 3.44\%$$

$$2022年销售净利率 = \frac{1428950}{30975000} \times 100\% = 4.6\%$$

表 7-8　JL 公司利润表

编制单位：JL公司　　　　　　　　　2022 年度　　　　　　　　　　单位：元

项　　目	行次	2021 年	2022 年
一、营业收入	1	28527000	30975000
减：营业成本	2	18542550	18894750
税费及附加	3	2852700	3097500
销售费用	4	3152000	3739250
管理费用	5	2046000	2875350
研发费用	6		
财务费用	7	853000	1576000
其中：利息费用	8		
利息收入	9		
加：其他收益	10	-1864000	431850
投资收益	11	1637500	831750
净敞口套期收益	12		
公允价值变动收益	13		
信用减值损失	14		
资产处置收益	15		
二、营业利润	16	854250	2055750
加：营业外收入	17	896700	1253000
减：营业外支出	2	673500	1176000
三、利润总额	3	1077450	2132750
减：所得税费用	4	95785	703800
四、净利润	5	981665	1428950
五、其他综合收益的税后净额	6		
六、综合收益总额	7		
七、每股收益	8		

JL 公司 2022 年的净利润比 2021 年增加了 1428950-981665=447285 元。

销售（营业）利润率，是销售利润占销售（营业）收入的比率。其中：

$$销售（营业）利润 = 营业收入 - 营业成本 - 税费及附加$$

JL公司2022年的销售利润率

$$= \frac{30975000-18894750-3097500}{30975000} \times 100\% = 29\%$$

JL公司2021年的销售利润率

$$= \frac{28527000 - 18542550 - 2852700}{28527000} \times 100\% = 25\%$$

通过计算表明，JL公司2022年销售利润率较2021年提升了4个百分点。要想知道销售利润率提升的原因，可以进一步分析营业收入、营业成本和税费及附加的变化及其对销售利润率的影响。

2. 综合盈利能力指标分析

资产报酬率：是扣除利息费用和所得税前的利润（税息前利润）与公司平均资产总额的百分比。资产报酬率是用来衡量来源于不同渠道的公司所有资产的盈利能力的尺度。

$$资产报酬率 = \frac{利润总额 + 利息费用}{平均资产总额} \times 100\%$$

$$平均资产总额 = \frac{期初资产总额 + 期末资产总额}{2}$$

资产报酬率全面揭示了在不考虑资产来源，即融资种类差异的前提下，资产的盈利能力。这样处理可以更好地体现可比性。一般而言，短期负债融资，即流动负债的资金使用成本率最低。如果资产报酬率低于它，则公司的盈利能力应引起足够重视。

根据JL公司资产负债数据（表7-9）和利润表（表7-8），可计算公司资产报酬率如下。

2021年资产报酬率

$$= \frac{1077450 + 853000}{\dfrac{22650000 + 24631665}{2}} \times 100\% = 8.2\%$$

表 7-9　JL公司资产负债数据　　　　　　　　　　　　　单位：元

项目	2020年末	2021年末	2022年末
资产	22650000	24631665	27067720
负债	11100000	11500000	12650000
股东权益	11550000	13131665	14417720

2022年资产报酬率

$$= \frac{2132750 + 1576000}{\dfrac{24631665 + 27067720}{2}} \times 100\% = 14.3\%$$

公司 2022 年的资产报酬率比 2021 年提高了 6.1 个百分点。

资产净利率：是公司净利润与平均资产总额的百分比。反映公司运用全部资产获得全部税后收益的能力。

JL公司2021年的资产净利率

$$= \frac{981665}{\frac{22650000 + 24631665}{2}} \times 100\% = 4.2\%$$

公司2022年的资产净利率

$$= \frac{1428950}{\frac{24631665 + 27067720}{2}} \times 100\% = 5.5\%$$

（三）现金流量表分析

1. 现金流量表与资产负债表、利润表的关系

资产负债表：通过资产、负债和所有者权益项目反映企业特定日期的财务状况，但不能完全反映财务状况变动的原因。

损益表：通过收入、成本费用支出和利润项目等反映企业一定时期的经营成果，但不能说明当期的经营活动为企业提供了多少可供周转的现金流，更不能反映筹资活动和投资活动为企业提供了多少可供周转的现金流。

现金流量表：反映了企业通过生产经营、投资活动、融资活动所产生的现金流入量和现金流出量。

（1）经营活动

企业销售商品、提供劳务取得销售收入，使损益表中列示的收入增加。实际收到货款、劳务收入时，现金流入企业。如果采用信用销售，则表现为应收账款增加，现金并未流入企业，只有当收回应收账款时，现金才流入企业。

企业生产经营过程中购买原材料及各种辅助材料，配比收入实现后，确认相匹配的成本费用，使损益表支出增加。实际支付货款时，现金流出企业；固定资产、无形资产等参与生产，通过折旧、摊销等形式列入损益表支出项目，但现金并未流出企业。

（2）投资活动

企业从事生产经营活动，必须购置机器、厂房、设备，或投资于其他企业和证券市场，增加了固定资产、在建工程和长、短期投资项目，并在资产负债表列示，同时现金流出企业。

企业收回投资、取得投资收益、处置机器厂房设备等活动，使资产负债表该等项目减少，同时现金流入企业。

（3）融资活动

建立企业初始，必须取得股东注资，即资本金或股本，为了维持或扩大生产经营，取得杠杆效应，还要向债权人借款，该等融资活动使股东权益和负债增加，同时现金流入企业。

企业按照借款合同偿还本金和利息，按照董事会决议支付股利，使负债和股东权益减少，同时现金流出企业。企业正常生产经营活动过程中，也经常发生融资活动。

图7-2显示了三张表的关系，图7-3给出了现金恒等式，资产负债的变动引起现金的流动，其关系如下所述。

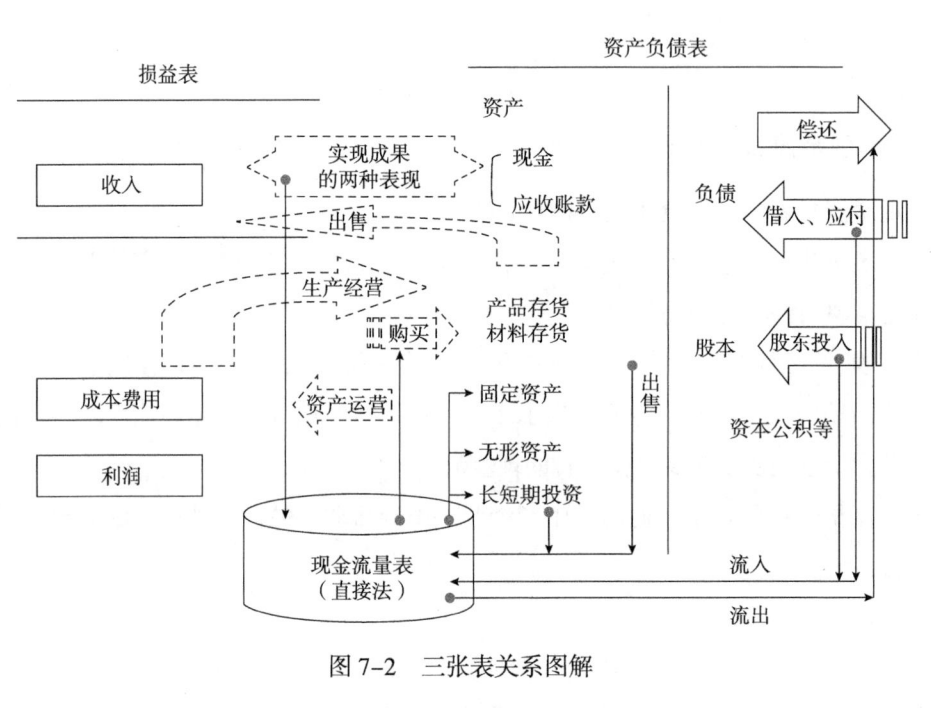

图 7-2 三张表关系图解

资产负债表

资产	负债
现金资产	所有者权益
非现金资产	

现金资产=负债+所有者权益−非现金资产

现金资产增加（流入）=负债或所有者权益增加 +非现金资产减少

现金资产减少（流出）=负债或所有者权益减少 +非现金资产增加

图 7-3 现金恒等式

根据会计恒等式：

$$资产 = 负债 + 所有者（股东）权益$$

资产又可以分成现金资产和非现金资产，得出等式：

$$现金资产 + 非现金资产 = 负债 + 所有者权益$$

将非现金资产移到等式右边，得出现金恒等式：

$$现金资产 = 负债 + 所有者权益 - 非现金资产$$

可以看出，导致现金增加的渠道为：

一是负债增加，如借款增加，应付款增加等；

二是所有者权益增加（包括损益转入未分配利润），如发行新股，本年经营盈利等；

三是非现金资产减少，如售出产成品存货，处置资产等。

导致现金减少的渠道为：

一是负债减少，如偿还借款，应付款减少等；

二是所有者权益减少，如本年经营净亏损等；

三是非现金资产增加，如购买原材料存货，购置资产等。

其他涉及等式单方面的变动，则不影响现金变动，如债转股、用固定资产投资等。

图 7-4 和图 7-5 分别反映了五种引起资金流入和流出的活动。

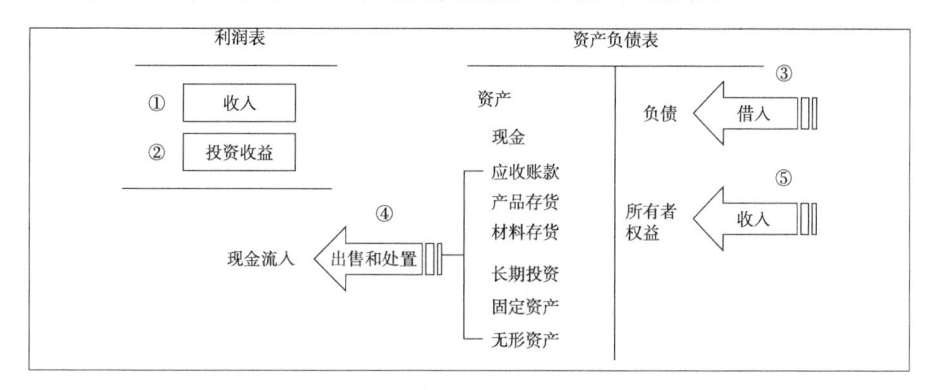

图 7-4 五种引起现金流入的活动

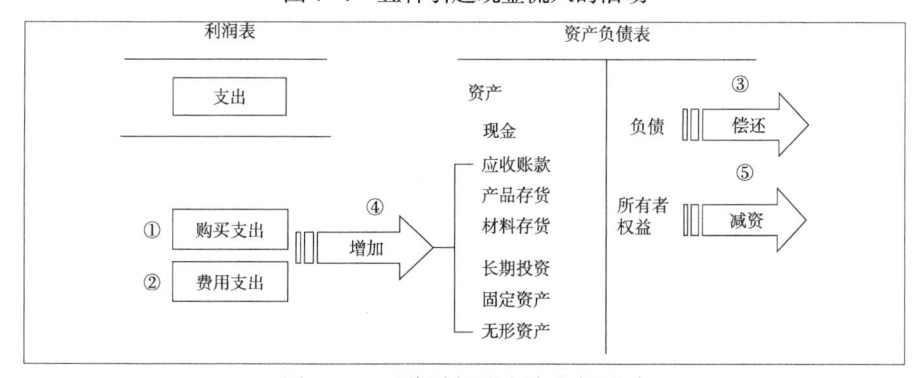

图 7-5 五种引起现金流出的活动

2. 现金流量表分析

下面以 A 公司的现金流量表（表 7-10）为例来分析。

（1）现金流量比率分析

1）现金比率：

$$现金比率 = \frac{现金 + 现金等价物}{流动资产}$$

表 7-10　A 公司现金流量表

编制单位：A 公司　　　　　　　2022 年 12 月　　　　　　　　　　单位：元

项　　目	金　　额
一、经营活动产生的现金流量	
销售商品、提供劳务收到的现金	35221004
收到的税费返还	4161
收到的其他与经营活动有关的现金	206303
现金流入小计	35431468
购买商品、接受劳务支付的现金	15107487
支付给职工以及为职工支付的现金	1791952
支付的各项税费	4877953
支付的其他与经营活动有关的现金	2730660
现金流出小计	24508052
经营活动产生的现金流量净额	10923416
二、投资活动产生的现金流量	
收回投资所收到的现金	27733
取得投资收益所收到的现金	36913
处置固定资产、无形资产和其他长期资产而收回的现金净额	314952
收到的其他与投资活动有关的现金	
现金流出小计	379598
购建固定资产、无形资产和其他长期资产所支付的现金	5431679
投资所支付的现金	568535
支付的其他与投资活动有关的现金	56996
现金流出小计	6057210
投资活动产生的现金流量净额	（5677612）
三、筹资活动产生的现金流量	
吸收投资所收到的现金	2146899
取得借款所收到的现金	7133454
收到的其他与筹资活动有关的现金	3034
现金流入小计	9283387

续表

项　　目	金　　额
偿还债务所支付的现金	12314912
分配股利、利润和偿付利息所支付的现金	2193143
支付的其他与筹资活动有关的现金	
现金流出小计	14508055
筹资活动产生的现金流量净额	（5224668）
四、汇率变动对现金的影响	
五、现金及现金等价物净增加额	21136
1. 将净利润调节为经营活动的现金流量	
净利润	4697228
加：少数股东损益	（12190）
加：计提资产减值准备	206448
固定资产折旧（含油气资产折耗）	4272255
无形资产摊销	52019
长期待摊费用摊销	
待摊费用减少（减：增加）	19024
预提费用增加（减：减少）	850
处置固定资产、无形资产和其他长期资产的损失（减：收益）	108861
固定资产报废损失	209340
财务费用	604773
投资损失（减：收益）	（38473）
递延税款贷项（减：借项）	
存货的减少（减：增加）	（1391090）
经营性应收项目的减少（减：增加）	1780535
经营性应付项目的增加（减：减少）	413836
其他	
经营活动产生的现金流量净额	10923416
2. 不涉及现金收支的投资和筹资活动：	
债务转为资本	
一年内到期的可转换公司债券	
融资租入固定资产	
3. 现金及现金等价物净增加情况	18893
现金的期末余额	1805973
减：现金的期初余额	1784837
加：现金等价物的期末余额	
减：现金等价物的期初余额	
现金及现金等价物净增加额	21136

假设 A 公司有相关数据如表 7-11 所示，可计算出现金比率。

表 7-11　A 公司现金比率的计算

项　目	期　初	期　末
现金 + 现金等价物（元）	1784837	1805973
流动资产（元）	7948260	8052437
现金比率（%）	22.46	22.43

该指标可用来衡量流动资产质量。流动资产中现金比率越高，短期债权的安全性就越好，但现金本身不是产生利润的资产（财富），必须进行有效的投资才能生财（发展）。比率过高则表明资金处于闲置状态过多，应做好资金平衡。

2）现金对流动负债比率：

$$现金对流动负债比率 = \frac{现金 + 现金等价物}{流动负债}$$

假设 A 公司相关数据如表 7-12 所示，可计算出现金对流动负债比率。

表 7-12　A 公司现金对流动负债比率的计算

项　目	期　初	期　末
现金 + 现金等价物（元）	1784837	1805973
流动负债（元）	10676787	10972274
现金对流动负债比率（%）	16.72	16.46

该指标是对速动比率的进一步分析，比速动比率更加严格，是衡量流动性的重要参考指标。

3）到期债务本息偿付比率：

$$到期债务本息偿付比率 = \frac{经营活动产生的现金净流量}{本期到期债务本金 + 现金利息支出}$$

假设 A 公司现金利息支出为 873643 元，其他数据来自表 7-10，则：

$$A 公司到期债务本息偿付比率 = \frac{10923416}{12314912 + 873643} = 0.83$$

该指标是用来衡量报告期内到期的债务本金及相关利息的支出可用经营活动所产生的现金来支付的程度。如果比值小于 1，表明公司经营活动产生的现金不足以偿付本期到期的债务及利息支出，公司必须采取对外筹资或出售资产、挖潜增效等措施才能偿还债务。

4）现金流量比率：

$$现金流量比率 = \frac{经营活动现金净流量}{流动负债}$$

用表 7-10 和表 7-12 中的数据可计算出 A 公司现金流量比率。

$$A公司现金流量比率 = \frac{10923416}{10972274} = 1.00$$

该指标反映企业本期所产生的现金流量支付流动负债的能力显良性。

5）现金利息保障倍数：

$$\frac{现金利息}{保障倍数} = \frac{经营活动现金净流量 + 现金利息支出 + 所得税付现}{现金利息支出}$$

若 A 公司所得税付现 1500085 元，其他数据来自表 7-12，则：

A公司现金利息保障倍数

$$= \frac{10923416 + 873643 + 1500085}{873643} = 15.22$$

该指标反映企业从经营活动中流入的现金和因支付利息所引起的现金流出相对比的倍数。

（2）现金流量分析对会计报表分析体系的完善

1）现金充足率：该比率用来衡量公司是否能够产生足够的现金以偿付债务、进行固定资产再投资和支付股利。如果该比率连续几个会计期间内的数值均大于 1，说明公司有较大的能力满足这些基本的现金要求；如果小于 1，说明公司来自经营活动的现金流量不足以支付上述活动的各项支出，必须依赖其他来源支付。

$$现金充足率 = \frac{经营活动现金净流量}{长期负债偿付额 + 固定资产购置额 + 股利支付额}$$

若 A 公司的股利支付额为 1305400 元，并据表 7-12 中数据，可计算：

A公司现金充足率

$$= \frac{10923416}{12314912 + 5431679 + 1305400} = 0.57$$

2）现金流量与销售收入比率：该指标反映实现 1 元的销售收入能够获得的现金流量。该比率大致与公司的销售利润率相等。一般来说比值越高越好。

$$现金流量与销售收入比率 = \frac{经营活动现金流量净额}{销售收入}$$

假设 A 公司销售收入为 24199088 元,并据表 7-12 中数据,可计算:

$$A 公司现金流量与销售收入比率 = \frac{10923416}{24199088} = 0.45$$

3) 经营指数:反映公司经营活动的现金流量与净利润的比率。

$$经营指数 = \frac{经营活动现金净流量}{净利润}$$

根据表 7-12,可计算 A 公司经营指数。

$$经营指数 = \frac{10923416}{4697228} = 2.33$$

4) 资产的现金流量回报率:该指标是对资产利润率的另一种评价方式,反映公司每 1 元资产能够获得的现金流量,说明资产的利用效率,一般来说比率越高越好。

三、以 A 公司为例分析和评价

本节将选用 A 企业 2021 年和 2022 年的财务报表,对其财务状况、经营成果、现金流量、主要经营业绩指标等进行分析和评价。从重要性角度考虑,这里只对 KPI 指标中的投资资本回报率、资本负债率、已获利息倍数、自由现金流、税息前利润、股东回报率等 9 个主要指标进行深入分析。

(一)收集资料

收集资料包括收集企业的资产负债表(表 7-13)、利润表(表 7-14)、现金流量表(表 7-15)等[1]。

表 7-13 A 公司资产负债表(左方)　　　　　　　　　　　单位:元

项目	行次	2021年 总额	%	2022年 总额	%	差额 总额	%
流动资产	1						
货币资金	2	16438	8	13705	2	-2733	-6
其中:银行存款	3	16434	8	13702	2	-2732	-6

---

[1] 为更有利于财务报表分析,本书案例以企业真实资料进行调整、规范、取整,三张报表没有严格的钩稽关系。

续表

项　　目	行次	2021年 总额	%	2022年 总额	%	差额 总额	%
内部存款	4						
短期投资	5						
减：短期投资跌价准备	6						
短期投资净额	7						
应收票据	8	1992	1	684	0	−1308	−1
应收股利	9						
应收利息	10						
应收账款	11	36312	19	23916	4	−12396	−15
其他应收款	12	25031	13	28408	5	3377	−8
减：坏账准备	13	41	0	21172	3	21131	3
应收款项净额	14	61302	32	31152	6	−30150	−26
短期负息资金拨款	15						
应收内部单位款	16						
预付账款	17	2225	1	1378	0	−847	−1
预付上级单位款	18						
应收补贴款	19						
存货	20	6384	3	7466	1	1082	−2
减：存货跌价准备	21						
存货净额	22	6384		7466		1082	−2
待摊费用	23			94	0	94	0
待处理流动资产净损失	24						
一年内到期的长期债权投资	25						
其他流动资产	26						
流动资产合计	27	88341	45	54479	9	−33862	−36
长期投资：	28						
长期股权投资	29						
长期债权投资	30			5202	1	5202	1
长期投资合计	31			5202	1	5202	1
减：长期投资减值准备	32						
长期投资净额	33			5202	1	5202	1
其中：合并差价	34			5202	1	5202	1
其中：股权投资差额	35						

续表

项 目	行次	2021年 总额	%	2022年 总额	%	差额 总额	%
内部拨出款	36						
长期负息资金拨款	37						
拨付所属资金	38						
长期投资合计	39			5202	1	5202	1
固定资产:	40						
固定资产原价	41	358503	183	1004658	160	646155	−23
减：累计折旧	42	262927	134	440760	70	177833	−64
固定资产净值	43	95576	49	563898	90	468322	41
油气井及相关设施	44						
减：油气井及相关设施折耗	45						
油气井及相关设施净值	46						
在建工程	47	11733	6	3110	0	−8623	6
地质勘探支出	48						
油气开发支出	49						
固定资产清理	50						
待处理固定资产净损失	51						
固定资产合计	52	107309	55	567008	90	459699	36
无形资产及其他资产:	53						
无形资产	54			270	0	270	0
开办费	55						
长期待摊费用	56	6	0	19	0	13	0
地质成果	57						
其他长期资产	58						
无形资产及其他资产合计	59	6	0	289	0	283	0
递延税款:	60						
递延税款借款	61						
资产总计	62	195656		626978	100	431322	

A公司资产负债表（右方） 单位：元

项　　目	行次	2021年 总额	%	2022年 总额	%	差额 总额	%
流动负债：	63						
短期借款	64	16000	8	5000	1	-11000	-7
应付票据	65						
应付账款	66	23912	12	24135	4	223	-8
其他应付款	67	6238	3	5889	1	-349	-2
内部存入款	68						
短期负息资金	69						
应付内部单位款	70						
预收账款	71	29	0			-29	0
预付下级单位款	72						
代销商品款	73						
应付工资	74	1364	1	728	0	-636	-1
应付福利费	75	-174	0	363	0	537	0
应付股利	76						
应交税费	77	7288	4	10259	2	2971	-2
其他应交款	78	4881	2	7757	1	2876	-1
预提费用	79			-62512	-10	-62512	-10
一年内到期的长期负债	80			14301	2	14301	2
其他流动负债	81						
流动负债合计	82	59538	30	5920	1	-53618	-29
长期负债：	83						
长期借款	84	68447	35	56158	9	-12289	-26
应付债券	85						
长期应付款	86	9915	5	904	0	-9011	-5
长期负息资金	87						
内部拨入款	88						
住房周转金	89	-48128	-25	12	0	48140	25
其他长期负债	90	264	0	5319	1	5055	1
长期负债合计	91	30498	16	62393	10	31895	-6
递延税款：	92						
递延税款贷项	93						
负债合计	94	90036	46	68313	11	-21723	-35

续表

项　　目	行次	2021年 总额	%	2022年 总额	%	差额 总额	%
少数股东权益	95	2658	1	2627	0	−31	−1
股东权益：	96						
股　　本	97	102962	53	405000	65	302038	12
资本公积	98			151038	24	151038	24
盈余公积	99						
其中：公益金	100						
未分配利润	101						
上级拨入资金	102						
外币报表折算差额	103						
股东权益合计	104	102962	53	556038	89	453076	3
负债及股东权益合计	105	195656	100	626978	100	431322	

表7-14　A公司利润表

编制单位：A公司　　　　　　　　2022年12月　　　　　　　　单位：元

项　　目	行次	2021年 金额	%	2022年 金额	%
一、营业收入	1	465153	100.00	570105	100.00
减：营业成本	2	285077	61.29	285302	50.04
税费及附加	3	18772	4.04	20266	3.55
销售费用	4	892	0.19	1616	0.28
管理费用	5	8819	1.90	7964	1.40
研发费用	6				0.00
财务费用	7	3078	0.66	9362	1.64
其中：利息费用	8				0.00
利息收入	9				0.00
加：其他收益	10	−42013	−9.03	−2841	−0.50
投资收益	11				
净敞口套期收益	12				
公允价值变动收益	13				
信用减值损失	14				
资产处置收益	15				
二、营业利润	16	106502	22.90	242754	42.58

续表

项　　目	行次	2021年 金额	2021年 %	2022年 金额	2022年 %
加：营业外收入	17	3117	0.67	240	0.04
减：营业外支出	2	1702	0.37	738	0.13
三、利润总额	3	107917	23.20	242256	42.49
减：所得税费用	4	28491	6.13	67210	11.79
四、净利润	5	79426	17.08	175046	30.70
五、其他综合收益的税后净额	6				
六、综合收益总额	7				
七、每股收益	8				

注：2020年营业收入为471147元。

表7-15　A公司现金流量表　　　　　　　　　　　　　　　单位：元

项　　目	行次	2021年	2022年	差额
一、经营活动产生的现金流量				
销售商品、提供劳务收到的现金	1	422653	567260	144607
收取的租金	2			
收到的增值税销项税额和退回的增值税额	3	71852	96434	24582
收到的除增值税以外的其他税费返还	4			
收到的其他与经营活动有关的现金	5			
现金流入小计	6	494505	663694	169189
购买商品、接受劳务支付的现金	7	257952	240907	-17045
经营租赁所支付的现金	8			
支付给职工以及为职工支付的现金	9	21836	26076	4240
支付的增值税款	10	43852	40954	-2898
支付的所得税款	11	28540	67254	38714
支付的除增值税、所得税以外的其他税费	12	18772	20266	1494
支付的其他与经营活动有关的现金	13			
现金流出小计	14	370952	395457	24505
经营活动产生的现金流量净额	15	123553	268237	144684
二、投资活动产生的现金流量				
收回投资所收到的现金	22			
分得股利所收到的现金	23			
取得债券利息收入所收到的现金	24			

续表

项　目	行次	2021年	2022年	差额
处置固定资产、无形资产和其他	25			
长期资产而收回的现金净额	26			
收到其他与投资活动有关的现金	27			
现金流入小计	28			
购建无形资产和其他长期资产	29		270	270
所支付的现金净额	30			
资本支出所支付的现金	31	93400	96700	3300
其中：1.地质勘探支出	32	12600	14600	2000
2.油气田开发建设支出	33	75300	72500	-2800
支付的其他与经营活动有关的现金	34			
现金流出小计	35	93400	96970	3570
投资活动产生的现金流量净额	36	-93400	-96970	-3570
三、筹资活动产生的现金流量				
吸收权益性投资所收到的现金	42			
吸收少数股东权益性投资收到的现金	43			
发行债券所收到的现金	43			
借款所收到的现金	44	84447	61158	-23289
收到其他与筹资活动有关的现金	44			
现金流入小计	45	84447	61158	-23289
偿还债务所支付的资金	45			
1.归还人民币长期借款	46			
2.归还外资借款	46			
3.归还债券	47			
4.归还短期借款	47			
5.归还股份公司短期长期负息资金	48	25416	56015	30599
分配股利或利润所支付的现金	48			
支付少数股东的股利	49	3078	9362	6284
偿付利息所支付的现金	49			
融资租赁所支付的现金	50			
减少注册资本所支付的现金	50			
依法减资支付给少数股东的现金	51			
拨付所属资金	51			
支付的其他与筹资活动有关的现金	52			

续表

项　目	行次	2021年	2022年	差额
现金流出小计	52	28494	65377	36883
筹资活动产生的现金流量净额	53	55953	-4219	-60172
四、汇率变动对现金的影响				
五、现金流量净增加额	53	86106	167048	80942

（二）主要指标的计算及分析

1. 财务状况分析

（1）资本结构分析

表7-16给出了公司各种资本占负债和股东权益总额的比重。比较年初年末该企业的资本结构变化可以看出，企业的资金来源发生很大的变化，流动负债占负债和股东权益总额的比重由年初的30%下降到年末的1%，降低了29%；长期负债占负债和股东权益总额的比重由年初的16%降到年末的10%，降低了6%；股东权益由年初的53%上升到年末的89%，增加了36%。

表7-16　各资本种类占负债和股东权益总额的比重分析表　　单位：元

负债及股东权益项目	年初数	年末数	差额	年初比重	年末比重	差额
流动负债	59538	5920	-53618	30%	1%	-29%
长期负债	30498	62393	31895	16%	10%	-6%
负债合计	90036	68313	-21723			
股东权益	102962	556038	453076	53%	89%	36%
少数股东权益	2658	2627	-31	1%		-1%
负债与股东权益合计	195656	626978	431322	100%	100%	
流动负债与总负债的比率	66%	9%	-57%			

从资本结构项目对比分析，年末流动负债比重比年初下降29%。主要原因，一是股东权益大幅度增加，使流动负债比重相对下降；二是流动负债绝对数比年初减少53618元，其中，短期借款比年初减少11000元，应付账款比年初增加223元，预提费用减少62512元（审计调整）。年末长期负债比重比年初降低6%，原因主要是股东权益增加使其相对比重下降。从绝对数额看，长期负债比年初增加31895元。其中，长期借款减少12289元，住房周转金调整增加长期负债48140元。通过分析初步评价结论：企业主要靠自有资金进行经营，而且本年度企业自有资金大幅度增加，自有资金的实力很强。

流动负债和长期负债占负债和股东权益总额的比例比年初大幅度下降,且流动负债占负债总额的比例由年初的66%下降到年末的9%,财务风险非常低,企业短期偿债能力极强,对短期筹集资金的依赖程度很小。

资本结构发生变化的原因除负债下降外,还有资产评估增值较大,使股东权益相应增加。

(2)资产结构分析

表7-17给出了公司各类资产占资产总额的比重。

表7-17 各资产大类占资产总额的比重计算分析表　　　　单位:元

资产项目	年初数	年末数	差额	年初比重	年末比重	差额
流动资产	88341	54479	-33862	45%	9%	-36%
长期投资		5202	5202		1%	1%
固定资产	107309	567008	459699	55%	90%	35%
无形资产		270	270			
递延资产	6	19	13			
资产合计	195656	626978	431322	100%	100%	

从表7-17中可以看出,企业的年末资产总额比年初增加2倍多,增加了459699元;同时固定资产比重升高,流动资产比重下降。固定资产出现异常增加,一是根据财政部的批复,将历年公司维护费支出形成的资产纳入账内核算;二是根据重组上市的总体要求对资产进行评估,资产增值。从资产项目分析,流动资产比重下降,其原因一是固定资产异常增加,使流动资产的比重相对下降;二是流动资产绝对额下降,年末比年初减少33862元。

评价:企业流动资产的比重过低,资产的流动性和变现能力偏低。

固定资产增加偏高,是通过评估增值增加的,并没有真正增加企业的生产能力,而且以后年度由于折旧费用的增加,还会增加企业经营的负担,未来回报率受到严重影响。

(3)偿债能力分析

表7-18给出了公司的主要偿债能力指标。通过分析,企业的营运资本(流动资产减流动负债)为正数且年末比年初增加,说明偿还短期债务的风险很小;流动比率年初为1.48,低于2,对于年初来说偿还短期债务还是有风险的,但年末为9.2,指标大幅度增长,单从偿债能力来说,企业不能偿还短期债务的风险几乎没有。经对流动负债的具体项目进行分析,指标变化较大主要是由于调整预提费用引起的;资产负债率年末比年初也大幅下降,债权人几乎没有贷款风险。

表7-18 主要偿债能力指标表　　　　　　　　　　　　　　　　　单位：元

项　　目	年初数	年末数	差额
营运资本	28803	48559	19756
流动比率	1.48	9.2	
资产负债率	46%	11%	−35%

评价：企业的债务风险很小，无论是对流动负债还是对长期负债，都具有很强的偿还能力。

由于负债率降低，债务人的风险减少到高枕无忧，但股东承担的风险却大大提高，还应适时进行调整。

（4）资产管理效率指标分析

$$存货周转率 = \frac{销售成本}{平均存货} = \frac{285302}{6925} = 41.2（次）$$

$$存货周转天数 = \frac{360}{存货周转率} = \frac{360}{41.2} = 8.7（天）$$

$$应收账款周转率 = \frac{销售收入}{平均应收账款} = \frac{570105}{30114} = 18.9（次）$$

$$应收账款周转天数 = \frac{360}{应收账款周转率} = \frac{360}{18.9} = 19.1（天）$$

$$流动资产周转率 = \frac{销售收入}{平均流动资产} = \frac{570105}{71410} = 8.0（次）$$

$$总资产周转率 = \frac{销售收入}{平均总资产} = \frac{570105}{411317} = 1.4（次）$$

进行分析，应结合本企业的历史水平、平均水平或行业平均水平进行对比，从指标的变化情况来具体分析管理方面存在的问题和取得的效果。还要与生产经营、技术经济、优化资源等方面综合考虑进行分析，这里不再展开。

2. 盈利能力分析

（1）盈利结构分析

A公司2022年的利润总额为242256元，比上年同期的107917元，增加134339元，经营成果好于上年。从利润表的各项目分析看，取得好于上年的经营成果，主要原因是收入比上年同期增加144607元。

支出项目，除主营业务税费及附加因税基（收入）增加而上升和财务费用增加外，其他成本及费用都有不同程度的降低。说明企业加强管理，降低成本和费用措施收到成效。

（2）盈利能力分析

通过表7-19中的指标可以看出，销售净利率和销售毛利率都比上年有较大提高，总资产收益率和净资产收益率也都很高，这说明企业的盈利能力很强。

表7-19　盈利能力指标计算和分析表

指标名称	2021年	2022年
销售净利率	17%	31%
销售利润率	35%	46%
总资产报酬率		59%
资产净利率		43%
净资产收益率		53%

3. 现金流量分析

该公司2022年现金净流量为16.7万元，经营活动产生160%的净现金流入，投资活动使58%的净现金流出，融资活动使2%的净现金流出。流入流出相抵后，净现金流入为16.7万元。这说明该公司生产经营活动有较强的现金增值能力，公司从经营活动中取得现金不仅足够支付经营活动的各项现金支出，还盈余26.8万元。

公司用这部分现金进行勘探、开发建设和购置无形资产偿还了2.3万元的债务，还向股东分配了股利，最后期末现金流比期初增加8.1万元。这种现金流状况是比较理想的。

4. 关键业绩指标

（1）投资资本回报率

$$\text{投资资本回报率} = \frac{\text{税息前利润} \times (1 - \text{所得税率})}{\text{平均固定资产余额} + \text{平均运营资本余额}} \times 100\%$$

$$= \frac{251618 \times (1-25\%)}{387782} \times 100\%$$

$$= 48.66\%$$

投资资本回报率是一项反映投入资本的盈利能力，具有较强综合性的指标。具体指标计算见表7-20。

A公司2022年投资资本回报率为48.66%。比同行业平均水平14.90%高出33.76个百分点，是平均水平的3.3倍。说明该企业投入资本创造回报的能力很强。

影响投资资本回报率指标的主要原因，在所得税率不变的前提下，是税息前利润和投入资本。

表 7-20　A 公司投资资本回报率指标计算分析表

序号	指标名称	计量单位	行业水平	计算结果 2021 年	计算结果 2022 年	差额
一、	投资资本回报率	%	14.9	73.53	48.66	-24.87
（一）	税息前利润	元	3862795	110995	251618	140623
1.	利润总额	元	3509515	107917	242256	134339
（1）	收入	元	10794519	422653	567260	144607
①	销售量	吨	9780	545	532	-13
②	销售均价	元/吨	1103	775	1066	291
（2）	支出	元	7302731	317534	325421	7887
①	主营业务成本	元	6343478	285077	285302	225
	其中：单位销售成本	元/吨	848	523	536	13
	其中：单位操作费	元/吨	266	210	224	14
	单位折旧费	元/吨	86	14	36	22
	单位油维费	元/吨	125	174	144	-30
②	营业费用	元	32482	892	1616	724
③	主营业务税费及附加	元	309593	18772	20266	1494
④	管理费用	元	262844	8819	7964	-855
⑤	财务费用	元	353280	3078	9362	6284
2.	地质勘探费用	元				
（二）	投入资本	元	19437977	113213	387782	274569
1.	平均固定资本	元	18513592	95828	337159	241331
（1）	期初固定资本	元	18513592	84347	107309	22962
（2）	期末固定资本	元	18513592	107309	567008	459699
2.	平均运营资本	元	924385	17385	50623	33238
（1）	期初运营资本	元	924385	3019	37788	34769
（2）	期末运营资本	元	924385	37788	63458	25670

A 公司税息前利润 2022 年比 2021 年增加了 14.06 万元，影响税息前利润的因素：一是营业利润 2022 年比 2021 年增加 13.7 万元，主要是收入增加 14.4 万元；二是财务费用比 2021 年增加了 6284 元。

资本投入包括固定资本的投入和营运资本的投入。

A 公司 2022 年的资本投入比 2021 年增加 27.5 万元。其中固定资本投入增加 24.1 万元，营运资本投入增加3.3万元。大规模超常增加资本投入的原因主要是：企业合并、投资大型项目或资产评估增值等因素。根据收入、产量、成本、项目投资等一系列指标可以看出，该公司2022年新增资本投入比2021年只增加了1700元，因此可以排除合并和投资特大型项目的可。该公司2022年重组改制过程中，资产评估增值，导致固定资本大幅度增加。

评估增值的固定资本没有扩大生产能力，不增加当年销售收入。2021年固定资产周转率为4.4，而2022年仅为1.7，即投入1元的固定资本仅创造1.7元的收入，比2021年减少了61%。这是导致投资资本回报率降低的根本原因。

（2）资本负债率

$$资本负债率 = \frac{有息债务}{有息债务 + 股东权益} \times 100\%$$

$$= \frac{(5000 + 14301 + 56158)}{5000 + 14301 + 56158 + 556038} \times 100\%$$

$$= \frac{75459}{631497} \times 100\%$$

$$= 11.9\%$$

资本负债率是衡量偿债能力和资本结构优化能力的指标。A公司资本负债率为11.9%。比行业的平均水平29.8%低17.9个百分点，说明企业没有财务风险。

（3）已获利息倍数

$$已获利息倍数 = \frac{税息前利润}{利息费用}$$

$$= \frac{利润总额 + 财务费用}{财务费用}❶$$

$$= \frac{242256 + 9362}{9362}$$

$$= 26.9$$

已获利息倍数是衡量企业支付利息能力的指标，A公司已获利息倍数为26.9倍，远远高于行业10.9倍的平均水平。

---

❶ 严格讲，应采用全部利息支出（含资本化部分）计算，但为取数方便，实务中通常采用财务费用计算。

（4）自由现金流

$$自由现金流 = 税息前利润 \times (1 - 所得税率) + 折旧、折耗和摊销 - 资本支出 - 营运资本变化量$$

$$= 251618 \times (1-25\%) + 27922 - 94892 - 25670$$

$$= 96074（元）$$

具体指标计算见表7-21。

表7-21　A公司自由现金流指标计算分析表

序号	指标名称	计量单位	计算结果 2021年	计算结果 2022年	差额
二、	自由现金流	元	−29714	96074	125788
（一）	税息前利润	元	110995	251618	140623
（二）	折旧、折耗和摊销	元	15000	27922	12922
（三）	资本支出	元	93192	94892	1700
1.	地质勘探支出	元	12600	14600	2000
2.	油田开发支出	元	75300	72500	−2800
3.	公用工程支出	元	5292	7428	2136
4.	增加无形资产	元		270	
5.	增加长期待摊费用	元		94	
6.	核销的勘探投资	元			
7.	费用化的探井支出	元			
（四）	运营资本变化量	元	34769	25670	−9099
1.	期初营运资本	元	3019	37788	34769
2.	期末营运资本	元	37788	63458	25670

自由现金流是衡量企业经营活动创造现金能力的指标，用这一指标来分析公司的生产经营活动创造现金的能力。2022年该公司自由现金流为9.6万元，即通过经营创造的现金满足资本支出和增加运营资本的需要后，还有结余。说明其生产经营活动创造现金能力较强。

（5）股东回报率

$$股东回报率 = \frac{净利润}{平均股东权益} \times 100\%$$

$$= \frac{175046}{329500} \times 100\%$$

$$= 53.1\%$$

股东回报率是衡量企业创造股东回报的能力。A公司股东回报率为53.1%。说明股东投入1元的资金可以创造0.531元的回报。比行业19%左右的回报率高出2倍多。

（6）税息前利润

$$税息前利润 = 利润总额 + 财务费用$$
$$= 242256 + 9362$$
$$= 251618（元）$$

（7）净利润

$$净利润 = 175046（元）$$

（8）人工成本占总成本的比例

$$人工成本占总成本的比例 = \frac{总人工成本}{总成本} \times 100\%$$

$$= \frac{26076}{294883} \times 100\%$$

$$= 8.8\%$$

具体指标计算见表7-22。

表7-22　A公司人工成本占总资本的比例指标计算分析表

序号	指标名称	计量单位	行业水平	计算结果 2021年	计算结果 2022年	差额
	人工成本占总成本的比例	%	8.3	7.4	8.8	1.4
（一）	总人工成本	元	502814	21836	26076	4240
（二）	总成本	元	6058000	294788	294883	94.4
1.	主营业务成本	元	5555168	285077	285302	225
2.	营业费用	元	33221	892	1616	724
3.	管理费用	元	163610	8819	7964	-855
4.	地质勘探费用	元				
（三）	职工人数	人	251407	10600	10600	
（四）	人均人工成本成本[①]	元/人年	2.2	2.1	2.5	0.4
（五）	人均销售量	吨/人	389	515	502	-12
（六）	人均年创收入[①]	元/人年	43	40	54	14

①"人均人工成本成本""人均年创收入"的计量单位应是"万元/人年"，表中所示单位是由于资料取整、缩小计量单位所致。

人工成本占总资本的比例，可以衡量人工成本的控制能力及利用人力资源的效率。

A公司2022年人工成本占总成本的比例比2021年上升了1.4个百分点。公司在提高劳动生产率的同时，提高职工的收入，A公司2022年劳动生产率在产量降低的情况下比2021年增长了35%，适当给职工增加收入是一种激励机制。但职工收入的增长幅度应低于劳动生产率的增长幅度。

（9）总部管理费用率

$$总部管理费用率 = \frac{总部管理费用}{总成本} \times 100\%$$

$$= \frac{7964}{294883} \times 100\%$$

$$= 2.7\%$$

总部管理费用率用以衡量对管理成本的控制能力和效率。经计算，A公司总部管理费用率为2.7%。比行业平均水平3.9%低1.2个百分点，说明控制管理成本的能力较强，效率较佳。

5. 总体评价

A公司与其生产能力相比以及和国内同行业比较，职工相对较少，但和国外同行业相比职工人数偏高。总体综合分析结论为：A公司劳动生产率、资产管理效率较高；盈利能力较强，负债率偏低，财务风险较小；生产经营活动创造现金的能力很强，为良性循环，回报令人满意。

6. 存在的问题

1）2022年储采平衡率小于1，如果长此下去，产量必然递减，收入会减少，投资回报率会降低。

2）2022年资产负债率只有10.9%，利用借款增加企业效益的能力潜力很大。

7. 措施及建议

1）应加大勘探投入，增加可采储量，保持储采比的良性循环，适当扩大外延，增加企业的后劲。

2）适当调整负债结构，增强获利能力。

3）坚持低成本战略，控制成本增长。

四、以B公司为例分析和评价

（一）收集资料

收集资料包括收集企业的资产负债表（表7-23）、利润表（表7-24）、现金流量表（表 7-25）等。

（二）主要指标的计算及分析

1. 财务状况分析

（1）资本结构分析

表 7-26 给出了各资本种类占负债和股东权益总额的比重。

通过年初年末数据对比分析，企业的资金来源结构发生了很大的变化，流动负债占负债和股东权益总额的比重由年初的 73% 下降到年末的 37%，降低了 36 个百分点，长期负债比重由年初的 -11% 上升到年末的 1%，升高 12 个百分点，股东权益比重由年初的 38% 上升到年末的 62%，增加 25 个百分点。

表 7-23　B 公司资产负债分析表（左方）　　　　　单位：元

项　目	行次	2021年 总额	%	2022年 总额	%	差额 总额	%
流动资产：	1						
货币资金	2	1		11913	17	11912	17
其中：银行存款	3			11913	17	11913	17
短期投资	4						
应收票据	5						
应收账款	6						
减：坏账准备	7						
应收账款净额	8						
预付账款	9						
应收补贴款	10						
应弥补亏损	11						
其他应收款	12	14360	43	16207	23	1847	−19
存货	13	735	2	624	1	−111	−1
待摊费用	14	77	0			−77	0
待处理流动资产净损失	15						
一年内到期的长期债券投资	16						
其他流动资产	17						
流动资产合计	18	15173	45	28745	41	13572	−3
长期投资：	19						
期投资	20	2000	6			−2000	−6
合并差价	21						

续表

项 目	行次	2021年 总额	%	2022年 总额	%	差额 总额	%
固定资产：	22						
固定资产原价	23	91217	271	119904	173	28687	−97
减：累计折旧	24	84199	250	82831	120	−1368	−130
固定资产净值	25	7018	21	37073	54	30055	33
固定资产清理	26						
在建工程	27						
勘探开发支出	28	9529	28	3453	5	−6076	−23
待处理固定资产净损失	29						
固定资产合计	30	16547	49	40526	59	23979	9
无形资产及递延资产：	31						
无形资产	32						
递延资产	33						
无形资产及递延资产合计	34						
其他长期资产：	35						
其他长期资产	36						
递延税款：	37						
递延税款借款	38						
资产总计	39	33720	100	69270	100	35549	

B公司资产负债分析表（右方）　　　　　　　　　　　　单位：元

项 目	行次	2021年 总额	%	2022年 总额	%	差额 总额	%
流动负债：							
短期借款	40						
应付票据	41						
应付账款	42			675	1	675	1
预收账款	43						
其他应付款	44	21993	65	20194	29	−2019	−36
应付工资	45	2193	7	3446	5	1253	−2
应付福利费	46	360	1	1292	2	932	1
未交税费	47						
未付利润	48						

续表

项　　目	行次	2021年 总额	%	2022年 总额	%	差额 总额	%
其他未交款	49						
预提费用	50						
一年内到期的长期负债	51						
其他流动负债	52						
流动负债合计	53	24546	73	25407	37	861	−36
长期负债：	54						
长期借款	55						
应付债券	56						
长期应付款	57						
地质勘探费拨款	58						
储量使用费	59			733	1	733	1
其他长期负债	60	−3559	−11			3559	11
其中：住房周转金	61	−3559	−11			3559	11
专项应付款	62						
长期负债合计	63	−3559	−11	733	1	4292	12
递延税款：	64						
递延税款贷项	65						
负债合计	66	20987	62	26140	38	5153	−25
少数股东权益	67						
股东权益：	68						
股　　本	69	7171	21	43130	62	35959	41
资本公积	70	5562	16			−5562	−16
盈余公积	71						
未分配利润	72						
外币报表折算差额	73						
股东权益合计	74	12733	38	43130	62	30397	25
负债及股东权益合计	75	33720	100	69270	100	35549	

表 7-24　B 公司利润表

编制单位：B 公司　　　　　　　　　　　　2022 年 12 月　　　　　　　　　　　　单位：元

项目	行次	2021 年 金额	%	2022 年 金额	%	差额 金额	%
一、营业收入	1	34213	100.00	40605	100.00	6392	
减：营业成本	2	35963	105.12	35885	88.38	−78	−16.74
税费及附加	3	304	0.89	303	0.75	−1	−0.14
销售费用	4						
管理费用	5	4000	11.69	4105	10.11	105	−1.58
研发费用	6						
财务费用	7						
其中：利息费用	8						
利息收入	9						
加：其他收益	10	12	0.04	−36	−0.09	−48	−0.12
投资收益	11						
净敞口套期收益	12						
公允价值变动收益	13						
信用减值损失	14						
资产处置收益	15						
二、营业利润	16	−6042	−17.66	276	0.68	6318	18.34
加：营业外收入	17	10	0.03	58	0.14	48	0.11
减：营业外支出	2	79	0.23	1516	3.73	1437	3.50
三、利润总额	3	−6111	−17.86	−1182	−2.91	4929	14.95
减：所得税费用	4						
四、净利润	5	−6111	−17.86	−1182	−2.91	4929	14.95
五、其他综合收益的税后净额	6						
六、综合收益总额	7						
七、每股收益	8						

表 7-25　B 公司现金流量表　　　　　　　　　　　　　　　　　　　　单位：元

项目	行次	2021 年	2022 年	差额
一、经营活动产生的现金流量				
销售商品、提供劳务收到的现金	1	34213	40605	6392
收取的租金	2			0

续表

项 目	行次	2021年	2022年	差额
收到的增值税销项税额和退回的增值税额	3	5816	6903	1087
收到的除增值税以外的其他税费返还	4			0
收到的其他与经营活动有关的现金	5			0
现金流入小计	6	40029	47508	7479
购买商品、接受劳务支付的现金	7	26981	36894	9913
经营租赁所支付的现金	8			0
支付给职工以及为职工支付的现金	9	12300	13500	1200
支付的增值税款	10	4587	6272	1200
支付的所得税款	11			0
支付的除增值税、所得税以外的其他税费	12	259	306	47
支付的其他与经营活动有关的现金	13			0
现金流出小计	14	44127	56972	12845
经营活动产生的现金流量净额	15	−4098	−9464	−5366
二、投资活动产生的现金流量				
收回投资所收到的现金	22			
分得股利所收到的现金	23			
取得债券利息收入所收到的现金	24			
处置固定资产、无形资产和其他	25			
长期资产而收回的现金净额	26			
收到其他与投资活动有关的现金	27			
现金流入小计	28			
购建无形资产和其他长期资产	29			
所支付的现金净额	30			
资本支出所支付的现金	31	17057	18316	1259
其中：1. 地质勘探支出	32	8170	11644	3474
2. 油气田开发建设支出	33	8887	6453	−2434
支付的其他与投资活动有关的现金	34			
现金流出小计	35	17057	18316	1259
投资活动产生的现金流量净额	36	−17057	−18316	−1259
三、筹资活动产生的现金流量				
吸收权益性投资所收到的现金	42			
吸收少数股东权益性投资收到的现金	43			
发行债券所收到的现金	44			

续表

项　　目	行次	2021年	2022年	差额
借款所收到的现金	45			
收到其他与筹资活动有关的现金	46			
现金流入小计	47			
偿还债务所支付的资金	48			
1.归还人民币长期借款	49			
2.归还外资借款	50			
3.归还债券	51			
4.归还短期借款	52			
5.归还股份公司短期长期负息资金	53			
分配股利或利润所支付的现金	54			
支付少数股东的股利	55			
偿付利息所支付的现金	56			
融资租赁所支付的现金	57			
减少注册资本所支付的现金	58			
依法减资支付给少数股东的现金	59			
拨付所属资金	60			
支付的其他与筹资活动有关的现金	61			
现金流出小计	62			
筹资活动产生的现金流量净额	63			
四、汇率变动对现金的影响	64			
五、现金流量净增加额	62	−21155	−27780	−6625

表7-26　各资本种类占负债和股东权益总额的比重分析表　　　　　　　　单位：元

负债及股东权益项目	年初数	年末数	差额	年初比重	年末比重	差额
流动负债	24546	25407	861	73%	37%	−36%
长期负债	−3559	733	4292	−11%	1%	12%
负债合计	20987	26140	5153			
股东权益	12733	43130	30397	38%	62%	25%
负债与股东权益合计	33720	69270	35550	100%	100%	
流动负债与总负债的比率	117%	97%	−20%			

从资本结构的项目分析可以看出，年末流动负债的比重比年初下降36个百分点，主要是股东权益大幅度增加，使流动负债比重相对下降。长期负债比重年末比年初上升12

个百分点，主要是因为年初住房周转金赤字未做处理，集中在年末一次性冲减股东权益，使长期负债相对增加。

分析评价：企业主要依靠负债经营，转向以自有资金进行经营为主，而且本年度企业自有资金大幅度增加，公司的自有资金实力增强。

由于流动负债的比重下降，企业偿还短期债务的压力降低，财务风险也有所降低。但从负债的绝对额看，不论长期负债还是短期负债都是上升的，负债比重下降是因为股东权益大幅度增加所至。因此对债务的风险和还贷压力还不能掉以轻心。

资本结构发生的变化的主要原因是通过资产评估使资产大幅增值，导致企业的股东权益增加，但也有潜在的矛盾，即未来回报指标将会受到影响。

（2）资产结构分析

表7-27给出了各资产大类占资产总额的比重。从表7-27中可以看出，企业的资产总额比年初增加35550元，同时资产结构也发生了很大的变化，固定资产比重升高，流动资产比重下降。一是根据财政部的批复，将历年油田维护费支出形成的资产纳入账内核算；二是根据重组上市的总体要求对资产进行评估，资产增值。

表7-27　各资产大类占资产总额的比重计算分析表　　　　　　　　单位：元

资产项目	年初数	年末数	差额	年初比重	年末比重	差额
流动资产	15173	28745	13572	45%	41%	-4%
长期投资	2000			6%		-6%
固定资产	16547	40525	23979	49%	59%	10%
无形资产						
递延资产						
资产合计	33720	69270	35550	100%	100%	

从资产项目分析来看，流动资产比重下降，主要是固定资产增加使流动资产的相对比重下降。从流动资产绝对额看，年末比年初增加13572元。分析评价：企业流动资产比重下降，资产的流动性和变现能力减弱。

固定资产增加，主要受资产评估增值影响，并没有真正增加企业的生产能力，而且以后年度由于折旧费用的增加，还会增加企业经营的负担。

（3）偿债能力分析

表7-28给出了偿债能力分析数据。通过分析，企业年初的营运资本为负数，流动比率只有0.62，说明偿还短期债务的压力很大；年末营运资本转为正数，流动比率也上升，反映企业的偿债压力得到缓解，风险减小，但流动比率仍然偏低。资产负债率年末比年

初也大幅度下降，总体上看债务结构得到调整，正朝着好的方向转化。

表7-28 偿债能力分析表 单位：元

项目	年初数	年末数	差额
营运资本	-9373	3338	12711
流动比率	0.62	1.13	
资产负债率	62%	38%	-24%

评价：企业具有较大的债务风险，短期债务的还贷压力很大；受资产评估因素影响，资产负债率降低，债务人所承担的风险减少，但股东承担的风险相应提高。

2. 盈利能力分析

（1）盈利结构

企业2022年亏损1182元，2021年亏损6111元，减亏4929元，经营成果好于上年。

从利润表的各项目分析，取得好于上年的经营成果，主要原因是收入比上年同期增加6392元。但由于营业外支出和管理费支出比上年同期增加，收入的增加没有完全转化为企业的利润；企业在降低管理费和营业外支出方面还应采取措施。

（2）盈利能力

表7-29给出了盈利能力指标。通过分析可以看出，企业的获利能力很差。2022虽比2021年有好转，但销售净利率两年都是负数，所取得的收入无法补偿支出。由于销售收入的增加，销售毛利率2022年转为正数，提高了企业的获利能力，这也是能够实现减亏的主要原因。

表7-29 盈利能力指标计算和分析

指标名称	2021年	2022年
销售净利率	-18%	-3%
销售利润率	-6%	11%
总资产报酬率	-18%	-2%
资产净利率	-18%	-2%
净资产收益率	-48%	-2.7%

3. 现金流量分析

根据现金流量表分析，B公司2022年现金净流量为-2.7万元。其中，经营活动和投资活动均为净现金流出，也没有开展融资活动，既没有流入，也没有流出。这说明该公司生产经营活动创造现金流入的能力很弱，公司在经营活动中不仅没有净现金流入，反而产生了9464元的现金流出。

4. 关键业绩指标

（1）投资资本回报率

$$\text{投资资本回报率} = \frac{\text{税息前利润} \times (1 - \text{所得税率}) \times 100\%}{\text{平均固定资产余额} + \text{平均运营资本余额}}$$

$$= \frac{1182}{19905} \times 100\%$$

$$= -6\%$$

当税息前利润为负数时不考虑所得税率的影响。具体指标计算如表7-30所示。

表7-30　B公司投资资本回报率指标计算分析表

序号	指标名称	计量单位	行业水平	2021年	2022年	差额
一、	投资资本回报率	%	14.90	-85	-6	79
（一）	税息前利润	元	3862795	-6111	-1182	4929
1.	营业利润	元	3509515	-6042	276	-6318
（1）	收入	元	10794519	34213	40605	6392
①	销售量	吨	9780	38	38	
②	销售均价	元/吨	1103	899	1069	170
（2）	支出	元	7302731	39963	39990	27
①	主营业务成本	元	6343478	35963	35885	-78
	其中：单位销售成本	元/吨	848	946	946	0
	其中：单位操作费	元/吨	266	724	703	-21
	单位折旧费	元/吨	86	26	74	48
	单位油维费	元/吨	125	108	78	-30
②	营业费用	元	32482			
③	主营业务税费及附加	元	309593	304	306	2
④	管理费用	元	262844	4000	4105	105
⑤	财务费用	元	353280			
2.	地质勘探费用	元				
（二）	投入资本	元	19437977	7174	19905	12731
1.	平均固定资本	元	18513592	16547	28537	11990
（1）	期初固定资本	元	18513592	16547	16547	
（2）	期末固定资本	元	18513592	16547	40526	23979
2.	平均运营资本	元	924385	-9373	-8632	741
（1）	期初运营资本	元	924385	-9373	-9373	
（2）	期末运营资本	元	924385	-9373	-7891	1482

在表 7-30 中，B 公司 2022 年投资资本回报率为 -6%。比同行业平均水平 14.90% 低 20.9 个百分点。说明其投入资本创造回报的能力大大低于同行业的平均水平，投入资本创造回报的能力很弱，但与 2021 年比，指标在上升，且上升的幅度很大。在所得税率不变的前提下，影响投资资本回报率的主要原因是税息前利润和投入资本。

首先分析税息前利润。B 公司 2022 年税息前利润比 2021 年增加 4929 元。主要是 2022 年营业利润同比增加 6318 元。营业利润增加的原因主要是：产品价格提高了 170 元/吨，使收入增加 6392 元；支出增加 74 元，其中：主营业务成本降低了 78 元，主营业务税费减少 1 元，管理费用增加 105 元；其他业务利润减少 48 元。

单位销售成本维持不变，主要是靠减少油田维护费 29 元/吨和操作费 20 元/吨，折旧增加了 48 元/吨。

对于折旧的增加，要分析资产是否增加、折旧方法是否改变或折旧率调整等因素。B 公司主要是资产评估增值导致了折旧费的增加。

通过分析税息前利润可以看出，在产量不变时，由于产品市场价格升高增加了收入；由于大幅度减少企业维护费和操作费的支出才消化了折旧的上升，从而使成本得到控制。收入的增加是投资资本回报率上升的主要原因。

资本投入包括固定资本的投入和营运资本的投入。B 公司 2022 年资本投入比 2021 年增加 1.3 万元，其中固定资本投入增加 1.2 万元，营运资本的投入增加 741 元。增加总额是 2021 年资本总额 7174 元的 1.8 倍。大规模超常增加固定资本投入的原因主要是：企业合并、投资特大型项目或资产评估增值。根据收入、产量、成本、项目投资等一系列指标可以看出，B 公司 2022 年新增资本投入比 2021 年只增加了 1259 元，因此可以排除合并行为和特大型项目投资的可能。实际情况是，该公司 2022 年重组改制中，资产评估增值，导致固定资本大幅度增加。

评估增值的固定资本当年并没有创造出新的销售收入。2021 年固定资产周转率为 2.1，而 2022 年才 1.4，即投入 1 元的固定资本才创造 1.4 元的收入，比 2021 年减少了 33%。这是导致投资资本回报率降低的根本原因。

（2）自由现金流

$$\text{自由现金流} = \text{税息前利润} \times (1 - \text{所得税率}) + \text{折旧、折耗和摊销} - \text{资本支出} - \text{营运资本变化量}$$

$$= (-1182) + 3098 - 18316 - 1482$$

$$= -17882（元）$$

当税息前利润为负数时不考虑所得税率的影响。具体计算如表7-31所示。

表7-31 B公司自由现金流指标计算分析表

序号	指标名称	计量单位	行业水平	计算结果 2021年	计算结果 2022年	差额
二、	自由现金流	元		-22486	-17882	4604
(一)	税息前利润	元		-6111	-1182	4929
(二)	折旧、折耗和摊销	元		682	3098	2416
(三)	资本支出	元		17057	18316	1259
1.	地质勘探支出	元		8170	11644	3474
2.	油田开发支出	元		8887	6453	-2434
3.	公用工程支出	元			219	219
4.	增加无形资产	元				
5.	增加长期待摊费用	元				
6.	核销的勘探投资	元				
7.	费用化的探井支出	元				
(四)	营运资本变化量	元			1482	1482
(1)	期初营运资本	元		-9373	-9373	
(2)	期末营运资本	元		-9373	-7891	1482

自由现金流是衡量企业经营活动创造现金能力的指标,通常用这一指标来分析公司的生产经营活动创造现金的能力。2022年B公司自由现金流为-1.6万元,说明油田生产经营活动创造现金的能力很弱。

(3) 股东回报率(净资产收益率)

$$股东回报率 = \frac{净利润}{平均股东权益} \times 100\%$$

$$= \frac{(-1182)}{27932} \times 100\%$$

$$= -4\%$$

股东回报率是衡量企业创造股东回报的能力。该公司股东回报率为-4%。说明股东投入100元的资金创造了-4元的回报,出现投资亏损。

(4) 税息前利润

$$税息前利润 = 利润总额 + 财务费用 = -1182(元)$$

（5）净利润

$$净利润 = -1182（元）$$

（6）人工成本占总成本的比例

$$人工成本占总成本的比例 = \frac{总人工成本}{总成本} \times 100\%$$

$$= \frac{13500}{39990} \times 100\%$$

$$= 33.8\%$$

具体计算见表 7-32。

表 7-32　B 公司劳动力占总资本的比例指标计算分析表

序号	指标名称	计量单位	行业水平	计算结果 2021年	计算结果 2022年	差额
	人工成本占总成本的比例	%	8.3	30.8	33.8	3.0
（一）	总人工成本	元	5519	12300	13500	1200
（二）	总成本	元	66388	39963	39990	27
1.	主营业务成本	元	63435	35963	35885	-78
2.	营业费用	元	325			
3.	管理费用	元	2628	4000	4105	105
4.	地质勘探费用	元				
（三）	职工人数	人	251407	3101	3101	
（四）	人均劳动力成本[①]	元/人年	2.2	4.0	4.4	0.4
（五）	人均销售量	吨/人	389	2409	3351	942
（六）	人均年创收入[①]	元/人年	43	11	13	2

①"人均劳动力成本""人均年创收入"的计量单位应是"万元/人年"，表中所示单位是由于资料取整、缩小计量单位所致。

人工成本占总资本的比例是衡量人工成本成本的控制能力及利用人力资源的效率指标。

B 公司 2022 年人工成本占总成本的比例比 2021 年上升 3%；劳动生产率比 2021 年增长了 18%，适当给职工增加收入是一种激励。但由于该公司是微利企业，增加工资的决策应慎重。

（7）总部管理费用率

$$总部管理费用率 = \frac{总部管理费用}{总成本} \times 100\%$$

$$= \frac{4105}{39990} \times 100\%$$

$$= 10.3\%$$

总部管理费用率是衡量对管理成本的控制能力和效率的指标。B公司总部管理费用率为10.3%。比行业平均水平3.9%高出6.4%，说明控制管理成本的能力较弱，效率不高。

5. 总体评价

B公司规模较小，劳动生产率较低；盈利能力较弱，资产管理效率较低；负债率不高，但财务风险很大；生产经营创造现金能力显弱，投入资本给股东的回报低，该公司生产经营相当困难。

6. 存在的问题

1）规模太小，产量接替不好，稳产困难。由于连续几年几乎没有新增储量，产量必然递减，收入相应减少，投资回报率降低。

2）单位成本比同行业平均水平高364元/吨，达63%，使其缺乏竞争力。如果没有股东的股本金注入或金融机构借款，生产经营将更加困难，难以摆脱困境。

7. 措施及建议

1）由于该企业是老油田，原油产量呈逐步下降的趋势，接替前景不佳，在现有条件下降低成本空间很小，难度较大。

2）靠增加产量，相对降低成本是一条重要的途径。但对于没有再生能力的油田很难行得通，必须深化改革，另辟蹊径。加大投入，寻找资源，谋生存求发展。

五、以C公司为例分析和评价

（一）收集资料

收集资料包括收集企业的资产负债表（表7-33）、利润表（表7-34）、现金流量表（表7-35）等。

（二）主要指标的计算与分析

1. 财务状况分析

（1）资本结构分析

表 7-36 给出了期初期末各资本种类占负债和股东权益总额的比重。

比较年初年末该企业的资本结构变化可以看出，企业的资金来源基本没有变化，流动负债、长期负债、股东权益占负债和股东权益总额的比重均与年初基本持平。但从绝对额来看，流动负债比年初净增加 5.5 万元，是年初的 1.82 倍；股东权益净增加 20.7 万元，是年初的 1.8 倍；长期负债与年初持平。

初步评价结论：公司主要靠自有资金进行经营，自有资金的实力很强，达 78%。

表 7-33 C 公司资产负债分析表（左方）　　　　　　　　　　　单位：元

项目	行次	2021年 总额	%	2022年 总额	%	差额 总额	%
流动资产：	1						
货币资金	2	4407	1	30371	5	25964	4
其中：银行存款	3	4315	1	30280	5	25965	4
短期投资	4						
应收票据	5						
应收账款	6	17284	5	14149	2	-3135	-3
减：坏账准备	7			612	0	612	0
应收账款净额	8	17284	5	13537	2	-3747	-3
预付账款	9			13	0	13	0
应收补贴款	10						
应弥补亏损	11						
其他应收款	12	15825	5	14140	2	-1685	-2
存货	13	30782	9	53014	9	22232	0
待转其他业务支出	14						
待摊费用	15	398				-398	0
待处理流动资产净损失	16						
一年内到期的长期债券投资	17						
其他流动资产	18						
流动资产合计	19	68696	21	111075	19	42379	-2
长期投资：	20						

续表

项　目	行次	2021年 总额	%	2022年 总额	%	差额 总额	%
长期投资	21	2457	1	4059	1	1602	0
合并差价	22						
固定资产：	23						
固定资产原价	24	430717	131	620841	105	190124	−26
减：累计折旧	25	217183	66	169882	29	−47301	−37
固定资产净值	26	213534	65	450959	76	237425	11
固定资产清理	27						
在建工程	28	43961	13	18888	3	−25073	−10
勘探开发支出	29						
待处理固定资产净损失	30						
固定资产合计	31	257495	78	469847	79	212352	1
无形资产及递延资产：	32						
无形资产	33			6461	1	6461	1
递延资产	34						
无形资产及递延资产合计	35			6461	1	6461	1
资产总计	42	328648	100	591442	100	262794	

C公司资产负债分析表（右方）

单位：元

项　目	行次	2021年 总额	%	2022年 总额	%	差额 总额	%
流动负债：	43						
短期借款	44	37002	11	59432	10	22430	−1
应付票据	45						
应付账款	46	7069	2	11230	2	4161	0
预收账款	47	1099	0	1828	0	729	0
其他应付款	48	6986	2	45024	8	38038	5
应付工资	49	1302	0	3786	1	2484	0
应付福利费	50	347	0	1624	0	1277	0
未交税费	51	11363	3	−593	0	−11956	−4
未付利润	52						
其他未交款	53	387	0	38	0	−349	0

续表

项　　目	行次	2021年 总额	%	2022年 总额	%	差额 总额	%
预提费用	54	1800	1			−1800	−1
一年内到期的长期负债	55						
其他流动负债	56						
流动负债合计	57	67355	20	122369	21	55014	1
长期负债：	58						
长期借款	59	7970	2		0	−7970	−2
应付债券	60						
长期应付款	61	2335	1	808	0	−1527	−1
地质勘探费拨款	62						
储量使用费	63						
其他长期负债	64	−4684	−1	5566	1	10250	2
其中：住房周转金	65	−9380	−3		0	9380	3
专项应付款	66	4696		5566	1	870	0
长期负债合计	67	5621	2	6374	1	753	−1
递延税款：	68						
递延税款贷项	69						
负债合计	70	72976	22	128743	22	55767	
少数股东权益	72						
股东权益：	74						
股　　本	75	255672	78	152206	26	−103466	−52
资本公积	76			329203	56	329203	56
其中：补充流动资本	77						
盈余公积	78						
其中：公益金	79						
补充流动资本	80						
未分配利润	81			−18710	−3	−18710	−3
外币报表折算差额	82						
股东权益合计	83	255672	78	462699	78	207027	0
负债及股东权益合计	84	328648	100	591442	100	262794	

表 7-34 C 公司利润表

编制单位：C 公司　　　　　　　　2022 年度　　　　　　　　　　　　单位：元

项　目	行次	2021 年 金额	%	2022 年 金额	%	差额 金额	%
一、营业收入	1	626911	100.00	69762	100.00	142851	
减：营业成本	2	512987	81.83	07923	91.97	194936	0.14
税费及附加	3	52267	8.34	47074	6.12	-5193	2.22
销售费用	4	4938	0.79	5216	0.68	278	-0.11
管理费用	5	14306	2.28	21401	2.78	7095	0.50
研发费用	6						
财务费用	7	4697	0.75	3230	0.42	-1467	-0.33
其中：利息费用	8						
利息收入	9						
加：其他收益	10	5200	0.83	234	0.03	-4966	-0.80
投资收益	11	-568		1			
净敞口套期收益	12						
公允价值变动收益	13						
信用减值损失	14						
资产处置收益	15						
二、营业利润	16	42348	6.76	-14847	-1.93	-57195	-8.68
加：营业外收入	17	449	0.07	22	0.00	-427	-0.07
减：营业外支出	2	1313	0.21	49	0.01	-1264	-0.20
三、利润总额	3	41484	6.62	-14874	-1.93	-56358	-8.55
减：所得税费用	4	11049					
四、净利润	5	30435	4.85	-14874	-1.93	-45309	-6.79
五、其他综合收益的税后净额	6						
六、综合收益总额	7						
七、每股收益	8						

表 7-35 C 公司 2022 年现金流量表

　　　　　　　　　　　　　　　　　　　　　　　　　　　　　　　　单位：元

项　目	行次	金额
一、经营活动产生的现金流量：	1	
销售商品、提供劳务收到的现金	2	837431
收到的租金	3	1492

续表

项　　目	行次	金额
收到的税费返还	4	57118
收到原油差价	5	24411
收到安保基金	6	970
收到的其他与经营活动有关的现金	8	9545
现金流入小计	9	930967
购买商品、接受劳务支付的现金	10	705985
支付给职工以及为职工支付的现金	12	31134
实际缴纳的增值税款	13	20830
支付的所得税款	14	12945
支付的除增值税、所得税以外的其他税费	15	86098
支付安保基金	17	2406
支付技术开发费	18	5520
支付的其他与经营活动有关的现金	19	37275
现金流出小计	20	902193
经营活动产生的现金流量净额	21	28774
二、投资活动产生的现金流量：	22	
分得股利或利润所收到的现金	24	565
处置固定资产、无形资产和其他长期资产而收到的现金净额	26	36
收到的其他与投资活动有关的现金	27	46138
现金流入小计	28	46739
购建固定资产、无形资产和其他长期资产所支付的现金	29	52174
权益性投资所支付的现金	30	5796
现金流出小计	33	57970
投资活动产生的现金流量净额	34	-11231
三、筹资活动产生的现金流量：	35	
借款所收到的现金	38	38430
收到集团公司投资	41	265
收到的其他与筹资活动有关的现金	43	1206
现金流入小计	44	39901
偿还债务所支付的现金	45	16600
偿付利息所支付的现金	48	5872
融资租赁所支付的现金	49	5070
拨付所属企业投资	53	30

续表

项　　目	行次	金额
支付的其他与筹资活动有关的现金	55	928
现金流出小计	56	28500
筹资活动产生的现金流量净额	57	11401
四、汇率变动对现金的影响		0
五、现金及现金等价物净增加额	59	28944

表 7-36　各资本种类占负债和股东权益总额的比重分析表　　　　单位：元

负债及股东权益项目	年初数	年末数	差额	年初比重	年末比	差额
流动负债	67355	122369	55014	20%	21%	1%
长期负债	5621	6374	753	2%	1%	-1%
负债合计	72976	128743	55767			
股东权益	255672	462699	207027	78%	78%	0
负债与股东权益合计	328648	591442	262794	100%	100%	
流动负债与总负债的比率	92%	95%	3%			

流动负债增加过快，短期还贷压力增大；债务结构不尽合理，应适当调整负债比例，降低短期债务风险。资本结构变化不大，但实际上股东权益的增加主要是由于资产评估增值，将影响公司未来的投资回报。

（2）资产结构分析

表 7-37 给出了各资产大类占资产总额的比重。从表中可以看出，企业的年末资产总额比年初增加较多，增加了 26.2 万元，是年初的 1.8 倍。其中固定资产增加 21.2 万元，主要是根据重组上市的总体要求对资产进行评估增值；流动资产增加 4.2 万元，主要是货币资金和存货增加。由于固定资产增加幅度大，相应使流动资产比重略有下降。

表 7-37　各资产大类占资产总额的比重计算分析表　　　　单位：元

资产项目	年初数	年末数	差额	年初比重	年末比重	差额
流动资产	68696	111075	42379	21%	19%	-2%
长期投资	2457	4059	1602	1%	1%	0
固定资产	257495	469847	212352	78%	79%	1%
无形资产		6461	6461		1%	1%
资产合计	328648	591442	262794	100%	100%	

评价：企业的资产结构较合理，流动资产净增加 4.2 万元，是年初的 1.6 倍，企业资产的流动性增强，变现能力增强，企业目前的生产规模利用较好，未出现存货的积压和资产的闲置浪费。固定资产评估增值过高并未使企业的创效能力增强，而且以后年度由于折旧费大幅上升，影响企业的经营指标。

（3）偿债能力分析

$$营运资本 = 流动资产 - 流动负债$$
$$= 111075 - 122369$$
$$= -11294（元）$$

$$流动比率 = \frac{流动资产}{流动负债} = \frac{111075}{122369} = 0.91$$

$$资产负债率 = \frac{负债总额}{资产总额} \times 100\%$$
$$= \frac{128743}{591442} \times 100\%$$
$$= 21.77\%$$

评价分析：公司营运资本为负数，说明企业有一定的短期债务风险，要调整债务结构，降低短期负债，适当增加长期负债。

公司资产负债率较低，仅为 21.77%，无长期借款，年财务费用仅 0.3 万元。虽然流动比率偏低，但公司应收账款相对较低（1.35 万元），货币资金余额较多（3.04 万元），且企业各项资产（存货、应收账款）均周转较快，可迅速变现。因此，尽管存在一定的短期债务风险，但该公司财务状况仍然算是较好的企业。

（4）资产管理比率

$$存货周转率 = \frac{销售成本}{平均存货} = \frac{707923}{41898} = 16.9（次）$$

$$存货周转天数 = \frac{360}{存货周转率} = \frac{360}{16.9} = 21（次）$$

$$应收账款周转率 = \frac{销售收入}{平均应收账款}$$
$$= \frac{769762}{15176.5}$$
$$= 48.98（次）$$

$$\frac{应收账款}{周转天数} = \frac{360}{应收账款周转率} = \frac{360}{48.98} = 7（天）$$

$$\begin{aligned}营业周期 &= 存货周转天数 + 应收账款周转天数 \\ &= 21 + 7 \\ &= 28（天）\end{aligned}$$

$$\begin{aligned}流动资产周转率 &= \frac{销售收入}{平均流动资产} \\ &= \frac{769762}{\dfrac{68696 + 111075}{2}} \\ &= 8.56（次）\end{aligned}$$

$$\begin{aligned}总资产周转率 &= \frac{销售收入}{平均资产总额} \\ &= \frac{769762}{\dfrac{328648 + 591442}{2}} \\ &= 1.67（次）\end{aligned}$$

以上各项指标均处于较好水平，说明各项资产管理水平较高，应收账款回收快，存货周转迅速，无积压产品，资金周转状况良好。

2. 盈利能力分析

$$\begin{aligned}销售净利率 &= \frac{净利润}{销售收入} \times 100\% \\ &= \frac{-14874}{769762} \times 100\% \\ &= -1.93\%\end{aligned}$$

$$\begin{aligned}销售利润率 &= \frac{销售（营业收入）- 营业成本 - 税金及附加}{销售（营业收入）} \times 100\% \\ &= \frac{769762 - 707923 - 47074}{769762} \times 100\% \\ &= 1.92\%\end{aligned}$$

$$资产净利率 = \frac{净利润}{平均资产总额} \times 100\%$$

$$= \frac{-14874}{\dfrac{328648 + 591442}{2}} \times 100\%$$

$$= -3.23\%$$

2022年C公司销售净利率为 -1.93%，资产净利率为 -3.23%，投资资本回报率为 -2.92%，亏损1.5万元。说明该公司2022年经营成果不理想，但从各项成本费用看，单位加工费169.58元/吨，对于加工流程较长、加工手段齐备的炼油企业来说加工费并不高，并且比2021年有所降低；销售、管理费用率为3.46%，属于较好水平，说明该公司机构设置精简，费用控制较好。公司亏损一是由于产品销售价格为内部价格，并非市场接轨价，部分利润体现在终端销售的地区公司；二是2022年原油价格趋高，整个炼油行业效益不佳；三是资产评估增值，增加折旧使亏损加大。因此不能仅仅从当年财务报表数据中判断该公司盈利能力，要结合企业经营环境的变化等外部因素加以综合分析。

3. 主要关键业绩指标（KPI）

（1）税息前利润

$$税息前利润 = 利润总额 + 财务费用$$
$$= -14874 + 3230$$
$$= -11644（元）$$

（2）投资资本回报率

$$投资资本回报率 = \frac{税息前利润 \times (1 - 所得税率) \times 100\%}{平均固定资产余额 + 平均营运资本余额}$$

$$= \frac{-11644}{363671 + 35752.5} \times 100\%$$

$$= -2.92\%$$

其中：

$$平均固定资产余额 = \frac{期初固定资产余额 + 期末固定资产余额}{2}$$

$$= \frac{257495 + 469847}{2}$$

$$= 363671（元）$$

$$\begin{aligned}\text{期初营} \atop \text{运资本} &= \left({\text{期初流} \atop \text{动资产}} - {\text{短期} \atop \text{投资}} - {\text{一年内到期的} \atop \text{长期债券投资}} \right.\\ &\quad \left. - {\text{超过前推12个月} \atop \text{主营业务收入2\%的货币资金}} \right) - \left({\text{期初流} \atop \text{动负债}} \right.\\ &\quad \left. - {\text{短期} \atop \text{借款}} - {\text{一年内到期} \atop \text{的长期负债}} \right)\\ &= 68696 - (67355 - 37002)\\ &= 38343（元）\end{aligned}$$

$$\begin{aligned}\text{期末营} \atop \text{运资本} &= \left({\text{期末流} \atop \text{动资产}} - {\text{短期} \atop \text{投资}} - {\text{一年内到期的} \atop \text{长期债券投资}} \right.\\ &\quad \left. - {\text{超过前推12个月} \atop \text{主营业务收入2\%的货币资金}} \right) - \left({\text{期末流} \atop \text{动负债}} \right.\\ &\quad \left. - {\text{短期} \atop \text{借款}} - {\text{一年内到期} \atop \text{的长期负债}} \right)\\ &= 111075 - (30371 - 769762 \times 2\%) - (122369 - 59432)\\ &= 33162（元）\end{aligned}$$

$$\begin{aligned}\text{平均营运资本} &= \frac{\text{期初营运资本} + \text{期末营运资本}}{2}\\ &= \frac{38343 + 33162}{2}\\ &= 35752.5（元）\end{aligned}$$

（3）自由现金流

$$\begin{aligned}{\text{自由} \atop \text{现金流}} &= {\text{税息前} \atop \text{利润}} \times (1 - {\text{所得} \atop \text{税率}}) + {\text{折旧} \atop \text{和摊销}} - {\text{资本} \atop \text{支出}} - {\text{营运资} \atop \text{本变化量}}\\ &= -11644 + 46087 - 50725 - (33162 - 38343)\\ &= -11101（元）\end{aligned}$$

4. 资金状况分析

2022年C公司自由现金流为负值，是由于原材料价格高而产品价格相对偏低使公司出现亏损。另外，公司当年资本性支出5.1万元，高于折旧加利润（实际是折旧减亏损）。但企业通过其他途径获得了流动资金（集团公司注入资本金2.44万元、增加短期借款2.24万元、增加其他应付款3.8万元等），并未使现金周转发生困难，反而货币资金比年初还增加2.6万元。从现金流量来看，该公司2022年经营活动产生的现金流量净额为2.88万元，表明企业在生产经营活动过程中再生现金流入的来源能力较强。

5. 总体评价

该公司财务结构较好，但流动比率较低，短期偿债压力大；企业的经营管理水平较好。

6. 存在的问题

1）该公司资产负债率仅为 21.77%，无长期借款，说明多年来公司主要是靠自有资金和短期借入资金维持生产经营。

2）与国内外同行业比生产规模还不够大。

3）货币资金未充分利用（货币资金年末余额 3.04 万元），有些偏高。

7. 措施及建议

1）盘活用好存量资金，调整负债结构，提高创造回报的能力。

2）进一步研究解决一、二次加工能力不配套的矛盾，并相应进行技术改造，以增强该公司长远的竞争能力和盈利能力。

六、以 D 公司为例分析和评价

（一）收集资料

收集资料包括收集企业的资产负债分析表（表7-38）、公司利润分析表（7-39）、公司现金流量表（表7-40）等。

表7-38 D公司资产负债分析表（左方）　　　　　　　　　　　单位：元

项目	行次	2021年 总额	%	2022年 总额	%	差额 总额	%
流动资产：	1						
货币资金	2	925	0	1481	0	556	0
其中：银行存款	3	925	0	1480	0	555	0
短期投资	4						
应收票据	5	7511	1	4073	0	-3438	0
应收账款	6	116280	8	92389	6	-23891	-1
减：坏账准备	7	561	0	35589	3	35028	2
应收账款净额	8	115719	8	56800	4	-58919	-4
预付账款	9	4258	0	4505	0	247	0
应收补贴款	10						
应弥补亏损	11						
其他应收款	12	42787	3	96607	7	53820	4
存货	13	134723	9	114389	8	-20334	-1

— 393 —

续表

项　　目	行次	2021年 总额	%	2022年 总额	%	差额 总额	%
待转其他业务支出	14						
待摊费用	15	10936	1	4593	0	−6343	0
待处理流动资产净损失	16	1051	0	5	0	−1046	0
一年内到期的长期债券投资	17						
其他流动资产	18	1123	0			−1123	0
流动资产合计	19	319033	21	282453	20	−36580	−1
长期投资：	20						
长期投资	21	9659	1	42655	3	32996	
合并差价	22						
固定资产：	23						
固定资产原价	24	1357386	91	1484720	104	127334	13
减：累计折旧	25	312606	21	442128	31	129522	10
固定资产净值	26	1044780	70	1042592	73	−2188	3
固定资产清理	27	−115	0	−136	0	−21	0
在建工程	28	16471	1	51856	4	35385	3
勘探开发支出	29						
待处理固定资产净损失	30						
固定资产合计	31	1061136	71	1094312	77	33176	6
无形资产及递延资产：	32						
无形资产	33	22410	2			−22410	−2
递延资产	34	78003	5	2292	0	−75711	−5
无形资产及递延资产合计	35	100413	7	2292	0	−98121	−7
其他长期资产：	36						
其他长期资产	37						
递延税款：	38						
递延税款借款	39						
资产总计	40	1490241		1421712		−68529	

D公司资产负债分析表（右方）　　　　　　　　单位：元

项　目	行次	2021年 总额	%	2022年 总额	%	差额 总额	%
流动负债：	43						
短期借款	44	423705	28	282696	20	−141009	−9
应付票据	45	29000	2			−29000	−2
应付账款	46	76208	5	59885	4	−16323	−1
预收账款	47	12074	1	23181	2	11107	1
其他应付款	48	112190	8	188237	13	76047	6
应付工资	49	699	0	2540	0	1841	0
应付福利费	50	−3633	0	−698	0	2935	0
未交税费	51	8157	1	−9362	−1	−17519	−1
未付利润	52	2377	0			−2377	0
其他未交款	53	12991	1	−763	0	−13754	−1
预提费用	54	496	0			−496	0
一年内到期的长期负债	55	11437	1	118869	8	107432	8
其他流动负债	56	−5783	0			5783	0
流动负债合计	57	679918	45	664585	47	−15333	2
长期负债：	58						
长期借款	59	839168	56	370945	26	−468223	−30
应付债券	60	16460	1	13129	1	−3331	0
长期应付款	61	9241	1	6634	0	−2607	0
地质勘探费拨款	62	33283	2			−33283	−2
储量使用费	63						
其他长期负债	64	67819	5	9406	1	−58413	−4
其中：住房周转金	65	−57021	−4			57021	4
专项应付款	66	124840	8	9406	1	−115434	−8
长期负债合计	67	965971	65	400114	28	−565857	−37
递延税款：	68						
递延税款贷项	69						
负债合计	70	1645889	110	1064699	75	−581190	−36
	71						
少数股东权益	72			−21837	2	−21837	−2
	73						
股东权益：	74						

续表

项　目	行次	2021年 总额	%	2022年 总额	%	差额 总额	%
股　本	75						
资本公积	76	−155648	−10	378850	27	534498	37
其中：补充流动资本	77						
盈余公积	78						
其中：公益金	79						
补充流动资本	80						
未分配利润	81						
外币报表折算差额	82						
股东权益合计	83	−155648	−10	378850	27	534498	37
负债及股东权益合计	84	1490241	100	1421712	100	−68529	

表 7-39 D 公司利润表

编制单位：D公司　　　　　　　　2022年度　　　　　　　　单位：元

项　目	行次	2021年 金额	%	2022年 金额	%	差额 金额	%
一、营业收入	1	1325119	100.00	1243873	100.00	−81246	
减：营业成本	2	1143206	86.27	1125123	90.45	−18083	4.18
税费及附加	3	75201	5.68	77987	6.27	2786	0.59
销售费用	4	20140	1.52	19285	1.55	−855	0.03
管理费用	5	73283	5.53	76929	6.18	3646	0.65
研发费用	6						
财务费用	7	80315	6.06	43616	3.51	−36699	−2.55
其中：利息费用	8						
利息收入	9						
加：其他收益	10	−29986	−2.26	−1640	−0.13	28346	2.13
投资收益	11	430		227			
净敞口套期收益	12						
公允价值变动收益	13						
信用减值损失	14						
资产处置收益	15						
二、营业利润	16	−96582	−7.29	−100480	−8.08	−3898	−0.79
加：营业外收入	17	−436	−0.03	192	0.02	628	0.05

续表

项　　目	行次	2021年 金额	%	2022年 金额	%	差额 金额	%
减：营业外支出	2	6384	0.48	733	0.06	-5651	-0.42
三、利润总额	3	-103402	-7.80	-101021	-8.12	2381	-0.32
减：所得税费用	4	-12028	-0.91	-5122	-0.41	6906	0.50
四、净利润	5	-91374	-6.90	-95899	-7.71	-4525	-0.81
五、其他综合收益的税后净额	6						
六、综合收益总额	7						
七、每股收益	8						

表7-40　D公司2022年现金流量表　　　　　　　　　　　　　　　　单位：元

项　　目	行次	金额
一、经营活动产生的现金流量：	1	
销售商品、提供劳务收到的现金	2	1578855
收到的租金	3	630
收到的税费返还	4	20538
收到原油差价	5	113941
收到安保基金	6	1266
收到技术开发费	7	4325
收到的其他与经营活动有关的现金	8	206
现金流入小计	9	1719761
购买商品、接受劳务支付的现金	10	1275321
经营租赁所支付的现金	11	3171
支付给职工以及为职工支付的现金	12	57702
实际缴纳的增值税款	13	61613
支付的除增值税、所得税以外的其他税费	15	96280
支付安保基金	17	4279
支付的其他与经营活动有关的现金	19	123036
现金流出小计	20	1621402
经营活动产生的现金流量净额	21	98359
二、投资活动产生的现金流量：	22	
收回投资所收到的现金	23	128
分得股利或利润所收到的现金	24	57
取得债券利息收入所收到的现金	25	41

续表

项　目	行次	金额
处置固定资产、无形资产和其他长期资产而收到的现金净额	26	674
收到的其他与投资活动有关的现金	27	67
现金流入小计	28	967
购建固定资产、无形资产和其他长期资产所支付的现金	29	57747
权益性投资所支付的现金	30	5766
现金流出小计	33	63513
投资活动产生的现金流量净额	34	-62546
三、筹资活动产生的现金流量：	35	
借款所收到的现金	38	12801
收到的其他与筹资活动有关的现金	43	46148
偿还债务所支付的现金	44	58949
现金流入小计	45	51690
发生筹资费用所支付的现金	46	4
偿付利息所支付的现金	48	34915
融资租赁所支付的现金	49	3164
支付的其他与筹资活动有关的现金	55	1270
现金流出小计	56	91043
筹资活动产生的现金流量净额	57	-32094
四、汇率变动对现金的影响		0
五、现金及现金等价物净增加额	59	3719

（二）主要指标的计算及分析

1. 财务状况分析

（1）资本结构分析

表7-41给出了各类资本种类占负债和股东权益总额的比重。比较年初年末，公司的资本结构发生了很大的变化，长期负债占负债和股东权益总额的比重由年初的65%下降到年末的28%，下降了37%，股东权益由年初的-10%上升到年末的27%，上升了37%。

表 7-41　各资本种类占负债和股东权益总额的比重分析表　　　　单位：元

负债及股东权益项目	年初数	年末数	差额	年初比重	年末比重	差额
流动负债	679918	664585	-15333	45%	47%	2%
长期负债	965971	400114	-565857	65%	28%	-37%
负债合计	1645889	1064699	-581190			
少数股东权益		-21837	-21837		-2%	-2%
股东权益	-155648	378850	534498	-10%	27%	37%
负债与股东权益合计	1490241	1421712	-68529	100%	100%	
流动负债与总负债的比率	41%	62%	21%			

从绝对额来看，长期负债降低较多，降低 56.6 万元；流动负债略有降低，降低 1.5 万元；股东权益相应增加，增加 53.4 万元。分析评价：企业主要依靠负债经营，本年比上年资本结构改善许多（由于债权转股权政策的落实到位）。尽管如此，企业的长、短期负债数额仍然偏高，债务风险和还贷压力仍很大，是高风险的资本结构。

（2）资产结构分析

表 7-42 给出了各资产大类占资产总额的比重。对表中各指标分析，企业的资产总额比年初降低了 6.9 万元，同时固定资产比重升高，流动资产比重略有下降。从资产的绝对额看，流动资产年末比年初减少 3.7 万元，固定资产年末比年初增加 3.3 万元。

表 7-42　各资产大类占资产总额的比重计算分析表　　　　单位：元

资产项目	年初数	年末数	差额	年初比重	年末比重	差额
流动资产	319033	282453	-36580	21%	20%	-1%
长期投资	9659	42655	32996	1%	3%	2%
固定资产	1061136	1094312	33176	71%	77%	6%
无形、递延资产	100413	2292	-98121	7%	0	-7%
资产合计	1490241	1421712	-68529	100%	100%	

评价：企业流动资产的比重略有下降，资产的流动性和变现能力仍然较弱。

（3）偿债能力分析

$$营运资本 = 流动资产 - 流动负债$$
$$= 282453 - 664585$$
$$= -382132（元）$$

$$流动比率 = \frac{流动资产}{流动负债} = \frac{282453}{664585} = 0.43$$

$$速动比率 = \frac{流动资产 - 存货}{流动负债}$$

$$= \frac{282453 - 114389}{664585}$$

$$= 0.25$$

从这两个指标看，D 公司的短期偿债能力很差。一般来说，生产企业流动比率为 2 比较适宜，而该企业只为 0.43，速动比率的合理值为 1，该企业为 0.25。说明该企业可用偿债的流动资产，只能偿还其 25% 的流动负债，偿还到期流动债务的风险很大。企业 2022 年末营运资金为 -38.21 万元，也说明了企业是靠大量举债来获取生产经营所需资金的，财务风险大。其原因，一是由于企业多年亏损，并且亏损额大于折旧额，使企业不得不增加短期借款来维持企业生产经营活动的正常进行。二是企业利用国家的降息政策，用短期借款置换高息的长期借款。

（4）资产管理分析

$$存货周转率 = \frac{销售成本}{平均存货}$$

$$= \frac{1125123}{\frac{134723 + 114389}{2}}$$

$$= 9.03（次）$$

$$存货周转天数 = \frac{360}{存货周转率} = \frac{360}{9.03} = 40（天）$$

$$应收账款周转率 = \frac{销售收入}{平均应收账款}$$

$$= \frac{1325119}{\frac{116280 + 92389}{2}}$$

$$= 12.7（次）$$

$$应收账款周转天数 = \frac{360}{应收账款周转率}$$

$$= \frac{360}{12.7}$$

$$= 28（天）$$

$$营业周期 = 存货周转天数 + 应收账款周转天数$$
$$= 40 + 28$$
$$= 68（天）$$

$$流动资产周转率 = \frac{销售收入}{平均流动资产总值}$$

$$= \frac{1325119}{\dfrac{319033 + 282453}{2}}$$

$$= 4.41（次）$$

$$总资产周转率 = \frac{销售收入}{平均资产总值}$$

$$= \frac{1325119}{\dfrac{1490241 + 1421712}{2}}$$

$$= 0.91（次）$$

从 D 公司以上资产管理指标分析，营业周期为 68 天，对炼化企业来看较长。营业周期是由存货周转天数 40 天和应收账款周转天数 28 天组成的。考虑到一般的商业信用期为 30 天，说明 D 公司应收账款回收的比较好；存货的周转天数为 40 天，周转偏慢，应进一步分析是库存原材料周转速度慢还是半成品、产成品存货的周转速度慢，从而决定对企业的供、产、销系统进行管理方面的强化。流动资产周转速度趋于正常。

（5）负债情况分析

$$资产负债率 = \frac{负债总额}{资产总额} \times 100\%$$

$$= \frac{1064699}{1421712} \times 100\%$$

$$= 74.89\%$$

$$产权比率 = \frac{负债总额}{股东权益（所有者权益）} \times 100\%$$

$$= \frac{1064699}{378850} \times 100\%$$

$$= 281\%$$

$$已获利息倍数 = \frac{税息前利润}{财务费用}$$

$$= \frac{-101021 + 43616}{56275}$$

$$= -1.02$$

从以上指标可以看出，企业举债经营的程度偏高，财务风险较大。对债权人来说，如果该企业现在破产清算，债权人只能收回其36%的债权。税息前利润是-5.7万元，已获利息倍数是负数，说明企业偿还长期负债的能力偏低。从财务管理的角度讲，如果长期不能扭亏为盈，财务状况将继续恶化，导致企业生产经营更加困难。

2. 盈利能力分析

（1）税息前利润

$$税息前利润 = 利润总额 + 财务费用$$
$$= -101021 + 43616$$
$$= -57405（元）$$

（2）现金毛利

$$现金毛利 = 利润总额 + 财务费用 + 折旧及摊销$$
$$= -101021 + 43616 + 97181$$
$$= 39776（元）$$

（3）销售净利率

$$销售净利率 = \frac{净利润}{销售收入} \times 100\%$$

$$2022年销售净利率 = \frac{-95899}{1243873} \times 100\%$$

$$= -7.71\%$$

$$2021年销售净利率 = \frac{-91374}{1325119} \times 100\%$$

$$= -6.9$$

（4）销售毛利率

$$销售利润率 = \frac{销售（营业收入）- 营业成本 - 税金及附加}{销售（营业收入）} \times 100\%$$

$$2022年销售利润率 = \frac{1243873 - 1125123 - 77987}{1243873} \times 100\%$$
$$= 3.28\%$$
$$2021年销售利润率 = \frac{1325119 - 1143206 - 75201}{1325119} \times 100\%$$
$$= 8.05\%$$

（5）净资产收益率

$$净资产收益率 = \frac{净利润}{股东权益} \times 100\%$$
$$= \frac{-95899}{378850} \times 100\%$$
$$= -25.31\%$$

D公司2022年的销售利润率比2021年下降了4.77个百分点，盈利能力较差，主要原因：一是人员多，摊子大；二是近年来化工市场低迷；三是固定资产投资可行性研究时的市场环境与实际投产后的市场环境差异较大，项目一建成投产就使企业背上沉重的包袱，债务高，财务费用大，影响企业效益。

3. 现金流量分析

从表7-40中看出，企业经营活动产生的现金流量净额为9.8万元，投资活动的现金流量净额为-6.2万元，筹资活动的现金净流量-3.2万元，企业现金净流量仅0.4万元，这说明企业再生现金流的能力较差。

4. 总体评价

该企业资产负债率高，财务风险大；盈利能力较差，生产经营非常困难。

5. 措施和建议

1）企业要抓住企业改制的有利时机，实施减员增效，继续加强管理，实施低成本战略。

2）进一步优化资源配置，加大科技进步力度，适当更新改造、扩能，提高经济效益。

附　录

财务会计知识测试题一

一、填空（每空0.5分，共10分）

1. 会计是一个_____、财务、_____等信息系统。

2. 会计核算的基本前提是_____、_____、_____和_____。

3. 会计等式是表明各会计要素之间基本关系的恒等式，其资产静态平衡公式为：_____。相应的资产动态平衡公式为：资产 = 负债 + 所有者权益 +（收入 – 费用）。

4. 资产负债表的左侧各项目是按照_____排列的，流动性越强，位置越靠前。

5. 按照我国《企业会计准则第 27 号——石油天然气开采》的规定，对油气资产及相关设施选用的固定资产折旧方法是_____，而按照国际会计准则要求，油气资产及相关设施选用_____提取折旧，这是引起国内会计准则利润与国际会计准则利润产生差异的主要原因之一。

6. 现金流量表以_____及现金等价物的流入和流出反映公司在一定期间内的经营活动、_____和_____等动态情况，反映了公司现金流入和流出的全貌。

7. 会计报表主要包括资产负债表、_____和现金流量表等。

8. 我国《企业会计准则》确定了资产、负债、所有者权益、收入、费用、利润六个会计要素，其中反映经营成果的三个会计要素是_____。

9. 根据国际会计准则要求，油气田企业的油气资产应按_____法计提折耗及摊销。

10. 中国会计法规体系是一个以_____为核心、国家统一的会计准则为主体的相对比较完整的法规体系。

11. 如有确凿证据表明不恰当地运用了谨慎性原则计提_____准备的，应作为重大会计差错予以更正，并在会计报表附注中说明事项的性质、调整金额，以及对财务状况、经营成果的影响。

12. 会计系统主要由_____、_____、记录和报告四个环节组成。

二、单项选择题（每小题1分，共12分）

1. 下列会计报表中，属于静态报表的是（　　）。
   A. 利润表　　　　　　　　B. 利润分配表
   C. 现金流量表　　　　　　D. 资产负债表

2. 会计的两大基本职能是（　　）。
   A. 反映与决策　　　　　　B. 反映与监督
   C. 控制与评价　　　　　　D. 预测与决策

3. 在资产负债表中，不应列入"长期负债"的项目是（　　）。
   A. 长期借款　　　　　　　B. 应付债券
   C. 长期应付款　　　　　　D. 一年内到期的长期负债

4. 下列指标中，反映企业偿还利息能力的指标为（　　）。
   A. 利息保障倍数　　　　　B. 流动比率
   C. 现金比率　　　　　　　D. 速动比率

5. 产生权责发生制和收付实现制两种记账基础的基本前提是（　　）。
   A. 会计主体假设　　　　　B. 货币计量假设
   C. 会计分期假设　　　　　D. 持续经营假设

6. 企业在编制中期财务报告判断重要性程度时，应当以（　　）为基础。
   A. 预计的年度财务数据
   B. 中期财务数据
   C. 预计的中期财务数据
   D. 上年度的年度财务数据

7. 某公司2020年度财务会计报告批准报出日为2021年4月10日。公司在2021年1月1日至4月10日发生的下列事项中，属于资产负债表日后调整事项的是（　　）。
   A. 2020年12月1日公司被提出诉讼，2021年2月1日法院判决公司败诉，支付赔偿金60万元，公司在上年末已确认预计负债50万元
   B. 因遭受火灾上年购入的存货发生毁损80万元
   C. 公司董事会提出2000年度利润分配方案为每10股送2股股票股利
   D. 公司支付2000年度财务会计报告审计费30万元

8. 某公司股东大会于 2020 年 1 月 6 日做出决议，决定建造厂房。为此，该公司于 2 月 8 日向银行借款 1000 万元，年利率 6%，款项于当日划入公司银行账户。3 月 10 日，以 200 万元的价格购入一块建房用土地使用权，款项未付。3 月 18 日，厂房正式动工兴建。3 月 19 日，购入建造厂房用水泥和钢材一批，价款 100 万，当日用银行存款支付。3 月 31 日，支付购买土地使用权价款 200 万元，并计提当月专门借款利息。该公司 3 月份没有发生其他与厂房购建有关的支出，则公司专门借款利息开始资本化的时间为（　　）。

    A. 2 月 8 日　　　　　　　　　B. 3 月 10 日

    C. 3 月 19 日　　　　　　　　　D. 3 月 18 日

9. 下列收入中，不应作为分部（板块）收入的有（　　）。

    A. 从企业外部取得的利息收入

    B. 分部内部发生的应收款项而取得的利息收入

    C. 非融资机构对其他分部预付款或贷款所发生的利息收入

    D. 对外营业收入

10. 与固定资产有关的后续支出，可能使流入企业的经济利益超过了原先的估计，其增计的金额为（　　）。

    A. 实际后续支出

    B. 固定资产净值

    C. 不应超过该固定资产的可收回金额

    D. 累计折旧

11. 对于存货清查中发生的盘盈和盘亏，应先记入"待处理财产损益"账户，查明原因之后，期末正确的处理方法是（　　）。

    A. 无论是否经有关机构批准，均应在期末结账前处理完毕，其中未经批准的，应在会计报表附注中作出说明

    B. 有关机构批准后再作处理；未经批准的，期末不作处理

    C. 有关机构尚未批准的，期末可以暂不处理，但应在会计报表附注中作出说明

    D. 有关机构尚未批准的，期末可以估价处理，下期期初应红字冲回

12. 企业接受投资者投入存货时，其入账价值的确定依据是（　　）。

    A. 有关凭据中标明的金额加相关税费

    B. 同类存货的市场价格

    C. 投资各方确认的价值

    D. 所接受存货的未来现金流量的现值

三、多项选择题（每小题1分，共22分。不答、多答、漏答均不得分）

1. 下列税种属于流转税的有（　　）。

    A. 增值税　　　　　　　　　B. 城市维护建设税

    C. 消费税　　　　　　　　　D. 关税

2. 下列项目中属于资本性支出的有（　　）。

    A. 购入固定资产　　　　　　B. 购入生产用原材料

    C. 支付生产工人工资　　　　D. 购入无形资产

    E. 支付日常办公费用

3. 以下列出的会计核算的一般原则中属于"体现会计要素确认、计量方面要求的一般原则"是（　　）。

    A. 权责发生制原则　　　　　B. 谨慎性原则

    C. 历史成本原则　　　　　　D. 配比原则

    E. 划分收益性支出与资本性支出原则

4. 根据权责发生制原则，下列项目中属于本月收入与费用的有（　　）。

    A. 收到上月销售给某公司产品货款5万元

    B. 发放本月职工工资

    C. 本月销售产品2万元，货款未收回

    D. 归还以前年度所欠某公司的原材料款

    E. 本月提取的折旧

5. 下列企业生产经营过程中正在使用的资产，应计提折旧的有（　　）。

    A. 存货　　　　　　　　　　B. 房屋和建筑物

    C. 机器设备　　　　　　　　D. 融资租入固定资产

    E. 办公桌椅等低值易耗品

6. 按照准则规定，对应收账款、交易性金融资产、存货、长期股权投资应进行减值测试外，还要求对以下哪些资产进行减值测试和计提减值准备（　　）。

    A. 固定资产　　　　　　　　B. 在建工程

    C. 无形资产　　　　　　　　D. 现金

    E. 委托贷款

7. 以下业务事项列入管理费用的有（　　）。

    A. 短期投资跌价准备　　　　B. 坏账准备

    C. 存货跌价准备　　　　　　D. 固定资产减值准备

8. 税收的基本特征是（　　）。

　　A. 强制性　　　　　　　　　　B. 无偿性

　　C. 固定性　　　　　　　　　　D. 可调节性

9. 对一般纳税企业，下列项目中，应计入存货成本的有（　　）。

　　A. 购入存货支付的关税

　　B. 商品流通企业采购过程中发生的保险费

　　C. 自制存货生产过程中发生的直接费用

　　D. 委托加工材料发生的增值税

　　E. 非正常消耗的直接材料、直接人工及制造费用

10. 下列属于会计报表附注应提供的信息有（　　）。

　　A. 会计报表各项目的增减变动情况

　　B. 基本会计假设

　　C. 企业主要会计政策、会计估计及其变更

　　D. 关联方关系及其交易

　　E. 或有事项和资产负债表日后事项

11. 下列会计核算方法中，属于会计政策变更的有（　　）。

　　A. 存货计价方法由原来的先进先出法变为后进先出法

　　B. 因租约条件的改变而将经营租赁会计改为融资租赁会计

　　C. 第一次签订建造合同，采用完工百分比法确认收入

　　D. 因修订了会计制度而改变长期股权投资权益法的使用标准

　　E. 递延资产的摊销年限缩短

12. 某公司2020年度的财务会计报告批准报出日为2021年4月26日，下列资产负债表日后事项中属于调整事项的有（　　）。

　　A. 2021年3月10日收到客户退回2020年12月10日销售的货物

　　B. 2021年2月10日因火灾发生巨额亏损

　　C. 2021年4月10日公司董事会宣告分配现金股利

　　D. 2021年4月10日公司董事会宣告分配股票股利

　　E. 2021年4月10日收到客户退回2020年12月10日销售的货物

13. 在下列项目中，属于资本性支出的是（　　）。

　　A. 支付的耕地占用税

　　B. 支付的车辆购置税

　　C. 在建工程发生单项或单位工程报废或毁损的净损失

D. 自行开发并按法律程序申请取得的无形资产，按依法取得时发生的注册费和聘请律师费

E. 购建固定资产过程中，在正常中断期间发生的利息支出

F. 不可能使流入企业的经济利益超过原先估计的与固定资产有关的后续支出

14. 确定存货可变现净值应考虑的主要因素有（   ）。

A. 生产成本资料

B. 产品的市场销售价格

C. 销售方或供货方提供的有关资料

D. 存货目的

E. 资产负债表日后事项的影响

15. 按投资准则规定，下列事项中，可以计入当期损益的是（   ）。

A. 短期投资持有期间获得的现金股利和利息

B. 短期投资处置损益

C. 长期股权投资采用成本法核算，投资企业按被投资单位宣告分派的利润或现金股利确认的应享有的份额（投资后产生的累积净利润分配额）

D. 长期股权投资采用权益法核算，投资企业按被投资单位当年实现的净利润确认的应享有份额

E. 长期股权投资差额摊销

16. 下列事项中，（   ）应在年度会计报表附注中披露。

A. 已贴现商业承兑汇票形成的或有负债

B. 可能发生的或有资产

C. 企业本期转让子公司

D. 提交质押品的账面价值

E. 资产负债表日后董事会作出的债务重组的决定

17. 下列表述中（   ）符合中期财务报告准则的规定。

A. 中期会计计量可在更大的程度上依赖于估计

B. 中期会计报表附注的编制应当以会计年度年初至本中期末为基础

C. 中期会计报表附注应披露企业经营的季节性或周期性的特征

D. 中期会计报表附注应说明性质特别和金额异常的项目

E. 对于会计年度中不均匀发生的费用可以预提或待摊

18. 在债务重组中，债权人在发生（   ）情况下，可以确认为债务重组损失。

A. 债务人以低于债务账面价值的现金抵债

B. 债务人以低于债务账面价值的非现金资产抵债

C. 债务人以债务转资本抵债

D. 债务人以修改其他负债条件抵债，而且重组债权的账面价值大于将来应收金额

E. 债务人以修改其他负债条件抵债，而且重组债权的账面价值小于或等于将来应收金额

19. 下列项目中，可以作为无形资产入账的是（   ）。

   A. 自创无形资产注册费、律师费等

   B. 无形资产研究开发费用

   C. 土地使用权出让金

   D. 购买企业发生的商誉

   E. 无形资产确认后发生的支出

20. 下列事项中，属于或有事项的有（   ）。

   A. 对债务单位提起诉讼

   B. 对售出商品提供售后担保

   C. 从银行取得一笔长期借款

   D. 为子公司的贷款提供担保

   E. 将未到期商业承兑汇票贴现

21. 下列各项中，企业应确认为无形资产的有（   ）。

   A. 吸收投资取得的土地使用权

   B. 因转让土地使用权补交的土地出让金

   C. 自行开发专利过程中发生的开发成本

   D. 无偿划拨取得的土地使用权

   E. 接受某企业捐赠的专利权

四、判断题（每小题1分，共25分。认为正确的在后面的括号中画"√"，认为错误的画"×"）

1. 谨慎性原则要求会计人员在符合会计制度的前提下，尽可能选用不虚增利润和不夸大所有者权益的会计处理方法。   （   ）

2. 货币资金的流动性最强，但并不是企业持有货币资金的金额越大越好。（   ）

3. 单位价值在2000元以上的资产不一定都是固定资产。   （   ）

4. 资本公积与盈余公积相同，都是企业在经营性业务中产生的资本增值。（   ）

5. 资金时间价值的源泉，来自企业生产经营所获得的利润。   （   ）

6. 资产负债率越高，财务风险越大。因此，投资者与管理者都希望企业的资产负债率越低越好。（　　）

7. 若没有持续经营前提，历史成本原则将失去意义。（　　）

8. 如果要确认企业的某项资产，必须首先确认拥有该资产的所有权。（　　）

9. 由于存货数量很大，其真实性对企业流动资产的真实性影响也很大。（　　）

10. 企业资产总额增加说明企业当年经营利润亦在增加。（　　）

11. 借款增加、发行新股将引起现金流入企业。（　　）

12.《企业会计制度》对资产进行了重新定义，即资产是过去的交易、事项形成并由企业拥有或控制的资源，该资源预期会给企业带来经济利益。（　　）

13. 固定资产计提减值准备后，仍按照原账面价值计提折旧。（　　）

14. 新制度规定各项减值准备的计提，需报政府有关部门批准。（　　）

15. 除购建固定资产外，所有筹建期间所发生的费用，先在长期待摊费用中归集，在开始生产经营当日起一次计入开始生产经营当月的损益。（　　）

16. 根据我国《企业会计准则—现金流量表》规定，企业融资租入固定资产所支付的现金，不应列入"购建固定资产、无形资产和其他长期资产所支付的现金"项目中。
（　　）

17. 根据《企业会计准则——会计政策、会计估计变更及会计差错更正》规定，本期发现的重大会计差错，如影响损益的，应视不同情况，调整发现当期的期初留存收益或直接计入发现当期的净损益。（　　）

18. 会计政策变更的未来适用法与会计估计变更的处理方法相同，只对变更当期和未来期间发生交易或事项采用新的会计政策。（　　）

19. 不涉及现金的交易一定是非货币交易。（　　）

20. 在将一项或有负债确认为负债时，若基本确定可以从第三方得到补偿，可以将补偿额抵减因或有负债而确认的负债金额。（　　）

21. 会计期末，在采用成本与可变现净值孰低原则对材料存货进行计量时，对于用于生产而持有的材料等，只需将材料的成本与材料的可变现净值相比即可。（　　）

22. 如果委托贷款应收利息到期末未收回的，立即将已确认的利息收入予以冲回，委托贷款已计的利息不计提坏账准备。（　　）

23. 对于季节性、周期性或者偶然性取得收入，除了在会计年度末允许预计或者递延的之外，企业都应当在发生时予以确认和计量，不应当在中期会计报表中预计或者递延。
（　　）

24. 在非货币性交易中，在涉及补价的情况下，收到补价方换入资产的入账价值为换

出资产入账价值与收到的补价及应支付的相关税费之和。   （ ）

25. 对于极小可能导致经济利益流出企业的或有负债一般不予以披露，但是，对于某些经常发生或对企业的财务状况和经营成果有较大影响的或有负债，即使其导致经济利益流出企业的可能性极小，也应予以披露。   （ ）

五、综合题（30分）

甲公司的资产负债表、损益表及其他相关会计资料附录如下表所示。

资产负债表

编制单位：甲公司　　　　　　　2020年12月31日　　　　　　　　　　　　　万元

项目	行次	期初数	期末数	项目	行次	期初数	期末数
流动资产	1			流动负债	16		
货币资金	2	20	30	短期借款	17	60	30
应收账款	3	50	60	应付账款	18	40	40
存货	4	80	100	年内到期的长期借款	19	50	30
其他应收款	5	30	10	流动负债合计	20	150	100
流动资产合计	6	180	200	长期负债	21		
长期投资	7	20	30	长期借款	22	50	20
固定资产	8			负债合计	23	200	120
固定资产原值	9	400	500	股东权益	24		
减：累计折旧	10	150	160	股本	25	150	250
固定资产净值	11	250	340	资本公积	26	80	100
固定资产合计	12	250	340	盈余公积	27	20	40
	13			未分配利润	28		60
	14			股东权益合计	29	250	450
资产总计	15	450	570	负债及股东权益总计	30	450	570

其他资料：

1. 期初营运资本140万元，期末营运资本160万元（不考虑货币资金的影响）。

2. 所得税税率25%。

3. 财务费用全部为贷款利息。

4. 计提折旧10万元，资本支出100万元。

利 润 表

编制单位：甲公司　　　　　　　　　　2020年12月31日　　　　　　　　　　单位：万元

项　　目	行次	上年同期	本年实际
一、营业收入	1	500	800
减：营业成本	2	300	520
税费及附加	3	50	80
销售费用	4	20	50
管理费用	5	100	50
研发费用	6		
财务费用	7	10	10
其中：利息费用	8		
利息收入	9		
加：其他收益	10		
投资收益	11	40	80
净敞口套期收益	12		
公允价值变动收益	13		
信用减值损失	14		
资产处置收益	15		
二、营业利润	16	60	170
加：营业外收入	17	10	20
减：营业外支出	2	20	20
三、利润总额	3	50	170
减：所得税费用	4	16.5	56.1
四、净利润	5	33.5	113.9
五、其他综合收益的税后净额	6		
六、综合收益总额	7		
七、每股收益	8		

5.行业平均存货周转率为8次/年，应收账款周转率为10次/年，总资产周转率为1.3次/年。根据以上甲公司的资料，要求（计算保留两位小数）：

1.计算2020年该公司资本负债率、投资资本回报率、已获利息倍数、自由现金流和股本回报率等KPI指标。（每个指标4分，共20分）

2.分析该公司的短期偿债能力。（5分）

3.分析该公司的资产管理效率。（5分）

六、思考讨论题

1. 对资产定义的理解。
2. 资产减值的含义。
3. 如何理解谨慎性原则、重要性原则、实质重于形式原则和职业判断能力。
4. 如何应用确认、计量会计职能。
5. 如何提高财务会计报告的综合分析能力。

参考答案

一、填空

1. 商业　经济分期　货币计量

2. 会计主体　　持续经营　会计

3. 资产＝负债＋所有者权益

4. 资产流动性

5. 直线法　产量法

6. 现金　投资活动　筹资活动

7. 利润表

8. 收入　费用　利润

9. 产量法

10. 会计法

11. 秘密

12. 确认、计量

二、单项选择题

1. D　2. B　3. D　4. A　5. C　6. B

7. A　8. D　9. C　10. C　11. A　12. C

三、多项选择题

1. A　C　D　　　　　　　2. A　D

3. A　C　D　E　　　　　4. B　C　E

5. B　C　D　　　　　　　6. A　B　C　E

7. B　C　　　　　　　　　8. A　B　C

9. A　C　　　　　　　　　10. A　B　C　D　E

11. A　D　　　　　　　　　12. A　C　E

13. A B C D E   14. A B C D E
15. B C D E   16. A C D E
17. A B C D   18. A D
19. A C D   20. A B D E
21. A B E

四、判断题

1. √   2. √   3. √   4. ×   5. √
6. ×   7. √   8. ×   9. √   10. ×
11. √   12. √   13. ×   14. ×   15. √
16. √   17. √   18. ×   19. ×   20. ×
21. ×   22. √   23. √   24. ×   25. √

五、综合题

解答：

1. 计算 KPI 指标

（1）资本负债率 $= \dfrac{\text{有息债务}}{\text{有息债务} + \text{股东权益}} \times 100\%$

$= \dfrac{30 + 30 + 20}{30 + 30 + 20 + 450} \times 100\%$

$= \dfrac{80}{530} \times 100\%$

$= 15.09\%$

（2）投资资本回报率

$= \dfrac{\text{税息前利润} \times (1 - \text{所得税税率})}{\text{平均固定资产余额} + \text{平均营运资本余额}} \times 100\%$

$= \dfrac{(170 + 10) \times (1 - 25\%)}{\dfrac{250 + 340}{2} + \dfrac{140 + 160}{2}} \times 100\%$

$= \dfrac{135}{445} \times 100\%$

$= 30.34\%$

（3）已获利息倍数 $= \dfrac{税息前利润}{应计利息}$

$= \dfrac{170 + 10}{10}$

$= 18（倍）$

（4）$\dfrac{自由}{现金流} = \dfrac{税息}{前利润} \times (1 - \dfrac{所得税}{税率})$

$+ \dfrac{折旧、折耗}{和摊销} - \dfrac{资本}{支出} - \dfrac{营运资}{本变化量}$

$=（170 + 10）\times（1 - 25\%）+ 10 - 100 -（160 - 140）$

$= 25（万元）$

（5）股东回报率 $= \dfrac{净利润}{平均股东权益} \times 100\%$

$= \dfrac{113.9}{\dfrac{250 + 450}{2}} \times 100\%$

$= 32.54\%$

2. 分析企业的短期偿债能力

评价企业短期偿债能力的指标主要有：流动比率和速动比率。

2019年流动比率 $= \dfrac{180}{150} = 1.2$

2020年流动比率 $= \dfrac{200}{100} = 2$

2019年速动比率 $= \dfrac{180 - 80}{150} = 0.67$

2020年速动比率 $= \dfrac{200 - 100}{100} = 1$

通过计算以上评价企业短期偿债能力的指标可以看出：流动比率由 2019 年的 1.2 上升到 2020 年的 2；速动比率由 2019 年的 0.67 上升到 2020 年的 1，这说明企业的短期偿债能力有了明显提高，而且达到了一般公认的较好标准，企业偿还短期债务能力的非常强。

3. 分析企业的资产管理效率

用于衡量企业资产管理效率的指主要有：存货周转率、应收账款周转率和总资产周转率等。

$$存货周转率 = \frac{主营业务成本}{平均存货}$$

$$= \frac{520}{\frac{80+100}{2}}$$

$$= 5.78（次）$$

$$存货周转天数 = \frac{360}{5.78} = 62.28（天）$$

$$应收账款周转率 = \frac{主营业务收入}{平均应收账款}$$

$$= \frac{800}{\frac{50+60}{2}}$$

$$= 14.55（次）$$

$$应收账款周转天数 = \frac{360}{14.55} = 24.74（天）$$

$$总资产周转率 = \frac{主营业务收入}{平均资产总额}$$

$$= \frac{800}{\frac{450+570}{2}}$$

$$= 1.57（次）$$

该企业的存货周转率低于行业平均水平2.22次，需压缩原材料库存，加强营销管理，加速存货周转，减少资金占用；应收账款高于行业平均水平4.55次，应收账款管理较好。

以上两项指标表明，该企业的信用政策较严，应适当放宽信用政策，促进销售，加速资产运转，提高资产管理效率。

总资产周转率略高于行业平均水平。虽然存货周转率较低，但是企业资产的总体管理水平尚好。

六、思考讨论题（略）

财务会计知识测试题二

一、单项选择题：本题型共7小题，每小题1分，共7分。每小题只有一个正确答案，请从每小题的备选题答案中选出一个你认为正确的答案。

1.（　　）必须对本单位会计资料的真实性、完整性负责。

　　A.单位负责人　　　　　　B.财务总监

　　C.财务负责人　　　　　　D.总会计师

2.原始凭证为增值税专用发票的，填制应当符合相关税法和税务部门要求，开出单位必须加盖（　　）。

　　A.财务专用章　　　　　　B.发票专用章

　　C.单位公章　　　　　　　D.财务专用章或发票专用章

3.档案接管人按档案移交清册及案卷目录所列内容逐项核收（非纸质档案还需检验合格），移交部门和接管部门在移交清册上注明移交日期和接管日期并盖章，并由交接双方主管领导、移交人、接管人、监交人在移交清册上（　　）。

　　A.签名　　　　　　　　　B.盖章

　　C.签名或盖章　　　　　　D.签名并盖章

4.某增值税一般纳税企业因暴雨毁损库存原材料一批，其成本为100万元，经确认应转出的增值税税额为17万元；收回残料价值2万元，收到保险公司赔偿款50万元。假定不考虑其他因素，经批准企业确认该材料毁损净损失的会计分录是（　　）。

　　A.借：营业外支出 65 ［100 －（50 ＋ 2）＋ 17］
　　　　贷：待处理财产损益 65

　　B.借：管理费用 65
　　　　贷：待处理财产损益 65

　　C.借：营业外支出 115
　　　　贷：待处理财产损益 115

　　D.借：管理费用 115
　　　　贷：待处理财产损益 115

5. 某企业采用月末一次加权平均法计算发出材料成本。2020年3月1日结存甲材料200件,单位成本40元;3月15日购入甲材料400件,单位成本35元;3月20日又购入甲材料400件,单位成本38元;当月共发出甲材料500件。3月份发出甲材料的成本为(　　)元。

   A. 18500　　　　　　　　　　B. 18600

   C. 19000　　　　　　　　　　D. 20000

6. 2020年2月2日,企业支付830万元取得一项股权投资作为交易性金融资产核算,支付价款中包括已附录宣告尚未领取的现金股利20万元,另支付交易费用5万元,甲公司该项交易性金融资产的入账价值为(　　)万元。

   A. 810　　　　　　　　　　　B. 815

   C. 830　　　　　　　　　　　D. 835

7. 某企业于2020年1月1日,购进当日发行的面值为1200万元的公司债券。债券的买价为1350万元,相关税费为10万元。该公司债券票面年利率为8%,期限为5年,一次还本付息。企业将其划分为持有至到期投资,则该企业计入"持有至到期投资"科目的金额为(　　)万元。

   A. 1360　　　　　　　　　　B. 1200

   C. 1350　　　　　　　　　　D. 1340

二、多项选择题:本题型共8小题,每小题2分,共16分。每小题有多个正确答案,请从每小题的备选题答案中选出你认为正确的答案,多选漏选均不得分。

1. 我国的企业会计法规体系包括(　　)。

   A. 会计准则　　　　　　　　B. 会计法律

   C. 会计行政法规　　　　　　D. 会计部门规章

2. 会计人员职业道德的内容主要包括(　　)。

   A. 爱岗敬业　　　　　　　　B. 依法办事

   C. 搞好服务　　　　　　　　D. 保守秘密

3. 会计机构负责人、会计主管人员应当具备下列基本条件:(　　)。

   A. 具有会计专业技术资格

   B. 主管一个单位或者单位内一个重要方面的财务会计工作时间不少于3年

   C. 熟悉国家财经法律、法规、规章和方针、政策,掌握本行业业务管理的有关知识

D. 有较强的组织能力

4. 出纳人员不得兼管（　　）。

　　A. 稽核

　　B. 会计档案保管和收入

　　C. 费用、债权债务账目的登记工作

　　D. 固定资产明细账的登记工作

5. 关于金融资产重分类的表述中，正确的有（　　）。

　　A. 认为持有至到期投资的，不得重分类为交易性金融资产

　　B. 初始确认为交易性金融资产的，不得重分类为可供出售金融资产

　　C. 初始确认为可供出售金融资产的，不得重分类为持有至到期投资

　　D. 初始确认为贷款和应收款项的，不得重分类为可供出售金融资产

6. 下列关于可供出售金融资产的表述，不正确的有（　　）。

　　A. 出售金融资产中，债务工具投资应该按照摊余成本进行后续计量，权益工具投资应该按照公允价值进行后续计量

　　B. 在终止确认可供出售金融资产时，应将原来计入资本公积中的金额转出至公允价值变动损益科目

　　C. 可供出售金融资产在持有期间收到的利息或现金股利应当确认为投资收益

　　D. 可供出售金融资产发生的减值损失一经计提，以后期间不能转回

　　E. 持有至到期投资重分类为可供出售金融资产时，重分类日的公允价值和持有至到期投资的账面价值的差额计入"资本公积－其他资本公积"

7. 关于提供劳务收入的计量，下列说法中正确的有（　　）。

　　A. 企业在资产负债表日提供劳务交易的结果能够可靠估计的，应当采用完工百分比法确认提供劳务收入

　　B. 长期为客户提供重复劳务收取的劳务费，在相关劳务活动发生时确认收入

　　C. 企业应当按照从接受劳务方已收或应收的合同或协议价款确定提供劳务收入总额，但已收或应收的合同或协议价款不公允的除外

　　D. 包括在商品售价内可区分的服务费，在销售商品的同时确认收入

8. 下列有关金融资产减值损失计量正确的处理方法有（　　）。

　　A. 对于持有至到期投资，有客观证据表明其发生了减值的，应当根据其账面价值与预计未来现金流量现值之间的差额计算确认减值损失

　　B. 对于交易性金融资产，有客观证据表明其发生了减值的，应当根据其账面价值与预计未来现金流量现值之间的差额计算确认减值损失

C. 对于单项金额重大的一般企业应收款项，应当单独进行减值测试，若其未来现金流量现值低于其账面价值的差额，应确认减值损失，计提坏账准备

D. 对于单项金额非重大的一般企业应收款项也可以与经单独测试后未减值的应收款项一起按类似信用风险特征划分为若干组合，再按这些应收款项组合在资产负债表日余额的一定比例计算确定减值损失，计提坏账准备

E. 如果可供出售金融资产的公允价值发生较大幅度下降，或在综合考虑各种相关因素后，预期这种下降趋势属于非暂时性的，可以认定该可供出售金融资产已发生减值，应当确认减值损失

参考答案

一、单项选择题

1. A

【解析】《会计法》突出强调单位负责人对本单位会计工作和会计资料真实性、完整性的责任。

2. B

【解析】原始凭证为增值税专用发票的，填制应当符合相关税法和税务部门要求，开出单位必须加盖"发票专用章"。

3. C

【解析】档案接管人按档案移交清册及案卷目录所列内容逐项核收（非纸质档案还需检验合格），移交部门和接管部门在移交清册上注明移交日期和接管日期并盖章，并由交接双方主管领导、移交人、接管人、监交人在移交清册上签名或盖章。

4. A

【解析】略。

5. B

【解析】3月份发生材料的成本：500×[（200×40+400×35+400×38）÷（200+400+400）]=18600（元）。

6. A

【解析】交易性金融资产的入账价值=830万元-20万元=810万元，支付价款中包括已宣告尚未领取的现金股利20万元记入"应收股利"科目，交易费用记入"投资收益"科目。

7. A

【解析】该企业计入"持有至到期投资"科目的金额=债券的买价1350万元+相关税费10万元=1360万元。

二、多项选择题

1. BCD

【解析】我国的企业会计法规体系包括会计法律、会计行政法规和会计部门规章三个层次。

2. ABCD

【解析】《会计基础工作规范》的规定，会计人员职业道德的内容主要包括以下六个方面：爱岗敬业、熟悉法规、依法办事、客观公正、搞好服务、保守秘密。

3. ACD

【解析】主管一个单位或者单位内一个重要方面的财务会计工作时间不少于2年。

4. ABC

【解析】不相容职务分离。

5. AB

【解析】解析：可供出售金融资产在符合一定条件时可以重分类为持有至到期投资，选项C错误。教材里有明确的规定，只有交易性金融资产不能和其他金融资产互相重分类，而贷款和应收款项、持有至到期投资和可供出售金融资产之间可以重分类，实际工作中可以将贷款等打包进行出售，也可以作为可供出售金融资产来核算，这里说不得重分类，所以不应该选D项。所以本题应选AB。

6. ABD

【解析】选项A，可供出售金融资产无论是债券投资还是股票投资，都应当按照公允价值进行后续计量；选项B，应该转入投资收益科目；选项D，已确认减值损失的可供出售金融资产公允价值上升且客观上与原减值损失确认后发生的事项有关的，原确认的减值损失可以转回，不过可供出售权益工具投资发生的减值损失，不得通过损益转回。

7. ABC

【解析】D包括在商品售价内可区分的服务费，在提供服务的期间内分期确认收入。

8. ACDE

【解析】交易性金融资产，按照公允价值进行后续计量，公允价值变动记入"公允价值变动损益"科目。交易性金融资产不需要确认减值损失。